文獻通考

第九册 經籍

〔宋〕馬端臨 著
上海師範大學古籍研究所
華東師範大學古籍研究所 點校

中華書局

周官：太史掌建邦之六典，以逆邦國之治；掌八灋，以逆官府之治；八則，以逆都鄙之治，太史，日官也。凡辨灋者考焉，不信者刑之。凡邦國、都鄙及萬民之有約劑者藏焉，以貳六官，六官各有一通，此太史亦副寫一通，故云「以貳六官」。小史掌邦國之志，奠系世，辨昭穆，志，猶記也。春秋傳所謂周志，國語所謂鄭書之屬是也。史官主書，故韓宣子聘於魯，觀書太史氏。系世，謂帝系、世本之屬是也，小史主定之。內史，掌王之八枋之灋，以詔王治；執國灋及國令之貳，以考政事，以逆會計，國法：六典、八法、八則。掌叙事之灋，受納訪，以詔王聽治，叙，六叙也；納訪，納謀於王也。六叙六曰，以叙聽其情。凡命諸侯及孤卿大夫則策命之，如春秋王命內史興父策命晉侯之類。凡四方之事書內史讀之，若今尚書入省事。王制禄，則贊爲之，以方出之，贊爲之，爲之辭也，以方版書而出之。賞賜亦如之。內史掌書王命，遂貳之。副寫藏之。

外史掌書外令，王令下畿外。掌四方之志，志，記也。謂若魯之春秋，晉之乘。掌三皇、五帝之書，掌達書名於四方，若謂堯典、禹貢，達此名使知之。若以書使於四方，則書其令。書王令以授使者。

御史掌邦國都鄙及萬民之治令，以贊冢宰，王所以治之，令冢宰掌王治。凡治者受灋令焉。爲書寫其治之法。

小行人掌五物者，謂國札喪、凶荒、師役、福事、災禍，共五者。及其萬民之利害爲一書，其禮俗、政事、教治、刑禁之逆順爲一書，其悖逆、暴亂、作慝、猶犯令者爲一書，其札喪、凶荒、厄貧爲一書，其康樂、和親、安平爲一書。凡此五物者，每國辨異之，以反命於王，以周知天下之故。

按：成周之時，自太史以至小行人，皆掌官府之典籍者也，其名數亦多。今除寳訓及太平六典之外，亦無可考者矣。

孔子生於周末，睹史籍之繁文，懼覽之者不一，遂乃定禮樂，明舊章，刪詩爲三百篇，約史記而修春秋，讚易道以黜八索，述職方以除九丘，討論墳典，斷自唐、虞以下，訖於周。

程子曰：所謂大道，若性與天道之説，聖人豈得而去之哉！若言陰陽、四時、七政、五行之道，亦必至要之理〔四〕，非如後世之繁衍末術也。固亦常道，聖人所以不去也。或者所謂羲、農之書，乃後人稱述當時之事，失其義理，如許行爲神農之言，及陰陽、權變、醫方稱黄帝之説耳，此聖人所以去之也。五典既皆常道，又去其三，蓋上古已有文字，而制立法度，爲治有迹，得以紀載，有史官以識其事，自堯始耳。

九峰蔡氏曰：今按周禮：外史掌三皇、五帝之書，周公所録，必非僞妄。而春秋時三墳、五典、八索、九丘之書，猶有存者，若果全備，孔子亦不應悉刪去之。或其簡編脱落，不可通曉，或是孔子所見，止自唐、虞以下，不可知耳，今亦不必深究其説也。

禮記經解：孔子曰：入其國，其教可知也。（觀其風俗，則知其所以教。）其爲人也，温柔敦厚，詩教也；疏通知遠，書教也；廣博易良，樂教也；絜静精微，易教也；恭儉莊敬，禮教也；屬辭比事，春秋教也。（屬，猶合也，春秋多記諸侯朝聘會同，有相接之辭，罪辨之事〔五〕。）故詩之失，愚；書之失，誣；樂之失，奢；易之失，賊；禮之失，煩；春秋之失，亂。（失，謂不能節其教也。詩，敦厚，近愚；書，知遠，近誣；易，精微，愛惡相攻，遠近相取，則不能容人，近於傷害；春秋，習戰爭之事，近亂。）其爲人也，温柔敦厚而不愚，則深於詩者也；疏通知遠而不誣，則深於書者也；廣博易良而不奢，則深於樂者也；絜静精微而不賊，深於易者也；恭儉莊敬而不煩，深於禮者也；屬辭比事而不亂，則深於春秋者也。言深者，既能以教，又防其失也。疏皇氏云〔六〕：解者，分析之名。此篇分析六經，體教不同，故名曰經解也。六經，其教雖異，總以禮爲本，故紀者録入於禮。

長樂劉氏曰：此經言周衰之時，諸侯之國雖不能逮文、武之時，猶能各通一經，以化其民，故孔子歷聘之時，入其國而其教可知。

山陰陸氏曰：不言「失之」而言「之失」者，六經無失也，學者之失而已。

金華應氏曰：醇厚者未必深察情僞，故失之愚；通達者未必篤確誠實，故失之誣；寬博者未必嚴立繩檢，故失之奢；沉潛思索，多自耗蠹，且或害道；弄筆褒貶，易紊是非，且或召亂。樂正崇四術以訓士，則先王之詩、書、禮、樂，其設教固已久。易雖用於卜筮，而精微之理非初學所可語。春秋雖公其紀載，而策書亦非民庶所得盡窺，故易象、春秋，韓宣子適魯始得見之，則諸國之教未必盡備六者。蓋自夫子删定讚繫筆削之餘，而後傳習滋廣，經術流行。夫子既廣其傳，而又慮其所敝，故有此言。然入其國即知其教，非見遠察微者不能也；觀其教即防其失，非慮遠防微者不能也。

莊子天下篇：古之人其備乎！配神明，醇天地，育萬物，和天下，澤及百姓，明於本數〔七〕，係於末度，六通四辟，小大精粗，其運無乎不在。其明而在數度者，舊法世傳之史尚多有之。其在於詩、書、禮、樂者，鄒魯之士、搢紳先生多能明之。詩以道志，書以道事，禮以道行，樂以道和，易以道陰陽，春秋以道名分。其數散於天下而設於中國者，百家之學時或稱而道之。天下大亂，賢聖不明，道德不一，天下多得一察焉以自好。譬如耳目鼻口，皆有所明，不能相通。猶百家衆技也，皆有所長，時有所用。雖然，不該不徧，一曲之士也。判天地之美〔八〕，析萬物之理，察古人之全，寡能備於天地之美，稱神明之容。是故内聖外王之道，「闇而不明，鬱而不發」，天下之人各爲其所欲焉以自爲方。悲夫！百家往而不反，必不合矣！後世之學者，不幸不見天地之純、古人之大體，道術將爲天下裂。

按：莊生之時，六籍未經秦火，其書具在也，而諸子百家，各以其説舛馳而淆亂之，是以有「闇而不明，鬱而不發」之憂。周以荒唐謬悠之言著書，蓋亦百家之一也。而此段議論誠醇正，無異聖賢之格言。東坡謂莊子蓋助孔子者，於此見之。所謂「後之學者，不幸不見天地之純、古人之大體，道術將爲天下裂」，似逆知將有坑焚之禍，而深悲之矣。嗚呼！

秦始皇三十四年，丞相李斯上書曰：「異時諸侯並争，厚招游學。今天下已定，灋令出一，百姓當家則力農工，士則學習法令。今諸生不師今而學古，以非當世，惑亂黔首，相與非灋教，人聞令下，則各以其學議之，入則心非，出則巷議，誇主以爲名，異趣以爲高，率群臣以造謗。如此弗禁，則主勢降乎上，黨與成乎下，禁之便。臣請史官非秦記皆燒之〔九〕，非博士官所職，天下有藏詩、書、百家語者，皆詣守尉雜燒之。有敢偶語詩、書者棄市〔一〇〕。以古非今者族。吏見知而不舉，與同罪。令下三十日不燒，黥爲城旦。所不去者，醫藥、卜筮、種樹之書。若欲學法令，則以吏爲師。」制曰：「可。」

魏人陳餘謂孔鮒曰：「秦將滅先王之籍，而子爲書籍之主，其危哉！」子魚曰：「吾爲無用之學，知吾者惟友。秦非吾友，吾何危哉？吾將藏之，以待其求，求至，無患矣。」

夾漈鄭氏曰：陸賈，秦之巨儒也。酈食其，秦之儒生也。叔孫通，秦時以文學召待詔博士。數歲，陳勝起，二世召博士、諸儒生三十餘人而問其故，皆引春秋之義以對。是則秦時未嘗不用儒生與經學也。況叔孫通降漢時，自有弟子百餘人，齊、魯之風亦未嘗替。故項羽既亡之後，而魯爲守節禮義之國。則知秦時未嘗廢儒，而始皇所坑者，蓋一時議論不合者耳。

又曰：蕭何入咸陽，收秦律令圖書，則秦亦未嘗無書籍也。其所焚者，一時間事耳。後世不明經者，皆歸之秦火，使學者不睹全書，未免乎疑以傳疑。然則易固爲全書矣，何嘗見後世有明易之人哉〔一一〕！臣向謂「秦人焚書而書存，諸儒窮經而經絶」，蓋爲此發也。詩有六亡篇，乃「六笙」詩，本無辭；書有逸篇，仲尼之時已無矣，皆不因秦火。自漢以來，書籍至於今日，百不存一二，非秦人亡之也，學者自亡之耳。

按：秦雖出自於西戎，然自非子、秦仲以來，有國於豐、岐者數百年。春秋之時，盟會聘享，接於諸侯，秦誓紀於書，車鄰、小戎之屬列於詩，其聲名文物蓋藹然先王之遺風矣。今下令焚詩、書，而曰「史官非秦記皆燒之」，則秦誓、秦風亦秦記也，獨非詩、書乎？李斯者，襲流血刻骨之故智，而佐之以人頭畜鳴之僞辯，固世所羞稱者。然斯學於荀卿，卿之道，蓋祖述六經，憲章仲尼者也，是其初亦自儒者法門中來。然則始皇既非聲教不通之編夷而驟有中華，李斯亦非椎朴少文之俗物而盲處高位，今乃以焚滅經籍、坑戮儒生爲經國之遠猷者，其説有二：曰愧，曰畏。愧則愧其議己也，畏則畏其害己也。自載籍以來，詩、書所稱桀有暴德而天下歸殷，紂有暴德而天下歸周，幽、厲有暴德而周室東遷，寖微寖滅，五霸迭興，七雄分據。始皇既已習聞其説矣，今雖諉曰：「德兼三皇，功過五帝」，而其所行，則襲桀、紂、幽、厲之迹耳，夫豈不自知之？而儒者記纂，明以語人曰如是而興，如是而亡，不啻燭照數計龜卜而示後來以軌範。蓋始皇之所愧而畏者此也。自夫子歷聘列國，孟氏以儒術游於諸侯，思濟天下之溺而引時君於當道者，至拳拳也；雖不肯枉道以求售，然思濟天下之溺，至拳拳也。繼而蘇、張之徒，專以口舌干時君，雖其所持者詭遇之術，妾婦之道，與孔、孟之學如黑白薰蕕之相反，然其汲汲皇皇，求以用世之意則類也。而范睢之於魏冉，蔡澤之於范睢，皆逞其辯口，扼其吭而奪之位。於是士生斯時，皆以讀書游説爲可以得志而取高位。李斯亦以説客進身者也，故韓非入秦，以策干始皇，則忌而誅之。天下豈無尚如非者欲睨其後乎？蓋李斯之所愧而畏者此也。詩、書、百家語之在人間者焚之，其在博士官者存之，蓋亦知其本不可廢也。罷侯置守者，私其土地於己也；焚書而獨存博士官者，又欲私其經術於己也。主相之心，務欲滅經籍以愚天下，峻法律以威天下，而使之「莫予毒」，以爲鞏固不拔之計。然陳勝、項梁、項籍、劉季之徒，本非有祖述湯、武，弘濟蒼生之夙志，俱以罹於禁網，遁迹亡命，出萬死不顧一生之計，奮梃而起，以成土崩瓦解之勢。趙高熏腐小醜，亦非有文墨詞辯，足以傾動上聽，徒以少習深文，依於忮忍，故陷扶蘇、蒙恬，戮諸公子，夷李斯，如出一律。蓋犯法而作亂者，陳、吴、劉、項也，倚法而作姦者，趙高也，然則隳秦七廟而具斯五刑者，非詩、書也，乃秦之法律也。

秦以儒者爲博士，每國家有大事，則下博士議之。然因淳于越進議封建，而下焚書之令；因盧生輩竊議時事，而下坑儒之令。蓋此二事者，皆激於博士之正論。然則其所進用者，必皆得面諛順指如周青臣、叔孫通輩，然後能持祿苟免耳。稍引古義、持正論，則批逆鱗、觸奇禍，是書雖存而實亡，博士官雖設而實廢矣。又按史記言：始皇聞盧生竊議亡去，大怒，曰：「吾前收天下書，不中用者盡去之。悉召文學方術士甚衆，欲以興太平、求奇藥。今聞韓衆去不報，徐市等費以巨萬計，終不得藥，徒姦利相告日聞。」然則始皇所謂不中用者，所焚之六籍是也；所謂召文學方術士求奇藥者，所存之醫藥卜筮等書是也。然六籍雖厄於煨燼，而得之口耳所傳、屋壁所藏者，猶足以垂世立教，千載如一日也。醫藥、卜筮、種樹之書，當時雖未嘗廢錮，而並未嘗有一卷流傳於後世者。以此見聖經賢傳，終古不朽，而小道異端，雖存必亡，初不以世主之好惡而爲之興廢也。

西漢書儒林傳序曰：秦始皇兼天下，燔詩、書，殺術士，六學從此闕矣〔三〕。陳涉之王也，魯諸儒持孔子禮器往歸之，於是孔甲爲涉博士，卒與俱死。師古曰：孔光傳云：「鮒爲陳涉博士，死陳下。」今此云孔甲，將名鮒而字甲也。陳涉起匹夫，敺適戍以立號，師古曰：敺，與驅同；適，讀曰讁。不滿歲而滅亡，其事至微淺，然而搢紳先生負禮器往委質爲臣者，何也？以秦禁其業，積怨而發憤於陳王也。及高皇帝誅項籍，引兵圍魯，魯中諸儒尚講誦習禮，絃歌之音不絕，豈非聖人遺化好學之國哉？於是諸儒始得修其經學，講習大射、鄉飲之禮，叔孫通作漢禮儀，因爲奉常，諸弟子共定者，咸爲選首，然後喟然興於學。然尚有干戈，平定四海，師古曰：言陳豨、盧綰、韓信、黥布之徒相次反叛征伐也。亦未遑庠序之事也。孝惠、高后時，公卿皆武力功臣，孝文時頗登用，師古曰：言少用文學之士。然孝文本好刑名之言；及至孝景，不任儒；竇太后又好黄老術，故諸博士具官待問，未有進者。師古曰：具官，謂備員而已。漢興，言易，自淄川田生；言書，自濟南伏生；言詩，於魯則申培公，於齊則轅固生，師古曰：培，固者，其人名；公、生者，其號也〔一三〕。他皆類此。培，音陪。燕則韓太傅；師古曰：名嬰也。言禮，則魯高堂生；言春秋，於齊則胡母生，於趙則董仲舒。及竇太后崩，武安君田蚡爲丞相，黜黄老、刑名、百家之言，延文學儒者以百數，而公孫弘以治春秋爲丞相，封侯，天下學士靡然鄉風矣。

西漢書藝文志序曰：昔仲尼没而微言絶，李奇曰：微，不顯之言也〔一四〕。師古曰：精微要妙之言耳。七十子喪而大義乖。師古曰：七十子，謂弟子達者七十二人，舉其成數，故言七十。故春秋分爲五，韋昭曰：謂左氏、公羊、穀梁、鄒氏、夾氏也。詩分爲四，韋昭曰：謂毛氏、齊、魯、韓。易有數家之傳。戰國從衡，真僞分争，從，音子容反〔一五〕。諸子之言，紛然殽亂。至秦患之，乃燔滅文章，以愚黔首。漢興，改秦之敗，大收篇籍，廣開獻書之路。迄孝武世，書缺簡脱，禮壞樂崩，師古曰：編絶散落，故簡脱。脱，音吐活反。聖上喟然而稱曰：「朕甚閔焉！」於是建藏書之策，如淳曰：劉歆七略曰：「外則有太常太史、博士之藏，内則有延閣、廣内、祕室之府。」置寫書之官，下及諸子傳説，皆充祕府。至成帝時，以書頗散亡，使謁者陳農求遺書於天下，詔光禄大夫劉向校經、傳、諸子、詩賦，步兵校尉任宏校兵書，太史令尹咸校數術，師古曰：占卜之書。侍醫李柱國校方技〔一六〕。師古曰：醫藥之書也。每一書已，師古曰：已，畢也。向輒條其篇目，撮其指意，録而奏之。師古曰：撮，總取也，音千括反〔一七〕。會向卒，師古曰：卒，終也。哀帝復使向子侍中奉車都尉歆卒父業，歆於是總群書而奏其七略，故有輯略，師古曰：輯，與集同，謂諸書之總要。有六藝略，六藝，六經也。有諸子略，有詩賦略，有兵書略，有術數略〔一八〕，有方技略。今删其要，以備篇籍。師古曰：删去浮冗〔一九〕，取其指要也。其每略所條家及篇數〔二〇〕，有與總凡不同者，轉寫脱誤，年代久遠，無以詳知。

夾漈鄭氏曰：班固藝文志出於七略者也。七略雖疏而不濫，若班氏步步趨趨，不離於七略，未見其失也；間有七略所無，而班氏雜出者，則蹟矣。揚雄所作之書，劉氏蓋未收，而班氏始出，若之何以太玄、法言、樂箴三書合爲一總，謂之揚雄所序三十八篇，入於儒家類？按儒者舊有五十二種，固新出一種，則揚雄之三書也。且太玄，易類也；法言，諸子；樂箴，雜家也，奈何合而爲一家？是知班固胸中元無倫類。

劉歆爲侍中，遷光禄大夫，領五經，卒父前業，欲建立左氏春秋及毛詩、逸禮、古文尚書，皆列於學官。哀帝令歆與五經博士講論其義，諸博士或不肯置對，師古云：並不與歆意同，故不肯立其學也。置對，置辭以對也。歆因移書太常博士，責讓之曰：「昔唐、虞既衰，而三代迭興，師古曰：迭，互也。音大結反。聖帝明王，累起相襲，其道甚著。周室既微，而禮樂不正，道之難全也如此。是故孔子憂道之不行，歷國應聘，自衛反魯，然後樂正，雅、頌乃得其所；修易，序書，制作春秋，以紀帝王之道。及夫子没而微言絶，七十子終而大義乖，重遭戰國，棄籩豆之禮，理軍旅之陳，孔氏之道抑，而孫、吴之術興。陵夷至於暴秦，燔經書，殺儒士，設挾書之法，行是古之罪，師古曰：以古事爲是者，即罪之。道術由是遂滅。漢興，去聖帝明王遐遠，仲尼之道又絶，法度無所因襲。時獨有一叔孫通，略定禮儀，天下唯有易卜，未有他書。至孝惠之世，乃除挾書之律，然公卿大臣絳、灌之屬，咸介冑武夫，莫以爲意。至孝文皇帝，始使掌故鼂錯從伏生受尚書。尚書初出於屋壁，朽折散絶，今其書見在，時師傳讀而已。詩始萌芽，天下衆書，往往頗出，皆諸子傳説，猶廣立於學官，爲置博士。在漢朝之儒，唯賈生而已。至孝武皇帝，然後鄒、魯、梁、趙頗有詩、禮、春秋先師，師古曰：前學之師也。皆起於建元之間。當此之時，一人不能獨盡其經〔一一〕，或爲雅，或爲頌，相合而成。泰誓後得，博士集而讀之。故詔書稱曰：『禮壞樂崩，書缺簡脱，朕甚閔焉。』時漢興已七八十年，離於全經，固已遠矣。師古曰：言廢絶已久，不可得其真也〔一二〕。及魯恭王壞孔子宅，欲以爲宫，而得古文於壞壁之中，逸禮有三十九，書十六篇。天漢之後，孔安國獻之，遭巫蠱倉卒之難，未及施行。及春秋左氏丘明所修，皆古文舊書，多者二十餘通，藏於祕府，伏而未發。孝成皇帝閔學殘文缺，稍離其真，乃陳發祕藏，校理舊文，得此三事，以考學官所傳，經或脱簡，傳或間編，師古曰：脱簡，遺失也，間編，謂舊編爛絶，就更次之，前後錯亂也。間，音古莧反〔一三〕。傳問民間，則有魯國桓公〔一四〕、趙國貫公、膠東庸生之遺學，與此同抑而未施，此乃有識者之所惜閔，士君子之所嗟痛也。往者綴學之士，不思廢絶之闕，苟因陋就寡，分文析字，煩言碎辭，學者罷老且不能究其一藝，師古曰：罷，讀曰疲；究，竟也。信口説而背傳記，是末師而非往古。至於國家將有大事，若立辟雍、封禪、巡狩之儀，則幽冥而莫知其原。師古曰：幽冥，猶暗昧也。猶欲保殘守缺，挾恐見破之私意，而無從善服義之公心。或懷妒嫉，不考情實，雷同相從，隨聲是非，抑此三學，以尚書爲備。蘇林曰：備之而已。臣瓚曰：當時學者謂尚書唯有二十八篇，不知本有百篇也。師古曰：瓚説是也。謂左氏爲不傳春秋，豈不哀哉。今聖上德通神明，繼統揚業，亦閔文學錯亂，學士若兹，雖昭其情，猶依違謙讓，師古曰：依違，言不專決也。樂與士君子同之。故下明詔，試左氏可立不，遣近臣奉指銜命，將以輔弱扶微，與二三君子比意同力，冀得廢遺。師古曰：比，合也，經藝有廢遺者，冀得興立之也。比，音頻寐反。今則不然，深閉固拒而不肯試，猥以不誦絶之，師古曰：猥，苟也，苟不誦習之，而欲絶去此學。欲以杜塞餘道，絶滅微學。夫可與樂成，難與慮始，此乃衆庶之所爲耳，非所望於士君子也。且此數家之事，皆先帝所親論，今上所考視，其古文舊書，皆有徵驗，外内相應，豈苟而已哉！夫禮失求之於野，古文不猶愈於野乎？往者博士書有歐陽，春秋公羊，易則施、孟，然孝宣皇帝猶復廣立穀梁春秋〔二五〕，梁丘易，大、小夏侯尚書，義雖相反，猶並置之。何則？與其過而廢之也，寧過而立之。傳曰：『文武之道未墜於地，在人；賢者志其大者，不賢者志其小者。』今此數家之言，所以兼包大小之義，豈可偏絶哉？若必專己守殘，師古曰：專執己所偏見，苟守殘缺之文也。黨同門，妒道真，師古曰：黨同師之學，妒道藝之真也。違明詔，失聖意，以陷於文吏之議，甚爲二三君子不取也。」

劉歆總群書，著七略，大凡三萬三千九十卷。王莽之亂，焚燒無遺。

程氏演繁露曰：漢世藏書，舊知有禁中、外臺之别。今讀劉向叙載所定列子之書，而知中書之外，又有太常太史、與中祕而三也。向言所校三藏本篇章，大率中書多，外書少，知漢留意中祕，故比他本特備也。史遷紬金匱石室以成史記，豈嘗許其稽閲中祕邪？或太史所藏，於漢家事實則金匱石室以加嚴邪？然不知正在何地也。

光武中興，篤好文雅，明、章繼軌，尤重經術。四方鴻生鉅儒，負帙自遠至者，不可勝算，石室蘭臺，彌以充積。又於東觀及仁壽閣集新書，校書郎班固、傅毅等典掌焉，並依七略而爲書部。明帝幸三雍，尊養三老五更。饗射禮畢，帝正坐自講，諸儒執經問難於前，冠帶搢紳之人，圜橋門而觀聽者，蓋億萬計。建初中，大會諸儒於白虎觀，考詳同異，連月乃罷。肅宗親臨稱制臨決〔二六〕，如石渠故事，前書甘露二年，詔諸儒講五經同異，蕭望之等平奏其議，上親制臨決焉。又曰：施讎甘露中論五經於石渠閣。三輔故事曰：石渠閣在未央殿北，藏祕書之所。顧命史臣著爲通議。即白虎通議是。孝和亦數幸東觀，覽閱書林。靈帝熹平時，詔諸儒正定五經，刊於石碑，爲古文、篆、隸三體書法，以相參檢，樹之學門，古文，謂孔子壁中書；篆，秦始皇使程邈所作也；隸書，亦程邈所獻也，主於徒隸，從簡易。謝承書曰：碑立太學門外，瓦屋覆之，四面欄障，開門於南。河南郡設吏卒視之。揚龍驤洛陽記載朱超石與兄書云〔二七〕：石經文都似碑，高一丈許，廣四尺，駢羅相接。使天下咸取則焉。初，光武遷還洛陽，其經牒祕書，載之二千餘兩。自此以後，參倍於前〔二八〕。及董卓移都之際，吏民擾亂，自辟雍、東觀、蘭臺、石室、宣明、鴻都諸藏典策文章，競共剖散。其縑帛圖書，大則連爲帷蓋，小乃制爲縢囊。縢，亦幐也，音徒恒反〔二九〕。説文曰：幐，囊也。及王允所收而西者，裁七十餘乘，道路艱遠，復棄其半矣。後長安之亂，一時焚蕩，莫不泯盡焉。

魏氏代漢，采掇遺亡，藏在祕書中外三閣〔三〇〕。魏祕書郎鄭默，始制中經。祕書監荀勖，又因中經，更著新簿，分爲四部，總括群書。一曰甲部，紀六藝及小學等書；二曰乙部，有古諸子家、近世子家、兵書、兵家、術數；三曰丙部，有史記、舊事、皇覽簿、雜事；四曰丁部，有詩賦、圖贊、汲冢書。大凡四部，合二萬九千九百四十五卷。但録題及言，盛以縹囊，書用緗素。至於作者之意，無所論辯。

晉惠、懷之亂，京華蕩覆，石渠閣文籍，靡有孑遺。

東晉之初，漸更鳩聚。著作郎李充以勖舊簿校之，其見存者，但爲三千一十四卷。充遂總沒衆篇之名，但以甲乙爲次。自爾因循，無所變革。其後中朝遺書，稍流江左。宋武帝入關，收其圖籍，府藏所有，纔四千卷，赤軸青紙，文字古拙。文帝元嘉八年，祕書監謝靈運造四部目録，大凡六萬四千五百八十二卷。元徽元年，祕書丞王儉又造目録，大凡萬五千七百四卷。儉又別撰七志：一曰經典志，紀六藝、小學、史記、雜傳；二曰諸子志，紀今古諸子；三曰文翰志，紀詩賦；四曰軍書志，紀兵書；五曰陰陽志，紀陰陽圖緯；六曰術藝志，紀方技；七曰圖譜志，紀地域及圖書。其道、佛附見，合九條。然亦不述作者之意，但於書名之下，每立一傳，而又作九篇條例，編乎首卷之中，文義淺近，未爲典則。

齊永明中，祕書丞王亮、監謝朏，又造四部書目，大凡一萬八千一十卷。齊末兵火，延燒祕閣，經籍遺散。

梁初，祕書監任昉，躬加部集，又於文德殿内列藏衆書，華林園中總集釋典，大凡二萬三千一百六卷，而釋氏不與焉。梁有祕書監任昉、殷鈞四部目録，又文德殿目録。其術數之書，更爲一部，使奉朝請祖暅撰其名，故梁有五部目録。普通中，有處士阮孝緒，沉静寡慾，篤好墳史，博采宋、齊已來王公之家凡有書記，參校官簿，更爲七録：一曰經典録，紀六藝；二曰記傳録，紀史傳；三曰子兵録，紀子書、兵書；四曰文集録，紀詩賦；五曰技術録，紀數術；六曰佛録；七曰道録。其分部題目，頗有次序，割析辭義，淺薄不經。梁武敦説詩書，下化其上，四境之内，家有文史。元帝克平侯景，收文德之書及公私經籍，歸於江陵，大凡七萬餘卷。周師入郢，咸自焚之。

陳天嘉中，又更鳩集，考其篇目，遺闕尚多。

後魏始都燕、代，南略中原，粗收經史，未能全具。道武嘗問博士李先曰：「天下何物最善，可以益人神智？」對曰：「莫若書籍。」帝曰：「書籍凡有幾何？如何可集？」對曰：「自書契以來，世有滋益，以至於今，不可勝計。苟人主所好，何憂不集。」乃命郡縣大收書籍，悉送平城。孝文徙都洛邑，借書於齊，祕府之中，稍以充實。暨於爾朱之亂，散落人間。

後齊遷鄴，頗更搜聚，迄於天統、武平，校寫不輟。

後周始基關右，外逼强鄰〔三〕，戎馬生郊，日不暇給。保定之始，書止八千，後稍加增，方盈萬卷。武帝平齊，先封書府，所加舊本，纔至五千。

隋文帝開皇三年，祕書監牛弘表請分遣使人，搜訪異本。每書一卷，賞絹一疋，校寫既定，本即歸主。於是民間異書，往往間出。

牛弘上表，請開獻書之路。曰：「昔周德既衰，舊經紊棄。孔子以大聖之才，開素王之業。憲章祖述，制禮刊詩。正五始而脩春秋，闡十翼而弘易道。及秦皇馭宇，吞滅諸侯，先王墳籍，掃地皆盡。此則書之一厄也。漢興，建藏書之策，置校書之官。至孝成之代，遣謁者陳農，求遺書於天下，詔劉向父子讎校篇籍，漢之典文，於斯爲盛。及王莽之末，並從焚燼。此則書之二厄也。光武嗣興，尤重經誥，未及下車，先求文雅。至肅宗親臨講肄，和帝數幸書林，其蘭臺、石室、鴻都、東觀，祕牒填委，更倍於前。及孝獻移都，吏人擾亂，圖畫縑帛，皆取爲帷囊，所收而西，纔七十餘乘，屬西京大亂，一時燔蕩。此則書之三厄也。魏文代漢，更集經典〔三二〕，皆藏在祕書内外三閣，遣祕書郎鄭默删定舊文〔三三〕。論者美其朱紫有別。晉氏承之，文籍尤廣，晉祕書監荀勖，定魏内經〔三四〕，更著新簿，屬劉、石馮陵，從而失墜。此則書之四厄也。永嘉之後，寇竊競興，其建國立家，雖傳名號，憲章禮樂，寂滅無聞。劉裕平姚，收其圖籍，五經子史，纔四千卷，皆赤軸青紙，文字古拙，並歸江左。宋祕書丞王儉依劉氏七略，撰爲七志；梁人阮孝緒亦爲七録，總其書數三萬餘卷。及侯景渡江，破滅梁室，祕省經籍，雖從兵火，其文德殿内書史，宛然猶存。蕭繹據有江陵，遣將破平侯景，收文德之書及公私典籍，重本七萬餘卷，悉送荆州。及周師入郢，繹悉焚之於外城，所收十纔一二。此則書之五厄也。後魏爰自幽方，遷宅伊、洛，日不暇給，經籍闕如。周氏創基關右，戎車未息，保定之始，書止八千，後加收集，方盈萬卷。高氏據有山東，初亦採訪，驗其本目，殘闕猶多。及東夏初平，獲其經史，四部重雜，三萬餘卷，所益舊書，五千而已。今御出單本〔三五〕，合一萬五千餘卷，部帙之間，仍有殘缺，比梁之舊目，止有其半。至於陰陽河洛之篇，醫方圖譜之説，彌復爲少。臣以經書自仲尼迄今，數遭五厄，興集之期，屬膺聖代。今祕藏見書，亦足披覽，但一時載籍，須令大備，不可王府所無，私家乃有。若猥發明詔，兼開購賞，則異典必致，觀閣斯積。」上納之。

漢世，鄭玄並爲衆經注解，服虔、何休，各有所説。玄易、詩、書、禮、論語、孝經，虔左氏春秋，休公羊傳，大行於河北，王肅易亦間行焉。晉世，杜預注左氏。預玄孫坦，坦弟驥，於宋朝並爲青州刺史，傳其家業，故齊地多習之。自魏末，大儒徐遵明門下講鄭玄所注周易，遵明以傳盧景裕及清河崔瑾。景裕傳權會、郭茂，權會早入鄴都，郭茂恒在門下教授。其後能言易者，多出郭茂之門。河南及青、齊之間，儒生多講王輔嗣所注，師訓蓋寡，齊時儒士罕傳尚書之業，徐遵明兼通之。遵明受業於屯留王聰，傳授浮陽李周仁及勃海張文敬、李鉉、河間權會，並鄭康成所注，非古文也。下里諸生，略不見孔氏注解。武平末，劉光伯、劉士元始得費甝義疏，乃留意焉。其詩、禮、春秋，尤爲當時所尚，諸生多兼通之。三禮並出遵明之門，徐傳業於李鉉、祖儁、田元鳳、馮偉、紀顯敬、吕黄龍、夏懷敬。李鉉又傳授刁柔、張買奴、鮑季詳、邢峙、劉晝、熊安生。安生又傳孫靈暉、郭仲堅、丁恃德。其後生能通禮經者，多是安生門人。諸生盡通小戴禮，於周、儀禮兼通者，十二三焉。通毛詩者，多出於魏朝劉獻之。獻之傳李周仁，周仁傳董令度、程歸則，歸則傳劉敬和、張思伯、劉軌思。其後能言詩者，多出於二劉之門。河北諸儒能通春秋者，並服子慎所注，亦出徐生之門。張買奴、馬敬德、邢峙、張思伯、張奉禮、張雕、劉晝、鮑長宣、王元則並得服氏之精微。又有衛覬、陳達、潘叔虔，雖不傳徐氏之門，亦爲通解。又有姚文安、秦道静，初亦學服氏，後兼更講杜元凱所注〔三六〕。其河外儒生，俱服膺杜氏，其公羊、穀梁二傳，儒者多不厝懷。論語、孝經，諸學徒莫不通講。諸儒如權會、李鉉〔三七〕、刁柔、熊安生、劉軌思、馬敬德之徒，多自出義疏，雖曰專門，亦皆相祖習也。大抵南北所爲章句，好尚互有不同。江左：周易則王輔嗣，尚書則孔安國，左傳則杜元凱。河洛：左傳則服虔子慎，尚書、周易則鄭康成，詩則並主於毛公，禮則同遵於鄭氏。南人約簡，得其英華；北學深蕪，窮其枝葉。考其終始，要其會歸，其立身成名，殊方同致矣。

右北史儒林傳序，言南北諸儒明經傳授學術之詳，最爲明備，故録於此。

隋平陳已後，經籍漸備。檢其所得，多太建時書，紙墨不精，書亦拙惡。於是總集編次，存爲古本。召天下工書之士京兆韋霈、南陽杜頵等，於祕書内補續殘缺，爲正副二本，藏於宫中，其餘以實祕書内外之閣〔三八〕，凡三萬卷。煬帝即位，增祕書省官百二十員，並以學士補之。帝好讀書著述，自爲揚州總管，置王府學士至百人，常令脩撰，以至爲帝前後近二十載，脩撰未嘗暫停。自經術文章、兵農地理、醫卜釋道，乃至捕搏鷹狗，皆爲新書，無不精洽，共成三十一部，萬七千卷。初，西京嘉則殿有書三十七萬卷，帝命祕書監柳顧言等詮次，除其複重猥雜，得正御本三萬七千餘卷，納於東都脩文殿。又寫五十副本，分爲三品：上品紅琉璃軸，中品紺琉璃軸，下品漆軸，於東都觀文殿東西廂構屋以貯之。東屋藏甲、乙，西屋藏丙、丁。又聚魏以來古迹名畫，於殿後起二臺：東曰妙楷臺，藏古迹；西曰寶臺，藏古畫。又於内道場集道、佛經，别撰目録。其正御書，皆裝翦華净，寶軸錦標，於觀文殿前爲書室十四間，窗户、牀褥、厨幔，咸極珍麗。每三間開方户，垂錦幔，上有二飛僊，户外地中施機發。帝幸書室，有宫人執香爐前行，踐機則飛僊下，收幔而上，户扉及厨扉皆自啓。帝出，則復閉如故。

唐分書爲四類，曰：經、史、子、集，而藏書之盛，莫盛於開元。其著録者，五萬三千九百一十五卷，而唐之學者自爲之書者，又二萬八千四百六十九卷。嗚呼！可謂盛矣。六經之道，簡嚴易直而天人備，故其愈久而愈明。其餘作者衆矣，質之聖人，或離或合，然其精深閎博，各盡其術，而怪奇偉麗，往往震發於其間，此所以使好奇博愛者不能忘也。然凋零磨滅，亦不可勝數，豈其華文少實，不足以行遠歟？而俚言俗説，猥有存者，亦其有幸不幸者歟？今著於篇，其有名而亡其書者〔三九〕，十蓋五六也，可不惜哉。初，隋嘉則殿書三十七萬卷，至武德初，有書八萬卷，重複相糅。王世充平，得隋舊書八千餘卷，太府卿宋遵貴監運東都，浮舟泝河，西致京師，經砥柱舟覆，盡亡其書。貞觀中，魏徵、虞世南、顏師古繼爲祕書監，請購天下書，選五品以上子孫工書者爲書手繕寫〔四〇〕，藏於内庫，以宫人掌之。玄宗命左散騎常侍、昭文館學士馬懷素爲修圖書使，與右散騎常侍、崇文館學士褚無量整比。會幸東都，乃就乾元殿東序檢校。無量建議御書以宰相宋璟、蘇頲同署，如貞觀故事。又借民間異本傳録。及還京師，遷書東宫麗正殿，置修書院於著作院。其後大明宫光順門外、東都明福門外〔四一〕，皆創集賢書院，學士通籍出入。既而太府月給蜀郡麻紙五千番，季給上谷墨三百三十六丸〔四二〕，歲給河間、景城、清河、博平四郡兔千五百皮爲筆材。兩都各聚書四部，以甲、乙、丙、丁爲次，列經、史、子、集四庫。其本有正有副，軸帶帙籤，皆異色以别之。安禄山之亂，尺簡不藏。元載爲相，奏以千錢購書一卷，又命拾遺苗發等使江、淮括訪。至文宗時，鄭覃侍講，進言經籍未備，因詔祕閣搜採，於是四庫之書復完，分藏於十二庫。黄巢之亂，存者蓋尠。昭宗播遷，京城制置使孫惟晟斂書本軍，寓教坊於祕閣，有詔還其書，命監察御史韋昌範等諸道求購，及徙洛陽，蕩然無遺矣。

後唐莊宗同光中，募民獻書，及三百卷，授以試銜。其選調之官，每百卷減一選。天成中，遣都官郎中庾傳美訪圖書於蜀〔四三〕，得九朝實録及雜書千餘卷而已。明宗長興三年初，令國子監校定九經，雕印賣之。

石林葉氏曰：唐以前凡書籍皆寫本，未有摹印之法，人以藏書爲貴。人不多有，而藏者精於讎對，故往往皆有善本。學者以傳録之艱，故其誦讀亦精詳。五代時，馮道始奏請官鏤板印行。國朝淳化中，復以史記、前後漢付有司摹印，自是書籍刊鏤者益多，士大夫不復以藏書爲意。學者易於得書，其誦讀亦因滅裂。然板本初不是正，不無訛誤，世既一以板本爲正，而藏本日亡，其訛謬者遂不可正，甚可惜也。余襄公靖爲祕書，嘗言前漢書本謬甚，詔與王原叔同取祕閣古本參校，遂爲刊誤三十卷。其後劉原父兄弟兩漢皆有刊誤。余在許昌，得宋景文用監本手校西漢一部，末題「用十三本校，中間有脱兩行」者，惜乎今亡之矣。

又曰：世言雕板印書始馮道，此不然，但監本五經板道爲之爾。柳玭家訓序言其在蜀時〔四四〕，嘗閲書肆，云「字書、小學，率雕板印紙」，則唐固有之矣，但恐不如今之工。今天下印書，以杭州爲上，蜀本次之，福建最下。京師比歲印板，殆不減杭州，但紙不佳。蜀與福建多以柔木刻之，取其易成而速售，故不能工。福建本幾徧天下，正以其易成故也。

致堂胡氏曰：易、書、詩、春秋，全經也。先賢以之配皇帝王霸，言世之變、道之用，不出乎是矣。論語、孟子，聖賢之微言，諸經之管轄也。孝經非曾子所爲，蓋其門人纘所聞而成之，故整比章指，又未免有淺近者，不可以經名也。禮記多出於孔氏弟子，然必去吕不韋之月令及漢儒之王制，仍傳集名儒〔四五〕，擇冠、婚、喪、祭、燕饗、相見之經，與曲禮以類相從，然後可以爲一書。若大學、中庸，則孟子之倫也，不可附之禮篇。至於學記、樂記、閒居、燕居、緇衣、表記，格言甚多，非經解、儒行之比，當以爲大學、中庸之次也。禮運、禮器、玉藻、郊特牲之類，又其次也。若周官則決不出於周公，不當立博士使學者傳習，姑置之足矣。古有經而無數〔四六〕，逮孔子删定繫作，然後易、詩、書、春秋成焉。然孔、孟之門，經無五六之稱，其後世分禮、樂爲二，與四經爲六歟？抑合禮樂爲一，與四經爲五歟？廢仲尼親筆所注之春秋，而取劉歆所附益之周禮，列之學官，於是六經名實益亂矣。有天下國家，必以經術示教化，不意五季之君，夷狄之人，而知所先務，可不謂賢乎！雖然，命國子監以木本行，所以一文義、去舛訛，使人不迷於所習，善矣。頒之可也，鬻之非也。或曰：天下學者甚衆，安得人人而頒之？曰：以監本爲正，俾郡邑皆傳刻焉，何患於不給？國家浮費，不可勝計，而獨靳於此哉！此馮道、趙鳳之失也。

後漢乾祐中，禮部郎司徒詡請開獻書之路。凡儒學之士，衣冠舊族，有以三館亡書來上者，計其卷帙，賜之金帛。數多者，授以官秩。時戎虜猾夏之後，官族轉徙，書籍罕存。詔下，鮮有應者。周世宗以史館書籍尚少，鋭意求訪，凡獻書者，悉加優賜，以誘致之。而民間之書，傳寫舛誤，乃選常參官三十人，校讎刊正，令於卷末署其名銜焉。自諸國分據，皆聚典籍，惟吴、蜀爲多，而江左頗爲精真，亦多修述。

宋建隆初，三館有書萬二千餘卷。乾德元年，平荆南，盡收其圖書，以實三館。三年，平蜀，遣右拾遺孫逢吉往收其圖籍，凡得書萬三千卷。四年，下詔購募亡書。三禮涉弼、三傳彭幹〔四七〕、學究朱載等皆詣闕獻書，合千二百二十八卷。詔分置書府，弼等並賜以科名。閏八月，詔史館，凡吏民有以書籍來獻，當視其篇目，館中所無者收之，獻書人送學士院試問吏理，堪任職官者，具以名聞。開寶八年冬，平江南，明年春，遣太子洗馬呂龜祥就金陵籍其圖書，得二萬餘卷，悉送史館，自是群書漸備。兩浙錢俶歸朝，又收其書籍。先是，朱梁都汴，貞明中〔四八〕，始以今右長慶門東北廬舍十數間列爲三館，湫隘卑庳，纔蔽風雨。周廬徼道，出於其側，衛士騶卒，朝夕喧雜，歷代以來，未遑改作。每諸儒受詔有所論撰，即移於他所，始能成之。太平興國初，太宗因幸三館，顧左右曰：「若此之陋，豈可以蓄天下圖籍，延四方之士邪！」即詔經度左昇龍門東北舊車輅院〔四九〕，別建三館，命中使督其役，棟宇之制，皆親所規畫。三年二月，書院成，詔曰：「國家聿新崇構，大集群書，宜錫嘉名，以光策府。其三館新修書院，宜目爲崇文院。」自經始至於畢功，臨幸者再，輪奐壯麗，甲於内庭。西序啓便門，以備行幸，於是盡遷舊館之書以實之。院之東廊爲昭文書庫，南廊爲集賢書庫，西廊有四庫，分經、史、子、集四部，爲史館書庫。六庫書籍正副本凡八萬卷，策府之文，焕乎一變矣。九年正月，詔曰：「國家宣明憲度，恢張政治，敦崇儒術，啓迪化源，國典朝章，咸從振舉，遺編墜簡，當務詢求，眷言經濟，無以加此。宜令三館以開元四部書目，閲館中所闕者，具列其名，詔中外購募。有以亡書來上，及三百卷，當議甄録酬獎；餘第卷帙之數，等級優賜。不願送官者，借本寫畢還之。」自是四方書籍，往往間出。端拱元年，詔分三館之書萬餘，別爲書庫，目曰祕閣。以禮部侍郎李至兼祕書監〔五〇〕，右司諫、直史館宋泌兼直祕閣，右贊善大夫、史館檢討杜鎬爲校理。淳化二年五月，以史館所藏天文、曆算、陰陽、術數、兵法之書凡五千十二卷，天文圖畫一百十四卷，悉付祕閣。八月，賜宴於祕閣，右僕射李昉、吏部尚書宋琪，左散騎常侍徐鉉，及翰林學士、諸曹侍郎、給事中、諫議舍人等皆預焉。大陳圖籍，令觀之。翌日，又詔御史中丞王化基及直館並賜宴，復令觀書。是歲，李至等上言曰：「王者藏書之府，自漢置未央宮，則有麒麟、天禄閣，命劉向、揚雄典校其書，皆在禁中，謂之中書，即内庫書也。後漢之東觀，亦禁中也。至桓帝，始置祕書監，掌禁中圖書祕記，謂之祕書。及魏文帝分祕書立中書，而祕書監專掌藝文圖籍之事。後以祕書屬少府，王肅爲祕書監，表論曰『魏之祕書，即漢之東觀也』，由是不屬少府，而蘭臺亦藏書，故薛夏云『蘭臺爲外臺，祕書爲内閣』。然則祕閣之書，藏之於内明矣。晉、宋以還，皆有祕閣之號。故晉孝武好覽文藝，敕祕書郎徐廣料祕閣四部書三萬餘卷；宋謝靈運爲祕書監，補祕閣之遺逸；齊末，兵火延燒，祕閣經籍遺散；梁江子一亦請歸祕閣觀書；隋煬帝寫祕閣之書，分爲三品，於觀文殿東西廊貯之。然則祕閣之設，其來久矣。及唐開元中，繕寫四部書，以充内庫，命散騎常侍褚無量、祕書監馬懷素總其事，事成，列於乾元殿之東廊。然則祕閣之書，皆置之於内也。自唐室陵夷，中原多故，經史文籍，蕩然流離，僅及百年，斯道幾廢。國家承衰敝之季，開政治之源，三館之書，購求漸廣，經籍之道，於是復興。陛下運獨見之明，下惟新之詔，復建祕閣，以藏奇書，總群經之博要，資乙夜之觀覽，斯實出於宸心，非因群下之建議也。况睿藻神翰，盈溢編帙，其所崇重，非復與群司爲比。然自創置之後，載離寒暑，而官司所處，未有定制。望降明詔，令與三館並列，叙其先後，著爲永式。其祕書省既無籍，元隸百司，請如舊制。」詔可其奏，列祕閣次於三館。

三年八月，館閣成，上製贊親書，并篆額勒石，立於閣前。

容齋洪氏隨筆曰：國初承五季亂離之後，所在書籍，印板至少，宜其焚蕩，了無孑遺。然太平興國中，編次御覽，引用一千六百九十種，其綱目並載於首卷，而雜書、古詩賦又不及具録〔五一〕，以今考之，無傳者十之七八矣。則是承平百七十年，翻不若極亂之世。姚鉉以大中祥符四年集唐文粹，其序有云「况今歷代墳籍，略無亡逸」，觀鉉所類文集，蓋亦多不存，誠爲可嘆！

祖宗藏書之所，曰三館、祕閣，在左昇龍門北，是爲崇文院。自建隆至大中祥符，著録總三萬六千二百八十卷。八年，館閣火，移寓右掖門外，謂之崇文外院。借太清樓本補寫，既多損蠹，更命繕還。天聖三年，成萬七千六百卷，歸於太清。九年冬，新作崇文院，館閣復而外院廢，時已增募寫書史，專事完緝。景祐初，命翰林學士張觀、知制誥李淑、宋郊編四庫書，判館閣官覆視録校。二年，上經、史八千四百二十五卷。明年，上子、集萬二千三百六十六卷。差賜官吏器幣，就宴輔臣、兩制、館閣官，進管勾内侍官一等。詔購求逸書，復以書有謬濫不完，始命定其存廢。因倣開元四部録爲崇文總目，慶曆初，成書，凡三萬六百六十九卷。然或相重，亦有可取而誤棄不録者。嘉祐四年，右正言、祕閣校理吴及言：「内臣監館閣久不更，書多亡失，補寫不精。請選館職，分吏編寫，重借書法，求訪所遺事。」並施用。令陳襄、蔡抗、蘇頌、陳繹編定四館書，不兼他局，二年一代。遂用黄紙寫印正本，以防蠹敗。又選京朝官、州縣官四人編校，二年遷館職，闕即隨補。歲餘，詔曰：「國初承五代之後，簡編散落，三館聚書，僅纔萬卷。其後平定列國，先收圖籍，亦嘗分遣使人，屢下詔令，訪募異本，校定篇目，聽政之暇，無廢覽觀。然比開元，遺逸尚衆，宜加購賞，以廣獻書。中外士庶，並許上館閣闕書，卷支絹一疋，五百卷與文資官。」明年冬，奏黄本書六千四百九十六卷，補白本二千九百五十四卷，賜宴如景祐。自是編寫不絕。收獻書二百一十七部，千三百六十八卷，合崇文總目，除前志所載，删去重複訛謬，定注二千四百七十四部，八千四百九十四卷。熙寧四年，集賢院學士、史館修撰宋敏求言：「前代崇建册府〔五二〕，廣收典籍，所以備人君覽觀，以成化天下。今三館、祕閣各有四部書，分經、史、子、集〔五三〕，其書類多訛舛，累加校正，尚無善本。蓋逐館幾四萬卷，校讎之時，務存速畢，每帙止用元寫本一册校正而已〔五四〕，更無兼本照對，第數既多，難得精密，故藏書雖富，未及前代。欲乞先以前漢書藝文志所載者，廣求其本，令在館供職官重複校正，校正既畢，然後校後漢時諸書。竊緣戰國以後，及於兩漢，皆是古書，文義簡奥，多有脱誤，須得他本參定。乞依昨來七史例〔五五〕，於京師及下諸路藏書之家，借本謄寫送官，俟其已精，方及魏、晉，次及宋、齊，至唐則分爲數等，取其堪傳者，則校正，庶幾祕府文籍，得以全善。」事雖不行，然補寫校定、訪求闕遺，未嘗廢也。七年，命三館祕閣編校所看詳成都府進士郭有直及其子大亨所獻書三千七百七十九卷〔五六〕，得祕閣所無者五百三卷，詔官大亨爲將作監主簿。自是中外以書來上，凡增四百四十部，六千九百三十九卷。元豐三年，改官制，廢館職，以崇文院爲祕書省，刊寫分貯集賢院、史館、昭文館、祕閣經籍圖書以祕書郎主之，編緝校定，正其脱誤，則校書郎、正字主之。歲於仲夏曝書，則給酒食費，諫官、御史及待制以上官畢赴。元祐中，詔祕書省見校對黄本書籍可添一員，以選人秦觀充。黄本書，即嘉祐中寫印正本。紹聖初，罷不復置。崇寧中，詔兩浙、成都府路有民間鏤板奇書，令漕司取索，上祕書省。大觀二年，詔大司成分委國子監、太學、辟雍等官，校本監書籍，候畢，令禮部覆校。四年，祕書監何志同言：「漢著七略，凡爲書三萬三千九百卷。隋所藏至三十七萬卷，唐開元間八萬九千六百卷。慶曆間，常命儒臣集四庫爲籍，名曰崇文總目，凡三萬六百六十九卷。慶曆距今未遠也，按籍而求之，十纔六七，號爲全本者，不過二萬餘卷，而脱簡斷編，亡散缺逸之數浸多。謂宜及今有所搜採，視舊録有未備者，頒其名數於天下，選文學博雅之士，求訪總目之外，别有異書，並借傳寫，或官給劄，即其家傳之，就加校正，上之策府。」即從其請。政和七年，校書郎孫覿言：「太宗皇帝建崇文殿爲藏書之所，景祐中，仁宗皇帝詔儒臣即祕書所藏，編次條目，所得書以類分門，賜名崇文總目。神宗皇帝以崇文院爲祕書省，釐正官名，獨四庫書尚循崇文舊目。頃因臣僚建言，訪求遺書，今累年所得總目之外，凡數百家，幾萬餘卷。乞依景祐故事，詔祕書省官，以所訪遺書，討論撰次，增入總目，合爲一書。乞别製美名，以更崇文之號。」廼命覿及著作佐郎倪濤、校書郎汪藻、劉彦通撰次，名曰祕書總目。宣和初，提舉祕書省官建言，置補寫御前書籍所於祕書省，稍訪天下之書，以資校對。以侍從官十人爲參詳官，餘官爲校勘官，進士以白衣充檢閲者數人，及年，皆命以官。四年四月，詔曰：「朕惟太宗皇帝底寧區宇，作新斯文，屢下詔書，訪求亡逸。策府四部之藏，庶幾乎古，歷歲浸久，有司玩習，多致散缺，私室所閟，世或不傳。可令郡縣諭旨訪求，許士民以家藏書在所自陳〔五七〕，不以卷帙多寡，先具篇目，申提舉祕書省以聞，聽旨遞進，可備收録，當優與支賜。或有所祕未見之書，有足觀采，即命以官，議加崇奬，其書録竟給還。若率先奉行，訪求最多州縣，亦具名聞，庶稱朕表章闡繹之意。」又詔曰：「三館圖書之富，歷歲滋久。簡編脱落，字畫訛舛，校其卷帙，尚多逸遺，甚非所以示崇儒右文之意。」廼命建局，以補全校正文籍爲名，設官總理，募工繕寫，一置宣和殿，一置太清樓，一置祕閣，俾提舉祕書省官兼領。「凡所資用，悉出内帑，毋費有司，庶成一代之典」。三詔同日而下，四方奇書，自是間出。五年二月，提舉祕書省言：「有司搜訪士民家藏書籍，悉上送官，參校有無，募工繕寫，藏之御府。近與三館參校榮州助教張頤所進二百二十一卷，李東一百六十二卷，皆係闕遺，乞加褒賞。」詔頤賜進士出身，東補迪功郎。七年，提舉祕書省又言：「取索到王闡、張宿等家藏書，以三館、祕閣書目比對，所無者凡六百五十八部，二千四百一十七卷。及集省官校勘，悉善本，比前後所進書數稍多。」詔闡補承務郎，宿補迪功郎。然自熙寧以來，搜訪補緝，至宣和盛矣，至靖康之變，散失莫考。今見於著録，往往多非曩時所訪求者，凡一千四百四十三部，二萬五千二百五十四卷。高宗渡江，書籍散佚，獻書有賞，或以官，故家藏者或命就録，鬻者悉市之。乃詔分經、史、子、集四庫，仍分官日校。又内降詔，其略曰：「國家用武開基，右文致治，藏書之盛，視古爲多。艱難以來，網羅散失，而十不得其四五。令監司郡守各諭所部，悉上送官，多者優賞。」又復置補寫所，令祕書省提舉，掌求遺書，詔定獻書賞格，自是多來獻者。淳熙四年，祕書少監陳騤等言：「中興，館閣藏書，前後搜訪，部帙漸廣，乞倣崇文總目類次。」五年，書目成，計見在書四萬四千四百八十六卷，較崇文所載，實多一萬三千八百一十七卷；復參三朝所志，多八千二百九十卷；兩朝所志，多三萬五千九百九十二卷。嘉定十三年，以四庫之外書復充斥，詔祕書丞張攀等續書目，又得一萬四千九百四十三卷，而太常太史博士之藏，諸郡諸路刻板而未及獻者不預焉。蓋自紹興至嘉定，承平百載，遺書十出八九，著書立言之士又益衆，往往多充祕府。紹定辛卯火災，書多闕。今據書目、續書目，及搜訪所得嘉定以前書，詮校而志之。

葉氏過庭録曰：前世大亂之後，書籍散亡，時君多用意搜求。自漢成帝遣謁者陳農求遺書於天下，而命劉向等校之。至隋煬帝設二臺，募以金帛；開元後，元載當國，亦命拾遺苗發等爲江淮括圖書使，每以千錢易書一卷，故人以嗜利，僞作爭獻。時無劉向輩論考，即並藏之，但以卷帙多爲貴。往承平時，三館歲曝書，吾每預其間，凡世所不傳者，類冗陋鄙淺無足觀，及唐末五代書尤甚。然好奇者或得其一，争以誇人，不復更考是非，此亦藏書一僻也。漢武帝時，河間獻王以樂書來獻，乃周官大司樂章，當時六經猶未盡出，其誤固無足怪。齊高帝時，雍州發古冢，得十餘簡，以示王僧虔，云是蝌蚪書考工記，周官所闕文。世既無此書，僧虔何從證之乎？此亦好奇以欺衆爾。本朝公卿家藏書，惟宋宣獻最精好而不多，蓋凡無用與不足觀者，皆不取，故吾書每以爲法也。

又曰：古書自唐以後，以甲、乙、丙、丁略分爲經、史、子、集四類。承平時，三館所藏，不滿十萬卷，崇文總目所載是也。公卿名藏書家如宋宣獻、李邯鄲，四方士民如亳州祁氏、饒州吴氏、荆州田氏等，吾皆見其目，多止四萬許卷，其間頗有不必觀者。惟宋宣獻家擇之甚精〔五八〕，止二萬許卷，而校讎詳密，皆勝諸家。吾舊所藏，僅與宋氏等，而宋氏好書，人所未見者，吾不能盡得也。自六經、諸史與諸子之善者，通有三千餘卷，讀之固不可限以數，以二十年計之，日讀一卷，亦可以再周，其餘一讀足矣。惟六經不可一日去手，吾自登科後，每以五月以後，天氣漸暑，不能泛及他書，即日專誦六經一卷，至中秋時畢，謂之夏課，守之甚堅。宣和後始稍廢，歲亦必一周也。每讀不唯頗得新意，前所未達者，其先日差誤，所獲亦不少，故吾於六經似不甚滅裂。南史記徐廣年過八十〔五九〕，猶歲讀五經一遍，吾殆不愧此。前輩説劉原父初爲窮經之學，寢食坐卧，雖謁客，未嘗不以六經自隨，蠅頭細書爲一編，置夾袋中，人或效之。後傭書者遂爲雕板，世傳「夾袋六經」是也。今人但隨好惡，苟誦一家之説，便自立門户，以爲通經。内不求之己，外不求之古，可乎？後生稔習聞見，所以日趨於淺陋也。

王氏揮麈録曰：承平時，士大夫家如南都戚氏、歷陽沈氏、廬山李氏、九江陳氏、鄱陽吴氏，俱有藏書之名，今皆散逸。近年所至郡府，多刊文籍，且易得本傳録。仕宦稍顯者，家必有書數千卷，然多失於讎校也。吴明可帥會稽，百廢具舉，獨不傳書。明清嘗啓其故，云：「此事當官極易辦，但僕既得書期會，賓客應接，無暇自校。子弟又方令爲程文，不欲以此散其功。委之他人，孰肯盡心？漫盈箱篋，以誤後人，不若已也。」

又曰：唐著作郎杜寶大業幸江都記云：「煬帝聚書至三十七萬卷，皆焚於廣陵，其目中蓋無一帙傳於後代。」靖康俶擾，中祕所藏與士大夫家者，悉爲烏有。南渡後，惟葉少藴少年貴盛，平生好收書，逾十萬卷，置之霅川弁山山居，建書樓以處之，極爲華焕。丁卯年，其宅與書俱蕩一燎。李泰發家舊有萬餘卷，亦以是歲火。豈厄會自有時邪？

東坡作李氏山房藏書記曰：象犀、珠玉、怪珍之物，有悦於人之耳目，而不適於用。金石、草木、絲麻、五穀、六材，有適於用而用之則敝，取之則竭。悅於人之耳目而適於用，用之而不敝，取之而不竭，賢不肖之所得，各因其才，仁智之所見，各隨其分，才分不同而求無不獲者，惟書乎！自孔子聖人，其學必始於觀書。當是時，惟周之柱下史聃爲多書。韓宣子適魯，然後見易象與魯春秋；季札聘於上國，然後聞詩之風、雅、頌；而楚獨有左史倚相，能讀三墳、五典、八索、九丘。士之生於是時，得見六經者蓋無幾，其學可謂難矣，而皆習於禮樂，深於道德，非後世君子所及。自秦、漢已來，作者益衆，紙與字畫日趨於簡便，而書益多，世莫不有，然學者益以苟簡，何哉？余猶及見老儒先生，自言其少時欲求史記、漢書而不可得，幸而得之，皆手自書，日夜誦讀，惟恐不及。近歲市人轉相摹刻諸子百家之書，日傳萬紙〔六〇〕。學者之於書，多且易致如此，其文詞學術，當倍蓰於昔人，而後生科舉之士，皆束書不觀，遊談無根，此又何也？余友李公擇，少時讀書於廬山五老峰下白石庵之僧舍。公擇既去，而山中之人思之，指其所居爲李氏山房，藏書凡九千餘卷。公擇既已涉其流，探其源，採剝其華實，而咀嚼其膏味，以爲己有，發於文詞，見於行事，以聞名於當世矣。而書固自如也，未嘗少損，將以遺來者，供其無窮之求，而各足其才分之所當得。是以不藏於家，而藏於其故所居之僧舍，此仁者之心也。余既衰且病，無所用於世，惟得數年之閑，盡讀其所未見之書。而廬山固所願遊而不得者，蓋將老焉，盡發公擇之藏，拾其餘棄以自補，庶有益乎！而公擇求余文以爲記，乃爲一言，使來者知昔之君子見書之難，而今之學者有書而不讀爲可惜也。

右歷代收書之數，藏書之所，備見前志。而葉氏、王氏所言，又近代士大夫藏書之大概也。坡翁一記，可以警蓄書而不讀者，故併載焉。

校勘記

〔一〕索求也　按「索求也」三字，原作大字正文，元本、慎本、馮本係小字注文，據改。四部叢刊本尚書孔序無此三字。

〔二〕凡三百二十七萬六千歲　原作「凡二百二十六萬七千歲」，據各本改。按史記補編三皇紀同各本。

〔三〕七曰循蜚紀八曰因提紀……十曰疏仡紀　「循蜚紀」、「因提紀」、「疏仡紀」，元本、慎本、馮本俱作「修飛紀」、「回提紀」、「流訖紀」，史記補編三皇紀同各本。

〔四〕亦必至要之理　「理」，二程集經說卷第二書解作「語」。

〔五〕罪辨之事　「罪辨」原作「争辯」，據元本、慎本、馮本改。按禮記經解作「罪辨」。

〔六〕疏皇氏云　「云」原作「六」，據各本改。按禮記經解作「云」。

〔七〕明於本數　「數」原作「教」，據莊子天下篇第三十三改。

〔八〕判天地之美　「地」原作「下」，據莊子天下篇第三十三改。

〔九〕非秦記皆燒之　「皆」原作「者」，據各本改。按史記卷六秦始皇本紀作「皆」。

〔一〇〕有敢偶語詩書者棄市　「者」字原闕，據史記卷六秦始皇本紀補。按是句與上句「天下有藏詩、書、百家語者」和下句「以古非今者」句型相同。

〔一一〕後世有明易之人哉　「明易」，通志卷七一作「明全易」。

〔一二〕六學從此闕矣　「六學」原作「文學」，據元本、慎本、馮本改。按漢書卷八六作「六學」。

〔一三〕公生者其號也　「公生者」，原作「生者」，據漢書卷八六補。

〔一四〕微不顯之言也　「微」，漢書卷三〇作「隱微」。

〔一五〕從音子容反　「子容」，原作「于容」，慎本作「字容」，據元本、馮本並漢書卷三〇改。

〔一六〕侍醫李柱國校方技　「李柱國」原作「學柱國」，據漢書卷三〇、隋書卷三二改。

〔一七〕音千括反　「千括」，原作「於括」，據漢書卷三〇改。

〔一八〕有術數略　「術數」原作「數術」，據元本、馮本改。按漢書卷三〇作「術數」。

〔一九〕刪去浮冗　「冗」原作「沉」，據漢書卷三〇改。

〔二〇〕其每略所條家及篇數　「略」字原闕，據漢書卷三〇補。

〔二一〕一人不能獨盡其經　「不」原作「亦」，據漢書卷三六改。

〔二二〕不可得其真也　「真」原作「遺」，據漢書卷三六改。

〔二三〕間音古莧反　「莧」原作「竟」，據漢書卷三六改。

〔二四〕則有魯國桓公　「桓公」原作「柏公」，據馮本並漢書卷三六改。

〔二五〕然孝宣皇帝猶復廣立穀梁春秋　「復」字原闕，據漢書卷三六補。

〔二六〕肅宗親臨稱制臨決　按後漢書卷七九上：肅宗親臨稱制，如石渠故事。

〔二七〕揚龍驤洛陽記載朱超石與兄書云　「揚龍驤」原作「揚龍驟」，據元本、馮本改。按後漢書卷七九同「驤」。

〔二八〕參倍於前　「倍」原作「陪」，據後漢書卷七九改。

〔二九〕音徒恒反　「恒」原作「但」，據各本改，後漢書卷七九同「恒」。

〔三〇〕藏在祕書中外三閣　「閣」原作「國」，據隋書卷三二改。

〔三一〕外逼强鄰　「逼」原作「通」，據隋書卷三二改。

〔三二〕更集經典　「經」字原闕，據北史卷七二「更集經典」補。按隋書卷四九同「更集經典」。

〔三三〕遣祕書郎鄭默删定舊文　「祕」字原闕，據隋書卷四九、北史卷七二補。

〔三四〕定魏内經　按上文稱荀勖因中經更著新簿，分爲四部，此又作「定魏内經，更著新簿」，「内經」即「中經」，蓋避隋諱也。

〔三五〕今御出單本　「出」，北史卷七二同，隋書卷四九作「書」。

〔三六〕後兼更講杜元凱所注　「講」原作「請」，據北史卷八一改。

〔三七〕李鉉　「鉉」原作「欽」，據北史卷八一改。按上文「徐傳業於李鉉」、「李鉉又傳授刁柔」，俱作「鉉」。

〔三八〕以實祕書内外之閣　「閣」原作「間」，據隋書卷三二改。

〔三九〕其有名而亡其書者　「亡」原作「忘」，據新唐書卷五七改。

〔四〇〕子孫工書者爲書手繕寫　按是句原作「子孫工爲書者手繕寫」，元本、慎本、馮本「子孫工者爲書手繕寫」，今據新唐書卷五七改。

〔四一〕東都明福門外　「明」原作「永」，據新唐書卷五七改。按唐兩京城坊考卷五明福門：「門内中書省、史館、内醫局、尚食厨、命婦院、修書院在焉。」

〔四二〕三十六丸　「丸」原作「凡」，據各本改。按新唐書卷五七同「丸」。

〔四三〕遣都官郎中庾傳美訪圖書於蜀　「傳」原作「傅」，據元本、慎本、馮本改。舊五代史卷三七同「傳美」。

〔四四〕柳玭家訓序言其在蜀時　「家」字原闕，據石林燕語卷八補。

〔四五〕仍傳集名儒　「傳」，元本、馮本作「博」。

〔四六〕古有經而無數　「有」，原作「者」，各本作「有」，據改。

〔四七〕三傳彭幹　「幹」，宋會要崇儒四之一五作「翰」。

〔四八〕貞明中　「貞明」原作「正明」，避梁末帝朱友貞諱改。

〔四九〕即詔經度左昇龍門東北舊車輅院　「輅」原作「路」，據續資治通鑑長編卷一九太平興國三年春正月條改。

〔五〇〕以禮部侍郎李至兼祕書監　「禮部」疑「吏部」之訛。按宋史卷二六八李至傳、長編卷二九端拱元年五月辛酉條「禮部」俱作「吏部」。

〔五一〕又不及具録　「具」原作「其」，據容齋五筆卷七改。

〔五二〕前代崇建册府　「册府」原作「策府」，元本、慎本、馮本並長編卷二二八俱作「册府」，據改。

〔五三〕分經史子集　「分」原作「外」，據長編卷二二八熙寧四年十一月條改。

〔五四〕每帙止用元寫本一册校正而已　「册」，長編卷二二八作「再」。

〔五五〕乞依昨來七史例　「七史」原作「十七史」，據長編卷二二八删。

〔五六〕進士郭有直　「郭有直」，元本作「郭友直」。

〔五七〕許士民以家藏書在所自陳　「在所」，宋會要崇儒四之二〇作「所在」。

〔五八〕惟宋宣獻家擇之甚精　「宋宣獻」原作「宋宣憲」，據上文「公卿名藏書家如宋宣獻、李邯鄲」改。按宋綬追封謚號「宣獻」，見宋史卷二八。

〔五九〕南史記徐廣年過八十　「徐廣」原作「徐盛」，據南史卷三三改。

〔六〇〕日傳萬紙　「傳」原作「轉」，按元本、馮本並中華書局標點本蘇軾文集俱作「傳」，據改。

卷一百七十五　經籍考二

經 易

昔伏羲氏始畫八卦，以通神明之德，以類萬物之情，蓋因而重之爲六十四卦。及乎三代，是爲三易。夏曰連山，言似山内出氣。殷曰歸藏，言萬物莫不歸而藏於其中。杜子春曰：連山伏羲，歸藏黄帝。周禮疏按：「今歸藏坤開筮：帝堯降二女爲舜妃。又見節卦云：殷王其國，常母谷若。依子春説歸藏黄帝，何得有帝堯及殷王事？蓋子春之意，伏羲、黄帝造其名，夏、殷因其名以作易也。周文王作卦辭，謂之周易，周公作爻辭，孔子爲彖辭、象辭、繫辭、文言、序卦、説卦、雜卦，謂之十翼。班固曰：「孔子晚而好易，讀之，韋編三絶，而爲之傳。」即十翼也。先儒説重卦及爻辭並十翼不同。自魯商瞿子木受易孔子，商瞿，姓〔一〕。以授魯橋庇子庸，姓橋，名庇，字子庸。子庸授江東馯臂子弓，馯，姓也，音韓。子弓授燕周醜子家，子家授東武孫虞子乘，子乘授齊田何子裝。及秦焚書，周易獨以卜筮得存，唯失説卦三篇，後河内女子得之。漢初，傳易者有田何，何授丁寬，寬授田王孫，王孫授沛人施讎、東海孟喜、琅邪梁丘賀，由是有施、孟、梁丘之學。又有東郡京房，自云受易於梁國焦延壽，別爲京氏學，嘗立，後罷。後漢施、孟、梁丘、京氏，凡四家並立，而傳者甚衆。漢初又有東萊費直傳易，其本皆古字，號曰古文易，以授琅邪王璜，璜授沛人高相，相以授子康及蘭陵毋將永〔二〕，故有費氏之學行於人間，而未得立。後漢陳元、鄭衆，皆傳費氏之學，馬融又爲其傳，以授鄭玄，玄作易注，荀爽又作易傳，魏代王肅、王弼並爲之注。自是費氏大興，高氏遂衰。梁丘、施氏、高氏亡於西晉〔三〕，孟氏、京氏有書無師，梁、陳鄭玄、王弼二注列於國學。齊代唯傳鄭義。至隋，王注盛行，鄭學浸微，今殆絶矣。歸藏，漢初已亡，按晉中經有之，唯載卜筮，不似聖人之旨。唐開元中，備有三易。至宋，惟歸藏略存而不傳習。漢募群書多散逸，而易獨完，學者傳之，遂分爲三。一曰田何之易，始自子夏，傳之孔子，卦、象、爻、彖與文言、説卦等離爲十二篇，而説者自爲章句，易之本經也。二曰焦贛之易，無所師授，自本言得之隱者，第述陰陽災異之言，不類聖人之經。三曰費直之易，亦無師授，專以彖、象、文言等參卦爻。凡以彖、象、文言雜入卦中者，自費氏始。田何之學，施、孟、梁丘之徒最盛。費氏初微，但傳民間。至後漢時，陳元、鄭衆之徒皆學費氏，費氏興而田何遂息，古十二篇之易遂亡其本。及王弼爲注，亦用卦、象相雜之經。自晉之後，弼學獨行，遂傳至今。

西漢志：易十三家。二百九十四篇。

隋志：六十九部，五百五十一卷。通計亡書，合九十四部，八百二十九卷。

唐志：七十六家。八十八部，六百六十五卷。失姓名一家，李鼎祚以下不著録十一家，三百二十九卷。

宋三朝志：二十七部，二百四十卷。

宋兩朝志：十一部，七十三卷。

宋四朝志：三十七部，二百一十九卷。

宋中興志：一百四十家。一百八十四部，一千三百六十六卷。

丁寬易

本傳：初，梁項生從田何受易，時寬爲項生從者，讀易精敏，材過項生，遂事何。學成，何謝寬，寬東歸，何謂門人曰：「易已東矣！」寬至雒陽，復從周王孫受古義，號周氏傳。景帝時，寬爲梁孝王將軍距吳、楚，號丁將軍，作易說三萬言，訓詁舉大義而已，今小章句是也。寬授同郡碭田王孫，王孫授施讎、孟喜、梁丘賀。由是易有施、孟、梁丘之學。

孟喜易

本傳：喜從田王孫受易，好自稱譽，得易家候陰陽災變書，詐言師田生且死時獨傳喜，諸儒以此耀之也。耀，榮也。同門梁丘賀疏通證明之，疏通，猶分別；證明，明其僞也。曰：「田生絕於施讎手中，時喜歸東海，安得此事？」又蜀人趙賓好小數書，後爲易，飾易文，以爲「箕子明夷，陰陽氣亡箕子；箕子者，萬物方荄滋也」。師古曰：易明夷：「箕子之明夷，利貞」，此箕子者，謂殷父師說洪範者也，而賓妄爲之說。荄滋，言其根荄滋茂也。荄音該，又音皆。賓持論巧慧，易家不能難，皆曰「非古法也」。心不服。云受孟喜，孟喜爲名之〔四〕，名之者，承取其云，實授賓也。後賓死，莫能持其說。喜因不肯仞，仞，亦名也。以此不見信。

京房易傳四卷

本傳：房治易，事梁人焦延壽字贛。贛常曰：「得我道以亡身者，京生也。」其說長於災變，分六十四卦，更直日用事，以風雨寒溫爲候，孟康曰：分卦直日之法，一爻主一日〔五〕，六十四卦爲三百六十日，餘四卦震、離、兑、坎爲方伯監司之官。所以用震、離、兑、坎者，是二至二分用事之日，又是四時各專王之氣。各卦主時，其占法各以其日觀其善惡也。各有占驗，房用之尤精。

鼂氏讀書記曰：漢藝文志、易京氏凡三種，八十九篇。隋經籍志有京氏章句十卷，又有占候十種，七十三卷。唐藝文志有京氏章句十卷，而占候存者五種，二十三卷。今其章句亡矣，乃略見於僧一行及李鼎祚之書。今傳者曰京氏積算易傳三卷，雜占條例法一卷，名與古不同。所謂積算易傳，疑隋、唐志之錯卦是也；雜占條例法者，疑隋、唐志之逆刺占災異是也。景迂嘗曰是書兆乾、坤之二象以成八卦，卦凡八變，六十有四，於其往來升降之際，以觀消息盈虚於天地之元，而酬酢乎萬物之表者，炳然在目也。大抵辨三易，運五行，正四時，謹二十四氣，悉七十二候，而位五星，降二十八宿，其進退以幾，而爲一卦之主者，謂之「世」，奇耦相與，據一以超二，而爲主之相者，謂之「應」。世之所位，而陰陽之肆者，謂之「飛」。陰陽肇乎所配，乾與坤、震與巽、坎與離、艮與兑。而終不脱乎本，以飛某卦之位，乃伏某宫之位。以隱賾佐神明者，謂之「伏」。起乎世而周乎内外，參乎本數以紀月者，謂之「建終」。終始極乎數而不可窮以紀日者，謂之「積含」。於中而以四爲用。一卦備四卦者，謂之互。乾建甲子於初〔六〕，坤建甲午於上，八卦之上，乃生一世之初。初一世之五位，乃分而爲五世之位；其五世之上，乃爲遊魂之世；五世之初，乃爲歸魂之世；而歸魂之初，乃生後卦之初；其建剛日則節氣，柔日則中氣，其數虚則二十有八，盈則三十有六，蓋其可言者如此。若夫象遺乎意，意遺乎言，則錯綜其用，唯變所適。苟非彰往而察來，微顯而闡幽者，曷足以與此！易學自商瞿至孟喜，授受甚明，房受之喜，而翟牧、白生者不肯仞〔七〕。京房曰：「京非孟氏學也。」劉向亦疑京託之孟氏，予不知當時爲何説也。今以當時之書驗之，蓋有孟氏京房十一篇，災異孟氏京房六十六篇，同爲一家之學，則其源委孰可誣哉！

石林葉氏曰：世傳京房易學，據漢書傳易自商瞿至田王孫皆自有次第，故言易者以田王孫爲正。孟喜從王孫學，好自稱譽，得易家候陰陽災變書，詐言王孫死時，枕喜股膝，獨傳己，爲梁丘賀所排矣。京房受學焦延壽，延壽受學孟喜，孟喜且不爲當時所信，况延壽乎？史謂延壽獨得隱士之説，託之孟氏。易家不相同，皆京氏爲異黨，而受梁丘賀學者亦京房。顔師古謂别一人亦受學田何。今世有京房易，皆陰陽曆數之書。又有京房雜算數十篇，其言龐雜，專主占筮，兩人莫知爲誰審爲受延壽學者。今考京房傳，本以卦氣直日爲説，與其書不類。占事知來，房力犯弘恭、石顯，自不能保其身，亦何貴於占乎？易於他經，孔子最所致意，蓋言五十而學易，可以無大過。而自司遷以來，學者皆言孔子傳商瞿，瞿本非門人高弟，略無一言見於論語。性與天道，子貢且不得聞，而謂商瞿得之乎？

朱子語録曰：京房卦氣用六日七分。季通云康節亦用六日七分，但不見康節説處。

又曰：京房輩説數，捉他那影裏纔發見處，便算將去。且如今日一箇人來相見，便就那相見底時節，算得這箇是好人不是好人，用得極精密。他只是動便算得，静便算不得。

陳氏書録解題曰：京房易傳三卷，積算雜占條例一卷，吴鬱林太守陸績注。京氏學廢絶久矣，所謂章句者，既不復傳，而占候之存於世者僅若此。校之前志，什百之一二耳。今世術士所用「世」、「應」、「飛」、「伏」、「游魂」、「歸魂」、「納甲」之說，皆出京氏。鼂景迂嘗爲京氏學也，用其傳爲易式，云或作四卷，而條例居其首。又有參同契、律曆志，見陰陽家，專言占候。

焦氏易林十六卷

說見占筮門。

費直易

本傳：直長於卦筮，亡章句，徒以彖、象、繫辭十篇、文言解說上下經。琅邪王璜平中音仲能傳之。

鄭康成易注

崇文總目：今唯文言、說卦、序卦、雜卦，合四篇，餘皆逸。指趣淵確，本去聖之未遠。

王弼易注略例繫辭注十卷

鼂氏曰：上下經魏尚書郎王弼輔嗣注，繫辭、說卦、雜卦、序卦，弼之門人韓康伯注。又載弼所作略例，通十卷。易自商瞿受於孔子，六傳至田何，而大興爲施讎、孟喜、梁丘賀。其後焦贛、費直始顯，而傳受皆不明，由是分爲三家。漢末，田、焦之學微絕，而費氏獨存，其學無章句，惟以彖、象、文言等十篇解上下經。凡以彖、象、文言等參入卦中者，皆祖費氏。東京荀、劉、馬、鄭，皆傳其學，王弼最後出〔八〕，或用鄭說，則弼亦本費氏也。歐陽公見此，遂謂孔子古經已亡。按劉向以中古文易經校施、孟、梁丘經，或脫去「無咎」「悔亡」，惟費氏經與古文同，然則古經何嘗亡哉！陳氏曰：自漢以來，言易者多溺於象占之學，至弼始一切掃去，暢以義理，於是天下宗之，餘家盡廢。然王弼好老氏，魏、晉談玄，自弼輩倡之。易有聖人之道四焉，去三存一，於道闕矣，况其所謂辭者，又雜異端之説乎。范甯謂其罪深於桀、紂，誠有以也。

連山十卷

北史劉炫傳：時牛弘奏購求天下遺逸之書，炫遂僞造書百餘卷，題爲連山易、魯史記等，録上送官，取賞而去。後人有訟之，經赦免死，坐除名。

夾漈鄭氏曰：夏后氏易至唐始出，今亡。

歸藏三卷

崇文總目：晉太尉參軍薛貞注〔九〕。隋志有十三篇，今但存初經、齊母、本蓍三篇〔一〇〕。文多闕亂，不可詳解。

夾漈鄭氏曰：連山，亡矣，歸藏，唐有司馬膺注十三卷，今亦亡。隋有薛貞注十三卷，今所存者，初經、齊母、本蓍三篇而已，言占筮事。其辭質，其義古，後學以其不文，則疑而棄之往往。連山所以亡者，復過於此矣。獨不知後之人能爲此文乎！子曰：「周監於二代，郁郁乎文哉！」以周易校商易，則周、商之文質可知也；以商易校夏易，則商、夏之文質又可知也。三易皆始乎八而成六十四，有八卦，即有六十四卦，六十四卦非至周而備也。但法之所立，數之所起，皆不相爲用。連山用三十六策，歸藏四十五策，周易四十九策。誠以人事代謝，星紀推移，一代一謝〔一一〕，漸繁漸文，又何必近耳目而信諸，遠耳目而疑諸？

按：連山、歸藏，乃夏、商之易，本在周易之前。然歸藏，漢志無之；連山，隋志無之，蓋二書至晉、隋間始出，而連山出於劉炫之僞作，北史明言之，度歸藏之爲書，亦此類耳。夾漈好奇，獨尊信此二書與古三墳書，且咎世人以其晚出而疑之。然殊不知毛氏詩、左氏春秋、小戴氏禮與古文尚書、周官六典，比之當時皆晚出者也，然其義理其文辭一無可疑，非二易、三墳之比，不謂之六經，可乎？故今叙二易，不敢遽指爲夏、商之書，姑隨其所出之時，置之漢之後、唐之前云。

孔穎達正義十四卷

鼂氏曰：唐國子祭酒孔穎達與顏師古、司馬才章、王恭、馬嘉運、趙乾叶、王談、于志寧等同撰，蘇德融、趙弘智覆審。序稱江南義疏有十餘家，辭尚虚誕，皆所不取，唯王弼之學獨冠古今，以弼爲本，採諸説附益之。

崇文總目：唐太尉長孫無忌與諸儒刊定，宋朝端拱初，國子司業孔維等奉詔是正，其言主申王學云。

陳氏曰：序云十四卷，館閣書目亦云今本止十三卷。按五經正義本唐貞觀中穎達與顏師古等受詔撰五經義贊，後改爲正義〔三〕，博士馬嘉運駁正其失。永徽二年，中書門下于志寧等考正增損，書始布下，其實非一手一足之力，世但稱孔疏耳。其説專釋一家注文爲正。

甘棠正義三十卷〔三〕

崇文總目：梁陝州大都督府左司馬任正一撰，以孔穎達正義爲本〔一四〕，申演其説。

李鼎祚周易集解十卷

晁氏曰：鼎祚，唐人。集解經皆避唐諱，又取序卦，各冠逐卦之首。所集有子夏、孟喜、京房、馬融、荀爽、鄭康成、劉表、何晏、宋衷、虞翻、陸績、干寶、王肅、王輔嗣、姚信、王廙、張璠、向秀、王凱沖〔一五〕、侯果、蜀才、翟玄〔一六〕、韓康伯〔一七〕、劉瓛、何妥、崔憬、沈驎士、盧氏、崔覲、孔穎達三十餘家，又引九家易、乾鑿度義。所謂蜀才者，人多不知，按顏之推云范長生也。其序云：「自卜商之後，傳注百家，唯王、鄭相沿，頗行於代。鄭則多參天象，王乃全釋人事，易之道豈偏滯於天人哉！而天象難尋，人事易習，折楊黄華，學徒多從之。今集諸家，刊輔嗣之野文，輔康成之逸象，以貽同好。」蓋宗鄭學者也。隋書經籍志所録易類六十九部，公武今所有，五部而已。關朗易不載於目〔一八〕，乾鑿度自是緯書，焦贛易林又屬卜筮，子夏書或云張弧僞爲，然則隋志所録，捨王弼書皆未得見也。獨鼎祚所集諸家之説，時可見其大旨。唐録稱鼎祚書十七卷，今所有止十卷，而始末皆全，無所亡失，豈後人併之邪？

陳氏曰：隋、唐以前，易家諸書逸不傳者，賴此書猶見其一二，而所取於荀、虞者尤多。九家者，漢淮南王所聘明易者九人，荀爽嘗爲之集解，陸氏釋文。所載説卦逸象，本於九家易。

中興藝文志：李鼎祚易宗鄭康成，排王弼。

易舉正三卷

崇文總目：唐蘇州司户參軍郭京撰。京世授五經，得王輔嗣、韓康伯手寫易經，比世所行，或頗差駁，故舉正其訛而著於篇。

鼂氏曰：京自稱家藏王、韓手札周易及石經，校正一百三十五處，二百七十三字。蓋以爻象相正，有闕漏處可推而知，託云得王、韓手札與石經耳。

容齋洪氏隨筆曰：易舉正三卷，云曾得王輔嗣、韓康伯手寫注定傳授真本，比校今世流行本及國學、鄉貢、舉人等本，或將經入注，用注作經。小象中間以下句反居其上，爻辭注內，移後義却處於前，兼有脱遺、兩字顛倒，謬誤者，並依定本舉正其訛，凡一百三節。今略取其明白者二十處載於此：坤初六，「履霜，堅冰至」。象曰：「履霜，陰始凝也。馴致其道，至堅冰也。」今本於象文「霜」字下誤增「堅冰」二字。屯，六三，象曰：「即鹿無虞，何以從禽也。」今本脱「何」字。師，六五，「田有禽，利執之，無咎」。元本「之」字誤作「言」，觀注義亦全不作言字釋也。比，九五，象曰：「失前禽，舍逆取順也。」今本誤倒其句。賁，「亨不利有攸往」，今本「不」字誤作「小」字。「剛柔交錯，天文也」、「文明以止，人文也」，注云：「剛柔交錯而成文焉，天之文也」，今本脱「剛柔交錯」一句。坎卦「習坎」上脱「坎」字。姤，九四，「包失漁」〔一九〕，注「二有其漁，故失之也」。今本誤作「無魚」〔二〇〕。蹇，九三，「往蹇來正」。今本作「來反」。困，初六，象曰：「入於幽谷，不明也。」今本「谷」字下多「幽」字。鼎，象：「聖人亨以享上帝，以養聖賢。」今本正文多「而大亨」三字，故注文亦誤增「大亨」二字。震，象曰：「不喪匕鬯，出可以守宗廟社稷，以爲祭主也。」今本脱「不喪匕鬯」一句。漸，象曰：「君子以居賢德，善風俗。」今本正文脱「風」字。豐，九四，象：「遇其夷主，吉，志行也。」今文脱「志」字。中孚，象：「豚魚吉，信及也。」今本「及」字下多「豚魚」二字。小過，象：「柔得中，是以可小事也。」今本脱「可」字，而「事」字下誤增「吉」字。六五，象曰：「密雲不雨，已止也。」注：「陽已止下故也。」今本正文作「已上」，故注亦誤作「陽已上故止也」。既濟，彖曰：「既濟，亨小，小者亨也。」今本脱一「小」字。繫辭：「二多譽，四多懼。」注云：「懼，近也。」今本誤以「近也」字爲正文，而注中又脱「懼」字。雜卦：「蒙稚而著。」今本「稚」誤作「雜」字。予頃於福州道藏中見此書而傳之，及在後省見鼂公武所進易解多引用之，世罕有其書也。

巽岩李氏曰：京此書使經傳不相混亂，殘闕復爲真全，頗有益於學者。然「能研諸侯之慮」，衍「侯之」字；「成言乎艮」，當作「誠」。若此等，京蓋未知，豈王、韓舊本固不免訛舛邪？京，開元後人，故所爲書不得著録，本末亦未詳，要可惜云。

陸希聲易傳

崇文總目：唐右拾遺陸希聲撰。希聲作易傳十篇，易圖、指説、釋變、微旨四篇。初，隴西李阮學其説，以爲上、下經傳二篇，思屬近妙〔二〕，故希聲自爲之解。餘篇差顯，不復爲注。蓋近世之名家歟？今二篇外，餘篇逸。

鼂氏曰：微旨三卷，皆設問答。

陳氏曰：按唐志有易傳二卷，中興書目作六卷，别出微旨三卷。今所謂解説者，上、下經共一册，不分卷。有序言著易傳十篇，七篇以上，解易義之淵微；八篇以下，廣易道之旁行，第爲六卷〔三〕。又撰易圖、指說、釋變、微旨各一卷，通爲十卷。其上、下經，蓋第一、第二篇。經文一句，傳亦一句。門人以爲難曉，故復爲之解。然則其全書十卷，不盡傳矣。家舊惟有微旨，續得解說一編，始知其詳。

衛元嵩元包十卷

崇文總目：元嵩，唐人〔三〕。武功蘇源明傳，趙郡李江注。包以坤爲首，因八純之宮以生變，極於六十四，自繫其辭，言外卦體，不列爻位，以謂易首乾尚文，包首坤尚質。夏連山、商歸藏、周易、唐包，其實一也，雖欲馳騁而放言，趨理近止，易家之區鄙云。

陳氏曰：其書以八卦爲八篇，首而「一世」至「歸魂」，各附其下。先坤，次乾、兑、艮、離、坎、巽、震。坤曰太陰，乾曰太陽，餘六子有孟、仲、少之目。每卦之下，各爲數語，意僻怪，文險澀，不可深曉也。

張氏曰：衛元嵩作元包，義取於歸藏。元包粗贊卦名之大指，未極人事之精義，辭略數隱，世多不傳。乃作元包數義二卷，以明衛元嵩之易。詳見七易序。

子夏易十卷

崇文總目：此書篇第，略依王氏〔西〕，決非卜子夏之文。又其言近而不篤，然學者尚異，頗傳習之。

鼂氏曰：舊題卜子夏傳。唐藝文志子夏書已亡，今此書約王弼注爲之者，止雜卦。景迂云：「張弧僞作。」陳氏曰：按隋、唐志有卜夏傳二卷，殘闕。陸德明、李鼎祚亦時稱引。考漢志初無此書。有孫坦者，爲周易析藴，此漢杜子夏也〔二五〕，未知何據。使其果然，何爲不見於漢志？其爲依託明矣。隋、唐時止二卷，已殘缺，今安得有十卷？且其經文、彖、象、爻辭相錯，正用王弼本，決非漢世書，以陸德明所引，求之今傳，則皆無之，豈惟非漢世書，亦非隋、唐所傳書矣。其文辭淺俚，非古人語，姑存之以備一家。按鼂以道傳易堂記曰：「古今咸謂子夏受於孔子而爲之傳，然太史公、劉向父子、班固皆不論著，唐劉子玄知其僞矣。書不傳於今，今號爲子夏傳者，崇文總目知其爲僞，而不知其所作之人。予知其爲唐張弧之易也。」鼂之言云爾。張弧有王道小疏五卷，見館閣書目，云唐大理評事，亦不詳何時人。

容齋洪氏隨筆曰：孔子弟子，惟子夏於諸經獨有書，雖傳記雜言未可盡信，然要爲與他人不同矣。於易則有傳，於詩則有序，而毛詩之學，一云子夏授高行子，四傳而至小毛公；一云子夏傳曾申，五傳而至大毛公。於禮則有儀禮喪服一篇，馬融、王肅諸儒多爲之訓說。於春秋所云「不能贊一辭」，蓋亦嘗從事於斯矣。公羊高實受之於子夏，穀梁赤者，風俗通亦云子夏門人。於論語則鄭康成以爲仲弓、子夏等所撰定也。後漢徐防上疏曰：「詩、書、禮、樂，定自孔子，發明章句，始於子夏。」斯其證云。

周易新論傳疏

崇文總目：唐陰洪道撰。洪道世其父顥之學，雜采子夏、孟喜等十八家之説，參訂其長，合七十二篇，於易有助云。

周易物象釋疑一卷

崇文總目：唐東鄉助撰。取卦互體〔二六〕，開釋言象，蓋未始見康成之學，而著此書焉。

陳氏曰：東鄉，一作東陽。館閣書目又云：「守江陵尹。」東陽、東鄉皆複姓也。其序言隨事義而取象，若以龍敘乾，以馬明坤。凡注疏未釋者，標出爲此書。

周易口訣義六卷〔二七〕

崇文總目：河南史證撰。不詳何代人，其書直鈔孔氏説，以便講習，故曰口訣。

鼂氏曰：唐史證撰。鈔注疏以便講習，田氏乃以爲魏鄭公撰，誤也。

陳氏曰：三朝史志有其書，非唐則五代人也。避諱作「證」字〔二八〕。

周易正義補闕略例疏一卷

崇文總目：不著撰人名氏，其説自謂裨穎達之闕。

陳氏曰：唐四門助教邢璹撰。按蜀本略例有璹所注，止有篇首釋「略例」二字，文與此同，餘皆不然。此本亦淺近無義理，姑存之。

關子明易傳一卷

鼂氏曰：魏關朗撰。元魏太和末，王虬言於孝文，孝文召見之，著成筮論數十篇。唐趙蕤云：「恨書亡半，隨文詮解，纔十一篇而已。」李邯鄲始著之目，云王通贊易，蓋宗此也。

朱子語録：關子明易，僞書也。

陳氏曰：唐趙蕤注。然隋、唐志皆不録，或云阮逸僞作。

周易啟源十卷

鼂氏曰：蔡廣成撰。李邯鄲云唐人，田偉置於王昭素之下，今從李説。卷首德恒、德言、德膚、德翰四篇〔二九〕，皆設爲問對，凡三十六篇。

周易開玄關一卷

鼂氏曰：唐蘇鶚撰。自序云：「五代祖晉，官至吏部侍郎，學兼天人，嘗製八卦論，爲世所傳，遭亂遺墜，而編簡尚有存者〔三〇〕，鶚乃略演其旨於此。」

周易流演五卷

鼂氏曰：唐成玄英撰。錯綜六十四卦，演九宫，以直年月日，推國家之吉凶。玄英，道士也，故道藏録之。或云釋仁英撰，未知孰是。

周易窮微一卷

陳氏曰：稱王輔嗣。凡爲論五篇。館閣書目有王弼易辯一卷，其論彖、論象，亦類略例，意即此書也。又言弼注此書已亡，至晉得之，王羲之承詔録藏於祕府，世莫得見。未知何所據而云。

周易釋文一卷

陳氏曰：唐國子博士陸德明撰。本名元朗，以字行。多援漢、魏以前諸家説〔三二〕，蓋唐初諸書皆在也。卦首注某宫、某世，用京房説。

石經周易周易指略例共十一卷

鼂氏曰：僞蜀廣政辛亥孫逢吉書。廣政，孟昶年號也。説卦「乾，健也」以下有韓康伯注，略例有邢璹注。此與國子監本不同者也。以蜀中印本校邢璹注略例，不同者又百餘字。詳其意義，似石經誤，而無他本訂正，姑兩存焉。

夾漈鄭氏曰：按石經之學，始於蔡邕。始也，秦火之後，經籍初出，諸家所藏，傳寫或異；箋傳之儒，皆憑所見，更不論文字之訛謬。邕校書東觀，奏求正定六經文字，靈帝許之。乃自爲書，而刻石於太學門外，後儒晚學，咸所取正。奈當漢之末祚，所傳未廣，而兵火無存，後之人所得者亦希矣。今之所謂石經者，但刻諸石耳，多非蔡氏之經。

易軌一卷

鼂氏曰：僞蜀蒲乾貫撰〔三三〕，專言流演。其序云：「可以知否泰之原，察延促之數」，蓋數學也。

王昭素易論三十三卷

鼂氏曰：昭素居酸棗，太祖時，嘗召令講易。其書以注疏異同互相詰難，蔽以己意。昭素隱居求志，行義甚高，史臣以王烈、管寧比之。

易證墜簡一卷

鼂氏曰：皇朝天禧中，毗陵從事范諤昌撰。其書酷類郭京舉正。如震卦彖辭内云，脱「不喪匕鬯」四字，程正叔取之；漸卦上六，疑「陸」字誤，胡翼之取之。自謂其學出於溢浦李處約、廬山許堅，意者豈果有師承，故程、胡取之。

陳氏曰：其上卷如郭京舉正，下卷辨繫辭非孔子命名，止可謂之「贊」，繫今爻辭乃可謂之繫辭。又重定其次序。又有補注一篇〔三三〕，辨周、孔述作，與諸儒異，爲乾、坤二傳。末有四時晷刻圖一篇。館閣書目止一卷。又有源流圖一卷，言納甲、納音者，即此下卷補注序中語也。世或言劉牧之學出於諤昌，而諤昌之學亦出种放，未知信否？鼂以道、邵子文〔三四〕、朱子發皆云爾。

陸秉周易意學十卷

鼂氏曰：秉字端夫，舊名東。寶元間，以此書奏御，敕書嘉獎。秉嘗通判蜀州。首篇論易之名，頗采參同契之説。

陳氏曰：其説多異先儒，穿鑿無據。

胡安定易傳十卷

鼂氏曰：此解甚詳，蓋門人倪天隱所纂，非其自著，故序首稱「先生曰」。又曰：新安王炎晦叔嘗問南軒曰：「伊川令學者先看王輔嗣、胡翼之、王介甫三家易，何也？」南軒曰：「三家不論互體，故云爾。然雜物撰德，具於中爻，互體未可廢也。」南軒之説雖如此，要之，程氏專治文義，不論象數。三家者，文義皆坦明，象數殆於掃除略盡，非特互體也。

周易言象外集古易

崇文總目：皇朝王洙原叔撰。洙以通經侍講天章閣，乃集前世諸儒易説〔三五〕，折衷其理，依卦變爲類。其論以王弼傳爲内，故自名曰外傳。

陳氏曰：其序言學易於處士趙期，論次舊義，附以新説，凡十二篇，十卷。

又曰：古易十二卷，亦出王原叔家。上、下經惟載爻辭，外卦辭一、彖辭二、大象三、小象四、文言五、上繫六、下繫七、説卦八、序卦九、雜卦十。葉石林以爲此即藝文志所謂古易十二篇者。按隋、唐志皆無古易之目，當亦後人依倣録之耳。

邵古周易解五卷

鼂氏曰：古字天叟，雍之父也。世本范陽，而卒於洛。其學先正音文云。

皇甫泌易解十四卷

鼂氏曰：泌官至尚書右丞，有述聞一卷、隱訣一卷、補解一卷、精微三卷，又有紀師説、辨道〔三六〕，通爲八卷。

陳氏曰：其學得之常山抱犢山人，而莆陽游中傳之。劉彝、錢藻皆爲之序。山人不知名，蓋隱者也。泌嘗守海陵，治平以前人。

石徂徠易解五卷〔三七〕

鼂氏曰：景迂云：「易古文十二篇，先儒謂費直專以彖、象、文言參解易爻，以彖、象、文言雜入卦中者，自費氏始。孔穎達云：『王輔嗣又分爻之象辭各附當爻。』則費氏初變古制時，猶若今乾卦彖、象繫卦之末歟！古經始變於費氏，卒大亂於王弼，惜哉！今學者曾不之知也。石守道亦曰：『孔子作彖、象於六爻之前，小象繫逐爻之下，惟乾悉屬之於後者，讓也。』嗚呼！他人尚何責哉！」家本不見此文，豈介後覺其誤改之歟？

陳氏曰：所解止六十四卦〔三八〕，亦無大發明。鼂景迂言守道曰云云。見前段。今觀此解義，言王弼注易，欲人易見，使相附近，他卦皆然，惟乾不同者，欲存舊本而已，更無他說。不知景迂何以云爾也。按宋咸補注首章，頗有此意，鼂殆誤記耳。

劉長民易解十五卷〔三九〕

鼂氏曰：皇朝劉牧長民撰。仁宗時，言數者皆宗之。慶曆初，吴秘獻其書於朝〔四〇〕，優詔獎之，田況爲序。又有鈎隱圖三卷，皆易之數也，凡五十五圖，并遺事九。有歐陽永叔序，而其文殊不類。

陳氏曰：黄黎獻爲之序。又爲略例圖，亦黎獻所序。又有三衢劉敏士刻於浙右庾司者，歐公序，文淺俚，決非公作。其書三卷，與前本大同小異。牧易學盛行於慶曆時〔四一〕。

删定易論一卷〔四二〕

陳氏曰：直講盱江李覯泰伯撰。凡六篇，蓋删劉牧易圖而存之者三焉。館閣書目作六卷，十九篇。覯先注易論十九篇，皆見集中，與此自爲二書，當是合爲十九也。

宋咸易訓　易補注　王劉易辨

鼂氏曰：咸自序云：「予既以補注易奏御〔四三〕，而男億請餘義凡百餘篇，端因以易訓名之。」蓋言不敢以傳世，特教其子而已。凡三卷，頗論陸希聲、劉牧、鮮于侁得失云。

陳氏曰：咸嘗撰易明，凡一百九十三條，以正亡誤。及得郭京舉正於歐陽公，遂參驗爲補注十卷，皇祐五年表上之。別有易訓，未見。易辨凡二十篇，爲一卷。劉牧之學，大抵求異先儒，穿鑿破碎，故李、宋或刪之，或辨之。

周易聖斷七卷

鼂氏曰：皇朝鮮于侁子駿撰。本之王弼、劉牧，而時辨其非。且云衆言淆亂，折諸聖，故名其篇曰聖斷。

陳氏曰：其書乾、坤二卦，不解爻象，欲學者觀彖、象、文言而自得云。

易意蘊凡例總論一卷

鼂氏曰：皇朝徐庸以春秋凡例，易亦有之，故著書九篇，號意蘊凡例。總論其學祖劉牧、陸秉云。

陳氏曰：庸，皇祐時人。凡爲論九篇。館閣書又有卦變解，未見。

校勘記

〔一〕商瞿姓　按注文取顔師古漢書注，司馬貞史記索隱作「商，姓；瞿，名，字子木」。

〔二〕相以授子康及蘭陵母將永　「母將永」，漢書卷八八、隋書卷三二作「毋將永」。

〔三〕梁丘施氏高氏亡於西晉　「高氏」原闕，據隋書卷三二補。

〔四〕云受孟喜孟喜爲名之　「孟喜爲名之」原闕「孟喜」二字，據各本補。按漢書卷八八同各本。

〔五〕一爻主一日　「主」原作「王」，據馮本並漢書卷七五京房傳改。

〔六〕乾建甲子於初　「建」原作「坤」，據郡齋讀書志校證卷一改。

〔七〕而翟牧白生者不肯仞　「翟牧」原作「瞿牧」，「白生」原作「自生」，據郡齋讀書志校證卷一改。按漢書卷八八：喜授同郡白光少子、沛翟牧子兄，皆爲博士。繇是有翟、孟、白之學。

〔八〕王弼最後出　「出」原作「世」，據郡齋讀書志校證卷一改。

〔九〕晉太尉參軍薛貞注　「薛貞」原作「薛正」，避宋帝之嫌名，據隋書卷三二改。

〔一〇〕隋志有十三篇今但存初經齊母本蓍三篇　「隋志」原作「隋世」，玉海卷三六引崇文總目作「隋志」，是。「本蓍」原作「本著」，玉海卷三六、通志卷六三俱作「本蓍」，據改。

〔一一〕一代一謝　通志作「一代二代」。

〔一二〕後改爲正義　「爲」原闕，據各本並直齋書録解題卷一補。

〔一三〕甘棠正義三十卷　「三十」，玉海卷三六引崇文總目作「二十」。按宋史卷二〇二同「三十」。

〔一四〕以孔穎達正義爲本　是句原作「孔穎達正義」。按崇文總目卷一作「任正一撰，以孔穎達爲本」。郡齋讀書志校證卷一：「右梁任正一撰，以孔穎達爲本。」則任正一當在孔穎達之後。據改。

〔一五〕王凱冲　原作「王凱同」，據李鼎祚周易集解改。郡齋讀書志校證卷一同「王凱同」，蓋鼂氏避父諱，「冲」作

「同」。

〔一六〕翟玄　原作「翟元」，據周易集解改。按郡齋讀書志校證卷一引何校本何焯校語云：「翟玄」，經典釋文九家集注下作「『翟子玄』，云『不詳何人』。」

〔一七〕韓康伯　「康」字原闕，據周易集解補。按韓康字康伯。

〔一八〕關朗易不載於目　「易」原闕，據郡齋讀書志校證卷一補。

〔一九〕姤九四包失漁　「失漁」，周易注疏作「無漁」。容齋隨筆卷五同「失漁」。

〔二〇〕今本誤作無魚　「誤」字原闕，據元本、容齋隨筆卷五補。

〔二一〕思屬近妙　「近妙」，崇文總目卷一作「甚妙」。

〔二二〕第爲六卷　「第爲」，直齋書録解題卷一作「今第爲」。

〔二三〕元嵩唐人　「唐人」下原衍一「撰」字，删。按衛元嵩事見隋書卷三五「至周武帝時蜀郡沙門衛元嵩上書」云，又據玉海卷三六著録「唐周易元包」，注元嵩作後周人。通考引崇文總目卷一以爲唐人，誤。

〔二四〕此書篇第略依王氏　「氏」原作「式」，據崇文總目卷一改。

〔二五〕此漢杜子夏也　按是句直齋書録解題卷一作「言此漢杜子夏也」。玉海卷三五引孫坦云「嘗疑漢杜子夏之學」。

〔二六〕取卦互體　是句崇文總目作「取變卦互體」。

〔二七〕周易口訣義六卷　「六卷」，郡齋讀書志校證卷一作「七卷」。按玉海卷三六：史證撰口訣義七卷。

〔二八〕避諱作證字　直齋書録解題卷一周易口訣義六卷：河南史之徵撰，不詳何代人，三朝史志有其書，非唐則五代人也。避諱作「證」字。按「史證」，通志卷六三作「史之證」。

〔二九〕卷首德恒德言德膚德翰四篇　「德膚」，直齋書録解題卷一作「德庸」；「四篇」，郡齋讀書志校證卷一作「四目」。

〔三〇〕而編簡尚有存者　「編簡」原作「漏簡」，據郡齋讀書志校證卷一改。

〔三一〕多援漢魏以前諸家説　「援」原作「授」，據各本並直齋書録解題卷一改。

〔三二〕僞蜀蒲乾貫撰　按劉道原十國紀年「乾貫」作「虔觀」。通志卷六五藝文略著録周易軌革指迷照膽訣一卷，題蒲乾虔瓘撰。

〔三三〕又有補注一篇　「補注」原作「注補」，據直齋書録解題卷一改。按下文有「即此下卷補注序中語也」。

〔三四〕邵子文　「文」字原闕，據元本、馮本並直齋書録解題卷一補。

〔三五〕乃集前世諸儒易説　「乃集」，崇文總目卷一作「鳩集」。

〔三六〕又有紀師説辨道　直齋書録解題卷一無「紀」字；「辨道」，直齋書録解題卷一作「明義」。

〔三七〕石徂徠易解五卷　「易解五卷」，直齋書録解題卷一作「周易解義十卷」。

〔三八〕所解止六十四卦　「卦」原作「解」，據直齋書録解題卷一改。

〔三九〕劉長民易解十五卷　按直齋書録解題卷一題作「新注周易十一卷、卦德統論一卷、略例一卷、又易數鈎隱圖二卷」。

〔四〇〕吴秘獻其書於朝　「秘」原作「祕」，據直齋書録解題卷一、郡齋讀書志校證卷一並慎本改。

〔四一〕牧易學盛行於慶曆時　按直齋書録解題卷一語及牧易學云：案敏士序稱伯祖屯田郎中臨川先生志其墓，今觀志文所述，但言學春秋於孫復而已。當慶曆時，其易學盛行，不應略無一語及之，且黎獻之序稱字長民，而志稱字先之，其果一人耶，抑二人耶？

〔四二〕删定易論一卷　「易論」，直齋書録解題卷一作「易圖論」。

〔四三〕予既以補注易奏御　「予」原作「子」，據慎本並郡齋讀書志校證卷一改。

卷一百七十六　經籍考三

經　易

伊川易傳十卷〔一〕

程子序：至微者理也，至著者象也。體用一源，顯微無間，觀會通以行其典禮，則辭無所不備。故善學者求言必自近，易於近者，非知言者也。予所傳者辭也，由辭以得意，則在乎人焉〔二〕。

遺書：張閎中以書問易之義本起於數。程子答曰：「謂義起數，則非也。有理而後有象，有象而後有數，易因象以知數，得其義，則象在其中矣〔三〕。必欲窮象之隱微，盡數之毫忽，乃尋流逐末，術家所尚〔四〕，非儒者之務也，管輅、郭璞之學是已。」又曰：「理無形也，故因象以明理。理見乎辭者也，則可由辭以觀象。故曰：得其義，則象數在其中矣。」門弟子請問易傳事，雖有一字之疑，伊川必再三喻之。蓋其潛心甚久，未嘗容易下一字也。

伊川以易傳示門人曰：亦只說得七分，後人更須自體究。

朱子曰：自秦、漢以來，考象辭者，泥於術數，而不得其弘通簡易之法；談義理者，淪於空寂，而不適乎仁義中正之歸。求其因時立教，以承三聖，不同於法而同於道者，則惟伊川先生程氏之書而已。後之君子，誠能日取其一卦若一爻者，熟復而深玩之。如已有疑，將决於筮而得之者，虚心端意，推之於事，而反之於身，以求其所以處此之實，則於吉凶消長之理，進退存亡之道，將無所求而不得。邇之事父，遠之事君，亦無處而不當矣。

程子高弟尹公嘗謂：「易傳乃夫子自著，欲知道者，求於此足矣，不必旁觀他書。蓋語録或有他人所記，未必盡得先生意。」又言：「先生踐履盡一部易，其作傳，只是因而寫成。」此言尤有味。

又曰：易傳不看本文，亦自成一書。

又曰：易傳明白，無難看處。但此是先生以天下許多道理，散入六十四卦、三百八十四爻之中，將作易看，却無意味，須將來作事看，即句句字字有用處耳。程先生易傳，義理精，字數足，無一毫欠缺，只是於本義不相合。易本是卜筮之書，程先生只説得一理。

程易言理甚備，象數却欠在。

按：伊川之易，精於義理，而略於卜筮象數，此固先儒之説，然愚嘗以爲易之象數、卜筮，豈出於義理之外。蓋有此理，則有此象，有此數。而卜筮之説，其所謂趨吉避凶，惠迪從逆云者，又未嘗不一出於義理。平時本諸踐履，則觀象玩辭，此義理也。一旦謀及卜筮，則觀變玩占，亦此義理也。初不必岐而二之，然言出聖賢之口，則單辭片語，皆有妙理；假借旁通，悉爲至教。往往多借易以明理，初不拘於説易也，自夫子而然矣。何也？「君子學以聚之，問以辨之，寬以居之，仁以行之」，爲乾九二而言也。而乾之九二，豈有學問寬仁之義乎？「日往則月來，月往則日來，日月相推而明生焉；寒往則暑來，暑往則寒來，寒暑相推而歲成焉」，爲咸九四而言也。而咸之九四，豈有歲時代謝之義乎？蓋其初因講易，遂借易以言理，言理雖精，而於易此卦此爻之旨則遠矣。如程子因「君子豹變」而發爲「自暴、自棄」之論，因「君子得輿」而發爲「匪風、下泉」之論，亦是意也。晦庵所謂「不看本文，自成一書」者是已。

龜氏曰：朱震言頤之學出於周敦頤，敦頤得之穆修，亦本於陳摶，與邵雍之學本同〔五〕，然考正叔之解，不及象數，頗與胡翼之相類。景迂云胡武平、周茂叔同師潤州鶴林寺僧壽涯，其後武平傳其學於家，茂叔則授二程。與震之説不同。

按：伊川之學出自濂溪，此先儒通論也。而龜、朱之説以爲濂溪所師本於希夷及一僧，則固老、釋之宗旨矣。此論未之前聞。

陳氏曰：伊川止解六十四卦，不解大傳，而以序卦分置諸卦之首。唐李鼎祚集解亦然。

王介甫易解二十卷〔六〕　龔原耿南仲注易各二十卷

龜氏曰：介甫三經義皆頒學官，獨易解自謂少作未善，不專以取士。故紹聖後復有龔原、耿南仲注易〔七〕，三書偕行於場屋。

東坡易傳十一卷

龜氏曰：東坡自言其學出於父洵。且謂卦不可爻別而觀之。其論卦必先求其所齊之端，則六爻之義，未有不貫者，未嘗鑿而通之也。

朱子語録曰：老蘇説易，專得於「愛惡相攻而吉凶生」以下三句。他把這六爻似那累世相讐相殺底人相似，看這一爻攻那一爻，這一畫克那一畫，全不近人情。東坡見他恁地太麤疏，却添得些佛、老在裏。其書自做兩樣，亦間有取王輔嗣之説，以補老蘇之説；亦有不曉得他説了，亂填補處。老蘇説底，亦有去那物理上看得著處。又雜學辨曰：乾上彖辭，發明性命之理，與詩、烝民、維天之命書、湯誥、泰誓中庸、孟子相表裏，而大傳之言亦若符契。蘇氏不知其説，而欲以其所臆度者言之，又畏人之指其失也，故每爲不可言不可見之説以先後之，務爲閃倐滉漾不可捕捉之形，使讀者茫然，雖欲攻之，而無措其辨。殊不知性命之理甚明，而其爲説至簡。今將言之而先曰不可言，既指之而又曰不可見，足以眩夫未嘗學問之庸人矣。由學者觀之，豈不適所以爲未嘗見未嘗知之驗哉！然道衰學絶，世頗惑之，故爲之辨，以待後之君子。而其他言死生鬼神之不合者，亦并附焉。

横渠易説十卷

鼂氏曰：其解甚略，繫辭差詳。

温公易説一卷

鼂氏曰：雜解易義，無銓次，蓋未成書也。

乾生歸一圖二卷〔八〕

鼂氏曰：皇朝石汝礪撰。先辨卦、彖、爻、象之别，後列數圖，頗雜以釋、老之説。

陳氏曰：嘉祐初人〔九〕。序取乾爲生生之本，萬物歸於一也。有論有圖，亦頗與劉牧辨，然或雜以釋、老之學。其所謂一者，自注云：「一則靈寂。」其元首篇論道〔一〇〕，專以靈明靈字恐誤，或當作虛。無體無生爲主。又曰：「因靈不動，而生寂體。」豈非異端之説乎？

周易義海一百卷

鼂氏曰：皇朝房審權撰。集鄭玄至王安石凡百家，摘取其專明人事者爲一編。或諸家説有異同，輒加評議，附之篇末。

陳氏曰：審權編義海凡百卷〔一一〕，近時江都李衡彦平删削，而益以東坡、伊川、漢上之説，爲撮要十卷。若房氏百卷之書，則未見也。衡，乾道中由侍御史爲起居郎。

張弼葆光易解十卷〔一二〕

鼂氏曰：弼，莆田人，字舜元。紹聖中，章惇薦於朝〔一三〕，賜號葆光處士。後黄裳等再薦〔一四〕，詔以爲福州司户、本州教授。其學頗宗鄭氏。

陳氏曰：其學多言取象。

鄭揚庭周易傳十三卷

邵伯温辨惑云：沈存中筆談言：「江南人鄭夬，字揚庭，曾爲一書談易。其間一説曰：『乾、坤，大父母也；復、姤，小父母也。乾一變生復，得一陽；坤一變生姤，得一陰，云云。至乾六變生歸妹，本得三十二陽；坤六變生漸，本得三十二陰。乾、坤錯綜，陰陽各得三十二，生六十四卦。即邵氏先天圖。』夬之爲書，皆荒唐之論，獨有此變卦之説，未知其是非。予後見兵部員外郎秦玠論夬所談，駭然曰：『何處得此法？』玠云：『嘗遇一異人，受此曆數，推往古興衰運曆，無不皆驗。嘗恨不能盡其術。西都邵雍亦知大略，已能洞知吉凶之變。此人乃形之於書，必有天譴。此非世人所得聞也。』」竊惟我先君易學微妙玄深，不肖所不得知也。其傳授本末，則受易於李之才挺之，挺之師穆修伯長，伯長師陳摶圖南。先君之學，雖有傳授，而微妙變通，則其所自得也。平時未嘗妄以語人，惟大名王天悅、滎陽張子望嘗從學，又皆蚤死。秦玠、鄭夬嘗欲從先君學，先君以玠頗好任數，夬志在口耳，多外慕，皆不之許。玠嘗語夬以王天悅傳先君之學，夬力求之，天悅不許。天悅感疾且卒，夬賂其僕，於卧内竊得之，遂以爲己學。著易傳、易測、宋範、五經明用數書，皆破碎妄作，穿鑿不根。嘗以變卦圖示秦玠。夬竊天悅書入京師，補國子監解試。策問八卦次序，夬以所得之説對，有司異之，擢在優等。既登第，以所著書投贄公卿之門，後以贓罪竄。秦謂「必有天譴」，恐指此。秦既知夬竊書，乃謂夬「何處得此法」，又謂「西都邵某聞大略」，近乎自欺矣。然謂「得之異人」，蓋指希夷而言也。

鼂氏曰：姚嗣宗謂劉牧之學受之吴祕，祕受之夬，夬又作明數、明象、明傳道、明次例、明範五篇〔一五〕。

周易析藴二卷

陳氏曰：孫坦撰。凡二卷。其首言子夏傳辭不甚粹〔一六〕，或取左氏傳語證之。晚又得十八占，稱天子曰縣官。嘗疑漢杜子夏之學，及讀杜傳，見引明夷對策，疑始釋然。坦不知何人，國史志及中興書目皆不著。

阮逸易筌六卷

陳氏曰：逸字天隱。每一爻各以一古事繫之，頗多牽合〔一七〕。

易童子問三卷

陳氏曰：歐陽永叔撰。設爲問答，其上、下卷，專言繫辭、文言、說卦而下皆非聖人之作。

周易義類三卷

陳氏曰：顧叔思撰。未詳何人。序言先儒論說甚衆，而其旨未嘗不同；卦爻或有不同，而辭意固常不一〔一八〕。各立標目〔一九〕，總而聚之。

沈存中易解二卷

陳氏曰：所解甚略，不過數卦，而於大、小畜，大、小過獨詳。

陳了翁易說一卷

陳氏曰：了翁晚年所著。止解六十四卦，辭旨深晦。

王逢易說十卷〔二〇〕

鼂氏曰：逢嘗爲國子直講，著易傳十卷。其學宗王弼。

龔原易講義十卷

陳氏曰：原字深之，嘉祐八年進士。初以經學爲王安石引用，元符後入黨籍。

呂氏易章句一卷

鼂氏曰：呂大臨與叔撰。其解甚略，有統論數篇。

呂微仲周易古經二卷〔二一〕

陳氏曰：呂大防微仲所録上、下經，並録爻辭、彖、象，隨經分上下，爲六卷〔二二〕，上、下繫二卷，文言、説卦各一卷〔二三〕。

鼂氏曰：其序云：「彖、象所以解經，始各爲一書。王弼專治彖、象，以爲注，乃分於卦爻之下，學者於是始不見完經，而文辭次第貫穿之意，亦缺然不屬。因按古文而正之。」凡十二篇，别無解釋。

鼂以道古易十二卷〔二四〕

鼂氏曰：從父詹事公諱説之撰。以諸家易及許慎説文等九十五書，是正其文字，且依漢田何本，分易經上、下併十翼通爲十二篇，以矯費氏、王弼之失。謂劉向嘗以中古文易經校施、孟、梁丘經，至蜀李譔又嘗注古文易，遂名曰古易。

陳氏曰：以道之説曰：「以彖、象、文言雜入卦中自費氏始。孔穎達又謂輔嗣之意，象本釋經，宜相附近，分爻之象辭〔二五〕，各附逐爻。則費氏初變古之時，猶若今乾、坤歟〔二六〕！古經始變於費氏，而卒大亂於王弼，奈何後之儒者尤而效之，杜預分左氏傳於經，宋衷、范望散太玄、測、贊於八十一首之下，是其明比也。揆觀其初，乃如古文尚書、遷、固叙傳，揚雄法言叙篇云爾。」卷首列名氏二十餘家，文字異同則散見於諸卦云。

巽岩李氏曰：鼂氏專主北學，凡故訓多取許叔重說文解字、陸德明章義；僧一行、李鼎祚、陸希聲及本朝王昭素、胡翼之、黄聱隅輩所論，亦時采掇。吕公書，則文字句讀，初無增損。景迂則輯諸家異同，或斷以己意，有增有損；篇第則放費長公，未解輔嗣未注以前舊本，併十二篇爲八篇。吕、鼂各有師承，初不祖述，而其指歸則往往暗合。

鼂以道太極傳外傳因說共八卷

陳氏曰：其學本康節。自言學京氏易，紹聖間遇洛陽楊賢寶，得康節二易圖，又從其子伯温得其遺編，始作易傳，名曰商瞿傳，兵火後失之，晚年復爲此書。又有易元星紀譜、易規二書，見本集中。又有傳易堂記，述漢以來至本朝傳授甚詳。

漢上易集傳易圖叢說共十五卷

鼂氏曰：朱震子發撰。自謂其學以程頤爲宗，和會邵雍、張載之論，合鄭玄、王弼之學爲一云。其書多采先儒之説以成，故曰「集解」，然頗舛誤。

陳氏曰：漢上經筵表中具述源流，云：「陳摶以先天圖傳种放，放傳穆修，穆修傳李之才，之才傳邵雍。放以河圖、洛書傳李漑，漑傳許堅，許堅傳范諤昌，諤昌傳劉牧。穆修以太極圖傳周敦頤，敦頤傳程顥、程頤。是時張載講學於二程、邵雍之間。故雍著皇極經世書，牧陳天地五十有五之數，敦頤作通書，程頤著易傳，載造太和、三兩等篇。臣今以易傳爲宗，和會雍、載之論，上采漢、魏、吴、晉，下逮有唐及今，包括異同，庶幾道離而復合。」蓋其學專以王弼盡去舊説，雜以莊、老，專上文辭爲非是，故其於象數頗加詳焉。序稱九卷，蓋合説、序、雜卦爲一也。

朱子語録曰：漢上易卦變，只變到三爻而止，於卦辭多有不通處，某更推盡去方通。如無妄「剛自外來而爲主於内」，只是初剛自訟二移下來。晉「柔進而上行」，只是五柔自觀四挨上去。此等類按漢上卦變，則通不得。王弼破互體，朱子發用互體。朱子發互體，一卦中自二至五，又自有兩卦，這兩卦又伏兩卦；林黄中便倒轉推成四卦，四卦裏又伏四卦，此謂互體。這自那「風爲天於土上」〔二七〕，有箇艮之象來。互體自左氏已言，亦有道理，只是今推不合處多。一卦互换是兩卦，伏兩卦是四卦，反看又是兩卦，又伏兩卦，共成八卦。

梁谿易傳内外篇共十九卷

陳氏曰：丞相昭武李綱伯紀撰。按序，内、外篇凡二十三卷。内篇訓釋上下經，繫辭、説、序、雜卦，併總論合十卷。外篇釋象七、明變一、訓辭二、類占一、衍數二，合十有三卷。今内篇闕總論，外篇闕訓辭及衍數下卷，存者十卷。蓋罷相遷謫時所作。其書未行於世，館閣亦無之，莆田鄭寅子敬從忠定之曾孫得其家藏本〔二八〕。頃倅莆田日〔二九〕，借鄭本傳録。今考梁谿集，紹興十三年所編，其訓辭二，序已云有録無書，則雖其家，亦亡逸久矣。豈其有序而書實未成邪？其書於辭、變、象、占，無不該貫，可謂博矣。

吴園易解十卷

陳氏曰：祕閣修撰鄱陽張根知常撰〔三〇〕。卷後有序論五篇，雜説、泰論各一篇。

先天易鈐太極寶局二卷〔三一〕

鼂氏曰：皇朝牛師德撰。自云傳邵雍之學於司馬温公，其説近於術數，未知其信然否。

陳氏曰：未詳何人，蓋爲邵氏之學，而專乎術數者也。

兼山易解二卷　傳家易説十一卷

鼂氏曰：郭忠孝撰。忠孝字立之，河南人。頗明象數，自謂得李挺之卦變論於陳子惠，因亟讀，有得焉。靖康中，持憲關右，死於難，故其書散落大半。

陳氏曰：傳家易説十一卷，冲晦處士郭雍頤正撰。自言其父忠孝受學於程伊川，伊川示以易之艮，曰：「艮，止也，學道之要，無出於此。」自是方覺讀易有味，牓其室曰「兼山」，立身行道，皆自「止」始。兵興之初，先人舊學掃地，念欲補續其説。中心所止者〔三二〕，「艮，止也」。潛稽易學，以述舊聞，用傳於家。忠孝字立之，名將樞密逵之子。自言得先天卦變於河陽陳安民子惠，其書出李挺之，由是頗通象數。仕爲永興軍路提刑，死於狄難，其書散逸。雍隱居陜州長陽山中，帥守屢薦，召之不至，由處士封頤正先生。其末，提舉趙善譽言於朝，遣官受所欲言，得其傳家兵學六卷以進，時淳熙丙午也〔三三〕。

王湜易學一卷

鼂氏曰：皇朝王湜，同州人，早潛心於康節之學。其序曰：「康節有云：『理有未見，不可强求使通。』故愚於觀物篇之所得，既推其所不疑，又存其所可疑。亦以先生之言自慎，不敢輕其去取故也。」

河圖解二卷

鼂氏曰：皇朝康平撰。凡五十二篇。

麻衣道者正易心法一卷

李潛序曰：此書頃得之廬山一異人，或云許堅。或有疑而問者，余應之云：「何疑之有？顧其議論可也。」昔黄帝素問、孔子易大傳，世尚有疑之，嘗曰：「世固有能作素問者乎？固有能作易大傳者乎？雖非本真，是亦黄帝、孔子之徒也。」余於正易心法亦曰：「世固有能作之者乎〔三四〕？雖非麻衣，是乃麻衣之徒也。」胡不觀其文辭議論乎？一滴真金，源流天造，前無古人，後無來者，翩然於羲皇心地上馳騁，實物外真仙之書也。讀來十年方悟，浸漬觸類，以知易道之大如是也。得其人，當與共之。

南軒張子曰：嗚呼，此真麻衣道者之書也。其說獨本於羲皇之畫，推乾、坤之自然，考卦脉之流動，論反對變復之際，深矣！其自得者歟？希夷隱君，實傳其學。二公高視塵外，皆有長往不來之願，抑列禦寇、莊周之徒歟？雖然，概以吾聖門之法，則未也。形而下者謂之器，或者有未察歟！其說曰：「六十四卦，惟乾與坤，本之自然，是名真體。」又曰：「六子重卦，乾、坤雜氣，悉是假合，無有定實。」予則以爲六子重卦，皆乾、坤雜氣之妙用，真實自然，非假合也。希夷述其說曰：「學者當於羲皇心地上馳騁，無於周、孔脚足下盤旋。」予則以爲學易者，須於周、孔脚足下尋求〔三五〕，然後羲皇心地上可得而識，推此可概見矣。然其書之傳，固非牽於文義，鑿於私意者所可同年而語也。

朱子曰：此書詞意凡近，不類一二百年文字。如所謂「雷自天下而發，山自天上而墜」，皆無理之妄談；所謂「一陽生於子月，而應於卯月」，乃術家之小數；所謂「由破體之乃成全體」，則爐火之末技；所謂「人間萬事，悉是假合」，乃佛者之幻語。必近年術數末流，道聽塗説，掇拾老佛醫卜諸説之陋者，以成此書。後二年，守南康，有前湘陰主簿戴師愈者求謁，即及麻衣易，因復扣之，宛然此老所作。欲馳報敬夫，敬夫已下世。時當塗守李侍郎壽翁雅好此書，亟以書來曰：「即如君言，斯人而能爲此書，亦吾所願見，幸爲津致之。」戴不久即死，而壽翁亦得請西歸矣。麻衣易是戴師愈所作，太平州刊本第二跋即其人也。昨親見之，甚稱此易，以爲得之隱者，問之，不肯明言其人。某適到其家，見有一册雜録，乃戴公自作，其言皆與麻衣易説相類。及戴死，其子弟將所作易圖來看，乃知真戴所自作也。

陳氏曰：舊傳麻衣道者授希夷先生，崇寧間，廬山隱者李潛得之，凡四十二章。蓋依託也。朱侍講云：「南康戴主簿師愈撰，乃不唧嚁底禪，不唧嚁底修養法，不唧嚁底時日法〔三六〕。」王炎曰：「洺水李壽翁侍郎喜論易〔三七〕，炎嘗問曰：『侍郎在當塗版行麻衣新説如何？』李曰：『程沙隨見屬。』炎曰：『恐托名麻衣耳！以撲錢背面，喻八卦陰陽純駁，此鄙説也。以泉、雲、雨爲陽水，以澤爲陰水，與夫子不合。』李曰：『然。然亦有兩語佳。』炎曰：『豈非「學者當於羲皇心地上馳騁，不當於周、孔脚迹下盤旋」邪？然此二語亦非也。無周、孔之辭，則羲皇心地，學者何從探之？』李無語。」李名椿。

易正誤一卷

陳氏曰：不知何人作，但稱其名曰勰〔三八〕，又稱元祐以來云云，則近世人也。據序，爲書三篇，曰正誤，曰脱簡，曰句讀。今所存惟正誤一篇。大抵增益郭、范之説，據併附二書册後。

周易外義三卷

陳氏曰：不知何人作，載於三朝史志，則其來亦久矣。大抵於易中所言及於制度、名物者，皆詳注之〔三九〕，於易之本旨，無所發明，故曰「外義」。

廣川易學二十四卷

陳氏曰：中書舍人東平董逌彦遠撰〔四〇〕。

周易窺餘十五卷

陳氏曰：資政殿學士金華鄭剛中亨仲撰〔四一〕。兼取象義，不解乾、坤二卦，獨自屯卦始。剛中嘗得罪秦檜，豈其於乾、坤之義有所避邪？

鄭東卿易卦疑難圖二十五卷〔四二〕

自序：富沙丘先生告某曰：「易盡在畫中，當求諸畫中，始得其理。若易之用，則畫有所不盡。」於是畫一卦置之座，則六十四卦周而復始，積日累月，幾五年而後有所入。醫卜算曆之書，黄老丹竈之説，經傳子史，凡與易相涉者，皆博觀之。不泥於文字〔四三〕，而一採其意旨，以求於吾之卦畫。則始之六十四卦，皆一理也。一理皆本於吾之一心，心外則無理，理外則無心，心理混融，與象數體用冥而爲一言乎！天地之大，蚊蝱之細，皆不出於吾之心内焉。聖人豈欺我哉！

陳氏曰：其書以六十四卦爲圖，外及六位、皇極、先天、卦氣等圖，各附一論説〔四四〕，末有繫辭解。自言其學出於富沙丘先生，以爲易、理皆在於畫中，於是日畫一卦，周而復始，久而後有所入。沙隨程迥可久曰：丘程字憲古，嘗有詩曰〔四五〕：「易理分明在畫中。」又曰：「不知畫意空箋注，何異丹青在畫中。」其學傳之東卿云。永嘉所刊本作二册，不分卷，無繫辭解。東卿，三山人，字少梅。

先君曰：此書本五行卦氣之説，而象數義理出焉。無朱子發之瑣碎，戴師愈之矯僞，讀之時有會心者，必宿儒所著。

張汝明易索十三卷

陳氏曰：汝明字舜文，撰上、下經六卷，外觀象三，觀變、玩辭、玩占、叢説各一。汝明，元祐壬申進士，大觀初爲御史、省郎。游酢定夫誌其墓。

凌公弼易解義十卷

陳氏曰：其書十卷，善解析文義，頗簡潔，有所發明。館閣書目有集解六卷，稱朝奉大夫凌唐佐撰，亦不著本末，豈即其人耶？

沈該周易小傳六卷

陳氏曰：專釋六爻〔四六〕，兼論變卦，多本春秋左氏傳占法。卦爲一論，又有繫辭補注十餘則，附之卷末。

昭德易故訓傳十八卷

陳氏曰：鼂公武子止撰〔四七〕。博採古今諸家，附以己聞，又考載籍行事，以明諸爻之變。其文義音讀之異者，別之逐條〔四八〕，曰同異考。乾道中上之。其議論精博，不主一家，然亦略於象數。

讀易老人解説十卷〔四九〕

陳氏曰：參政李光泰發撰。光忤秦檜，謫海外，爲此書。李嘗受學於劉元城。

易傳拾遺十卷

陳氏曰：敷文閣直學士胡銓邦衡撰。銓謫新州，作此書。大概宗主程氏，而時出新意於易傳之外。李泰發爲之序。其曰「拾遺」，謙辭也。

逍遥公易解八卷　疑問二卷

陳氏曰：直學士院李椿年仲永撰。其門人鄱陽吴説之景傳所述，胡邦衡爲作序。疑問者，説之所録其問答之語也。

晦庵易傳易本義易學啓蒙傳十一卷　本義十二卷　啓蒙一卷

朱子語録曰：易只是卜筮之書〔五〇〕，今人説得來太精了，更入粗不得。如某之説雖粗，然却入得精，精義皆在其中。若曉得某一人説，則曉得伏羲、文王之易本是如此〔五一〕，元未有許多道理在〔五二〕，方不失易之本意。今未曉得聖人作易之本意，便先要説道理〔五三〕，縱饒説得好，只是與易元不相干。聖人分明説「昔者聖人之易〔五四〕，觀象、設卦、繫辭焉以明吉凶」，幾多分曉。某所以説易只是卜筮書者，此類可見。問讀本義所釋卦辭，若看得分明，則彖辭之義亦自明，只須略提破此是卦義，此是卦象、卦體、卦變，不必更下注脚矣。曰：某當初作此文字時，正欲如此。蓋彖辭本是釋經之卦辭，若看卦辭分明，則彖亦可見。但後來要重整頓過，未及，不知解者能如此本意否？又曰：某作本義，欲將文王卦辭只大綱依文王卦辭略説，至其所以然之故，却於孔子彖辭中發之。且如「大畜，利貞，不家食吉，利涉大川」，只是占得大畜卦者爲利正，不家食而吉，利於涉大川。至於「剛上而尚賢」等處，乃孔子發明，各有所主，爻、象亦然。如此則不失文王本意，又可見孔子之意，但而今未暇整頓耳。某之易簡略者，當時只是略搭記，兼文義伊川及諸儒皆已説了，某只就語脉中略牽過這意思。近得趙子欽書云：「語、孟説極詳，易説太略。」此譬如燭籠，添一條骨，則障了一路明。若能去其障，使之統體光明，乃更好，蓋著不得詳説也。上經猶可曉易解，下經多有不可解難曉處。不知是某看到末梢懶了解不得，爲復是難解？又曰：繫辭也如此，只是上繫好看，下繫没理會。

陳氏曰：晦庵初爲易傳，用王弼本。復以吕氏古易經爲本義，其大指略同，而加詳焉。首列九圖，末著揲法，大略兼義理、占象而言。啓蒙之目曰本圖書、原卦畫、明蓍筮、考變占，凡四篇。

周易變體十六卷

陳氏曰：吏部郎中都潔聖與撰。用蔡墨言乾六爻之例，專論之卦爲主。

繫辭精義二卷

陳氏曰：呂祖謙伯恭集程氏諸家之説，程傳不及繫辭故也。館閣書目以爲託祖謙之名。

大易粹言十卷

陳氏曰：知舒州曾穜獻之集二程、張載、游酢、楊時〔五五〕，外及二郭之學爲一書〔五六〕。穜嘗受學於郭白雲。

呂伯恭古易、音訓共十四卷

陳氏曰：伯恭所定，篇次與呂微仲同，音訓則其門人王莘叟筆受。晦庵刻之臨漳、會稽，益以程氏是正文字及鼂氏説，其所著本義〔五七〕，據此本也。

吳仁傑古周易十二卷

陳氏曰：仁傑所録，以爻爲繫辭，今之繫辭爲説卦。其言十翼謂彖傳、象傳、繫辭傳上下〔五八〕、説卦上中下、文言、序卦、雜卦，併上、下經爲十二篇。按漢世傳易者，施、孟、梁丘、京、費。費最晚出，不得立於學官，其學亡章句，惟以彖、象、文言等解上、下經。自劉向校中古文易經，諸家或脱「無咎」、「悔亡」，惟費氏與古文同。東京名儒馬、鄭皆傳之。其後，諸家皆廢，而費學孤行，以至於今。其合彖、象、文言於經，蓋自康成、輔嗣以來，展轉相傳，學者遂不識古文本經，甚至於今世考官命題，或連彖、象、爻辭爲一，對大義者，志得而已，往往穿鑿傅會，而經旨破碎極矣。凡此諸家所録，雖頗有同異，大較經自爲經，傳自爲傳，而於傳之中彖、象、文言，亦各不相混，稍復古文之舊，均有補於學者，宜並存之。又有九江周燔所次附見吴氏書篇末，今古文參用，視諸本爲無據云。又有程迥可久古易考十二篇，見後。

程大昌易原十卷

陳氏曰：首論天地五十有五之數，參之河圖、洛書大衍之異同，以此爲易之原也〔五九〕，以及卦變、揲法，皆有圖論，往往斷以己見，出先儒之外。

李舜臣隆山易本傳三十三卷

陳氏曰：其自序以爲易起於畫，捨畫無以見易。因畫論心，以中爲用。如捨本卦而論他卦，及某卦從某卦來者，皆所不取。洪景盧爲之序。

沙隨易章十卷〔六〇〕　外篇一卷　占法一卷　古易考一卷

陳氏曰：程迥可久撰。其論占法、雜記、占事尤詳。迥嘗從喻樗子才學，登科，仕至邑宰。及與前輩名公交游，多所見聞，故其論頗有源流根據〔六一〕。古易考十二篇，闕序、雜卦。

楊誠齋易傳二十卷

陳氏曰：其序以爲易者，聖人通變之書。惟中爲能，中天下之不中；惟正爲能，正天下之不正，中正立而萬變通。又言古未有字，八卦之畫即字也。

林黄中周易經傳集解三十六卷

朱子語録曰：林黄中以互體爲四象八卦。林侍郎來言，論「易有太極，是生兩儀，兩儀生四象，四象生八卦。就一卦言之，全體爲太極，内外爲兩儀，内外及互體爲四象，又顛倒取爲八卦」。先生曰：「如此則不是生，却是包也。始畫卦時，只是个陰陽奇耦，一生兩，兩生四，四生八而已。方其爲太極，未有兩儀也，由太極而後生兩儀；方其爲兩儀，未有四象也，由兩儀而後生四象；方其爲四象，未有八卦也，由四象而後生八卦，此之謂生。若以爲包，則是未有太極，已先有兩儀；未有兩儀，已先有四象；未有四象，已先有八卦矣。」林曰：「惟其包之，所以生之也。」先生曰：「包如母之懷子，子在母中；生如母之産子，子在母外。」

陳氏曰：黄中淳熙中表進其書，末卷爲六十四卦立成圖。言聖人以八卦重爲六十四，未聞以復、姤、泰、否、臨、遯變爲六十四也。以辨邵堯夫、朱子發之説。其與朱侍講違言，以論易不合，爲朱公所闢也。

數學一卷

陳氏曰：雜録象數諸圖説，不知何人所録。

趙善譽易説二卷

陳氏曰：善譽爲潼川漕，進易説，每卦爲論一篇〔六二〕。

何萬易辯三卷　淵源録三卷

陳氏曰：萬爲辯三十三篇，大抵多與先儒異。淵源録者，蓋其易解未成書〔六三〕，僅有乾、坤二卦而已。萬受知阜陵，官至右司郎中、知漳州〔六四〕。

戴溪易總説二卷

陳氏曰：每卦爲一篇。溪，嘉定初爲東宫端尹，作此以授景獻。

項安世周易玩辭十六卷

陳氏曰：安世當慶元中得罪時論〔六五〕，謫居江陵，杜門潛心不出。諸書皆有論説，而易爲全書。其自序以爲讀程易三十年，此書無一字與之合；合則無用乎此書矣。世之君子，以易傳之理觀吾書，則本末條貫，無一不本於程氏者，以易傳之文觀吾書，則恐有「西河疑女」之誚。大抵程氏一於言理，盡略象數，而此書未嘗偏廢。程氏於小象頗欠發明，而此書爻象尤貫通。蓋亦徧考諸家，斷以己意，精而博矣。

林至易裨傳二卷〔六六〕 外篇一卷

陳氏曰：至撰。凡三篇，曰法象，本之太極；曰極數，本之天地之數；曰觀變，本之揲蓍十八變。外篇則曰反對、世應、互體、納甲、卦氣之類，凡八條。

述釋葉氏易説一卷

陳氏曰：葉正則爲習學記言，易居其首。門人建安袁聘儒述而釋焉。聘儒，紹熙進士。

王炎易筆記總説共九卷

陳氏曰：炎嘗以上、下經解表進〔六七〕，作十卷，今但六卷，併繫辭二卷爲八，闕說卦。於象數頗有發明。

鄭汝諧易翼傳二卷

陳氏曰：「翼」云者，所以爲程傳之輔也。大抵以程傳爲主〔六八〕，而附以己見之異。然汝諧立朝，多爲善類所不可，至互相排擊。仕至吏部侍郎。

趙南塘易說三卷

陳氏曰：專辨十翼非夫子所作，其說多自得之見也。

真西山復卦說一卷 吴如愚凖齋易說一卷 馮椅厚齋易學

中興藝文志：椅爲輯注、輯傳、外傳。蓋以程沙隨、朱文公雖本古易爲注，猶未及盡正孔傳名義，乃改「彖曰」、「象曰」爲「贊曰」，以繫卦之辭即爲彖，繫爻之辭即爲象。王弼本「彖曰」、「象曰」，乃孔子釋彖、象，與商飛卿說同。又改繫辭上下爲說卦上中，以隋經籍志有說卦三卷云。

校勘記

〔一〕伊川易傳十卷 按直齋書録解題卷一作「伊川易解六卷」。

〔二〕由辭以得意則在乎人焉 按二程集卷八作「由辭以得其意，則存乎人焉」。

〔三〕易因象以知數得其義則象在其中矣　按二程集卷三作「易因象以明理，由象以知數，得其義，則象在其中矣」。

〔四〕術家所尚　「尚」原作「向」，據元本、馮本改。按二程集卷三同「尚」。

〔五〕與邵雍之學本同　原作「與邵雍之學」，據郡齋讀書志校證卷一補。

〔六〕王介甫易解二十卷　按直齋書録解題卷一作「易解十四卷」，郡齋讀書志校證卷一作「易義二十卷」。

〔七〕故紹聖後復有龔原耿南仲注易　「復有」原作「與」，據郡齋讀書志校證卷一改。

〔八〕乾生歸一圖二卷　「二卷」，直齋書録解題卷一、宋史卷二〇二俱作「十卷」，郡齋讀書志校證卷一同「二卷」。

〔九〕嘉祐初人　「嘉祐初人」，直齋書録解題卷一作「嘉祐元年」。

〔一〇〕其元首篇論道　「元首」，直齋書録解題卷一作「玄首」；「其元首」，馮本作「貞元首」。

〔一一〕審權編義海凡百卷　「百卷」原作「四卷」，據直齋書録解題卷一、郡齋讀書志校證卷一改。按下文「若房氏百卷之書」可參見。

〔一二〕張弼葆光易解十卷　「葆光易解」，直齋書録解題卷一作「葆光易解義」，郡齋讀書志校證卷一作「葆光易」。

〔一三〕紹聖中章惇薦於朝　按郡齋讀書志校證卷一無「紹聖中」三字。

〔一四〕後黄裳等再薦　「後」，郡齋讀書志校證卷一作「紹聖二年」。

〔一五〕明範五篇　按郡齋讀書志校證卷一於此句後有「邵雍言夬竊其學於王豫，沈括亦言夬之學似雍云」二十字。

〔一六〕其首言子夏傳辭不甚粹　「傳」字原闕，據直齋書録解題卷一補。

〔一七〕頗多牽合　「牽」字原闕，據直齋書録解題卷一補。

〔一八〕而辭意固常不一　「固常」，直齋書録解題卷一作「未嘗」。

〔一九〕各立標目　「各」原作「名」，據直齋書録解題卷一改。

〔二〇〕王逢易説十卷　「易説」，郡齋讀書志校證卷一、玉海卷三六俱作「易傳」，解題中亦作「易傳」，易傳疑是。

〔二一〕吕微仲周易古經二卷　「二卷」，直齋書録解題卷一作「十二卷」，郡齋讀書志校證卷一同「二卷」。按直齋書録解題、郡齋讀書志校證俱稱其書分目凡十二篇。

〔二二〕爲六卷　按是句直齋書録解題卷一作「共爲六卷」，元本、慎本同「共爲六卷」。

〔二三〕上下繫二卷文言説卦各一卷　按直齋書録解題卷一是句作「上下繫辭二卷、文言、説、序、雜卦各一卷」。

〔二四〕鼂以道古易十二卷　「十二卷」，直齋書録解題卷一、宋史卷二〇二俱作「八卷」。玉海卷三六著録鼂説之古易十二卷，復於古易五家中稱「嵩山鼂説之亦注古文易，併十二爲八」。按下文巽岩李氏曰「景迂併十二篇爲八篇」，則八卷或即由十二卷合併而成。

〔二五〕分爻之象辭　「辭」字原闕，據直齋書録解題卷一補。

〔二六〕則費氏初變古之時猶若今乾坤歟　按直齋書録解題卷一是句作「則費氏初變古制時，猶若今乾、坤二卦各存舊本歟」。

〔二七〕這自那風爲天於土上　「土上」原作「上上」，元本、馮本作「土上」，朱子語類卷六八同。按左傳莊公二十二年：「風爲天於土上。」

〔二八〕莆田鄭寅子敬從忠定之曾孫得其家藏本　「家」字原闕，據直齋書録解題卷一補。

〔二九〕頃倅莆田日　「日」字原闕，據直齋書録解題卷一補。

〔三〇〕祕閣修撰鄱陽張根知常撰　「張根」原作「張輥」，據馮本、直齋書録解題卷一、宋史卷二〇二改。

〔三一〕先天易鈐太極寶局二卷　按直齋書録解題卷一著録牛師德仁祖先天易鈐一卷，宋史卷二〇六著録牛思純太極寶局一卷，國史經籍志卷二著録先天易鈐一卷、太極寶局一卷，宋牛師德撰。此考實據郡齋讀書志卷一合併著録。牛思純，師德子，事蹟俱見宋元學案卷一〇。

〔三二〕中心所止者　「止」，直齋書録解題卷一作「知」。

〔三三〕時淳熙丙午也　按直齋書録解題卷一於是句下作「明年卒，年八十有四。又有兼山遺學六卷，見儒家類。餘書皆未見也。雍實范忠宣丞相外孫，又號白雲先生。案：頤正，本朝廷所賜先生號，而館閣書目以爲字頤正，恐誤」，可參看。

〔三四〕世固有能作之者乎　「能」字原闕，據元本、馮本補。

〔三五〕須於周孔脚足下尋求　「下」字原闕，據元本、慎本、馮本補。

〔三六〕不唧嚁底時日法　「時日法」，直齋書録解題卷一作「日時法」。按朱子語類卷六八同直齋。

〔三七〕洛水李壽翁侍郎喜論易　「洛」原作「洺」，據直齋書録解題卷一改。按宋史卷三八九李椿本傳、朱文公文集卷九四李椿墓誌銘俱作「洺州」，洺州以其水得名。

〔三八〕不知何人作但稱其名曰歟　「但」原作「也」，據元本、慎本、馮本並直齋書録解題卷一改。

〔三九〕皆詳注之　「注」，直齋書録解題卷一作「著」。

〔四〇〕中書舍人東平董逌彦遠撰　「遠」原作「達」，據直齋書録解題卷一改。按董逌字彦遠，靖康末官國子監祭酒，宋史翼卷二七有傳。

〔四一〕資政殿學士金華鄭剛中亨仲撰　「剛中」二字原闕，據直齋書録解題卷一補。

〔四二〕鄭東卿易卦疑難圖二十五卷　「易卦疑難圖」，直齋書録解題卷一作「周易疑難圖解」。
〔四三〕不泥於文字　「泥於」，元本、慎本、馮本作「泥其」。
〔四四〕各附一論説　「一」，直齋書録解題卷一作「以」。
〔四五〕嘗有詩曰　「嘗」字原闕，據直齋書録解題卷一並馮本、慎本補。
〔四六〕專釋六爻　「專」字原闕，據直齋書録解題卷一補。
〔四七〕鼂公武子止撰　原作「鼂氏武子正撰」，據直齋書録解題卷一並各本改。
〔四八〕別之逐條　「別」，直齋書録解題卷一作「列」。
〔四九〕讀易老人解説十卷　「解説」，直齋書録解題卷一作「詳説」。按皕宋樓藏書志卷一著録「讀易詳説十卷，宋李光撰」。
〔五〇〕易只是卜筮之書　按朱子語類卷六六是句作「易只是作卜筮之書」。
〔五一〕則曉得伏羲文王之易本是如此　「本是如此」，朱子語類卷六六作「本是作如此用」。
〔五二〕元未有許多道理在　「元未」原作「元來」，據朱子語類卷六六改。
〔五三〕便先要説道理　「先」字原闕，據朱子語類卷六六補。
〔五四〕昔者聖人之易　「聖人之易」，朱子語類卷六六作「聖人之作易」。
〔五五〕知舒州曾穜獻之集二程張載游酢楊時　「張載」原作「張」，據直齋書録解題卷一補。
〔五六〕外及二郭之學爲一書　「外」字，直齋書録解題卷一闕。
〔五七〕其所著本義　「其」字原闕，據直齋書録解題卷一補。

〔五八〕其言十翼謂彖傳象傳繫辭傳上下　「象傳」二字原闕，據直齋書録解題卷一補。

〔五九〕以此爲易之原也　「以此爲」，直齋書録解題卷一作「以爲此」。

〔六〇〕沙隨易章十卷　「易章」，直齋書録解題卷一作「易章句」。

〔六一〕故其論頗有源流根據　「其論」，直齋書録解題卷一作「其論説」。

〔六二〕進易説每卦爲論一篇　按是句原缺，據元本、慎本、馮本補。按直齋書録解題卷一作「善譽淳熙中嘗進南北攻守類考，及爲湖北提舉常平，陛辭，以易説進」。

〔六三〕蓋其易解未成書　「蓋其易解」，直齋書録解題卷一作「蓋其爲易解」。

〔六四〕知漳州　按直齋書録解題卷一作「知漳州以没」。

〔六五〕安世當慶元中得罪時論　「論」原缺，據直齋書録解題卷一並元本、馮本補。

〔六六〕林至易裨傳二卷　「裨」原作「禪」，據直齋書録解題卷一並元本、馮本改。

〔六七〕炎嘗以上下經解表進　「表進」原作「進表」，據直齋書録解題卷一並元本、馮本改。

〔六八〕大抵以程傳爲主　「爲主」，直齋書録解題卷一作「爲本」。

卷一百七十七　經籍考四

經 書

孔安國尚書序曰：先君孔子，討論墳典，斷自唐虞以下，訖於周。芟夷煩亂，剪截浮辭，舉其宏綱，撮其機要，足以垂世立教。典、謨、訓、誥、誓、命之文凡百篇，所以恢弘至道，示人主以軌範也。帝王之制，坦然明白，可舉而行，三千之徒，並受其義。及秦始皇滅先代典籍，焚書坑儒，天下學士，逃難解散，我先人用藏其家書於屋壁。顏師古曰：家語云：「孔騰，字襄，畏秦法峻急，藏尚書、孝經、論語於夫子舊堂中。」而漢記尹敏傳云孔鮒所藏。二說不同，未知孰是。漢室龍興，開設學校，旁求儒雅，以闡大猷。濟南伏生，年過九十，失其本經，口以傳授，裁二十餘篇。以其上古之書，謂之尚書。百篇之義，世莫得聞。漢藝文志云：尚書經，二十九卷。注云：「伏生傳授者（一）。」儒林傳云：伏生名勝，爲秦博士。以秦時禁書，伏生壁藏之。其後大兵起，流亡。漢定，伏生求其書，亡數十篇，獨得二十九篇，即以教於齊、魯之間。孝文時，求能治尚書者，天下無有。聞伏生治之，欲召，時伏生年九十餘，老不能行。於是詔太常，使掌故鼂錯往受之。顏師古曰：衛宏定古文尚書序云：「伏生老，不能正言，言不可曉，使其女傳言教錯。齊人語多與潁川異，錯所不知凡十二三，略以其意屬讀而已。」陸氏曰：二十餘篇即馬、鄭所注二十九篇是也。孔穎達曰：泰誓本非伏生所傳，武帝之世始出而得行，史因以入於伏生所傳之內，故云二十九篇也。今按此序言伏生失其本經，口以傳授。漢書乃言初亦壁藏，而後亡數十篇。其説與此序不同，蓋傳聞異辭爾。至於篇數亦復不同者，伏生本但有堯典、皋陶謨、禹貢、甘誓、湯誓、盤庚、高宗肜日、西伯戡黎、微子、牧誓、洪範、金縢、大誥、康誥、酒誥、梓材、召誥、洛誥、多方、多士、立政、無逸、君奭、顧命、呂刑、文侯之命、費誓、秦誓，凡二十八篇，今加泰誓一篇，故爲二十九篇耳。其泰誓真僞之説〔二〕，詳見本篇，此未暇論也。

至魯恭王，好治宫室，壞孔子舊宅，以廣其居，於壁中得先人所藏古文虞、夏、商、周之書，及傳、論語、孝經，皆科斗文字。王又升孔子堂，聞金石絲竹之音，乃不壞宅，悉以書還孔氏。科斗書廢已久，時人無能知者，以所聞伏生之書考論文義，定其可知者，爲隸古定，更以竹簡寫之，增多伏生二十五篇。伏生又以舜典合於堯典，益稷合於皋陶謨，盤庚三篇合爲一，康王之誥合於顧命，復出此篇，并序，凡五十九篇，爲四十六卷。其餘錯亂摩滅，弗可復知，悉上送官，藏之書府，以待能者。

陸氏曰：恭王，漢景帝子，名餘。傳，謂春秋也。一云周易十翼非經，謂之傳。科斗，蟲名，蝦蟆子，書形似之。爲隸古定，謂用隸書以易古文。吴氏曰：伏生傳於既耄之時，而安國爲隸古，又特定其所可知者〔三〕，而一篇之中，一簡之内，其不可知者蓋不無矣。乃欲以是盡求作書之本意，與夫本末先後之義，其亦可謂難矣。而安國所增多之書，今篇目具在，皆文從字順，非若伏生之書詰曲聱牙，至有不可讀者。夫四代之書，作者不一，乃至二人之手，而遂定爲二體乎？其亦難言矣。二十五篇者，謂大禹謨、五子之歌、胤征、仲虺之誥、湯誥、伊訓、太甲三篇、咸有一德、説命三篇、泰誓三篇、武成、旅獒、微子之命、蔡仲之命、周官、君陳、畢命、君牙、冏命也，復出者，舜典、益稷、盤庚三篇、康王之誥，凡五篇。又百篇之序自爲一篇，共五十九篇，即今所行五十八篇，而以序冠篇首者也。爲四十六卷者，孔疏以爲同序者同卷，異序者異卷，同序者，太甲、盤庚、説命、泰誓，皆三篇共序，凡十二篇，只四卷。又大禹、皋陶謨、益稷、康誥、酒誥、梓材亦各三篇共序，凡六篇，只二卷。外四十篇，篇各有序，凡四十卷，通共序者六卷，故爲四十六卷也。其餘錯亂摩滅者，汨作、九共九篇、槀飫；帝告、釐沃、湯征、汝鳩、汝方；夏社、疑至、臣扈、典寶、明居、肆命、徂后、沃丁、咸乂四篇、伊陟、原命、仲丁、河亶甲、祖乙、高宗之訓；分器、旅巢命、歸禾、嘉禾、成王政、將蒲姑、賄肅慎之命、亳姑。凡四十二篇，今亡。承詔爲五十九篇作傳，於是遂研精覃思，博考經籍，採摭群言，以立訓傳。約文申義，敷暢厥旨，庶幾有補於將來。書序序所以爲作者之意，昭然義見，宜相附近，故引之各冠其篇首，定五十八篇。詳此章雖説書序序所以爲作者之意，而未嘗以爲孔子所作。至劉歆、班固始以爲孔子所作。既畢，會國有巫蠱事，經籍道息，用不復以聞，傳之子孫，以貽後代。若好古博雅君子與我同志，亦所不隱也。

隋經籍志曰：漢濟南伏生口傳二十八篇。又河内女子得泰誓一篇，獻之。伏生作尚書傳四十一篇，以授同郡張生，張生授千乘歐陽生，歐陽生授同郡兒寬，寬授歐陽之子，世世傳之，至曾孫歐陽高，謂之尚書歐陽之學。又有夏侯都尉，受業於張生，以授族子始昌，始昌傳族子勝，爲大夏侯之學。勝傳從子建，别爲小夏侯之學。故有歐陽、大、小夏侯，三家並立。訖漢東京，相傳不絶，而歐陽最盛。初，漢武帝時，魯恭王壞孔子舊宅，得其末孫惠所藏之書，字皆古文。孔安國以今文校之，得二十五篇，其泰誓與河内女子所獻不同。又濟南伏生所誦，有五篇相合〔四〕。安國並依古文，開其篇第，以隸古字寫之，合成五十八篇。其餘篇簡錯亂，不可復讀，並送之官府。安國又爲五十八篇作傳，會巫蠱事起，不得奏上，私傳其業於都尉朝，朝授膠東庸生，謂之尚書古文之學，而未得立。後漢扶風杜林傳古文尚書，同郡賈逵爲之作訓，馬融作傳，鄭玄亦爲之注。然其所傳，唯二十九篇，又雜以今文，非孔舊本，自餘絶無師説。晉世祕府所存〔五〕，有古文尚書經文，今無有傳者。及永嘉之亂，歐陽、大、小夏侯尚書並亡。濟南伏生之傳，唯劉向父子所著五行傳是其本法，而又多乖戾。至東晉，豫章内史梅賾始得安國之傳，奏之，時又闕舜典一篇。齊建武中，吴姚方興於大航頭得其書〔六〕，奏上，比馬、鄭所注多二十八字，於是始列國學。梁、陳所講，有孔、鄭二家，齊代唯傳鄭義。至隋，孔、鄭並行，而鄭氏甚微。自餘所存，無復師説。又有尚書逸篇，出於齊、梁之間，考其篇目，似孔氏壁中書之殘缺者，故附尚書之末。

孔穎達曰：孔君作傳，值巫蠱，不行以終。前漢諸儒知孔本五十八篇，不見孔傳，遂有張霸之徒僞作舜典、汩作、九共九篇、大禹謨、益稷、五子之歌、胤征、湯誥、咸有一德、典寶、伊訓、肆命、原命、武成、旅獒、冏命二十四篇，除九共九篇共卷，爲十六卷，蓋亦略見百篇之序。故以伏生二十八篇者，復出舜典、益稷、盤庚三篇，康王之誥及泰誓，共爲三十四篇，而僞作此二十四篇〔七〕，十六卷，附以求合於孔氏之五十八篇、四十六卷之數也。劉向、班固、劉歆、賈逵、馬融、鄭玄之徒皆不見真古文，而誤以此爲古文之書，服虔、杜預亦不之見，至晉王肅始似竊見。而晉書又云鄭冲以古文授蘇愉，愉授梁柳，柳之内兄皇甫謐又從柳得之，而柳又以授臧曹，曹始授梅賾，賾乃於前晉奏上其書而施行焉。漢書所引泰誓云：誣神者殃及三世。又云：立功立事，惟以永年。疑即武帝之世所得者。律曆志所引伊訓、畢命，字畫有與古文異同者，疑伏生口傳，而鼂錯所屬讀者。其引武成，則伏生無此篇，必張霸所僞作者也。

九峰蔡氏曰：按漢儒以伏生之書爲今文，而謂安國之書爲古文〔八〕，以今考之，則今文多艱澀，而古文反平易。或者以爲今文自伏生女子口授鼂錯時失之，則先秦古書所引之文皆已如此，恐其未必然也。或者以爲記録之實語難工，而潤色之雅詞易好，故訓、誥、誓、命有難易之不同，此爲近之。然伏生倍文暗誦，乃偏得其所難，而安國考定於科斗古書，錯亂摩滅之餘，反專得其所易，則又有不可曉者。至於諸序之文，或頗與經不合，而安國之序又絶不類西京文字，亦皆可疑。獨諸序之本不先經，則賴安國之序而見。

石林葉氏曰：書五十八篇，出於伏生者，初二十三篇，出於魯恭王所壞孔子宅壁中者，增多二十六篇。伏生書後傳歐陽歙，魯恭王壁中書，孔安國爲之傳。漢興，諸儒傳經，次第各有從來。伏生當文帝時年已老，口授鼂錯，頗雜齊、魯言，或不能盡辨。他經專門〔九〕，每輒數家，惟書傳一氏。安國無所授，獨以隸古易科斗，自以其意爲訓解，不及列於學官。故自漢訖西晉，言書惟祖歐陽氏。安國訓解晚出，皇甫謐家所謂二十六篇者，雖當時大儒揚雄、杜預之徒，皆不及見。劉向以魯恭王書校伏生本，酒誥亡簡一，召誥亡簡二，字之不同者尤多。書非一代之言也，其文字各隨其世不一體，其授受異同復若此，然大抵簡質淵慤，不可遽通，自立政而上，非伊尹、周公、傅説之辭，則仲虺、祖乙、箕子、召公，後世以爲聖賢不可及者也。其君臣相與往來，告戒論説，則堯、舜、禹、湯、文、武是也，是以其文峻而旨遠。自立政而下，其君則成王、穆王、康王、平王，其臣則伯禽、君陳、君牙，下至於秦穆公，其辭則一時太史之所爲也，視前爲有間矣，是以其文亦平易明白，意不過其所言，孔子取之，特以其有合於吾道焉爾。自安國學行，歐陽氏遂廢，今世所見，惟伏生大傳，首尾不倫，言不雅馴，至以天、地、人、四時爲七政，謂金縢作於周公没後，何可盡據？其流爲劉向五行傳，夏侯氏災異之説，失孔子本意益遠。安國自以爲博考經傳，採摭群言，其所發明，信爲有功，然余讀春秋傳、禮記、孟子、荀子，間與今文異同。孟子載湯誥「造攻自牧宫」，不言「鳴條」；春秋傳述五子之歌，衍「率彼天常」一句；證康誥「父子兄弟，罪不相及」，今文乃無有，疑亦未能盡善。若荀卿引仲虺曰「諸侯能自得師者王，得友者霸」，引康誥「惟文王敬忌，一人以懌」，其謬妄有如此者。禮記以「申勸寧王之德」爲「田觀寧王」，以「庶言同則」亡「繹」字，其乖悮有如此者。微孔氏則何所取正？余於是知求六經殘缺之餘於千載淆亂之後，豈不甚難而不可忽哉！

先公曰：歐陽公日本刀歌云：「傳聞其國居大海，土壤沃饒風俗好。前朝貢獻屢往來，士人往往工詞藻。徐福行時書未焚，逸書百篇今尚存。令嚴不許傳中國，舉世無人識古文。先王大典藏夷貊，蒼波浩蕩無通津。令人感激坐流涕，鏽澀短刀何足云。」詳此詩，似謂徐福以諸生帶經典入海外，其書乃始流傳於彼也。然則秦人一燼之烈，使中國家傳人誦之書皆放逸，而徐福區區抱編簡以往，能使先王大典獨存夷貊，可嘆也，亦可疑也。然今世經書，往往有外國本云。

漢志：凡書九家，四百一十二篇。入劉向稽疑一篇。師古曰：此凡言入者，謂七略之外，班氏新入之也。其云出者與此同。

隋志：三十二部，二百四十七卷。通計亡書，合四十一部，共二百九十六卷。

唐志：二十五家，三十三部，三百六卷。王元感以下，不注録四家，二十卷。

宋三朝志：十一部，一百一卷。

宋兩朝志：二部，一十三卷。

宋四朝志：一十二部，一百二十卷。

宋中興志：四十二家，五十一部，七百一十六卷。

尚書大傳三卷

崇文總目：漢濟南伏勝撰。後漢大司農鄭玄注。伏生本秦博士，以章句授諸儒，故博引異言授受〔一〇〕，援經而申證云。

鼂氏曰：勝，孝文時年且百歲，歐陽生、張生從學焉。音聲猶有訛誤，先後猶有差舛，重以篆隸之殊，不能無失。勝終之後，數子各論所聞，以己意彌縫其闕，而別作章句。又特撰大義，因經屬指，名之曰傳。劉向校書，得而上之。

陳氏曰：凡八十有三篇。當是其徒歐陽、張生之徒雜記所聞，然亦未必當時本書也。印板刓闕，合更求完善本。

牟長章句

本傳：長習歐陽尚書，建武時爲博士，遷河内太守〔一一〕。著尚書章句〔一二〕，皆本之歐陽氏，俗號爲牟氏章句。

周防尚書雜記

本傳：防師事徐州刺史蓋豫，受古文尚書。建武時以明經舉孝廉，拜郎中。撰尚書雜記三十二篇，四十萬言。後仕至陳留太守。

孔安國尚書注十三卷

鼂氏曰：安國古文尚書至晉、齊間始顯，詳見總論。唐孝明不喜古文，以今文易之，又頗改其辭。如舊「無頗」，今改「無陂」之類是也。按安國既定古文，會有巫蠱事，不復以聞，藏於私家而已。是以鄭康成注禮記、韋昭注國語、杜預注左氏、趙岐注孟子，遇引今尚書所有之文，皆曰「逸書」，蓋未嘗見古文故也。然嘗以禮記較説命，孟子較泰誓，大義雖不遠，而文不盡同，意者安國以隸古定時失之耳。

陳氏曰：考之儒林傳，安國以古文授都尉朝，第第相承，以及塗惲、桑欽。至東都，則賈逵作訓，馬融、鄭玄作傳、注解，而逵父徽實受書於塗惲，逵傳父業，雖曰遠有源流，然而兩漢名儒皆未嘗實見孔氏古文也。豈惟兩漢，魏、晉猶然，凡杜征南以前所注經傳，有援大禹謨、五子之歌、胤征諸篇，皆曰逸書，其援泰誓，則云今泰誓無此文，蓋伏生書亡泰誓，泰誓後出。或云武帝末民有獻者，或云宣帝時，河内女子得之，所載白魚火烏之祥，實僞書也。然則馬、鄭所解，豈真古文哉！故孔穎達謂賈、馬輩惟傳孔學三十三篇，即伏生書也，亦未得爲孔學矣。穎達又云，王肅注書，始似竊見孔傳，故於亂其紀綱，以爲太康時。皇甫謐得古文尚書於外弟梁柳，作帝王世紀，往往載之。蓋自太保鄭冲授蘇愉，愉授梁柳，柳授臧曹，曹授梅賾，賾爲豫章内史，奏上其書，時已亡舜典一篇。至齊明帝時，有姚方興者，得於大航頭而獻之，隋開皇中搜索遺典，始得其篇。夫以孔注歷漢末無傳，晉初猶得存者，雖不列學官，而散在民間故邪？然終有可疑者。

石林葉氏曰：今孔氏尚書，本所謂古文尚書，出魯恭王毁孔子宅所得也。孔安國爲之傳，會巫蠱事作，不得列於學官，故漢儒雖揚雄之徒，多未之見。西漢所傳歐陽、大、小夏侯三家而已。揚雄法言稱酒誥之篇俄亡矣。藝文志所謂「劉向以中古文校歐陽、大、小夏侯經文，酒誥脱簡一，召誥脱簡二者也〔一三〕。惟太史公嘗從安國授書，故班固云「遷書載堯典、禹貢、洪範、微子、金縢諸篇，多古文説」。今史記所引書及叙〔一四〕，皆與孔氏本合，其餘諸儒所引字與訓詁，或不同者，皆出歐陽、大、小夏侯氏三家也。

容齋洪氏隨筆曰：孔安國古文尚書，自漢以來，不列於學官，故左氏傳所引者，杜預輒注爲逸書。劉向説苑臣術篇一章云：「泰誓曰『附下而罔上者死，附上而罔下者刑。與聞國政而無益於民者退，在上位而不能進賢者逐。』此所以勸善而黜惡也。」漢武帝元朔元年，詔責中外不興廉舉孝。有司奏議曰「夫附下罔上者死」云云，其語與説苑所載正同。而諸家注釋，至於顔師古，皆不能援以爲證。今之泰誓，初未嘗有此語也。漢宣帝時，河内女子得泰誓一篇獻之，然年月不與序相應，又不與左傳、國語、孟子衆書所引泰誓同，馬、鄭、王肅諸儒皆疑之，今不復可考。

朱子語録：孔安國解經最亂道，看得只是孔叢子等做出來。蓋因説書云。某嘗疑孔安國書是假書，比毛公詩如此高簡，大段省事。漢儒訓釋文字，多是如此，有疑則闕。今此却盡釋之，豈有千百年前人説底話，收拾於灰燼屋壁中，與口傳之餘，更無一字訛舛？理會不得，如此可疑也。兼小序皆可疑。堯典一篇，自説堯一代爲治之次序，至讓於舜方止，今却説是讓於舜後方作。舜典亦是見一代政事之終始，却説歷試諸難，是爲要受讓時作也。至後諸篇皆然。况他先漢文章，重厚有力量，他今大序格致極輕，却疑是晉、宋間文章。况孔書是東晉方出，前此諸儒皆不曾見，可疑之甚。

孔穎達尚書正義二十卷

鼂氏曰：穎達因梁費甝疏廣之。唐儒學傳稱穎達與顔師古、司馬才章、王恭、王琰撰五經義訓百餘篇，號義贊，詔改爲正義云。雖包貫異家爲詳博，然其中不能無謬冗，馬嘉運駁正其失。永徽中，于志寧、張行成、高季輔就加增損，始布天下。藝文志云：「穎達與李子雲、王德韶等撰，朱長才、蘇德融〔一五〕、隋德素、王士雄、趙弘智覆審〔一六〕，長孫無忌、李勣等二十四人刊定。」唐史志、傳記事多參差，此爲尤甚，所記撰著人姓氏，穎達往往不同。

陳氏曰：其序云：歐陽夏侯二家之所説，蔡邕碑石刻之，古文安國所注，寢而不用。及魏、晉稍興，故馬、鄭諸儒莫睹其學，江左學者咸悉祖焉〔一七〕。隋初始流河朔，爲正義者，蔡大寶、巢猗、費甝、顧彪，文義皆淺略，惟劉焯、劉炫最爲詳雅，然焯穿鑿煩雜，炫就而删焉。雖復微稍省要，好改張前義，義更太略，辭又過華，未爲得也。

陸德明尚書釋文一卷

崇文總目：皇朝太子中舍陳鄂奉詔刊定。始，開寶中，詔以德明所釋乃古文尚書，與唐明皇所定今文駁異，令鄂删定其文，改從隸書〔一八〕。蓋今文自曉者多，故音切彌省。

陳氏曰：德明言伏生二十餘篇，即馬、鄭所注是也，可證馬、鄭非見古文。又言梅賾所上亡舜典一篇，以王肅注頗類孔氏，故取王注，從「慎徽五典」以下爲舜典，以續孔傳。又言「若稽古」至「重華協於帝」十二字，是姚方興所上，孔氏傳本無，或此下更有「濬哲文明」至「乃命以位」，總二十八字。

石經尚書十三卷

鼂氏曰：僞蜀周德真書。經文有「祥」字皆闕其畫，亦闕「民」字之類，蓋孟氏未叛唐時所刊也。以監本校之，禹貢「雲土夢作乂」，倒「土」、「夢」字；盤庚「若綱在綱」，皆作「綱」字。按沈括筆談云「雲土夢作乂」，太宗時得古本，因改正；以「綱」爲「網」，未知孰是。

古文尚書十三卷

鼂氏曰：漢孔安國以隸古定五十九篇之書，蓋以隸寫籀，故謂之隸古。其書自漢迄唐，行於學官，明皇不喜古文，改從今文，由是古文遂絶。陸德明獨存其一二於釋文而已〔一九〕。皇朝吕大防得本於宋次道、王仲至家，以較陸氏釋文，雖小有異同，而大體相類。觀其作字奇古，非字書傅會穿鑿者所能到。學者考之，可以知制字之本也。

夾漈鄭氏曰：按易、詩、書、春秋皆有古文，自漢以來，盡易以今文，惟孔安國得屋壁之書，依古文而隸之。安國授都尉朝，朝授膠東庸生，謂之尚書古文之學。鄭玄爲之注，亦不廢古文，使天下後學於此一書而得古意。不幸遭明皇更以今文，其不合開元文字者謂之「野書」。然易以今文，雖失古意，但參之古書，於理無礙，亦足矣。明皇之時，去隸書既遠，不通變古之義，所用今文，違於古義尤多。臣於是考今書之文，無妨於義者從今，有妨於義者從古，庶古今文義兩不相違，曰書考。迨武成而未及終編，又有書辨訛七卷，皆可見矣。

按漢儒林傳言孔氏有古文尚書，孔安國以今文讀之。唐藝文志有今文尚書十三卷，注言玄宗詔集賢學士衛包改古文從今文。然則漢之所謂古文者科斗書，今文者隸書也。唐之所謂古文者隸書，今文者世所通用之俗字也。隸書，秦、漢間通行，至唐則久變而爲俗書矣，何尚書猶存古文乎？蓋安國所得孔壁之書，雖爲之傳，而未得立於學官。東京而後，雖名儒亦未嘗傳習，至隋、唐間方顯，往往人猶以僻書奥傳視之，繕寫傳授者少，故所存者皆古物，尚是安國所定之隸書，而未嘗改以從俗字，猶今士大夫藏書之家有奇異之書，世所罕見者，必是舊本，且多古字是也。噫！百篇之書，遭秦火而亡其半，所存者五十八篇，而其間此二十五篇者，書雖傳，而字復不諧於俗。傳於漢者爲科斗書，傳於唐者爲隸書，皆當時之人所罕習者。蓋出自孔壁之後，又復晦昧數百年，而學者始得以家傳人誦也。

尚書廣疏〔二〇〕

崇文總目：僞蜀馮繼先撰。以穎達正義爲本，小加己意。

尚書斷章〔二一〕

崇文總目：不著撰人名氏〔二二〕。按其書略序衆篇大旨。

尚書集解十四卷〔二三〕

鼂氏曰：皇朝顧臨、蔣之奇、姚闢、孔武仲、劉敞、王會之、周範、蘇子才、朱正夫、吴孜所撰〔二四〕。後人集之爲一編，然非全書也。

胡翼之洪範解一卷

鼂氏曰：胡瑗翼之撰。皆其門人所録，無銓次首尾。

張晦之洪範解一卷

鼂氏曰：皇朝張景晦之撰。景當景祐三年爲房州參軍，著論七篇。

楊元素書九意一卷

鼂氏曰：皇朝楊繪元素撰。其序云詩、書、春秋同出於史，而仲尼或删或修，莫不有筆法焉。詩、春秋先儒皆言之，書獨無其法邪？故作斷堯、虞書、夏書、禪讓、稽古、商書、周書、費誓、泰誓意九篇〔二五〕。

蘇明允洪範論圖一卷

鼂氏曰：三論皆援經繫傳，斥末以歸本。二圖，一以指歆、向之謬，一以形其意。或云非洵作。

孫莘老書解十三卷

鼂氏曰：覺仕元祐。謂康王以喪服見諸侯爲非禮。蘇氏之説本此。

新經尚書十三卷

鼂氏曰：王雱元澤撰。熙寧時頒是書於學官，用以取士，或少違異，輒不中程，由是獨行於世六十年，而天下學者喜攻其短，自開黨禁，世人罕稱焉。

陳氏曰：其父安石序之曰：「熙寧三年，臣安石以尚書入侍，遂與政，而子雱實嗣講事，有旨爲之説以進。八年，下其説太學頒焉。」雱蓋述其父之學，王氏三經義，此其一也。熙寧六年，命知制誥吕惠卿充修撰經義，以安石提舉修定，又以安石子雱、惠卿弟升卿爲修撰官。八年，安石復入相，新傳乃成。雱蓋主是經者也。王氏學獨行於世者六十年，科舉之士熟於此乃合程度，前輩謂如脱墼然，按其形模而出之爾，士習膠固，更喪亂乃已。

朱子語録曰：荆公不解洛誥，但云其間煞有不可强通處，今姑擇其可曉者釋之。今人多説荆公穿鑿，他却有如此處。後來人解書，却須要盡解。王説傷於鑿，然其善亦有不可掩處。

王氏洪範傳一卷

鼂氏曰：王介甫撰。以劉向、董仲舒、伏生明災異爲蔽，而思别著此傳。以庶徵所謂「若」者，不當訓「順」，當訓「如」；人君之五事，如天之雨、暘、寒、燠、風而已。大意謂天人不相干，雖有變異，不足畏也。

東坡書傳十三卷

鼂氏曰：熙寧以後，專用王氏之説進退多士，此書駁異其説爲多。

陳氏曰：其於胤征，以爲羲和貳於羿，而忠於夏；於康王之誥，以釋衰服冕爲非禮。曰「予於書見聖人之所不取而猶存者有二」，可謂卓然獨見於千載之後者。又言昭王南征不復，穆王初無憤耻哀痛之語，平王當傾覆禍敗之極，其書與平康之世無異，有以知周德之衰，而東周之不復興也。嗚呼，其論偉矣！

朱子語録：或問：「諸家書解誰最好？莫是東坡？」曰：「然。」又問：「但若失之太簡？」曰：「亦有只消如此解者。」 東坡書解却好，他看得文勢好。

書義辨疑一卷

鼂氏曰：楊時中立撰。其書專攻王雱之失。

古三墳書一卷

鼂氏曰：張天覺言得之於比陽民家。墳皆古文，而傳乃隸書，所謂三墳者，山、氣、形也。七略、隋志皆無之，世以爲天覺僞撰〔二六〕。

陳氏曰：元豐中，毛漸正仲奉使京西，得之唐州民舍。其辭詭誕不經，蓋僞書也。三墳之名，惟見於左氏右尹子革之言，蓋自孔子定書，斷自唐、虞以下，前乎唐、虞，無徵不信，不復采取，於時固已影響不存，去之二千載，而其書忽出，何可信也。況皇謂之「墳」，帝謂之「典」，皆古史也，不當如毛所録，其僞明甚。人之好奇，有如此其僻者！鼂公武云張商英僞撰，以比李筌陰符經。

石林葉氏曰：古三墳書爲古文，奇險不可識，了不知其爲何語，其妄可知也。

夾漈鄭氏曰：三皇太古書亦謂之三墳，一曰山墳，二曰氣墳，三曰形墳。天皇伏羲氏本山墳而作易，曰連山；人皇神農氏本氣墳而作易，曰歸藏；地皇黄帝氏本形墳而作易，曰坤乾。雖不畫卦，而其名皆曰卦爻、大象。連山之大象有八，曰君、臣、民、物、陰、陽、兵、象，而統以山；歸藏之大象有八，曰歸、藏、生、動、長、育、止、殺，而統以氣；坤乾之大象有八，曰天、地、日、月、山、川、雲、氣，而統以形。皆八而八之，爲六十四，其書漢魏不傳，至元豐中始出於唐州比陽之民家，世疑僞書。然其文古，其辭質而野，其錯綜有經緯，恐非後人之能爲也。如緯書猶見取於前世，况此乎。且歸藏至晉始出，連山至唐始出，則三墳始出於近代，亦不爲異事也。

按：夫子所定之書，其亡於秦火，而漢世所不復見者，蓋杳不知其爲何語矣。况三墳已見削於夫子，而謂其書忽出於元豐間，其爲謬妄可知。夾漈好奇而尊信之，過矣。又况詳孔安國書序所言，則墳典，書也，蓋百篇之類也；八索，易也，蓋彖、象、文言之類也。今所謂三墳者，曰山墳、氣墳、形墳，而以爲連山、歸藏、坤乾之所由作，而又各有所謂大象、六十四卦，則亦是易書，而與百篇之義不類矣，豈得與五典並稱乎？

顏吳范司馬無逸説命解三卷

鼂氏曰：皇朝吳安詩〔二七〕、范祖禹、司馬康元祐中侍講筵，顏復説書崇政殿日所進講説也。

伊川書説一卷

鼂氏曰：伊川之門人記其師所談四十餘篇。

洪範會傳一卷

鼂氏曰：皇朝孫諤撰。諤元祐中博士，其説多本先儒，頗攻王氏之失。

二典義一卷

陳氏曰：陸佃農師撰。佃爲王氏學，長於考訂。

石林書傳十卷

陳氏曰：葉夢得少藴撰。少藴博極群書，强記絶人，書與春秋之學，視諸儒最爲精詳〔二八〕。

中興藝文傳曰：其爲書頗採諸家之説，而折衷其是非。

石林自序曰：自世尚經術，博士業書者十常三四，然第守一説，莫能自致其思，余竊悲之。因參總數家，推原帝王之治，論其世，察其人，以質其所言，更相研究，折衷其是非，頗自紀輯，爲書二十卷，十二萬有餘言。

書裨傳十三卷

陳氏曰：太常丞吴棫才老撰。首卷舉要曰總説，曰書序，曰君辯，曰臣辯，曰考異，曰詁訓，曰差牙，曰孔傳，凡八篇，考據詳博。

書辯訛七卷

陳氏曰：樞密院編修官鄭樵漁仲撰。其目曰糾謬四，闕疑一，復古二。樵以遺逸召用，博物洽聞，然頗迂僻。

陳博士書解三十卷

中興藝文志：紹興時太學始建，陳鵬飛爲博士，發明理學，爲陳博士書解。

陳氏曰：秦檜子熺嘗從之遊。在禮部時，熺爲侍郎，文書不應令，鵬飛輒批還之，熺寖不平。鵬飛説書崇政殿，因論春秋「母以子貴」，言公羊説非是，檜怒，謫惠州以没。今觀其書，紹興十三年所序，於文侯之命，其言驪山之禍〔二九〕，申侯啓之，平王感申侯之立己，而不知其德之不足以償怨。鄭桓公友死於難，而武公復娶於申。君臣如此，而望其振國耻，難矣。嗚呼，其得罪於檜者，豈一端而已哉！

無垢尚書詳説五十卷

陳氏曰：張九成子韶撰。無垢諸經解，大抵援引詳博，文意瀾翻，似乎少簡嚴，而務欲開廣後學之見聞，使不墮於淺狹，故讀其書者亦往往有得焉。

程大昌書譜二十卷

陳氏曰：本以解經，而不盡解，有所發明，則篇爲一論。

程大昌禹貢論圖共四卷

陳氏曰：凡論五十三篇，後論八篇，圖三十一。其於江、河、淮、漢、濟、黑、弱水七大川，以爲舊傳失實，皆辯證之。淳熙四年上進。宇宙廣矣，上下數千載，幅員數萬里，身不親歷，耳目不親聞見，而欲决於一心，定於一説，烏保其皆無牴牾？然要爲卓然，不詭隨傳注者也。

東萊書説十卷

大愚叟書後曰：尚書説自秦誓至洛誥，凡十八篇，伯氏太史己亥之冬口授諸生，而筆之册者也。惟念伯氏退休里中之日，居多以詩、書、禮、樂訓授學者，俾其有以自得乎此，初未嘗喜爲書也。然聽之有淺深，記之有工拙，傳習既廣，而漫不可收拾，伯氏蓋深病之。一日，客有來告者，曰：「記録之昜差固也，各述其所聞，而復有詳略得失之異，則其差爲甚矣。非有以審其是，學者何從而信之？」於是然其言，取尚書置几間而爲之説。先之秦誓、費誓者，欲自其流而上溯於唐虞之際也。辭旨所發，不能不敷暢詳至者，欲學者易於覽習而有以舍其舊也。訖於洛誥而遂以絶筆者，以夫精義無窮。今姑欲以是而廢夫世之所筆録，蓋非所以言夫經也。未再歲，伯氏下世。整次讀詩記，猶未終篇，書及三禮皆未及次第考論，而書則猶口授而非傳聞。南康史君曾侯取而刊之學官，書來求紀其本末，義不得辭也〔三〇〕，因書其所知，以附於卷末。

陳氏曰：今世有别本全書者，其門人續成之，非東萊本書也。

朱子語録曰：吕伯恭解書自洛誥始。某問之曰：「有解不去處否？」曰也「無」。及數日後謂某曰：「書也，是難説〔三一〕。今只是强解將去爾。」要之，伯恭却是傷於巧。

晦庵書説七卷

陳氏曰：晦庵門人黄士毅集其師説之遺，以爲此書。晦庵於書一經獨無訓傳，每以爲錯簡脱文處多，不可强通〔三二〕。今惟二典、禹謨、召誥、洛誥、金縢有解，及「九江」、「彭蠡」、「皇極」有辯，其他皆文集、語録中摘出。

書古經及序共五卷

陳氏曰：晦庵所録，分經與序，仍爲五十九篇，以存古也。

蔡九峰書集傳

自序：慶元己未冬，先生文公令沉作書傳，明年先生没。又十年，始克成編，總若千萬言。嗚呼！書豈易言哉。沉自受讀以來，沉潛其義，參考衆説，融會貫通，乃敢折衷微辭奥旨，乃述舊聞。二典、禹謨，先生蓋嘗是正，手澤尚新，先生改本已附文集中，其間亦有經承先生口授指畫，而未及盡改者，今悉更定，見本篇。集傳本先生所命，故凡引用師説，不復識别云。

尚書講義三十卷

陳氏曰：參政張綱彦正撰。綱政和時及第，仕三朝，歷蔡京、王黼、秦檜三權臣，乃不爲屈。紹興末乃預政〔三〕。此書爲學官時所作。

林少潁拙齋書集解五十八卷

陳氏曰：少潁從吕紫微本中居仁學，而太史吕祖謙則其門人也。其自序謂初著之時，每日誦正經自首至尾一遍，雖有他務不輟。平心定氣，博採諸儒之説而去取之。苟合於義，雖近世學者之説，亦在所取。苟不合於義，雖先儒之説，亦所不取。

朱子語録曰：林書儘有好處，但自洛誥以後，非其所解。

黄度文叔書説七卷

陳氏曰：度篤學窮經，老而不倦。晚年制閫江、淮，著述不輟，時得新意，往往晨夜叩書塾，爲朋友道之。

袁燮潔齋家塾書鈔十卷

陳氏曰：其子喬崇謙録其家庭所聞，至君奭而止。

袁氏家塾讀書記二十三卷

陳氏曰：題四明袁覺集，未詳何人。大略倣呂氏讀詩記，集諸説或述己意於後，當是潔齋之族〔三四〕。

尚書精義六十卷

陳氏曰：三山黄倫彝卿編次，或書坊所託。

梅教授書集解

陳氏曰：其書三册，不分卷，不著名，未詳何人。

柯山書解十六卷

陳氏曰：柯山夏僎元肅撰。集二孔、王、蘇、陳、林、程頤、張九成及諸儒之説，便於舉子。

書少傳十八卷

陳氏曰：新安王炎晦叔撰。

南塘書説三卷

陳氏曰：趙汝談撰。疑古文非真者五條，朱文公嘗疑之，而未若此之决也。然於伏生所傳諸篇，亦多所掊擊觝排，則似過甚。

校勘記

〔一〕伏生傳授者　「傳」原作「所」，據漢書卷三〇改。

〔二〕其泰誓真僞之説　「真僞」原作「甚僞」，據元本、慎本、馮本改。書集傳同作「真僞」。

〔三〕又特定其所可知者　「又」原作「文」，據元本、馮本改。書集傳同「又」。

〔四〕有五篇相合　「有」字原闕，據隋書卷三二補。

〔五〕晉世祕府所存　「所存」原作「所有」，據元本、慎本、馮本改。隋書卷三二同作「所存」。

〔六〕吴姚方興於大航頭得其書　「大航頭」，隋書卷三二作「大珩市」，經典釋文序録作「大舫頭」。

〔七〕而僞作此二十四篇　是句原闕，據元本、慎本、馮本並孔序補。

〔八〕而謂安國之書爲古文　「謂」，書集傳作「後」。

〔九〕他經專門　「他」原作「也」，據元本、慎本、馮本改。

〔一〇〕故博引異言授受　「受」原闕，據崇文總目卷一補。

〔一一〕遷河内太守　「河内」原作「河南」，據後漢書卷七九改。

〔一二〕著尚書章句　「著」原作「注」，據後漢書卷七九改。

〔一三〕酒誥脱簡一召誥脱簡二者也　按是句原作「酒誥脱簡二者也」，據漢書卷三〇補。元本、馮本同漢書卷三〇。

〔一四〕今史記所引書及叙　「史記」原作「史説」，據元本、馮本改。

〔一五〕蘇德融　原作「蘇德庸」，據新唐書卷五七、郡齋讀書志校證卷一改。

〔一六〕趙弘智覆審　「覆審」原作「審覆」，據新唐書卷五七、郡齋讀書志校證卷一改。

〔一七〕江左學者咸悉祖焉　「者」字原闕，據直齋書録解題卷二補。

〔一八〕改從隸書　「隸」原作「穎」，據崇文總目卷一改。

〔一九〕陸德明獨存其一二於釋文而已　「一」字原闕，據郡齋讀書志校證卷一補。

〔二〇〕尚書廣疏　崇文總目卷一作「尚書廣疏十八卷」。

〔二一〕尚書斷章　崇文總目卷一作「尚書斷章十三卷」。

〔二二〕不著撰人名氏　按崇文總目卷一作「原釋成伯璵，小注，見天一閣鈔本。不著撰人名」。

〔二三〕尚書集解十四卷　「集解」，郡齋讀書志校證卷一作「解」。

〔二四〕吴孜所撰　「吴孜」原作「吴牧」，據郡齋讀書志校證卷一改。按宋史卷二〇二著録「吴孜尚書大義三卷」。

〔二五〕泰誓意九篇　「泰誓」，郡齋讀書志校證卷一作「秦誓」。

〔二六〕世以爲天覺僞撰　按郡齋讀書志校證卷四是句下有「蓋以比李筌陰符經云」。

〔二七〕皇朝吴安詩　「吴安詩」原作「吴安時」，據郡齋讀書志校證卷一改。按宋史卷三一二有吴安詩本傳，又宋史卷二〇二著録吴安詩等説命解三卷。

〔二八〕視諸儒最爲精詳　「詳」原作「耳」，據直齋書録解題卷二改。

〔二九〕其言驪山之禍　「其言」，元本作「具言」。

〔三〇〕義不得辭也　「得」字原闕，據元本、慎本、馮本補。

〔三一〕書也是難説　按是句朱子語類卷七八作「書也是有難説處」。

〔三二〕不可强通　按直齋書録解題卷二是句下作「吕伯恭書解不可强通者，强欲通之。嘗以語伯恭而未能改也。又嘗疑孔安國傳恐是假，書小序决非孔門之舊，安國序决非西漢文章，至謂與孔叢子、文中子相似，則豈以其書出於東晉之世故耶？非有絶識獨見，不能及此。至言今文多艱澀，古文多平易，伏生倍文暗誦，乃偏得其所難，而安國改定於科斗古書，錯亂摩滅之餘，反專得其所易，此誠有不可曉者」，下接「今惟二典」云。

〔三三〕紹興末乃預政　「乃」原缺，據直齋書録解題卷二補。按直齋書録解題卷二於此句下有「年八十四而終」六字。

〔三四〕當是潔齋之族　按直齋書録解題卷二是句作「當亦是潔齋之族耶」。

卷一百七十八　經籍考五

經　詩

漢藝文志：古者采詩之官，王者所以觀風俗，知得失，自考正也。孔子純取周詩，上采殷，下取魯，凡三百五篇，遭秦而全者，以其諷誦不獨在竹帛故也。孔氏曰：史記孔子世家云：「古者詩本三千餘篇，去其重，取其可施於禮義者三百五篇。」按書、傳所引之詩，見在者多，亡逸者少，則夫子所録者，不容十分去九，馬遷之言，未可信也。據今者及亡詩六篇，凡三百一十一篇，而史記、漢書云三百五篇，缺其亡者，以見在爲數。

歐陽氏曰：遷説然也。今書、傳所載逸詩，何可數也？以鄭康成譜圖推之，有更十君而取其一篇者，又有二十餘君而取其一篇者，由此言之，何啻三千。又曰：删云者，非止全篇删去也，或篇删其章，或章删其句，或句删其字。如「唐棣之華，偏其反而。豈不爾思，室是遠而」，此小雅唐棣之詩也，夫子謂其以室爲遠，害於兄弟之義，故篇删其章也。「衣錦尚絅，文之著也」，此鄘風君子偕老之詩也，夫子惡其盡飾之過，恐其流而不返，故章删其句也。「誰能秉國成，不自爲政，卒勞百姓」，此小雅節南山之詩也〔一〕，夫子以「能」之一字爲意之害，故句删其字也。

隋經籍志曰：漢初，有魯人申公受詩於浮丘伯，作詁訓，是爲魯詩。齊人轅固生亦傳詩，是爲齊詩。燕人韓嬰亦傳詩，是爲韓詩。齊轅固、燕韓生皆爲之傳，或取春秋，采雜説，咸非其本義，與不得已，魯最爲近之。漢書師古注曰：與不得已者，言皆不得也，三家皆不得其真，而魯最近之。三家皆列於學官。又有趙人毛萇善詩，自云子夏所傳，作詁訓傳，是爲毛詩〔二〕，河間獻王好之，未得立。後漢有九江謝曼卿善毛詩，又爲之訓。東海衛敬仲受學於曼卿。先儒相承，謂之毛詩。序，子夏所創，毛公及敬仲又加潤色〔三〕。鄭衆、賈逵、馬融並作毛詩傳，鄭玄作毛詩箋。齊詩魏代已亡，魯詩亡於西晉，韓詩雖存，無傳之者。唯毛詩鄭箋，至今獨立。又有業詩，奉朝請業遵所注〔四〕，立義多異，世所不行。

石林葉氏曰：詩有四家，毛詩最後出而獨傳，何也？曰：豈惟毛詩。始，漢世之春秋，公、穀爲盛，至後漢而左氏始立，而後之盛行者，獨左氏焉。禮家之學，五傳弟子分曹教授〔五〕，蓋小戴最爲後出，而今之言禮者，惟小戴爲衆所宗。此無他，六經始出，諸儒講習未精，且未有他書以證其是非，故雜僞之説可入，趙賓之易，張霸之書是也。歷時既久，諸儒議論既精，而又古人簡書時出於山崖屋壁之間，可以爲證，而學者遂得即之以考同異，而長短精粗見矣。長者出而短者廢，自然之理也。六經自秦火後，獨詩以諷誦相傳，韓詩既出於人之諷咏，而齊、魯與燕語音不同，訓詁亦異，故其學往往多乖。獨毛之出也，自以源流得於子夏，而其書貫穿先秦古書，其釋鴟鴞也，與金縢合；釋北山、烝民也，與孟子合；釋昊天有成命，與國語合；釋碩人、清人、黄鳥、皇矣，與左傳合，而序由庚等六章，與儀禮合，蓋當毛氏時，左氏未出，孟子、國語、儀禮未甚行，而學者亦未能信也。惟河間獻王博見異書，深知其精，迨至晉、宋，諸書盛行，肄業者衆，而人始翕然知其説近正。且左氏等書，漢初諸儒皆未見，而毛説先與之合，不謂之源流子夏，可乎？唐人有云：「齊詩亡於魏，魯詩亡於晉，韓詩雖存，無傳之者。」今韓氏章句已不存矣，而齊詩猶有見者，然唐人既謂之亡，則書之真僞，未可知也。

東萊呂氏曰：魯、齊、韓、毛詩，讀異，義亦不同。以魯、齊、韓之義尚可見者較之，獨毛詩率與經傳合。關雎，正風之首，三家者乃以爲刺，餘可知矣。是則毛詩之義，最得其真也。

詩序

釋文：舊説云「關雎，后妃之德也」至「用之邦國焉」，名關雎序，謂之小序；此以下則大序也。大序是子夏作，小序是子夏、毛公合作，卜商意有未盡，毛更足成之。

後漢儒林傳：衛宏從謝曼卿受學，作毛詩序，善得風、雅之旨，至今傳於世。

隋志：先儒相承，謂毛詩。序，子夏所創，毛公及衛敬仲更加潤色。

石林葉氏曰：世人疑詩序非衛宏所爲，此殊不然。使宏鑿空爲之乎，雖孔子亦不能；使宏誦師説爲之，則雖宏有餘矣。且誦宏序〔六〕，有專取諸書之文而爲之者，有雜取諸書所説而重複互見者，有委曲宛轉附經而成其書者，不可不論也。「詩有六義，一曰風，二曰賦，三曰比，四曰興，五曰雅，六曰頌」，其文全出於周官。「情動於中，而形於言，言之不足，故嗟嘆之」，其文全出於禮記。「成王未知周公之志，公乃爲詩以遺王」，其文全出於金縢。「高克好利而不顧其君，文公惡而欲遠之不能，使高克將兵而禦狄於竟，陳其師旅，翱翔河上，久而不召，衆散而歸，高克奔陳」，其文全出於左傳。「微子至於戴公，其間禮樂廢壞」，其文全出於國語。「古者長民，衣服不貳，從容有常，以齊其民」，其文全出於公孫尼子。則詩序之作，實在數書既傳之後明矣。此吾所謂專取諸書所言也。載馳之詩，「許穆夫人作也，閔其宗國顛覆」矣，又曰「衛懿公爲狄人所滅」。絲衣之詩，既曰「繹，賓尸」矣，又曰「靈星之尸」〔七〕，此蓋衆説並傳。衛氏得善辭美意，併録而不忍棄之，此吾所謂雜取諸書之説，而重複互見也。騶虞之詩，先言「人倫既正，朝廷既治，天下純被文王之化」，而復繼之以「蒐田以時，仁如騶虞，則王道成」。行葦之詩，先言「周家忠厚，仁及草木」，然後繼之以「内睦九族，外尊事黄耇，養老乞言」，此又吾所謂委曲宛轉，附經而成其義也。即三者而觀之，序果非宏之所作乎？漢世文章未有引詩序者〔八〕，惟黄初四年，有「共公遠君子，近小人」之説，蓋魏後於漢，宏之詩序，至此始行也。

又曰：世以詩序爲孔子作，初無據，口耳之傳也。惟隋經籍志以爲子夏作，先儒相承云，毛公及衛宏潤益之。今定爲孔子作固不可，若孔子授子夏而傳之，是亦嘗經孔子所取，亦何傷乎。大抵古書未有無序者，皆繫之於篇末，蓋以總其凡也。今書有序，孔安國以爲孔子作，自安國始，遷之逐篇之首。易有序、卦、彖、象、爻辭，王輔嗣遷之逐卦之中。至太史公自序、揚子雲法言，皆其遺法。況詩皆記其先王之政與列國之事，非見其序，蓋有全篇莫知所主意者。孔子雖聖人，人事之實，亦安能臆斷於數百載之下，猶之春秋，必約魯史而後可爲，鄭忽與晉文公出入晉、鄭，不以告，魯史所不得書，則孔子不能强筆而削之也，而謂衛宏能之，可乎？所謂衛宏從謝曼卿受學而作者，范曄之言爾。據史，毛公，趙人，與河間王同時，三傳而爲徐敖，初無謝曼卿者，獨東漢賈逵傳言「父徽，學毛詩於謝曼卿」，「至顯宗〔九〕，令撰齊、魯、韓詩與毛氏同異」。蓋漢自中興後，毛詩始見，鄭康成與衛宏略先後，豈有不知，而以宏之言爲孔子者？此理尤甚明。吾謂古者凡有是詩，則有是序，如今之題目者，故太師陳之，則可以觀風俗；遒人采之，則可以知訓戒；學者誦之，則可以興，可以觀，可以群，可以怨。其藏在有司，孔子删詩，既取其辭，因以其序，命子夏之徒爲之，則於理爲近矣。

朱子曰：詩序之作，説者不同。或以爲孔子，或以爲子夏，或以爲國史，皆無明文可考。惟後漢儒林傳以爲衛宏作毛詩序，今傳於世，則序乃宏作明矣。然鄭氏又以爲諸序本自合爲一編，毛公始分以置諸篇之首，則是毛公之前，其傳已久，宏特增廣而潤色之耳。故近世諸儒，多以序之首句爲毛公所分，而其下推説云云者爲後人所益，理或有之。但今考其首句，則已有不得詩人之本意，而肆爲妄説者矣，况沿襲云云之誤哉。然計其初，猶必自謂出於臆度之私，非經本文，故且自爲一編，别附經後。又以尚有齊、魯、韓氏之説，並傳於世，故讀者亦有以知其出於後人之手，不盡信也。及至毛公引以入經，乃不綴篇後，而超冠篇端，不爲注文而直作經字〔一〇〕，不爲疑辭而遂爲决辭，其後三家之傳又絶，而毛説孤行，則其抵牾之迹，無復可見。故此序者，遂若詩人先所命題，而詩文反爲因序以作，於是讀者轉相尊信，無敢擬議。至於有所不通，則必爲之委曲遷就，穿鑿而附合之，寧使經之本文繚戾破碎，不成文理，而終不忍明以小序爲出於漢儒也。愚之病此久矣，然猶以其所從來也遠，其間容或真有傳授證驗而不可廢者，故既頗采以附傳中，而復併爲一編，以還其舊，因以論其得失云。

又論邶柏舟序曰：詩之文意事類，可以思而得，其時世名氏〔一〕，則不可以强而推。故凡小序，唯詩文明白，直指其事，如甘棠、定中、南山、株林之屬；若證驗的切，見於書史，如載馳、碩人、清人、黄鳥之類，決爲可無疑者。其次，則詞旨大概可知必爲某事，而不可知其的爲某時某人者，尚多有之。若爲小序者，姑以其意推尋探索，依約而言，則雖有所不知，亦不害其爲不自欺，雖有未當，人亦當恕其所不及。今乃不然，不知其時者，必强以爲某王某公之時；不知其人者，必强以爲某甲某乙之事。於是傅會書史，依託名謚，鑿空妄語，以誑後人。其所以然者，特以恥其有所不知，而惟恐人之不見信而已。且如柏舟，不知其出於婦人，而以爲男子；不知其不得於夫，而以爲不遇於君，此則失矣。然有所不及而不自欺，則亦未至於大害理也。今乃斷然以爲衛頃公之時，則其故爲欺罔，以誤後人之罪，不可揜矣。蓋其偶見此詩冠於三衛變風之首，是以求之春秋之前，而史記所書莊、桓以上，衛之諸君事皆無可考者，謚亦無甚惡者，獨頃公有賂王請命之事，其謚又爲甄心動懼之名，如漢諸侯王，必其嘗以罪謫，然後加以此謚。以是意其必有棄賢用佞之失，而遂以此詩予之。若將以衒其多知，而必於取信，不知將有明者從旁觀之，則適所以暴其真不知，而啟其深不信也。凡小序之失，以此推之，什得八九矣。又其爲説，必使詩無一篇不爲美刺時君國政而作，固已不切於情性之自然，而又拘於時世之先後，其或書傳所載〔二〕，當此一時〔三〕，偶無賢君美謚，則雖有辭之美者，亦例以爲陳古而刺今。是使讀書疑於當時之人絶無「善則稱君，過則稱己」之意，而一不得志，則扼腕切齒，嘻笑冷語，以懟其上者，所在而成群，是其輕躁險薄，尤有害於温柔敦厚之教，故予不可以不辯。又論桑中序曰：此詩乃淫奔者所自作。序之首句，以爲刺奔，誤矣。其下云云者，乃復得之樂記之説，已略見本篇矣。而或者以爲刺詩之體，固有鋪陳其事，不加一辭，而閔惜懲創之意，自見於言外者，此類是也。豈必譙讓質責，然後爲刺也哉。此説不然。夫詩之爲刺，固有不加一辭而意自見者，清人、猗嗟之屬是也。然嘗試玩之，則其賦之之人，猶在所賦之外，而詞意之間，猶有賓主之分也。豈有將欲刺人之惡，乃反自爲彼人之言，以陷其身於所刺之中，而不自知之哉。其必不然也明矣。又况此等之人，安於爲惡，其於此等之詩，計其平日，固已自其口出而無慙矣，又何待吾之鋪陳，而後始知其所爲之如此。亦豈畏吾之閔惜，而遂幡然遽有懲創之心邪！以是爲刺，不唯無益，殆又不免於鼓之舞之，而反以勸其惡也。或者又曰：詩三百篇，皆雅樂也，祭祀朝聘之所用也。桑間、濮上之音，鄭、衛之樂也，世俗之所用也，雅、鄭不同部，其來尚矣。且夫子答顔淵之問，於鄭聲亟欲放而絶之，豈其删詩乃録淫奔者之辭，而使之合奏於雅樂之中乎？亦不然也。雅者，二雅是也。鄭者，緇衣以下二十一篇是也。衛者，邶、鄘、衛三十九篇是也。桑間，衛之一篇，桑中之詩是也。二南、雅、頌，祭祀朝聘之所用也。鄭、衛、桑、濮，里巷狎邪之所歌也。夫子之於鄭、衛，蓋深絶其聲於樂，以爲法，而嚴立其詞於詩，以爲戒。如聖人固不語亂，而春秋所記，無非亂臣賊子之事，蓋不如是，無以見當時風俗事變之實，而垂鑒戒於後世，故不得已而存之，所謂道並行而不相悖者也。今不察此，乃欲爲之諱其鄭、衛、桑、濮之實，而文之以雅樂之名，又欲從而奏之宗廟之中，朝廷之上，則未知其將以薦之何等之鬼神，用之何等之賓客，而於聖人爲邦之法，又豈不爲陽守而陰叛之邪！其亦誤矣。

曰：然則大序所謂「止乎禮義」，夫子所謂「思無邪」者，又何謂邪？曰：大序指柏舟、緑衣、泉水、竹竿之屬而言，以爲多出於此耳，非謂篇篇皆然。而桑中之類，亦止乎禮義也。夫子之言，正爲人有邪正美惡之雜〔一四〕，故特言此，以明其皆可懲惡勸善〔一五〕，而使人得其性情之正耳，非以桑中之類亦以無邪之思作之也。曰：荀卿所謂「詩者，中聲之所止」，太史公亦謂「三百篇者，夫子皆絃歌之，以求合於韶、武之音」，何邪？曰：荀卿之言，固爲正經而發，若史遷之説，則恐亦未足爲據也。豈有哇淫之曲，而可以强合於韶、武之音也邪？

詩、書之序，自史傳不能明其爲何人所作，而先儒多疑之。至朱文公之解經，則依古經文析而二之，而備論其得失，而於詩國風諸篇之序，詆斥尤多。以愚觀之，書序可廢，而詩序不可廢；就詩而論之，雅、頌之序可廢，而十五國風之序不可廢。何也？書直陳其事而已，序者後人之作，藉令其深得經意，亦不過能發明其所已言之事而已，不作可也。詩則異於書矣，然雅、頌之作，其辭易知，其意易明，故讀文王者，深味「文王在上」以下之七章，則「文王受命作周」之語贅矣。讀清廟者，深味「於穆清廟」之一章，則「祀文王」之語贅矣。蓋作者之意已明，則序者之辭可略，而敷衍附會之間，一語稍煩，則祇見其贅疣而已。至於讀國風諸篇，而後知詩之不可無序，而序之有功於詩也。蓋風之爲體，比、興之辭，多於叙述；風諭之意，浮於指斥。蓋有反覆咏嘆，聯章累句，而無一言叙作之之意者。而序者乃一言以蔽之，曰「爲某事也」，苟非其傳授之有源，探索之無舛，則孰能臆料當時指意之所歸，以示千載乎？而文公深詆之，且於桑中、溱洧諸篇〔一六〕，辨析尤至，以爲安有刺人之惡，而自爲彼人之辭，以陷於所刺之地而不自知者哉！其意蓋謂詩之辭如彼，而序之説如此，則以詩求詩可也，烏有捨明白可見之詩辭，而必欲曲從臆度難信之序説乎？其説固善矣，然愚以爲必若此，則詩之難讀者多矣，豈直鄭、衛諸篇哉。夫芣苢之序，以「婦人樂有子」爲「后妃之美也」，而其詩語不過形容采掇芣苢之情狀而已。黍離之序，以爲閔周室宫廟之顛覆也，而其詩語不過慨嘆禾黍之苗穗而已。此詩之不言所作之意，而賴序以明者也。若捨序以求之，則其所以采掇者爲何事，而慨嘆者爲何説乎？叔于田之二詩，序以爲「刺鄭莊公也」，而其詩語，則鄭人愛叔段之辭耳。揚之水、椒聊二詩，序以爲「刺晉昭公也」，而其詩語則晉人愛桓叔之辭耳。此詩之序其事以諷，初不言刺之之意，而賴序以明者也。若捨序以求之，則知四詩也，非子雲美新之賦，則袁宏九錫之文耳，是豈可以訓而夫子不删之乎？鴇羽、陟岵之詩，見於變風，序以爲征役者不堪命而作也。四牡、采薇之詩，見於正雅，序以爲勞使臣遣戍役而作也。而深味四詩之旨，則嘆行役之勞苦，叙饑渴之情狀，憂孝養之不遂，悼歸休之無期，其辭語一耳。此詩之辭同意異，而賴序以明者也。若捨序以求之，則文王之臣民亦怨其上，而四牡、采薇不得爲正雅矣。即是數端而觀之，則知序之不可廢；序不可廢，則桑中、溱洧何嫌其爲刺奔乎？蓋嘗論之均一勞苦之辭也，出於叙情閔勞者之口則爲正雅，而出於困役傷財者之口則爲變風也。均一淫泆之詞也，出於奔者之口則可删，而出於刺奔者之口則可録也。均一愛戴之辭也，出於愛叔段、桓叔者之口則可删，而出於刺鄭莊、晉昭者之口則可録也。夫芣苢、黍離之不言所謂，叔于田、揚之水之反辭以諷，四牡、采薇之辭同變風，文公胡不玩索詩辭，別自爲説，而卒如序者之舊説，求作詩之意於詩辭之外矣？何獨於鄭、衛諸篇而必以爲奔者所自作，而使正經爲録淫辭之具乎？且夫子嘗删詩矣，其所取於關雎者，謂其樂而不淫耳，則夫詩之可删，孰有大於淫者。今以文公詩傳考之，其指以爲男女淫泆奔誘，而自作詩以叙其事者，凡二十有四，如桑中、東門之墠、溱洧、東方之日、東門之池、東門之楊、月出，則序以爲刺淫，而文公以爲淫者所自作也；如静女、木瓜、采葛、丘中有麻、將仲子、遵大路、有女同車、山有扶蘇、蘀兮、狡童、褰裳、丰、風雨、子衿、揚之水、出其東門、野有蔓草，則序本別指他事，而文公亦以爲淫者所自作也。夫以淫昏不檢之人，發而爲放蕩無耻之辭，而其詩篇之繁多如此，夫子猶存之，則不知所删何等一篇也。

文公謂序者之於詩不得其説，則一舉而歸之刺其君。愚亦謂文公之於詩不得其説，則一舉而歸之淫謔。如静女、木瓜以下諸篇是也。文公又以爲序者之意必以爲詩無一篇不爲刺時君國政而作，輕浮險薄，有害於温柔敦厚之教。愚謂古者庶人謗，商旅議，亦王政之所許，况變風、變雅之世，實無可美者，而禮義消亡，淫風大行，亦不可謂非其君之過。縱使譏訕之辭太過，如狡童諸篇之刺忽，亦不害其爲愛君憂國〔一七〕，不能自已之意，今必欲使其避諷訕之名，而自處於淫謔之地，則夫身爲淫亂，而復自作詩以贊之，正孟子所謂無羞惡之心者，不可以人類目之，其罪浮於訕上矣，反得爲温柔敦厚乎？

或曰：文公之説，謂春秋所記，無非亂臣賊子之事，蓋不如是，無以見當時事變之實而垂鑒於後世，故不得已而存之，所謂並行而不相悖也。愚以爲未然。夫春秋，史也，詩，文詞也。史所以紀事，世之有治，不能無亂，則固不容存禹、湯而廢桀、紂，録文、武而棄幽、厲也。至於文辭，則其淫哇不經者，直爲削之而已，而夫子猶存之，則必其意不出於此，而序者之説是也。夫後之詞人墨客，跌蕩於禮法之外，如秦少游、晏叔源輩，作爲樂府，備狹邪妖冶之趣，其詞采非不豔麗可喜也，而醇儒莊士深斥之，口不道其詞，家不蓄其書，懼其爲正心誠意之累也。而詩中若是者二十有四篇，夫子録之於經，又煩儒先爲之訓釋，使後學誦其文，推其義，則通書、西銘必與小山詞選之屬兼看並讀，而後可以爲學也。

或又曰：文公又嘗云：「此等之人，安於爲惡，其於此等之詩，計其平日，固已自其口出而無慙矣，又何待吾之鋪陳而後始知其如此，亦復畏吾之閔惜，而遂幡然遽有懲創之心邪？」愚又以爲不然。夫羞惡之心，人皆有之，而况淫泆之行，所謂不可對人言者。市井小人，至不才也，今有與之語者，能道其宣淫之狀，指其行淫之地，則未有不面頸發赤，且慙且諱者，未聞其揚言於人曰「我能姦，我善淫」也。且夫人之爲惡也，禁之使不得爲，不若愧之而使之自知其不可爲，此鋪張揄揚之中，所以爲閔惜懲創之至也。夫子謂宰我曰「汝安則爲之」，夫豈真以居喪食稻衣錦爲是乎？萬石君謂子慶曰「内史貴人坐車中自如，固當」，夫豈真以不下車爲是乎？而二人既聞是言也，卒爲之羞愧，改行有甚於被譙讓者。蓋以非爲是，而使之求吾言外之意，則自反而不勝其愧悔矣，此詩之訓也。或曰：序者之序詩，與文公之釋詩，俱非得於作詩之人親傳面命也。序求詩意於辭之外，文公求詩意於辭之中，而子何以定其是非乎？曰：愚非敢苟同序説，而妄議先儒也。蓋嘗以孔子、孟子之所以說詩者讀詩，而後知序說之不繆，而文公之說多可疑也。孔子之說曰：「誦詩三百，一言以蔽之，曰思無邪。」孟子之說曰：「說詩者不以文害辭，不以辭害志。以意逆志，是爲得之。」夫經非所以誨邪也，而戒其無邪；辭所以達意也，而戒其害意。何也？噫！聖賢之慮遠矣。夫詩發乎情者也，而情之所發，其辭不能無過，故其於男女夫婦之間，多憂思感傷之意；而君臣上下之際，不能無怨懟激發之辭。十五國風，爲詩百五十有七篇，而其爲婦人而作者，男女相悅之辭，幾及其半。雖以二南之詩如關雎、桃夭諸篇爲正風之首，然其所反覆咏嘆者，不過情慾燕私之事耳。漢儒嘗以關雎爲刺詩矣，此皆昧於無邪之訓，而以辭害意之過也，而況邶、鄘之末流乎。故其怨曠之悲，遇合之喜，雖有人心者所不能免，而其志切，其辭哀，習其讀而不知其旨，易以動盪人之邪情泆志，而況以鋪張揄揚之辭，而序淫泆流蕩之行乎？然詩人之意，則非以爲是而勸之也。蓋知詩人之意者莫如孔、孟，慮學者讀詩而不得其意者，亦莫如孔、孟，是以有無邪之訓焉，則以其辭之不能不鄰乎邪也。使篇篇如文王、大明，則奚邪之可閑乎！是以有害意之戒焉，則以其辭之不能不戾其意也。使章章如清廟、臣工，則奚意之難明乎！以是觀之，則知刺奔果出於作詩者之本意，而夫子所不删者，其詩決非淫泆之人所自賦也。夫子曰「思無邪」，如序者之說，則雖詩辭之邪者，亦必以正視之。如桑中之刺奔，溱洧之刺亂之類是也。如文公之說，則雖詩辭之正者，亦必以邪視之，如不以木瓜爲美齊桓公，不以采葛爲懼讒，不以遵大路、風雨爲思君子，不以褰裳爲思見正，不以子衿爲刺學校廢，不以揚之水爲閔無臣，而俱指爲淫奔謔浪、要約贈答之辭是也。且此諸篇者，雖疑其辭之欠莊重，然首尾無一字及婦人，而謂之淫邪者乎？

或又曰：文公嘗言：「雅者，二雅是也；鄭者，緇衣以下二十一篇是也；衛者，邶、鄘、衛三十九篇是也。桑間，衛之一篇桑中是也。二南，雅，頌，祭祀朝聘之所用也。鄭、衛、桑、濮，里巷狹邪之所作也。夫子於鄭、衛，蓋深絶其聲於樂，以爲法，而嚴立其詞於詩，以爲戒。今乃欲爲之諱其鄭、衛、桑、濮之實，而文以雅樂之名，又欲從而奏之宗廟之中，朝廷之上，則未知其將以薦之於何等之鬼神，用之於何等之賓客乎？」愚又以爲未然。夫左傳言季札來聘，請觀周樂，而所歌者，邶、鄘、衛、鄭皆在焉，則諸詩固雅樂矣，使其爲里巷狹邪所用，則周樂安得有之？而魯之樂工亦安能歌異國淫邪之詩乎？然愚之所論，不過求其文意之指歸，而知其得於情性之正耳。至於被之絃歌，合之音樂，則儀禮、左傳所載古人歌詩合樂之意，蓋有不可曉者。夫關雎、鵲巢，閨門之事，后妃、夫人之詩也，而鄉飲酒、燕禮歌之；采蘋、采蘩，夫人、大夫妻能主祭之詩也，而射禮歌之；肆夏、繁遏、渠，宗廟配天之詩也，而天子享元侯歌之；文王、大明、緜，文王興周之詩也，而兩君相見歌之。以是觀之，其歌詩之用，與詩人作詩之本意，蓋有判然不相合者，不可强通也，則烏知鄭、衛諸詩不可用之於燕享之際乎！左傳載列國聘享賦詩，固多斷章取義，然其太不倫者，亦以來譏誚，如鄭伯有賦「鶉之奔奔」，楚令尹子圍賦大明，及穆叔不拜肆夏，甯武子不拜彤弓之類是也。然鄭伯如晉，子展賦將仲子；鄭伯享趙孟，子太叔賦野有蔓草；鄭六卿餞韓宣子，子齹賦野有蔓草，子太叔賦褰裳，子游賦風雨，子旗賦有女同車，子柳賦蘀兮。此六詩，皆文公所斥以爲淫奔之人所作也，然所賦皆見善於叔向、趙武、韓起，不聞被譏。乃知鄭、衛之詩，未嘗不施之於燕享，而此六詩之旨意訓詁，當如序者之說，不當如文公之說也。

或曰：序者之辭，固有鄙淺附會，居然可見者，先儒疵議之非一人矣，而子信之，何邪？曰：愚之所謂不可廢者，謂詩之所不言而賴序以明者耳。至詩之所已言，則序語雖工，不讀可也，况其鄙淺附會者乎。蓋作序之人，或以爲孔子，或以爲子夏，或以爲國史，皆無明文可考，然鄭氏謂毛公始以置諸詩之首，則自漢以前，經師傳授，其去作詩之時，蓋未甚遠也。千載而下，學者所當遵守體認，以求詩人之意，而得其庶幾，固不宜因其一語之贅疣，片辭之淺陋，而欲一切廢之，鑿空探索，而爲之訓釋也。姑以近代詞人之作譬之。如所謂「皇帝二載初，閏八月初吉」，如所謂「吾聞京城南，茲惟群山囿」，則辭意明白，無俟序說者也。放翁之詩曰：「城上危樓畫角哀，沈園非復舊池臺。傷心池下春波緑，曾逐孤鴻照影來。夢斷香銷四十年，沈園老柳不吹綿。此身行作稽山土，猶弔遺踪一悵然。」其題曰「沈園」而已。誠齋之詩曰：「飽喜饑嗔笑殺儂，鳳凰未必勝狙公。雖逃暮四朝三外，猶在桐花竹實中。」其題曰「無題」而已。是三詩者，不言所謂，人莫能知其所以作之意也。劉後村詩話釋之曰：「放翁幼婚某氏，頗倦於學，嚴君督過之，竟至仳離，某氏別適某官。一日，通家於沈園，目成而已。晚年游園，感而賦之。」「誠齋既里居，累章乞休致，不得。命再予祠，有感而賦，以爲雖脱吏責，尚縻閑廩，不若相忘於物外也。」然後三詩之意始明。夫後村之說，即三詩之序也。後村之於楊、陸二公，相去不百年，得於長老之所誦説，口耳之所習聞，筆之簡册，可以質諸二公而不繆也。倘後乎此千百載，説者必欲外後村之意而別爲之説，則雖其體認之精，辯析之巧，亦終於臆說而已。

有引文公之於詩序〔一八〕，於其見於經傳，信而有證者則從之，如碩人、載馳、清人、鴟鴞之類是也；其可疑者，則未嘗盡斷以臆說，而固有引他書以證其謬者矣。曰：是則然矣。然愚之所以不能不疑者，則以其惡序之意太過，而所引援指摘，似亦未能盡出於公平而足以當人心也。夫關雎，韓詩以爲衰周之刺詩；賓之初筵，韓詩以爲衛武公飲酒悔過之詩，皆與毛序反者也。而韓詩說關雎，則違夫子不淫不傷之訓，是決不可從者也。初筵之詩，夫子未有論說也，則詆毛而從韓。夫一韓詩也，初筵之序可信，而關雎之序獨不可信乎？邶柏舟，毛序以爲仁人不遇而作，文公以爲婦人之作，而引列女傳爲證，非臆說矣。然列女傳出於劉向，向上封事論恭、顯傾陷正人，引是詩「憂心悄悄，慍於群小」之語；而繼之曰「小人成群，亦足慍也」〔一九〕，則正毛序之意矣。夫一劉向也，列女傳之說可信，而封事之說獨不可信乎？此愚所以疑文公惡序之意太過，而引援指摘，似爲未當，此類是也。夫本之以孔、孟說詩之旨，參之以詩中諸序之例，而後究極夫古今詩人所以諷咏之意，則詩序之不可廢也審矣。愚豈好爲異論哉。

或曰：夫子何以删詩？昔太史公曰：「古詩本三千餘篇，孔子去其重複，取其可施於禮義者三百五篇。」孔氏曰：「案書傳所引之詩，見在者多，亡逸者少，則孔子所録，不容十分去九，馬遷所言，未可信也。」朱文公曰：「三百五篇，其間亦未必皆可施於禮義，但存其實，以爲鑒戒耳。」之三說者，何所折衷？愚曰：若如文公之說，則詩元未嘗删矣。今何以有諸逸詩乎？蓋文公每捨序以言詩，則變風諸篇，祇見其理短而詞哇，愚於前篇已論之矣。但以經傳所引逸詩考之，則其辭明而理正，蓋未見其劣於三百五篇也，而何以删之？三百五篇之中，如詆其君以碩鼠、狡童，如欲刺人之惡，而自爲彼人之辭，以陷於所刺之地，殆幾不可訓矣，而何以録之？蓋嘗深味聖人之言，而得聖人所以著作之意矣。昔夫子之言曰「述而不作」，又曰「蓋有不知而作之者，我無是也」，又曰「多聞闕疑」，異時嘗舉史缺文之語，而嘆世道之不古，存夏五郭公之書，而不欲遽正前史之缺誤，然則聖人之意，蓋可見矣。蓋詩之見録者，必其序説之明白而旨意之可考者也。其軼而不録者，必其序説之無傳，旨意之難考，而不欲臆説者也。

或曰：今三百五篇之序，世以爲衛宏、毛公所作耳，如子所言，則已出於夫子之前乎？曰：其説雖自毛、衛諸公而傳，其旨意則自有此詩而已有之矣。鴟鴞之序，見於尚書；碩人、載馳、清人之序，見於左傳，所紀皆與作詩者同時，非後人之臆説也。若序説之意，不出於當時作詩者之口，則鴟鴞諸章，初不言成王疑周公之意，清人終篇，亦不見鄭伯惡高克之迹，後人讀之，當不能曉其爲何語矣。蓋嘗妄爲之説，曰作詩之人可考，其意可尋，則夫子録之，殆「述而不作」之意也。其人不可考，其意不可尋，則夫子删之，殆「多聞闕疑」之意也。是以於其可知者，雖比興深遠，詞旨迂晦者，亦所不廢，如芣苢、鶴鳴、蒹葭之類是也。於其所不可知者，雖直陳其事，文義明白者，亦不果録，如「翹翹車乘，招我以弓。豈不欲往，畏我友朋」之類是也。於其可知者，雖詞意流泆，不能不類於狹邪者，亦所不删，如桑中、溱洧、野有蔓草、出其東門之類是也。於其所不可知者，雖詞意莊重，一出於義理者，亦不果録，如「周道挺挺，我心扃扃」、「禮義不愆，何恤於人言」之類是也。然則其所可知者何？則三百五篇之序意是也；其所不可知者何？則諸逸詩之不以序行於世者是也。歐陽公詩譜補亡後序曰：「後之學者，因迹前世之所傳，而較其得失，或有之矣。若使徒抱焚餘殘脱之經，倀倀然於去聖千百年之後，不見先儒中間之説，而欲特立一家之論，果有能哉？」此説得之。蓋自其必以爲出於衛宏、毛公輩之口，而先以不經之臆説視之，於是以特立之己見，與之較短量長，於辭語工拙之間，則祇見其齟齬而不合，疏繆而無當耳。夫使序詩之意，果不出於作詩之初，而皆爲後人臆度之説，則比興諷咏之詞，其所爲微婉幽深者，殆類東方朔「聲謷尻高」之隱語，蔡邕「黄絹幼婦」之廋詞，使後人各出其智，以爲猜料之工拙，恐非聖經誨人之意也。

或曰：諸小序之説，固有舛馳鄙淺而不可解者，盡信之可乎？愚曰：序非一人之言也，或出於國史之采録，或出於講師之傳授，如渭陽之首尾異説，絲衣之兩義並存，則其舛馳固有之，擇善而從之可矣。至如其辭語之鄙淺，則序所以釋經，非作文也。祖其意足矣，辭不必甚也。夫以夫子之聖，猶不肯雜取諸逸詩之可傳者與三百五篇之有序者並行，而後之君子乃欲盡廢序以言詩，此愚所以未敢深以爲然。故復摭「述而不作」、「多聞闕疑」之言，以明孔子删詩之意，且見古序之尤不可廢也。

校勘記

〔一〕此小雅節南山之詩也　「小雅」原作「大雅」，元本、慎本、馮本同。按節南山見詩經小雅，據改。

〔二〕是爲毛詩　「毛詩」，隋書卷三二作「毛詩古學」。

〔三〕毛公及敬仲又加潤色　「潤色」，隋書卷三二作「潤益」。按下文詩序提要「毛公及衛敬仲更加潤色」句同此例。

〔四〕奉朝請業遵所注　「奉朝請」原作「宋奉朝請」，隋書卷三二並元本、慎本、馮本並無「宋」字，删。

〔五〕禮家之學五傳弟子分曹教授　「五傳」疑「三傳」之誤。按隋書卷三二記漢代禮家之學，言漢初高堂生傳禮，至宣帝時後蒼最盛，蒼傳戴德，其以五傳言，似非確。及德傳聖、慶普，三家並立，「三傳」者，或指並立三家。

〔六〕且誦宏序　按是句元本、慎本、馮本作「且宏之序」。

〔七〕又曰靈星之尸　「尸」原作「詩」，據釋音毛詩注疏卷一九改。

〔八〕漢世文章未有引詩序者　「漢世」原作「漢氏」，據元本改。

〔九〕至顯宗　「顯宗」係「肅宗」之誤。按後漢書卷三六：「肅宗立，降意儒術。……建初元年，詔逵入講北宮白虎觀、南宮雲臺。……逵數爲帝言古文尚書與經傳爾雅詁訓相應。……復令撰齊、魯、韓詩與毛氏異同。」

〔一〇〕不爲注文而直作經字　「文」字原闕，據元本、慎本、馮本並詩集傳補。

〔一一〕其時世名氏　「名」字原闕，據元本、慎本、馮本並詩集傳補。

〔一二〕其或書傳所載　「書傳」，詩集傳作「詩傳」。

〔一三〕當此一時　「一」，詩集傳作「之」。

〔一四〕正爲人有邪正美惡之雜　「人」，詩集傳作「其」。

〔一五〕以明其皆可懲惡勸善　「其」字原闕，據詩集傳補。

〔一六〕且於桑中溱洧諸篇　「諸篇」原作「之篇」，元本、慎本、馮本皆作「諸篇」，據改。

〔一七〕亦不害其爲愛君憂國　「憂國」原作「愛國」，據元本改。

〔一八〕有引文公之於詩序　「有引」，元本、慎本、馮本作「或曰」。按下文「曰：是則然矣」，「或曰」似是。

〔一九〕而繼之曰小人成群亦足愠也　「亦足」，漢書卷三六作「誠足」。

卷一百七十九　經籍考六

經 詩

漢志：六家，四百一十六卷。

隋志：三十九部〔一〕，四百四十二卷。通計亡書，合七十六部，六百八十三卷。

唐志：二十五家，三十一部，三百二十二卷〔二〕。失姓名三家，許叔牙以下不著録三家，三十三卷〔三〕。

宋三朝志：十三部，一百四十一卷。

宋兩朝志：一部，一卷。

宋四朝志：二十一部，三百二十八卷。

宋中興志：五十三家，六十四部，八百七十一卷。

韓嬰詩外傳共十卷

本傳：嬰，孝文時爲博士，景帝時至常山太傅。推詩人之意，而作内、外傳數萬言。其語頗與齊、魯間殊，然歸一也。

鼂氏曰：漢志本十篇〔四〕，内傳四，外傳六。隋止存外傳，析十篇。其及經蓋寡，而遺説往往見於他書，如「逶迤」「郁夷」之類，其義與毛詩不同。此書稱外傳，雖非解經之深者〔五〕，然文辭清婉，有先秦風。

容齋洪氏隨筆曰：藝文志有韓家詩經、韓故、內傳、外傳、韓說五書。今惟存外傳十卷，慶曆中，將作監主簿李用章序之，命工刊刻於杭。其末又題云：「蒙文相公改正三千餘字〔六〕。」予家有其書，首卷第二章〔七〕，載孔子南游適楚，見處子佩瑱而浣，乃令子貢以微詞三挑之，以是說詩漢廣游女之章，其謬戾甚矣。他亦無足言。

陳氏曰：今所存惟外傳，而卷多於舊。舊六卷，今十卷。蓋多雜說〔八〕，不專解詩。不知果當時本書否也〔九〕。

毛詩故訓傳二十卷

鼂氏曰：毛公詩，世謂其解經最密，其序，蕭統以爲卜子夏所作，韓愈嘗以三事疑其非，蓋本於東漢儒林傳及隋志所言。王介甫獨謂詩人所自製。韓詩序芣苢曰「傷夫也」，漢廣曰「悅人也」，序若詩人所自製。毛詩猶韓詩也，不應不同若是。況文意繁雜，其非出一人手明甚。不知介甫何以言之，殆臆論歟！

陳氏曰：毛公者，有大毛公、小毛公。按後漢儒林傳稱毛萇傳詩，而孔氏正義據鄭譜云：「魯人大毛公爲詁訓，傳於其家，河間獻王得而獻之，以小毛公爲博士。則未知萇者大毛公歟？小毛公歟？」鄭氏曰「箋」者，按正義云：「鄭於諸經，皆謂之『注』，獨此言『箋』者。字林云：『箋，表也，識也。』鄭遵毛學，表明毛言，記識其事，故稱爲『箋』。」又按後漢傳注引張華博物志：「鄭注毛詩曰『箋』，不解此意。或云毛公曾爲北海相，鄭是郡人，故以爲敬。」雖未必由此，然漢、魏間達上之辭，皆謂之「箋」，則其爲敬明矣。其間與毛異義者甚多，王肅蓋嘗述毛非鄭云。

毛詩草木鳥獸蟲魚疏二卷

崇文總目：吳太子中庶子烏程令陸璣撰。世或以璣爲機，非也。機自爲晉人，本不治詩，今應以璣爲正。然書但附詩釋義，窘於采獲，似非通儒所爲者。將後世失傳，不得其真歟？

陳氏曰：館閣書目稱璣字元恪，吳郡人，據陸氏釋文。非晉之士衡，而其書引郭璞注爾雅，則當在郭之後，亦未必吳時人也。孔疏、吕記多引之。

毛詩正義四十卷

崇文總目：唐國子祭酒孔穎達撰，太尉長孫無忌諸儒刊定。國朝端拱初，國子司業孔維等奉詔定正。詩學之家，此最爲詳。

鼂氏曰：穎達據劉炫、劉焯疏爲本，删其所煩，而增其所簡云。自晉室東遷，學有南北之異，南學簡約，得其英華；北學深博，窮其枝葉。至穎達始著義疏，混南北之異，雖未必盡得聖人之意，而刑名度數亦已詳矣。自兹以後，大而郊社、宗廟，細而冠婚、喪祭，其儀法莫不本此。元豐以來，廢而不行，甚無謂也。

詩譜一卷

兩朝國史志：歐陽修於絳州得注本，卷首殘闕，因補成進之，而不知注者爲太叔求也。

歐陽公自序曰：毛、鄭於詩，其學亦已博矣。予嘗依其箋、傳，考之於經，而證以序、譜，惜其不合者頗多。蓋詩述商、周，自生民、玄鳥，上陳稷、契，下迄一作訖。陳靈公，千五六百歲之間，旁及列國君臣世次、國地山川、封域圖牒、鳥獸草木蟲魚之名〔一〇〕，與其風俗善惡、方言訓故、一作詁盛衰治亂、美刺之由〔一一〕，無所不載，然則孰能無失於其間哉？予疑毛、鄭之失既多，然不敢輕易者，意其爲說不止於箋、傳，而恨己一作已恨不得盡見二家之書，未能徧通其旨。夫不盡見其書，而欲折其是非，猶不盡人之辭，一作辨。而欲斷其訟之曲直，其能果於自決乎？其能使之必服乎？世傳鄭氏詩譜最詳〔一二〕，求之久矣不可得，雖崇文總目祕書所藏亦無之。慶曆四年，奉使河東，至於絳州偶得焉。其文有注，而不見名氏，然首尾殘闕，自「周公致太平」已上皆亡之。其國譜旁行，尤易爲訛舛，悉皆顛倒錯亂，不可復考。凡詩、雅、頌兼列商、魯，其正變之風，十有四國，而其次第莫詳〔一三〕，其義惟封國，變風之先後，不可以不知。周、召、王、豳同出於周，邶、鄘併於衛，檜、魏無世家，其可考者，陳、齊、衛、晉、曹、鄭、秦，此封國之先後也。豳、齊、衛、檜、陳、唐、秦、鄭、魏、曹，此變風之先後也〔一四〕。周南、召南、邶、鄘、衛、王、鄭、齊、豳、秦、魏、唐、陳、曹，此孔子未删詩之前，周大師樂歌之次第也。周、召、邶、鄘、衛、王、檜、鄭、齊、魏、唐、秦、陳、曹、豳，此鄭氏詩譜次第也，黜檜後陳，此今詩次第也。初，予未見鄭譜，嘗略考春秋、史記、本紀、世家、年表而合於毛、鄭之說，爲詩圖十四篇，今因取以補鄭譜之亡者〔一五〕，足以見二家所說世次先後甚備，因據而求，其得失較然矣。而仍存其圖，庶幾以見予於鄭氏之學盡心焉耳。夫盡其説而有所不通，然後得以論正，予豈好爲異論者哉。凡補其譜十有五，補其文字二百七。一本注云：譜序自「周公致太平」以上，皆亡其文，予取孔穎達正義所載之文補足，因爲之注，自周公以下，即用舊注云。增損塗乙改正者三一作八百八十三，而鄭氏之譜復完。一有「矣」字。

毛詩小疏〔一六〕

崇文總目：不著撰人名氏。因孔疏爲本，删取要義，輔益經注云。

毛詩指説〔一七〕

崇文總目：唐成伯璵撰。略序作詩大指，及師承次序。

毛詩斷章〔一八〕

崇文總目：唐成伯璵撰。大抵取春秋賦詩斷章之義，鈔取詩語，彙而出之。

石經毛詩二十卷

鼂氏曰：僞蜀張紹文書，與禮記同時刻石。

毛詩解題〔一九〕

崇文總目：不著撰人名氏。篇端總叙詩義，次述章旨，蓋近儒爲之者歟？

詩折衷二十卷

陳氏曰：皇祐中，莆田劉宇撰。凡毛、鄭異義，折衷從一。蓋倣唐陳岳三傳折衷論之例，凡一百六十八篇。

歐陽詩本義十六卷

晁氏曰：歐公解詩，毛、鄭之説已善者因之不改，至於質諸先聖則悖理，考於人情則不可行，然後易之，故所得比諸儒最多。但平日不信符命，嘗著書以周易、河圖、洛書爲妖妄，今又以生民、玄鳥之詩爲怪説。蘇子瞻曰：「帝王之興，其受命之符，卓然見於詩、書者多矣，河圖、洛書、玄鳥、生民之詩，豈可謂誣也哉。恨學者推之太詳，流入讖緯，而後之君子亦矯枉過正，舉從而廢之，以爲王莽、公孫述之流緣此作亂。使漢不失德，莽、述何自起？而歸罪三代受命之符，亦過矣。」

朱子語録曰：歐公詩本義煞説得有好處。有詩本末論。又有論云：「何者爲詩之本？何者爲詩之末？詩之本，不可不理會；詩之末，不理會也無妨。」近世自集注文字出，此等文字都不見有了，也害事。

陳氏曰：其書先爲論，以辨毛、鄭之失，然後斷以己見。末二卷爲一義解、取舍義，時世、本末二論，豳、魯、序三問，而補亡鄭譜及詩圖總序附於卷末。

新經詩義三十卷

晁氏曰：熙寧中置經義局，撰三經義，皆本王安石説。毛詩，先命王雱訓其辭，復命安石訓其義。書成，以賜太學，布之天下云〔二〇〕。

蘇子由詩解二十卷

晁氏曰：其説以毛詩序爲衛宏作，非孔氏之舊，止存其首一言，餘皆删去。按司馬遷曰：「周道缺而關雎作。」揚雄曰：「周、康之時，頌聲作乎下，關雎作乎上。」與今毛詩序之意絶不同，則知序非孔子之舊明矣。雖然若去序不觀，則詩之辭有溟涬而不可知者，不得不存其首之一言也。

伊川詩説二卷

鼂氏曰：伊川門人記其師之所談之經也。

毛詩辨疑一卷

鼂氏曰：楊時中立撰，一卷。

陳氏詩解二十卷

鼂氏曰：陳少南撰，凡二十卷。

詩學名物解二十卷

陳氏曰：蔡卞元度撰。卞，王介甫婿，故多用字説。其目自釋天至釋雜，凡十類，大略如爾雅，而瑣碎穿鑿，於經無補也。

詩物性門類八卷

陳氏曰：不著名氏。多取説文，今考之，蓋陸農師所作埤雅稿也。詳見埤雅。

廣川詩故四十卷〔二〕

中興藝文志：董逌撰。逌謂班固言魯詩最近，今徒於他書時得之。齊詩所存不全，或疑後人託爲，然章句間有自立處，此不可易者。韓詩雖亡闕，外傳及章句猶存。毛詩訓故爲備，以最後出故獨傳，乃據毛氏以考正於三家，且論詩序決非子夏所作。建炎中，逌載是書而南，其志公學博，不可以人廢也。

陳氏曰：逌説兼取三家，不專毛、鄭。謂齊詩尚存，可據。按逌藏書志有齊詩六卷，今館閣無之。逌自言隋、唐亦已亡久矣，不知今所傳何所從來，或疑後世依託爲之。然則安得便以爲齊詩尚存也？然其所援引諸家文義，與毛氏異者，亦足以廣見聞，續微絶云。

毛詩補音十卷

陳氏曰：吴棫撰。其説以爲詩韻無不叶者，如「來」之爲「釐」，「慶」之爲「羌」，「馬」之爲「姥」之類。詩音舊有九家，唐陸德明始定爲釋文。燕燕以「南」韻「心」，沈重讀「南」作尼心切，德明則謂古人韻緩，不煩改字。揚之水以「沃」韻「樂」，徐邈讀「沃」鬱縛切，德明亦所不載。顔氏糾謬正俗以傳毅郊祀賦「穰」有而成切，張衡東京賦「激」有吉躍切〔一二〕，今之所作，大略倣此。其援據精博，信而有證。朱晦翁注楚辭亦用棫例，皆叶其韻。棫又有韻補一書，不專爲詩作也。要之古人韻緩之説，最爲確論，不必一一改字。詳見韻補。

朱子語録曰：吴才老補韻甚詳，然亦有推不去者，某煞尋得，當時不曾記，今皆忘之矣。如「外禦其務」叶「烝也無戎」，才老無尋處，却云「務」字古人讀做「蒙」，不知「戎，汝也」，「汝」、「戎」二字，古人通用，是叶音「汝」也。如「南仲太祖，太師皇父，整我六師，以脩我戎」，亦是叶音「汝」也。「下民有嚴」叶「不敢怠遑」，才老欲音「嚴」爲「莊」，云避漢諱，却無道理。某後讀楚天問〔一三〕，見一「嚴」

字乃押從「莊」字，乃知是叶韵，「嚴」讀作「昂」也。天問，才老豈不讀，往往無甚意義，只恁地打過去也。或問：吴氏叶韵何據？曰：他皆有據。泉州有其書，每一字引十餘證，少者亦兩三證。他説元初更多，後來删去，姑存此耳。然猶有未盡。

夾漈詩傳、辯妄共二十六卷

自序：毛詩自鄭氏既箋之後，而學者篤信康成，故此詩專行，三家遂廢。齊詩亡於魏，魯詩亡於西晉，隋、唐之世，猶有韓詩可據，迨五代之後，韓詩亦亡。致今學者，只凴毛氏，且以序爲子夏所作，更不敢擬議。蓋事無兩造之辭，則獄有偏聽之惑，今作詩辯妄六卷，可以見其得失。

陳氏曰：辯妄者，專指毛、鄭之妄。謂小序非子夏所作，可也，盡削去之而以己意爲之序，可乎？樵之學雖自成一家，而其師心自是，殆孔子所謂不知而作者也。

按：夾漈專詆詩序，晦庵從其説，所謂「事無兩造之辭，則獄有偏聽之惑」者，大意謂毛序不可偏信也。然愚以爲譬之聽訟，詩者其事也，齊、魯、韓、毛，則證驗之人也。毛詩本書具在，流傳甚久，譬如其人親身到官，供指詳明，具有本末者也。齊、魯、韓三家，本書已亡，於他書中間見一二，而真僞未可知，譬如其人元不到官，又已身亡，無可追對，徒得之風聞道聽〔二四〕，以爲其説如此者也。今捨毛詩而求證於齊、魯、韓，猶聽訟者以親身到官所供之案牘爲不可信，乃採之於傍人傳説，而欲以斷其事也，豈不誤哉。

李樗毛詩詳解三十六卷

陳氏曰：博取諸家之說，訓釋名物文意，末用己意爲論以斷之。樗，閩之名儒，於林少穎爲外兄。林，李出也。

詩風雅頌四卷序一卷

陳氏曰晦庵所録。以爲序出後，不當引冠篇首，故别録爲一卷。

晦庵詩集傳詩序辨說共二十一卷

陳氏曰：以大、小序自爲一編，而辨其是非。其序吕氏讀詩記自謂少年淺陋之說，久而知其有所未安，或不免有所更定。今江西所刻晚年本，得於南康，胡泳伯量校之建安本，更定幾什一云。

吕氏讀詩記三十二卷

陳氏曰：博采諸家，存其名氏，先列訓詁，後陳文義，剪截貫穿，如出一手。己意有所發明，則别出之。詩學之詳正，未有逾於此書者也。然自公劉以後，編纂已備，而條例未竟，學者惜之。

岷隱續讀詩記三卷

陳氏曰：戴溪撰。其書出於吕氏之後，謂吕氏於字訓章已悉，而篇意未貫，故以續記爲名。其實自述己意，亦多不用小序。

黄度文叔詩序三十卷

水心葉氏序曰：公於詩，尊叙倫紀，致忠達敬，篤信古文，旁録衆善。博厚慘怛而無迂重之累，緝緒悠久而有新美之益。然則性情不蔽，而詩之教可以復明，公其有志於是歟！按易有程，春秋有胡，而詩集傳之善者亦數家，大抵欲收拾群義，酌其中平，以存世教矣，未知性情何如耳。今公之書既將並行，讀者誠思其教，存其性，教明、性明而詩復〔二五〕，則庶幾得之。

項安世毛詩前說一卷

陳氏曰：考定風、雅篇次，而爲之説。其曰前説者，末年之論，有少不同故也。

陳鵬飛詩解二十卷

陳氏曰：不解殷、魯二頌，以爲商頌當闕，而魯頌可廢。

王景文詩總聞三卷

陳氏曰：自序云「研精覃思，於此幾三十年」，其書有聞音，謂音韵；聞訓，謂字義；聞章，謂分段；聞句，謂句讀；聞字，謂字畫；聞物，謂鳥獸草木；聞用，謂凡器物；聞迹，謂凡在處山川土壤州縣鄉落之類；聞事，謂凡事實；聞人，謂凡人姓號。共十聞，每篇爲總聞。又有聞風、聞雅、聞頌等。其説多出新意，不循舊傳。

白石詩傳二十卷

陳氏曰：宗正少卿樂清錢文子撰。所居白石岩，因以爲號。

詩古音辨二卷

陳氏曰：從政郎信安鄭庠撰〔二六〕。

詩考五卷

浚儀王應麟撰。自序漢言詩者四家，師異指殊。賈逵撰齊、魯、韓與毛氏異同。梁崔靈恩采三家本爲集注。今唯毛傳、鄭箋孤行，韓僅存外傳，而魯、齊詩亡久矣。諸儒説詩，壹以毛、鄭爲宗，未有參考三家者，獨朱公集傳閎意眇指，卓然千載之上。言關雎則取匡衡，柏舟婦人之詩，則取劉向；笙詩有聲無辭，則取儀禮；「上天甚神」，則取戰國策；「何以恤我」，則取左氏傳；「抑，戒自警」，「昊天有成命道成王之德」，則取國語；「陟降庭止」，則取漢書注；「賓之初筵，飲酒悔過」，則取韓詩序；「不可休思」、「是用不就」、「彼岨矣岐」，皆從韓詩；「禹敷下土方」，又證諸楚辭。一洗末師專己守殘之陋，學者諷咏涵濡，而自得之躍如也。文公語門人，文選注多韓詩章句，嘗欲寫出。應麟竊觀傳記所述，三家緒言，尚多有之，罔羅遺軼，傳以説文、爾雅諸書，萃爲一編，以扶微學，廣異義，亦文公之意云爾。讀集傳者，或有考於斯。

校勘記

〔一〕三十九部　「三」原作「二」，據隋書卷三二改。元本、馮本同「三」。

〔二〕三百二十二卷　「二十二」原作「三十二」，據新唐書卷五七改。

〔三〕許叔牙以下不著録三家三十三卷　「許叔牙」原作「許叔才」；「三十三卷」原作「三十二卷」，並據新唐書卷五七改。按「三十三卷」，馮本同作「三十三卷」，元本作「三十二卷」。許叔牙，新、舊唐書俱有傳。

〔四〕漢志本十篇　「本」字原闕，據郡齋讀書志校證卷二補。

〔五〕雖非解經之深者　原作「雖非其解經之深者」，郡齋讀書志校證卷二、玉海卷三八俱無「其」字，據删。

〔六〕蒙文相公改正三千餘字　「改正」原作「改章」，據容齋續筆卷八改。

〔七〕首卷第二章　「首」原作「百」，元本作「首」，據容齋續筆卷八改。　按韓詩外傳記孔子南游適楚事見首卷。

〔八〕蓋多雜説　按直齋書録解題卷二是句作「蓋多記雜説」。

〔九〕不知果當時本書否也　直齋書録解題卷二無「不知」二字。

〔一〇〕鳥獸草木蟲魚之名　「蟲魚」原作「魚蟲」，四部叢刊本詩本義附卷之三作「蟲魚」，據改。

〔一一〕美刺之由　「由」原作「方」，據詩本義改。

〔一二〕世傳鄭氏詩譜最詳　「世傳」，詩本義作「世言」。

〔一三〕而其次第莫詳　「次第」，元本、慎本、馮本並詩本義俱作「次比」。下文「次第」同此例。

〔一四〕豳齊衛檜陳唐秦鄭魏曹此變風之先後也　按是句詩本義無。

〔一五〕今因取以補鄭譜之亡者　「今因」二字原闕，據元本、詩本義補。

〔一六〕毛詩小疏　崇文總目卷一作「毛詩小疏二十卷」。

〔一七〕毛詩指説　崇文總目卷一作「毛詩指説一卷」。

〔一八〕毛詩斷章　崇文總目卷一作「毛詩斷章二卷」。

〔一九〕毛詩解題　崇文總目卷一作「毛詩解題二十卷」。

〔二〇〕布之天下云　郡齋讀書志校證卷二作「布之天下以取士云」。

〔二一〕廣川詩故四十卷　「詩故」原作「詩考」，元本、慎本、馮本並直齋書録解題卷二、宋史卷二〇二俱作「詩故」，據改。

〔二二〕顏氏糾謬正俗以傅毅郊祀賦穰有而成切張衡東京賦激有吉躍切　「有」，直齋書録解題卷二作「作」。

〔二三〕某後讀楚天問　「某」原作「其」，元本、馮本作「某」，據改。按朱子語類卷八〇：「某後來讀楚辭天問。」

〔二四〕徒得之風聞道聽　「徒」字原闕，據元本、馮本補。

〔二五〕讀者誠思其教存其性教明性明而詩復　是句葉適集卷一二作「讀者誠思其教存而性明，性明而詩復」。

〔二六〕從政郎信安鄭庠撰　「鄭庠」原作「鄭犀」，據直齋書録解題卷二改。按宋史卷二〇二著録詩古音辨作鄭庠。

卷一百八十　經籍考七

經　禮

漢藝文志曰：帝王質文世有損益，至周曲爲之防，事爲之制，師古曰委曲防閑每事爲制也。故曰：「禮經三百，威儀三千。」韋昭曰：周禮三百六十官也，三百舉成數也。臣瓚曰：禮經三百，謂冠、婚、吉、凶。周禮三百，是官名也。師古曰〔一〕：禮經三百，韋說是也。威儀三千，乃謂冠、婚、吉、凶，蓋儀禮是也。及周之衰，諸侯將踰法度，惡其害己，皆滅去其籍，自孔子時而不具〔二〕，至秦大壞。漢興，魯高堂生傳士禮十七篇。訖孝宣世〔三〕，后蒼最明。戴德、戴聖、慶普皆其弟子，三家立於學官。禮古經者，出於魯淹中，蘇林曰：里名也。及孔氏，與十七篇文相似〔四〕，多三十九篇。及明堂陰陽、王史氏記所見，多天子諸侯卿大夫之制，雖不能備，猶瘉倉等推士禮而致於天子之說。師古曰：瘉與愈同，愈，勝也。劉氏曰：孔氏學七十篇，即安國所得壁中書也。「學七十」，當作「與十七」，五十六篇除十七，正多三十九也。

隋經籍志曰：漢初，有高堂生傳十七篇，又有古經，出於淹中，而河間獻王好古愛學，收集餘燼，得而獻之，合五十六篇，並威儀之事。而又得司馬穰苴兵法一百五十五篇，及明堂陰陽之記，並無敢傳之者。唯古經十七篇與高堂生所傳不殊，而字多異。自高堂生至宣帝時，后蒼最明其業，乃爲曲臺記。蒼授梁人戴德及德從兄子聖、沛人慶普，於是有大戴、小戴、慶氏三家並立。後漢唯曹元傳慶氏，以授其子褒。然三家雖存並微，相傳不絕。漢末，鄭玄傳小戴之學，後以古經校之，取其於義長者作注，爲鄭氏學。其喪服一篇，子夏先傳之，諸儒多爲注解，今又别行。而漢時有李氏得周官，周官蓋周公所制官政之法，上於河間獻王，獨闕冬官一篇。獻王購以千金不得，遂取考工記以補其處，合成六篇，奏之。至王莽時，劉歆始置博士，以行於世。河南緱氏杜子春受業於歆，因以教授。是後馬融作周官傳，以授鄭玄，玄作周官注。漢初，河間獻王又得仲尼弟子及後學者所記一百三十一篇，獻之，時亦無傳之者。至劉向考校經籍，檢得一百三十篇，向因第而叙之。而又得明堂陰陽記三十三篇、孔子三朝記七篇、王史氏記二十一篇〔五〕、樂記二十三篇，凡五種，合二百十四篇。戴德删其煩重，合而記之，爲八十五篇，謂之大戴記；而戴聖又删大戴之書，爲四十六篇，謂之小戴記。漢末馬融遂傳小戴之學，融又定月令一篇〔六〕、明堂位一篇、樂記一篇，合四十九篇；而鄭玄受業於融，又爲之注。今周官六篇、古經十七篇、小戴記四十九篇，凡三種。唯鄭注立於國學，其餘並多散亡，又無師說。

漢志：凡禮十三家，五百五十五篇。

按三代之禮，其流傳於漢世，周官、儀禮、戴記三書而已，藝文志所述皆三書也。然其末則以古封禪群祀二十二篇、封禪議對十九篇、漢封禪群祀三十六篇、議奏三十八篇繼之，而皆以爲禮家。按封禪，秦、漢之事，難厠其書於禮經之後，今析入儀注門。凡削四家，一百一十五篇云。

隋志：一百三十六部，一千六百二十二卷。通計亡書，二百一十一部，二千一百八十六卷。

唐志：六十九家，九十六部，一千八百二十七卷。失姓名七家，元行冲以下不注録十六家，二百九十五卷。

宋三朝志：四十部，一千五十六卷。内十一部入儀注門。

宋兩朝志：三部，五十二卷。内一部入儀注門。

宋四朝志：二十五部，三百六十七卷。内一部入儀注門。

宋中興志：六十四家，九十一部，一千二百六十五卷。

儀禮注十七卷

韓文公讀儀禮：余嘗苦儀禮難讀，且又行於今者蓋寡，沿襲不同，復之無由，考於今，誠無所用云，然文王、周公之法制具在於是。孔子曰：「吾從周」，謂其文章之盛也。古書之存者希矣，百氏雜家尚有可取，況聖人之制度邪？於是掇其大要，奇辭奥旨著於篇，學者可觀焉。惜吾不及其時，揖讓進退於其間。嗚呼，盛哉！

鼂氏曰：儀禮十七篇，鄭氏注。西漢諸儒得古文禮凡五十六篇，高堂生傳士禮十七篇，爲儀禮，喪服傳一卷，子夏所爲。其説曰：周禮爲本，聖人體之；儀禮爲末，聖人履之。爲本則重者在前，故宗伯序五禮，以吉、凶、賓、軍、嘉爲次；爲末則輕者在前，故儀禮先冠、婚，後喪、祭〔七〕。

朱子語録：知看儀禮有緒，甚善。此書雖難讀，然却多是重複倫類，若通，則其先後彼此展轉參照，足以互相發明，久之自通貫也。禮書如儀禮尚完備如他書。儀禮是經，禮記是解儀禮，且如儀禮有冠禮，禮記便有冠義；儀禮有昏禮，禮記便有昏義；以至燕、射之禮〔八〕，莫不皆然。只是儀禮有士相見禮，禮記却無士相見義。後來劉原甫補成一篇。學禮記下言語，只是解他儀禮。儀禮，不是古人預作一書如此。初間只是以義起，漸漸相襲，行得好，只管巧，至於情文極細密，極周緻處，聖人見此意思好，故録成書。今儀禮多是士禮，如河間獻王得古禮五十六篇，乃孔壁所藏之書，其中却有天子、諸侯禮，所以班固言「愈於推士禮以致天子、諸侯之禮〔九〕」。是班固作漢書時，其書尚在，鄭康成亦及見之，今注疏中有引援處，不知是甚時失了，可惜。漢時，儒者專門名家，自一經之外，都不暇講。故先儒謂聖經不亡於秦火而壞於漢儒，其説亦好。温公論景帝太子既亡，當時若立獻王爲嗣，則漢之禮樂制度必有可觀。陳振叔亦儘得見。其説儀禮云：「此乃儀〔一〇〕，更須有禮書。」儀禮只載行禮之威儀，所謂「威儀三千」是也。禮書如云「天子七廟，諸侯五，大夫三，士二」之類，是説大經處。這是禮，須自有箇文字。

儀禮疏五十卷

鼂氏曰：唐賈公彦撰。齊黄慶、隋李孟悊各有疏義，公彦删二疏爲此書。國朝嘗詔邢昺是正之。

朱子語録曰：儀禮疏説得不甚分明。

先公儀禮注疏序曰：余生五十八年，未嘗讀儀禮之書。一日，從敗篋中得景德中官本儀禮疏四帙，正經、注語，皆標起止，而疏文列其下，蓋古有明經學究專科，如儀禮經注，學者童而習之，不待屑屑然登載本文，而已熟其誦數矣。王介甫新經既出，士不讀書，如余之於儀禮者皆是也。然不敢付之茫昧幽冥，將尋訪本書傳抄，庶幾創通大義。然余老矣，懼其費日力而卒無所補也。長兒跋曰：「家有監本儀禮經注，可取而附益之，以便觀覽。」意欣然，命之整緝，釐爲九帙，手自點校，並取朱氏禮書與其門人高弟黄氏、楊氏諸家續補之，編分章析，條題要其上，遂爲完書。拊而嘆曰：「兹所謂儀禮者歟！韓昌黎之言，豈欺我哉！其爲書也，於奇辭奥旨中，有精義妙道焉；於纖悉曲折中，有明辨等級焉。不惟欲人之善其生，且欲人之善其死；不惟致嚴於冠、昏、朝聘、鄉射，而尤嚴於喪、祭。後世徒以其推士禮而達之天子，以爲殘闕不可考之書。徐而觀之，一士也，天子之士與諸侯之士不同，上大夫與下大夫不同，等而上之，固有可得而推者矣。周公之經，何制之備也！子夏之傳，何文之奇也！康成之注，公彦之疏，何學之博也！小子識之。」

古禮十七卷　釋文一卷　釋誤三卷

陳氏曰：永嘉張淳忠甫所校。乾道中，太守章貢曾逮仲躬刻之。首有目録一卷，載大、小戴、劉向篇第異同，以古監本、巾箱本、杭細本、嚴本校定，識其誤而爲之序，謂高堂生所傳士禮爾。今此書兼有天子、諸侯、卿大夫禮，決非高堂所傳，其篇數偶同。自陸德明、賈公彦皆云然，不知何所據也。

朱子曰：張淳云：「如劉歆所言，則高堂生所得，獨爲士禮。而今儀禮乃有天子、諸侯、大夫之禮，居其大半，疑今儀禮非高堂生之書，但篇數偶同耳。」此則不深考於劉説所訂之誤，又不察其所謂士禮者，特略舉首篇以名之，其曰推而致於天子者，蓋專指冠、昏、喪、祭而言，若燕、射、朝聘，則士豈有是禮而可推邪！

朱子語録曰：儀禮，人所罕讀，難得善本。而鄭注賈疏之外，先儒舊説，多不復見，陸氏釋文亦甚疏略。近世永嘉張淳忠甫校定印本，又爲一書，以識其誤，號爲精密，然亦不能無舛謬。張忠甫所校儀禮甚子細，然却於目録中冠禮玄端處便錯了。但此本較他本爲最勝。又謂漢初未有儀禮之名，疑後學者見十七篇中有儀有禮，遂合而名之。

古禮經傳通解二十三卷　集傳集注十四卷

陳氏曰：朱熹撰。以古十七篇爲主，而取大、小戴及他書傳所載繫於禮者附入之。二十三卷已成書，闕書數一篇。其十四卷草定，未删改，曰集傳集注云者，蓋此書初名也。其子在刻之南康，一切仍其舊云。

中興藝文志：熹書爲家禮三卷、鄉禮三卷、學禮十一卷、邦國禮四卷、王朝禮十四卷。其曰儀禮經傳通解者，凡二十三卷，熹晚歲所親定，惟書數一篇缺而未補。其曰儀禮集傳集注者，即此書舊名，凡十四卷，爲王朝禮，而卜筮篇亦闕。熹所草定，未及删改。

朱子語録曰：儀禮，禮之根本，而禮記乃其枝葉。禮記本秦、漢上下諸儒解釋儀禮之書，又有他説附益於其間〔一二〕。今欲定作一書，先以儀禮篇目置於前，而附禮記於其後。如射禮則附以射義，似此類已得二十餘篇。若其餘曲禮、少儀，又自作一項，而以類相從。若疏中有説制度處，亦當采取以益之。

禮書異時必有兩本，其據周禮，分經傳，不多取國語雜書迂僻蔓衍之説者，吾書也。其黜周禮，使事無統紀，合經傳，使書無間别，多取國語雜記之書，使傳者疑而習者蔽，非吾書也。答應仁仲書曰：前賢常患儀禮難讀，以今觀之，只是經不分章，記不隨經，而注疏各爲一書，故使讀者不能遽曉。今定此本，盡去諸弊，恨不得令韓文公見之也。

先公曰：愚按記不隨經，注疏各爲一書，讀者不能遽曉，此猶古易之彖、象、文言、繫辭各自爲書，鄭康成所以欲省學者兩讀，而爲今易也。文公於禮書之離者合之，於易書之合者離之，是亦學者所當知也。

古禮經傳續通解二十九卷

陳氏曰：外府丞長樂黄榦直卿撰。榦，晦庵之婿，號勉齋。始，晦庵著禮書，喪、祭二禮未及論次，以屬榦續成之。

朱子語録：賀孫因問：「祭禮附祭義〔二〕，如説孝許多，如何來得？」曰：「便是祭禮難附。兼祭儀前所説多是天子禮，若儀禮所存，唯少牢饋食、特牲饋食禮是諸侯大夫禮。兼又只是有饋食。若天子祭，便合有初間祭腥等事，如所謂『建設朝事，燔燎羶薌』。若附儀禮，此等皆無入頭處。意間欲將周禮中天子祭禮逐項作一總腦〔三〕，却以禮記附。如疏中有説天子，皆編出。」因云：「某已衰老，其間合要理會文字，皆起得箇頭在。及見其成與不見其成，皆未可知。萬一不及見此書之成，諸公千萬勉力整理，得成此書，所係甚大。」「古禮於今實是難行，當祭之時，獻神處少，只説酌奠，卒祝、迎尸以後，都是人自食了。主人獻尸，尸又酢主人，酢主婦，酢祝及佐食宰、贊、衆賓等，交相勸酬，甚繁且久。所以季氏之祭，至於繼之以燭。竊謂後世有大聖人者作，與他整理一過，令人蘇醒，不必一一如古人之繁，但放古人大意，簡而易行耳。温公儀人所憚行者，只爲閑辭多，長篇浩翰，令人難讀，其實行禮處無多。某嘗修祭儀，只就中間行禮處分作五六段，甚簡易曉。後被人竊去，亡之矣。」

信齋楊氏序曰：昔文公朱先生既修家、鄉、邦國、王朝禮，以喪、祭二禮屬勉齋黄先生編之。先生伏膺遺訓，取向來喪禮藁本，精專修改。書成，凡十有五卷，復伏讀，曰：大哉書乎！秦、漢而下未有也。近世以來，儒生習誦，知有禮記，而不知有儀禮；士大夫好古者知有唐開元以後之禮，而不知有儀禮。今因其篇目之僅存者，爲之分章句，附傳記，使條理明白而易考，後之言禮者有所據依，不至於棄經而任傳，遺本而宗末。王侯大夫之禮，關於綱常者爲尤重，儀禮既闕其書，後世以來，處此大變者，咸幽冥而莫知其原，取具臨時，沿襲鄙陋，不經特甚，可爲慨嘆。今因小戴喪大記一篇合周禮、禮記諸書，以補其闕，而王侯大夫之禮，莫不粲然可考，於是喪禮之本末經緯，莫不悉備。既而又念喪禮條目散闊，欲撰儀禮喪服圖式一卷，以提其要，而附古今沿革於其後。草具甫就，而先生没矣。嗚呼！此千載之遺憾也。先生所脩祭禮，本經則特牲、少牢、有司徹，大戴禮則釁廟。以上四卷未分章句，入注疏。所補者，則自天神地祇、百神宗廟，以至因事而祭者，如建國遷都、巡狩師田、行役祈禳，及祭服祭器。事序始終，其綱目尤爲詳備。先生嘗爲復言，祭禮用力甚久，規模已定，每取其書緐閲而推明之，間一二條，方欲加意修定，而未遂也。嗚呼！禮莫重於喪、祭，文公以二書屬之先生，其責任至不輕也。先生於二書也，推明文王、周公之典，辨正諸儒異同之論，掊擊後世蠹壞人心之邪説，以示天下後世，其正人心、扶世教之功至遠也。而喪服圖式、祭禮遺藁，尚有未及訂定之遺恨，後之君子，有能繼先生之志者，出而成之，是先生之所望也。抑復又聞之先生曰：「始，余創二禮粗就，奉而質之先師，先師喜謂余曰：『君所立喪、祭禮，規模甚善，他日取吾所編家、鄉、邦國、王朝禮，其悉用此規模更定之。』」嗚呼！是又文公拳拳之意，先生欲任斯責而卒不果也，豈不痛哉！同門之士，以復預聞次輯之略，不可以無言也，復因敬識其始末，以告來者。喪禮一十五卷，前已繕寫，喪服圖式，今别爲一卷，附於正卷帙之外，以俟君子，亦先生平日之志云。

又曰：嘉定己卯，喪禮始克成編，以次將修祭禮，即以其書稿本授復，曰子其讀之。蓋欲復通知此書本末，有助纂輯也。復受書而退，啓緘伏讀，皆古今天下大典禮，其關係甚重，其條目甚詳，其經傳異同，注疏抵捂，上下數千百載間，是非淆亂，紛錯甚衆，自此朝披夕閲，不敢釋卷。時在勉齋左右，隨事咨問抄識，以待先生筆削。不幸先生即世，遂成千古之遺憾。日邁月征，今十餘年，南康學宫舊有家、鄉、邦國、王朝禮及張侯虙續刊喪禮，又取祭禮稿本併刊而存之，以待後之學者。故四方朋友，皆有祭禮稿本，未有取其書而修定之者。顧復何人，敢任其責。伏自惟念齒髮浸衰，曩日幸有所聞，不可不及時傳述。竊不自揆，遂據稿本，參以所聞，稍加更定，以續成其書，凡十四卷云。

集釋古禮十七卷　釋宮一卷　綱目一卷

陳氏曰：廬陵李如圭寶之撰。紹熙癸丑進士〔一四〕，嘗爲福建撫幹。釋宮者，經所載堂室、門庭，今人所不曉者，一一釋之。

中興藝文志：儀禮既廢，學者不復誦習，或不知有是書。乾道間有張淳始訂其訛，爲儀禮識誤。淳熙中李如圭爲集釋，出入經傳，又爲綱目，以别章句之指；爲釋宮，以論宮室之制。朱熹嘗與之校定禮書，蓋習於禮者。

周禮十二卷

鼂氏曰：鄭玄注。漢武帝時，河間獻王開獻書之路，得周官，有五篇，失冬官一篇，乃募以千金，不得，取考工記以補其闕。至孝成時，劉歆校理祕書，始得序列，著於録、略，爲群儒排棄，歆獨以爲周公致太平之迹。永平時，杜子春初能通其讀，鄭衆、鄭興亦嘗傳受，康成皆引之，以參釋異同云。

陳氏曰：按藝文志曰「周官經六篇」，本注云「王莽時歆置博士」。顔師古曰：「即今之周禮也，亡其冬官，以考工記足之。」愚嘗疑周禮六典與書周官不同，周官司徒掌邦教，敷五典，擾兆民；司空掌邦土，居四民，時地利。二官各有攸司，蓋自唐、虞九官，禹、契所職，則已然矣。今地官於教事殊略，而田野井牧、鄉遂稼穡之事，殆皆司空職耳。周官初無邦事之名，今所謂事典者，未知定爲何事？書闕亡而以考工記足之，天下之事，止於百工而已邪？先儒固有疑於是書者，若林存孝以爲武帝知周官末世瀆亂不經之書〔一五〕，作十論七難以排棄之；何休亦以爲六國陰謀之書。甚者或謂劉歆附益以佐王莽者也。惟鄭康成博覽，以爲周公致太平之迹，故其學遂行於世。愚按此書多古文奇字，名物度數，可考不誣，其爲先秦古書，似無可疑。愚所疑者，邦土邦事灼然不同，其他繁碎駁雜〔一六〕，與夫劉歆、王安石一再用之而亂天下，猶未論也。玄之學出於扶風馬融，而參取杜子春、鄭大夫、鄭司農之説。子春，河南緱氏人，生漢末，至永平初尚在，年九十餘，鄭衆、賈逵皆受業焉。大夫者，河南鄭興少贛也。司農者，鄭衆仲師，興之子也。融，字季長。

朱子語録曰：周禮一書好看，廣大精密，周家法度在裏許，但未敢令學者看。此非是不可學，亦非是不當學，只爲學有先後，先須理會自家身心合做底，學周禮却自後一截事。而今把來説看，還有一句干涉吾人身心上事否？周禮規模，皆是周公做，但其言語是他人做。如今時宰相提舉敕令，豈是宰相一一下筆？有不是處，周公須與改。至小可處，或未及改，或是周公晚年作此書。某所疑者，但恐周公立下此法，却不曾行得盡。後世皆以周禮非聖人書〔一七〕，其間細碎處雖可疑，其大體直是非聖人做不得。

潁濱蘇氏曰：言周公所以治周者，莫詳於周禮，然以吾觀之，秦、漢諸儒以意損益之者衆矣，非周公之完書也。何以言之？周之西都，今之關中也；其東都，今之洛陽也。二都居北山之陽，南山之陰，其地東西長，南北短，短長相補，不過千里，古今一也。而周禮王畿之大，四方相距千里，如畫棋局，近郊遠郊，甸地稍地，小都大都，相距皆百里，千里之方〔一八〕，地實無所容之，故其畿内遠近諸法，類皆空言耳。此周禮之不可信者一也。書稱武王克商，而反商攻，列爵惟五，分土爲三。故孟子曰：「天子之制，地方千里，公侯百里，伯七十里，子男五十里。不能五十里，不達於天子，附於諸侯，曰附庸。」鄭子產亦云：「古之言封建者，蓋若是。」而周禮諸公之地方五百里，諸侯四百里，諸伯三百里，諸子二百里，諸男百里，與古説異。鄭氏知其不可，而爲之説曰：「商爵三等〔一九〕，武王增以子、男，其地猶因商之故。周公斥大九州，始皆益之，如周官之法。於是千乘之賦，自一成十里而出車一乘，千乘而千成，非公侯之國，無以受之。」吾竊笑之。武王封之，周公大之，其勢必有所併，必有所徙。一公之封，而子男之國爲之徙者十有六〔二〇〕，封數大國，而天下盡擾，此書生之論，而有國者不爲也。傳有之曰：「方里而井，十井爲乘。」故十里之邑而百乘，百里之國而千乘，千里之國而萬乘，古之道也。不然，百乘之家，爲方百里，萬乘之國，爲方數圻矣，故無是也。語曰：「千乘之國，攝乎大國之間。」千乘，雖古之大國，而於衰周爲小，然孔子猶曰「安見方六七十，如五六十而非邦也者」，然則雖衰周，列國之强家，猶有不及五十里者矣〔二一〕。韓氏、羊舌氏，晉大夫也，其家賦九縣，長轂九百，其餘四十縣，遺守四千〔二二〕，謂一縣而百乘則可，謂一縣而百里則不可，此周禮之不可信者二也。王畿之内，公邑爲井田，鄉遂爲溝洫，此二者，一夫而受田百畝，五口而一夫爲役，百畝而税之十一，舉無異也。然而井田自一井而上，至於一同而方百里，其所以通水之利者，溝、洫、澮三。溝洫之制，至於萬夫，方三十二里有半，其所以通水之利者，遂、溝、洫、澮、川五。利害同而法制異，爲地少而用力博，此亦有國者之所不爲也。楚蔿掩爲司馬，町原防，井衍沃，蓋平川廣澤可以爲井者井之，原阜堤防之間，狹不可井則町之。杜預以町爲小頃町。皆因地以制廣狹多少之異，井田溝洫蓋亦然耳，非公邑必爲井田，而鄉遂必爲溝洫，此周禮之不可信者三也。三者既不可信，則凡周禮之詭異遠於人情者，皆不足信也。古之聖人因事立法，以便人者有矣，未有立法以强人者也。立法以强人，此迂儒之所以亂天下也。

五峰胡氏曰：謹按孔子定書周官，六卿，「冢宰掌邦治，統百官，均四海」者也。今以劉歆所成周禮考之，太宰，「掌建邦之六典」。夫太宰統五官之典，以爲治者也，豈於五官之外，更有治典哉，則掌建六典，歆之妄也。太宰之屬六十，小宰也、司會也、司書也、職内也、職歲也、職幣也。是六官之所掌，辭繁而事複，類皆期會簿書之末，俗吏掊克之所爲，而非贊冢宰，進退百官，均一四海之治者也。古之君國子民者，以義爲利，不以利爲利，故百乘之家，不畜聚斂之臣，與其有聚斂之臣，寧有盜臣。今天官有宰夫者，考群都鄙縣之治〔三〕，乘其財用之出入，凡失財用物辟名者誅之，其足用長財善物者賞之。夫君相守恭儉，不尚末作，使民務本，此足用長財之要也。百官有司，謹守其職，豈敢踰越制度，自以足用長財爲事。若劉歆之説，是使百官有司不守三尺，上下交征利，椎剥其民，以危亡其國之道，非周公致太平之典也。古之王者，守禮寡欲，由義而行，無所忌諱，不畏災患。今天官甸師乃曰：「喪事，代王受眚災。」此楚昭、宋景之所不爲者也，而謂周公立以爲訓，開後王忌諱之端乎？先王之制，凡官府次舍，列於庫門之外，所以别内外、嚴貴賤也。今宮正乃「比宮中之官府次舍之衆寡」，又曰「去其奇邪之民」〔四〕，則是嬪妃、宮吏、衆庶雜處，簾陛不嚴，而内外亂矣。

「宮伯，掌王宮之士庶子」，鄭玄以爲諸吏之適庶〔二五〕，宿衛王宮者也。天子深居九重，面朝後市，謹之以門衛，嚴之以城郭溝池，環之以鄉遂縣都，藩之以侯甸男邦采衛，守之以夷蠻戎狄，周匝四垂，中天下而立，定四海之民。今周公乃於宮中置諸吏，又以其士庶子衛王宮，何示人不廣，而自削弱如此也！王后之職，恭儉不妒忌，帥夫人嬪婦，以承天子，奉宗廟而已矣。今内宰「凡建國，佐后立市」〔二六〕，豈后之職也哉。「内小臣掌王后之命」；「后有好事於四方，則使往。有好令於卿大夫，則亦如之」。「閽人掌守王宮中門之禁」。説者以爲此二官奄者、墨者也〔二七〕。婦人無外事，以貞潔爲行。若外通諸侯，内交群下，則將安用君矣。夫人臣尚無境外之交，曾謂后而可乎？古者不使刑人守門，公家不畜刑人，大夫不養，士遇諸塗，弗與之言。周公作立政，戒成王以恤左右，綴衣、虎賁，欲其皆得俊乂之人。今反以隱宮刑餘近日月之側，開亂亡之端乎？寺人内豎，賤人，非所貴也。女祝，掌宮中禱祠禳禬之事〔二八〕。夫祭祀之禮，天子、公卿、諸侯、大夫、士行之於外〔二九〕，后妃、夫人、嬪婦供祭服籩豆於内。凡天地宗廟、山川百神，祀有典常，又安用此幺麼禱祠禳禬於宮中？此殆漢世女巫執左道入宮中，乘妃姬爭妒，與爲厭勝之事耳。劉歆乃以爲太宰之屬，置於王宮，其誣周公也甚矣。冢宰當以天下自任〔三〇〕，故王者内嬖嬪婦敵於后，外寵庶孽齊於嫡，宴遊無度，衣服無章，賜與無節，法度之廢，將自此始，雖在内庭爲冢宰者，真當任其責也〔三一〕。若九嬪之婦法，世婦之宮具，女御之功事，女史之内政，典婦之女功，乃后夫人之職也，王安石以爲統於冢宰〔三二〕，則王所以治内，可謂至公而盡正矣。夫順理而無阿私之謂公，由理而無邪曲之謂正，修身以齊家，此王者治國平天下之定理，所自盡心者也。苟身不能齊家，而以付之冢宰，爲王也悖理莫甚焉，又可謂之公正乎？噫！安石真姦人哉。四方職貢〔三三〕，各有定制，王者爲天下主財，奉禮義以養天下，無非王者之財也，不可以有公私之異。今大府乃有式貢之餘財〔三四〕，以共玩好之用，不幾有如李唐之君受裴延齡之欺罔者乎！玉府〔三五〕，乃有王之金玉良貨賄之藏，不幾有如漢桓靈置私庫者乎！內府，乃有四方金玉齒革良貨賄之獻，而共王之好賜，不幾有如李唐之君，受四方羨餘之輕侮者乎！王之裘服〔三六〕，宜夫人嬪婦之任也，今既有司裘，又有縫人、屨人等九官，則皆掌衣服者也。膳夫、酒正之職固不可廢，又有腊人、鹽人等十有六官，則皆掌飲食者也。醫師之職固不可廢，又有獸醫等五官，皆醫事也。帷幕次舍之事固不可廢，而皂隸之所作也，亦置五官焉。凡此，既不應冗濫如是，且皆執技以事上役於人者也，而以爲「冢宰進退百官，均一四海」之屬，何也？漢興，經五伯七雄，聖道絕滅，大亂之後，陳平爲相，尚不肯任廷尉內史之事，况周公承文武之德〔三七〕，相成王爲太師，乃廣置宮闈猥褻、衣服飲食技藝之官以爲屬，必不然矣。其末則又有夏采之官焉，專掌王崩復土者也。嗚呼！安得是不祥之人哉。禮官臨大變，一時行之可矣，乃預置官以俟王崩而行其職，何不祥之甚也。太宰之屬，六十有二，考之未有一官完善者，則五卿之屬可知矣。而可謂之經，與易詩書春秋配乎！

按：周禮一書，先儒信者半，疑者半。其所以疑之者，特不過病其官冗事多，瑣碎而煩擾耳。然愚嘗論之，經制至周而詳，文物至周而備，有一事必有一官，毋足怪者。有如閽、閽、卜、祝，各設命官，衣、膳、泉、貨，俱有司屬。自漢以來，其規模之瑣碎，經制之煩密，亦復如此，特官名不襲六典之舊耳，固未見其爲行周禮，而亦未見其異於周禮也。獨與百姓交涉之事，則後世惟以簡易闊略爲便，而以周禮之法行之，必至於厲民而階亂，王莽之王田、市易，介甫之青苗、均輸是也。後之儒者，見其效驗如此，於是疑其爲歆、莽之僞書而不可行，或以爲無關雎、麟趾之意，則不能行。愚俱以爲未然。蓋周禮者，三代之法也，三代之時，則非直周公之聖可行，雖一凡夫亦能行之；三代而後，則非直王莽之矯詐、介甫之執愎不可行，而雖賢哲亦不能行。其故何也？蓋三代之時，寰宇悉以封建，天子所治不過千里，公侯則自百里以至五十里，而卿大夫又各有世食禄邑，分土而治，家傳世守。民之服食日用，悉仰給於公上，而上之人所以治其民者，不啻如祖父之於其子孫，家主之於其臧獲。田土則少而授，老而收，於是乎有鄉遂之官。又從而視其田業之肥瘠，食指之衆寡，而爲之斟酌區畫，俾之均平。如上地家七人之類是也。貨財則盈而斂，乏而散，於是乎有泉府之官。又從而補其不足，助其不給，或賒或貸，而俾之足用。所以養之者如此。司徒之任，則自鄉大夫、州長〔三八〕，以至閭胥、比長，自遂大夫、縣正，以至里宰、鄰長，歲終正歲，四時孟月，皆徵召其民，考其德藝，糾其過惡，而加以勸懲。司馬之任，則軍有將，師有帥，卒有長。四時仲月，則有振旅治兵、茇舍大閱之法，以旗致民，行其禁令而加以誅賞。所以教之者如此。上下蓋弊弊焉，察察焉，幾無寧日矣。然其事雖似煩擾，而不見其爲法之弊者，蓋以私土子人，痛痒常相關，脉絡常相屬，雖其時所謂諸侯卿大夫者，未必皆賢，然既世守其地，世撫其民，則自不容不視爲一體；既視爲一體〔三九〕，則姦弊無由生，而良法可以世守矣。自封建變而爲郡縣，爲人君者宰制六合，穹然於其上，而所以治其民者，則諉之百官有司、郡守縣令。爲守令者，率三歲而終更，雖有龔、黄之慈良，王、趙之明敏，其始至也，茫然如入異境，積日累月，方能諳其土俗，而施以政令，往往期月之後，其善政方可紀，纔再期而已及瓜矣。其有疲懦貪鄙之人，則視其官如逆旅傳舍，視其民如飛鴻土梗，發政施令，不過授成於吏手，既授成於吏手，而欲以周官之法行之，則事煩而政必擾，政擾而民必病。教養之恩惠未孚，而追呼之苛嬈已極矣，是以後之言善政者必曰事簡。夫以周禮一書觀之，成周之制未嘗簡也。自土不分胙，官不世守，爲吏者不過年除歲遷，多爲便文自營之計。於是國家之法制率以簡易爲便，愼無擾獄市之説，治道去太甚之説，遂爲經國庇民之遠猷。所以臨乎其民者，未嘗有以養之也，苟使之自無失其養，斯可矣。未嘗有以教之也，苟使之自毋失其教，斯可矣。蓋壤土既廣，則志慮有所不能周；長吏數易，則設施有所不及竟。於是法立而姦生，令下而詐起，處以簡靖，猶或庶幾，稍涉繁夥，則不勝其瀆亂矣。昔子產聽鄭國之政，其所施爲者，曰「都鄙有章，上下有服，田有封洫，廬井有伍」，此俱周官之法也。然一年而輿人誦之曰：「孰殺子產，吾其與之。」三年而誦之曰：「子產而死，誰其嗣之？」按鄭國土地褊小，其在後世則一郡耳。夫以子產之賢智，而當一郡守之任，其精神必足以周知情僞，其念慮必足以洞究得失，決不至如後世承流宣化者之以苟且從事也。而周制在當時亦未至盡隳，但未能悉復先王之舊耳。然稍欲更張，則亦未能遽當於人心，必俟磨以歲月，然後昔之謗讟者轉而爲謳歌耳。况賢不及子產，所涖不止一郡，且生乎千載之後。先王之制久廢，而其遺書僅存，乃不察時宜，不恤人言，而必欲行之乎，王介甫是也。介甫所行，變常平而爲青苗，諉曰「此周官泉府之法也」。當時諸賢極力争之，蘇長公之言曰：「青苗雖云不許抑配，然其間願請之户，必皆孤貧不濟之人家。若自有贏餘，何至與官交易？此等鞭撻已急，則繼之逃亡；逃亡之餘，則均之鄰保。」蘇少公之言曰：「出納之際，吏緣爲姦法，不能禁錢入民手，雖良民不免非理費用。及其納錢，雖富民不免違限。受責如此，則鞭笞必用，而州縣多事矣。」是皆言官與民賒貸之非便也。蓋常平者，糴糶之法也；青苗者，賒貸之法也。糴糶之法，以錢與粟兩相交易，似未嘗有以利民，而以官法行之，則反爲簡便。賒貸之法，捐錢以予民，而以時計息取之，似實有以濟民，而以官法行之，則反爲繁擾。然糴糶之説始於魏文侯，常平之法始於漢宣帝，三代之時，未嘗有此。而賒貸之法，則周官泉府明言之，豈周公經制，顧不爲其簡易者，而欲爲其繁擾者乎？謂周禮爲不可信之書，則左氏傳言鄭饑，子皮以子展之命餼國人粟，户一鐘；宋饑，司城子罕請於平公，出公粟以貸。使大夫皆貸，司城氏貸而不書；爲大夫之無者貸，宋無饑人。齊陳氏以家量貸，而以公量收之。則春秋之時，官之於民，固有賒貸之事也。雖當時未嘗取二分之息，如青苗之爲，然熙寧諸賢所言，非病其取息之多也，蓋以爲貧者願貸，貸與之而不能償〔四〇〕，則虧官。富者不願貸，抑配予之，而並令保任貧者，代償所逋，則損民。兩無所益，固不若常平之交手相付，聽從民便之，爲簡易兩得也。然左氏所述鄭、宋、齊之事，謂之善政，以爲美談，未嘗見其有熙、豐之弊，何也？蓋鄭、宋、齊，列國也，其所任者，罕氏、樂氏、陳氏，則皆有世食禄邑，與之分土而治者也。介甫所宰者，天下也；其所任者，六七少年，使者四十餘輩，與夫州縣小吏，則皆干進徇時之徒也。然非鄭、宋、齊之大夫盡賢，而介甫之黨盡不肖也。蓋累世之私土子人者，與民情常親，親則利病可以周知，故法雖繁，而亦足以利民。暫焉之承流宣化者，與民情常疏，疏則情僞不能洞究，故法雖簡而猶懼其病民也。以青苗賒貸一事觀之，則知周禮所載，凡法制之瑣碎煩密者，可行之於封建之時，而不可行之於郡縣之後。必知時適變者，而後可以語通經學古之説也。

校勘記

〔一〕師古曰　「曰」字原闕，據漢書卷三〇補。

〔二〕自孔子時而不具　「孔子」原作「孟子」，據元本、慎本、馮本改。漢書卷三〇同作「孔子」。

〔三〕訖孝宣世　「世」原作「時」，據漢書卷三〇改。

〔四〕與十七篇文相似　「與十七篇」原作「學七十篇」，據元本、慎本、馮本改。漢書卷三〇同作「與十七篇」。參見下注文劉氏曰。

〔五〕王史氏記二十一篇　「王史氏記」原作「王氏史氏記」，按漢書卷三〇著録「王史氏二十一篇」，同卷又見「及明堂陰陽、王史氏記所見」，則「王氏」之「氏」屬衍文，删。參見廿二史考異卷七藝文志。

〔六〕融又定月令一篇　「又定」原作「又足」，據隋書卷三二改。參見通典禮典序。

〔七〕故儀禮先冠婚後喪祭　「儀禮」原作「儀」，據郡齋讀書志校證卷二補。

〔八〕以至燕射之禮　「禮」，朱子語類卷八五作「類」。

〔九〕所以班固言愈於推士禮以致天子諸侯之禮　「以致」，元本、馮本作「以知」，朱子語類卷八五作「以爲」。按漢書卷三〇：「猶瘉倉等推士禮而致於天子之說。」

〔一〇〕陳振叔亦儘得見其說儀禮云此乃儀　朱子語類卷三〇是句作「陳振叔亦儘得，其說儀禮云：『此乃是儀』」。

〔一一〕又有他說附益於其間　「他說」原作「他書」，據元本、慎本、馮本改。按朱子語類卷八四同作「他說」。

〔一二〕祭禮附祭義　「祭義」原作「祭儀」，據朱子語類卷八四改。

〔一三〕意間欲將周禮中天子祭禮逐項作一總腦　「意間」原作「意問」，據朱子語類卷八四改。

〔一四〕紹熙癸丑進士　「紹熙」原作「紹興」，直齋書録解題卷二作「淳熙」。按淳熙無癸丑年。宋元學案卷六九：「撫幹李先生如珪字寶之，廬陵人，紹熙癸丑進士，文公與之校定禮經，所著有集釋古禮十七卷、釋宫一卷、儀禮綱目一卷。」據改。

〔一五〕若林存孝以爲武帝知周官末世瀆亂不經之書　「林存孝」原作「林孝存」，據元本、慎本、馮本改。按直齋書録解題卷二同「存孝」，賈公彦序周禮廢興作「林孝存」。

〔一六〕其他繁碎駁雜　「其他」原作「其地」，據元本、慎本、馮本改。直齋書録解題卷二同「其他」。

〔一七〕後世皆以周禮非聖人書　「後世」，朱子語類卷八六作「後人」。

〔一八〕相距皆百里千里之方　「千里之方」原作「十里之方」，據欒城後集卷七周公第三改，元本、馮本同「千里之方」。

〔一九〕商爵三等　「商爵」原作「商野」，據欒城後集卷七改，元本、慎本、馮本同「商爵」。

〔二〇〕而子男之國爲之徙者十有六　「徙」原作「徒」，據欒城後集卷七改。

〔二一〕猶有不及五十里者矣　「五十里」原作「五十者」，據欒城後集卷七補。

〔二二〕其餘四十縣遺守四千　「遺守四千」原闕，據欒城後集卷七補。

〔二三〕考群都鄙縣之治　「群都」原作「郡都」，據四庫全書影印本皇王大紀改。按周禮注疏卷三：「群都鄙縣之治。注：『群都，諸采邑也。』」

〔二四〕又曰去其奇邪之民　周禮三小宰：「又曰云：『去其淫怠與奇邪之民。』」

〔二五〕鄭玄以爲諸吏之適庶　「諸吏」，皇王大紀作「宫中諸吏」。按周禮卷三宫伯注：「玄謂王宫之士，謂王宫中諸吏之適子也。」

〔二六〕今内宰凡建國佐后立市　「佐后立市」原作「左右立市」，據皇王大紀改。按周禮卷七内宰同「佐后立市」。

〔二七〕説者以爲此二官奄者墨者也　「此」字原闕，據皇王大紀補。

〔二八〕女祝掌宫中禱祠禳禬之事　「女祝」原作「内祝」，據皇王大紀改。按周禮卷八：「女祝掌王后之内祭祀。凡内禱祠之事，掌以時招梗禬禳之事，以除疾殃。」

〔二九〕天子公卿諸侯大夫士行之於外　皇王大紀闕「諸侯」二字。

〔三〇〕冢宰當以天下自任　「當」原作「常」，據元本、慎本、馮本改。皇王大紀同「當」。

〔三一〕真當任其責也　按皇王大紀作「真當任其責者也」。

〔三二〕王安石以爲統於冢宰　按皇王大紀作「王安石以爲皆統於冢宰」。

〔三三〕四方職貢　「職貢」原作「貢職」，據皇王大紀改。

〔三四〕今大府乃有式貢之餘財　「式」，原作「貳」，按周禮卷六：「凡式貢之餘財，以共玩好之用。」據改。
〔三五〕玉府　「玉府」原作「王府」，據皇王大紀改。按周禮六：「玉府掌王之金玉玩好兵器。」
〔三六〕王之裘服　「之」原闕，據皇王大紀補。
〔三七〕況周公承文武之德　「況」原闕，據皇王大紀補。
〔三八〕則自鄉大夫州長　「鄉」原作「卿」，按周禮卷一二：「鄉大夫之職，各掌其鄉之政教禁令……州長各掌其州之教治政令之法。」據改。
〔三九〕既視爲一體　「視」字原闕，據元本、慎本、馮本補。
〔四〇〕貸與之而不能償　「與」原作「無」，據元本、馮本改。

卷一百八十一　經籍考八

經禮

周禮疏十二卷

鼂氏曰：唐賈公彥撰。公彥，洺州人。永徽中，仕至太學博士。史稱著此書四十卷〔一〕，今併爲十二卷。世稱其發揮鄭學最爲詳明。

陳氏曰：其序周禮廢興，起於成帝、劉歆，而成於鄭玄。又言鄭衆以爲書周官即此周官也，失之矣。書止一篇，周禮乃六篇，文異數萬，非書類是則然矣。但周禮六官實本於周官，周官舉其凡，周禮詳其目，則鄭衆之說，未得爲失。而其大可疑者，則邦土、邦事之不同也。館閣書目按藝文志謂之周官經，此禮器所謂經禮者是也。志有周官經六篇，傳四篇，但曰經傳云爾，廼便以爲經禮，尤爲可笑。廣川藏書志云：「公彥此疏，據陳邵異同評及沈重義疏爲之〔二〕。」二書並見唐藝文志，今不復存。

石經周禮十二卷

鼂氏曰：僞蜀孫朋吉書〔三〕，以監本是正。其注或羨或脱，或不同至千數。

新經周禮義二十二卷

鼂氏曰：皇朝王安石介甫撰。熙寧中，設經義局，介甫自爲周官義十餘萬言，不解考工記。按秦火之後，周禮比他經最後出，論者不一，獨劉歆稱爲周公致太平之迹，鄭氏則曰周公復辟後，以此授成王，使居雒邑，治天下；林存孝謂之黷亂不驗之書，何休亦云六國陰謀之説。昔北宮錡問孟子周室班爵禄之法，孟子以謂諸侯惡其害己，滅去其籍，則自孟子時已無周禮矣，況經秦火乎？存孝、休非之，良有以也。不知劉、鄭何所據而言，然又自違異不同。王莽嘗取而行之，斂財聚貨，瀆祀煩民，冗碎詭異〔四〕，離去人情遠甚。施於文則可觀，措於事則難行，凡莽之馴致大亂者，皆以此。厥後唯蘇綽、王通善之，諸儒未嘗有言者。至於介甫，以其書理財者居半，愛之，如行青苗之類皆稽焉，所以自釋其義者，蓋以其所創新法盡傳著之，務塞異議者之口。後其黨蔡卞、蔡京紹述介甫，期盡行之，圜土方田，皆是也。周，姬姓，故其女曰王姬〔五〕，其臣如宋、齊之女，亦不曰姬，而各氏其姓，曰子氏，曰姜氏〔六〕。趙，嬴姓，京乃令帝女稱帝姬。噫！至於姓亦從焉，何其甚也。久之禍難並起，與莽曾無少異，殆書所謂「與亂同事」者邪！

陳氏曰：其序言：「自周衰至今，歷載千數，而太平之遺迹掃蕩殆盡，學者所見，無復全經。於是時，乃欲訓而發之，臣誠不自揆，知其難也〔七〕，以訓而發之之爲難，又知夫立政造事，追而復之之爲尤難。」新法誤國，於此可推其原矣。熙寧八年，詔頒之國子監，且置之義解之首。

周禮辨疑一卷

鼂氏曰：皇朝楊時中立撰。凡一卷，攻安石之書。

周禮中義八卷

陳氏曰：祠部員外郎長樂劉彝執中撰。彝，諸經皆有中義。

周禮詳解四十卷

陳氏曰：王昭禹撰，未詳何人。近世爲舉子業者多用之，其學皆宗王氏新説。

周禮講義四十九卷

陳氏曰：林之奇撰。四十九卷。

陳君舉周禮説三卷〔八〕

陳氏曰：其書曰格君心、正朝綱、均國勢，各四篇。

中興藝文志稱傅良之言曰：「周官之綱領三，養君德、正朝綱、均國勢也。鄭注之誤三，王制，漢儒之言，今以釋周禮；司馬法，兵制，今以證田制；漢官制皆襲秦，今以比周官。」徐筠學於傅良，記所口授，而爲書曰微言。傅良爲説十二篇，專論綱領。

朱子語録曰：於丘子服處見陳、徐二先生周禮制度菁華，下半册徐元德作，上半册即陳君舉所奏周官説。先生云：孝宗嘗問君舉：「聞卿博學，不知讀書之法當如何？」陳奏云：「臣生平於周官粗嘗用心推考，今周官數篇已屬藁，容臣退，繕寫進呈。」遂寫進御。大概推周官制度亦稍詳，然亦有杜撰錯説處。如云冢宰之職，不特朝廷之事，凡内而天子飲食、服御、宫掖之事，無不畢管。蓋冢宰以道詔王，格君心之非，所以如此。此説固是〔九〕，但云主客行人之官，合屬春官宗伯，而乃掌於司寇，宗伯典禮，司寇典刑〔一〇〕，土地疆域之事，合掌於司空，乃掌於司馬；蓋周家設六官互相檢制之意，此大不然。何聖人不以君子長者之道待其臣，既任之而復疑之邪？」或問：「如何？」先生曰：「賓客屬秋官者，蓋諸侯朝覲、會同之禮既畢，則降而肉袒請刑，司寇主刑，所以屬之，有威懷諸侯之意。夏官掌諸侯土地封疆，如職方氏皆屬夏官。蓋諸侯有變，則六師移之，所以屬司馬也。」又問：「冬官司空掌何事？」曰：「次第是管土田之事。蓋司馬、職方氏存其疆域之定制，至於申畫井田，創置纖悉，必屬於司空，而今亡矣。」

周禮井田譜二十卷

陳氏曰：進士會稽夏休撰，紹興時表上之。淳熙中，樓鑰刻之，永嘉止齋陳氏序曰：「夏君休所著井田譜，亦有志矣。鄭氏井邑若畫棋然，蓋祖王制，王制晚雜出漢文帝時，以海内盡爲九州，州必方千里，千里必爲國二百一十。其後班固食貨志亦謂井方一里，八家各私田百畝，公田十畝，是爲八百八十畝，爲廬舍蓋人二畝半云。凡若此，夏君皆不取，漢以來諸儒鮮或知之者。其説畿内廣成萬步，謂之都；不能成都，謂之鄙；不能成鄙，即成縣者與之爲縣，成甸者與之爲甸，至一丘一邑盡然。以其不能成都、成鄙，故謂之間田；以其不可爲軍、爲師，而無所專係，故謂之間民。鄉遂市官，皆小者兼大者，他亦上下相攝，備其數，不必具其員，歲登下民數於是〔一一〕，損益之，是謂相除之法，皆通論也。餘至纖至悉，雖泥於數度，未必皆叶，然其意要與時務合，不爲空言，去聖人遠。周禮一經，尚多三代經理遺迹，世無覃思之學，顧以説者謬，嘗試者復大謬，乃欲一切駁盡爲慊。苟得如井田譜與近時所傳林勛本政書者數十家，各致其説，取其通如此者，去其泥不通如彼者，則周制可得而考矣。周制可得而考，則天下庶幾於治矣。」

周禮丘乘説一卷

陳氏曰：項安世撰，一卷。

黄度周禮説五卷

陳氏曰：度字文叔，不解考工記。

水心葉氏序曰：周官晚出，而劉歆遽行之，大壞矣，蘇綽又壞矣，王安石又壞矣。千四百年更三大壞，而是書所存無幾矣。詩、書、春秋皆孔子論定，孟軻諸儒相與弼承，世不能知而信其所從；井洌於逵，衆酌飲焉，惟其量爾，故治雖不足而書有餘也。孔子未嘗言周官，孟子亦以爲不可得聞，一旦驟至，如奇方大藥，非黄帝、神農所名，無制使服食之法，而庸夫鄙人妄咀吞之，不眩亂顛錯幾希，故用雖有餘而書不足也。雖然，以余考之，周之道固莫聚於此書，他經其散者也；周之籍固莫切於此書，他經其緩者也。公卿敬，群有司廉，教法齊備，義利均等，固文、武、周、召之實政在是也，奈何使降爲度數事物之學哉！新昌黄文叔，始述五官而爲之説，亹亹乎孔、孟之以理貫事者必相發明也，惻惻乎文、武之以己形民者必相緯經也。守天下者非私智也，設邦家非自尊也。養民至厚，取之至薄；爲下甚逸，爲上甚勞；洗滌三壞之腥穢，而一以性命道德起後世之公心，雖未能表是書而獨行，猶將合他經而共存也，其功大矣。同時永嘉陳君舉亦著周禮説十二篇，蓋嘗獻之紹熙天子，爲科舉家宗尚。君舉素善文叔，論議相出入〔三〕，所以異者，君舉以後準前，由本朝至漢，遡而通之；文叔以前准後，由春秋、戰國至本朝，沿而別之。其叙鄉遂溝洫，辯二鄭是非，凡一字一語，細入毫芒，不可損益也。

史浩周禮講義

中興藝文志：孝宗爲建王，浩分講周禮，多啓發，孝宗稱之。然止於司關。

鄭鍔周禮解義

中興藝文志：周禮一經，説者僅一二家，又多舛或鑿。淳熙中，鍔爲解義，詳制度，明經旨，學者宗其書。

周禮綱目八卷　摭説一卷

陳氏曰：紹興府教授括蒼林椅奇卿撰，嘉定初上之朝。

鶴山周禮折衷二卷

陳氏曰：樞密臨邛魏了翁華父之門人税與權所録。條列經文，附以傳注。鶴山或時有所發明，止於天官，餘未及。凡二卷。

禮記二十卷鄭玄注

鼂氏曰：漢戴聖纂，鄭康成注，即所謂小戴者也。此書乃孔子没後，七十子之徒所共録。中庸，孔伋作；緇衣，公孫尼子作；王制，漢文帝時博士作。河間獻王集而上之，劉向校定二百五十篇。大戴既删，八十五篇；小戴又删，四十六篇，馬融傳其學，又附月令、明堂義，合四十九篇。

陳氏曰：漢儒輯録前記，固非一家之言，大抵駁而不純，獨大學、中庸爲孔氏之正傳，然初非專爲禮作也。唐魏徵嘗以小戴禮綜彙不倫，更作類禮二十篇，蓋有以也。

夾漈鄭氏曰：戴聖爲九江太守，行治多不法。何武爲揚州刺史，聖懼，自免。後爲博士，毀武於朝廷，武聞之，終不揚其惡。而聖子賓客爲盜，繫廬江，聖自以子必死。武平心決之，卒得不死。自是聖慚服，武每奏事至京師，聖未嘗不造門謝恩。戴聖爲禮家之宗，身爲贓吏，而子爲賊徒，可不監哉！學者當先其言而已矣。

朱子語録曰：禮記有説宗廟、朝廷，説得遠後雜亂，不切於日用。若欲觀禮，須將禮記節出切於日用常行者，如玉藻、内則、曲禮、少儀看。學禮，先看儀禮，儀禮無全書，其全皆是講説。如周禮、王制是制度之書，大學、中庸是説理之書，儒行、樂記非聖人之書，乃戰國賢士爲之。有許順之者，説人謂禮記是漢儒説，恐不然。漢儒最純者莫如董仲舒，仲舒之文最純者莫如三策，何嘗有禮記中説話來？如樂記所謂「天高地下，萬物散殊，而禮制行矣；流而不息，合同而化，而樂興焉」，仲舒如何説得到這裏？想必古來流傳，得此箇文字如此。禮記有王肅注，煞好。太史公樂書載樂記全文，注家兼存得王、鄭。如陸農師禮象、陳用之禮書亦該博，陳氏勝陸氏。如後世禮樂，全不足取，但諸儒議禮〔一三〕，頗有好處，此不可廢，當別類作一書。六朝人多精於此，必竟當時此學自專門名家，朝廷有禮事，便用此等人議之。鄭康成是个好人，考禮名數，大有功。王肅議禮，必反鄭玄。

禮記正義七十卷

鼂氏曰：唐孔穎達等貞觀中奉詔撰。其序稱：大、小二戴，共氏而分門；王、鄭兩家，同經而異注。爰從晉、宋，逮於周、隋，傳禮業者，江左尤盛。其爲義疏者甚多，唯皇甫侃、熊安生見於世，然皇甫爲勝〔一四〕。今據以爲本，其有不備，則以熊氏補焉。

朱子語録：問：「禮記古注外，無以加否？」答曰：「鄭注自好。看注看疏，自可了。」

禮記外傳四卷

鼂氏曰：唐成伯璵撰。義例兩卷，五十篇；名數兩卷，六十九篇。雖以禮記爲目，通以三禮言之。劉明素序，張幼倫注。

唐月令一卷

鼂氏曰：唐明皇刪定，李林甫等注。序謂吕氏定以孟春日在營室，不知氣逐閏移，節隨斗建，於是重有刪定，俾林甫同陳希烈等八人爲之解。國朝景祐初改從舊文，由是別行。

宋三朝國史藝文志：初，禮記月令篇第六即鄭注，唐明皇改黜舊文，附益時事，號御刪月令，升爲首篇，集賢院別爲之注。厥後學者傳之，而釋文、義疏皆本鄭注，遂有別注小疏者，詞頗卑鄙。淳化初，判國子監李至請復行鄭注，詔兩制、三館、祕閣集議，史館修撰韓丕、張佖、胡旦條陳唐本之失，請如至奏；

餘皆請且如舊，以便宣讀時令。大中祥符中，龍圖閣待制孫奭又言其事，群論復以改作爲難，遂罷。

石經禮記二十卷

鼂氏曰：僞蜀張紹文所書，不載年月，經文不闕唐諱，當是孟知祥僭位之後也。首之以月令，題云「御删定」，蓋明皇也；林甫等注，蓋李林甫也。其餘篇第仍舊。議者謂：經禮三百，曲禮三千，毋不敬，一言足以蔽之，故先儒以爲首，孝明肆情變亂，甚無謂也。

明道中庸解一卷

鼂氏曰：程顥撰。陳瓘得之江濤，濤得之曾天隱，天隱得之傅才孺，云李丙所藏。

楊中立中庸解一卷

鼂氏曰：楊時撰。時載程正叔之言，曰「不偏之謂中，不易之謂庸」。蓋亦猶王氏之説也。

鼂以道中庸解一卷

鼂氏曰：叔父詹事公撰。近世學者以中庸爲二事，雖程正叔亦然，故説是書者，皆穿鑿而二之。於是本諸胡先生、司馬温公、程明道、張横渠、王肅、鄭玄作是傳焉。

游氏中庸解一卷

鼂氏曰：游酢定夫，亦程正叔門人。

中庸大學廣義一卷

陳氏曰：司馬光撰，一卷。

芸閣禮記解十六卷

鼂氏曰：呂大臨與叔撰。與叔師事程正叔，禮學甚精博，中庸、大學尤所致意也。

陳氏曰：按館閣書目作一卷，止有表記、冠、昏、鄉、射、燕、聘義、喪服四制，凡八篇。今又有曲禮上下、中庸、緇衣、大學、儒行、深衣、投壺八篇。此晦庵朱氏所傳本，刻之臨漳射垛書坊，稱芸閣呂氏解，即其書也，讀書目始別載之。

方慤禮記解二十卷

陳氏曰：政和三年表進〔一五〕，自爲之序。以王氏父子獨無解義，乃取其所撰三經義及字說申而明之，著爲此解，由是得上舍出身，其所解文義亦明白。

朱子語録曰：方、馬二解，合當參考，儘有說得好處，不可以其新學而黜之。

馬希孟禮記解七十卷

陳氏曰：希孟字彥醇，未詳何人，亦宗王氏。

禮記新義

宋中興藝文志：陸佃撰。亦牽於字說，宣和末，其子宰上之。

破禮記

中興藝文志：夏休以禮記多漢儒雜記，於義有未安者，乃援禮經以破之。然中庸、大學實孔氏遺書也。

燕山中庸說一卷

陳氏曰：太中大夫河南郭忠孝立之撰。

張無垢中庸說六卷　大學說二卷少儀解附

朱子雜學辯曰：張公始學於龜山之門，而逃儒以歸於釋，既自以爲有得矣。而其釋之師語之曰：「左右既得欛柄，入手開道之際，當改頭换面，隨宜說法，使殊塗同歸，則住世出世間，兩無遺恨矣。然此語亦不可使俗輩知，將謂實有恁麽事也。」見大慧禪師與張侍郎書，今不見於語録中，蓋其徒諱之也。用此之故，凡張氏所論著，皆陽儒而陰釋，其離合出入之際，務在愚一世之耳目，而使之恬不覺悟，以入乎釋氏之門，雖欲復出，而不可得。本末指意，略如其所受於師者，其二本殊歸，蓋不特莊周出於子夏，李斯原於荀卿而已也。竊不自揆，嘗欲爲之論辯，以曉當世之惑，而大本既殊，無所不異，因覽其中庸說，姑掇其尤甚者什一二著於篇。其他如論語、孝經、大學、孟子之說，不暇遍爲之辯，大抵忽遽急迫，其所以爲說，皆此書之類也。

吕氏大學解

朱子曰：「吕氏之先，與二程夫子遊，故其家學最爲近正。然未能不惑於浮屠、老子之說，故其末流不能無出入之弊。」按正獻公神道碑載：公進讀，上語及釋、老虚寂之旨，公曰：「堯、舜雖知此，乃以知人安民爲急，此其所差之端也。」堯、舜之道，精粗本末，一以貫之，其所知者，似與釋、老不相似也。以爲所知在此，而所急在彼，是二本也。本原如此，則其末流之弊，豈可勝道哉。今論其一二，以補其闕，蓋其他說之近正者，則君子猶有取焉。

中庸集解二卷

陳氏曰：會稽石𡼏子重集録。周敦頤、程顥、程頤、張載、吕大臨、謝良佐、游酢、楊時、侯仲良、尹焞，凡十家之説〔一六〕，晦庵爲之序。

大學章句或問中庸章句或問各三卷

陳氏曰：朱熹撰。其説大略宗程氏，會衆説而折其中。又記所辯論取舍之意，別爲或問，以附其後。皆自爲之序，至大學，則頗補正其脱簡闕文。

朱子語録曰：大學一書，有正經，有或問，看來看去，只看注解便了〔一七〕。久之，又只看正經便了。又久之，自有一部大學在我胸中，而正經亦不用矣。然不用某許多工夫，亦看某底不出；不用聖賢許多工夫，亦看聖賢底不出。伊川舊日教人看大學，那時未有解，而今有注解，覺大段分曉了，只在仔細去看。大學解本文未詳者，於或問中詳之。或問未要看，俟有疑處，方可去看。

又曰：中庸一篇，某妄以己意分其章句，是書豈可以章句求哉！然學者之於書，未有不得於辭而能通其意者。中庸自首章以下，多對説將來，直是整齊。某舊讀中庸，以爲子思做，又時復有个「子曰」字，讀得熟後，方知是子思參夫子之説，著爲此書。自是沉潛反覆，遂漸得其旨趣，定得今章句，擺布得來，直是恁細密。中庸全在章句，其或問中皆是辯諸家説，恐未必是。問：中庸編集得如何？曰：便是難説。緣前輩諸公説得多了，其間儘有差舛處，又不欲盡剥難他底，所以難下手。不比大學，都未有人説〔一八〕。

中庸輯略二卷

陳氏曰：晦庵既爲章句，復取石子重所集解，删其繁亂，名以輯略，其取舍之意，則或問詳之。

曲禮口義二卷　學記口義二卷

陳氏曰：戴溪撰。

中庸説一卷

陳氏曰：項安世撰。

禮記集説一百六十卷

陳氏曰：直祕閣崑山衛湜正叔集諸家説，自注疏而下爲一書，各著其姓氏。寶慶二年表上之，由是寓直中祕。魏鶴山爲作序。

孔子閒居講義一卷

陳氏曰：慈湖楊簡敬仲撰。

大戴禮十三卷

鼂氏曰：漢戴德纂，亦河間王所獻百三十一篇，劉向校定，又得明堂陰陽記三十三篇，德删其煩重，爲八十五篇。今書止四十篇，其篇目自三十九篇始，無四十三、四十四、四十五、六十一四篇，有兩七十四，蓋因舊闕録之。每卷稱「今卷第幾」，題曰「九江太守戴德撰」。按九江太守聖也，德爲信都王太傅，蓋後人誤題。

陳氏曰：漢信都王太傅戴德延君、九江太守聖次君皆受禮於后蒼，謂大、小戴禮者也。漢初以來，迄於劉向校定中書，諸家所記殆數百篇，戴德删其煩重，爲八十五篇。聖又删爲四十九篇，相傳如此。今小戴四十九篇行於世，而大戴之書所存止此。自隋、唐志所載卷數，皆與今同，而篇第乃自三十九而下，止於八十一，其前闕三十八篇，末闕四篇，所存當四十三，而於中又闕四篇〔一九〕，第七十二複出一篇，實存四十篇。意其闕者，即聖所删邪？然哀公問、投壺二篇，與今禮記文不異，他亦間有同者；保傅傳，世言賈誼書所從出也，今考禮察篇，湯武、秦定取舍一則，盡出誼疏中，反若取誼語剿入其中者；公符篇至録漢昭帝冠辭，則此書殆後人好事者采獲諸書爲之，故駁雜不經，決非戴德本書也。題九江太守，迺戴聖所歷官，尤非是。

朱子語録曰：大戴禮無頭，其篇目缺處，皆是元無，非小戴所去取。其間多雜僞，亦有最好處。然多誤，難讀。大戴禮本文多錯，注尤舛誤，或有注，或無注，皆不可曉。武王諸銘，有直做得巧了切題者，如鑒銘是也，亦有絶不可曉者。想他古人只是述戒懼之意，而隨所在寫記，以自警省耳，不似今人爲此銘，便要就此物上説得親切。其間亦有切題者，如湯盤銘之類。至於武王盥盤銘，則又切似個船銘〔二〇〕，想只是因水起意，然恐亦有錯雜處。大戴禮冗雜，其好處已被小戴採摘來做禮記了，然尚有零碎好處在。淳問：大戴保傅篇多與賈誼策同，如何？曰：保傅中説「秦無道之暴」，此等語必非古書，乃後人採賈誼策爲之，亦有孝昭冠詞。

周氏西麓涉筆曰：大戴禮公冠篇載漢昭帝冠辭及郊天祀地、迎日三辭，皆典馴簡僕，有史佚祭公風味。班固徒取麟、馬以下夜祠諸篇文詞峭美者入禮樂志，此皆不録，可恨也。

三禮義宗三十卷

崇文總目：梁明威將軍崔靈恩撰。其書合周禮、儀禮、二戴之學，敷述貫穿，該悉其義，合一百五十六篇。推衍閎深，有名前世云。

鼂氏曰：靈恩，武城人，少篤學，尤精禮、傳。仕魏，歸梁，爲博士。甚拙朴，及解析經理，盡極精致。正始之後，不尚經術，咸事虚談，公卿士大夫蓋取文具而已，而靈恩經明行修，製義宗、詩、易、春秋百餘卷。終桂州刺史。此書在唐一百五十篇，今存者一百二十七篇。凡兩戴、王、鄭異同，皆援引古誼，商略其可否，爲禮學之最。

陳氏曰：凡一百四十九條。其説推本三禮，參取諸儒之論，博而核矣。本傳四十七卷，中興書目一百五十六篇，皆與今卷篇數不同。書目又云「慶曆中高陽許聞誨爲之序」，家本亦無此序也。

禮略十卷

崇文總目：唐京兆府櫟陽尉杜肅撰。採古經義，下逮當世，概舉沿革，附禮見文。以其言約旨詳，故自題略云。

禮粹二十卷

崇文總目：唐寧州參軍張頻纂。凡一百三十五條，直鈔崔氏義宗之説，無他異聞。

喪禮極義一卷

崇文總目：唐商价集。雜序先儒五服輕重之論，然首末不倫。

三禮圖二十卷

鼂氏曰：聶崇義周世宗時被旨纂集，以鄭康成、阮諶等六家圖刊定。皇朝建隆二年奏之，賜紫綬犀帶，獎其志學。竇儼爲之序〔二〕，有云周世宗暨今皇帝恢堯、舜之典則，總夏商之禮文，命崇義著此書，不以世代遷改有所抑揚，近古云。

陳氏曰：蓋用舊圖本六參定，故題集注。詔國學圖於先聖殿後北軒之屋壁，至道中，改作於論堂之上，以版代壁〔三〕，判監李至爲之記。吾鄉郡庠安定胡先生所創論堂繢三禮圖，當是依倣京監，今堂壞，不存矣。

編禮

鼂氏曰：皇朝呂大臨編，三卷。以士喪禮爲本，取三禮附之。自始死至祥練，各以類分，其施於後學者甚惠。尚恨所編者，五禮中凶禮而已。

禮象十五卷

陳氏曰：陸佃撰。以改舊圖之失。其尊、爵、彝、舟，皆取公卿家及祕府所藏古遺器，與聶圖大異。戴岷隱分教吾鄉，作閣齋館池上，畫此圖於壁，而以「禮象」名閣，與論堂禮圖相媲云。

太常禮書一百五十卷

鼂氏曰：皇朝陳祥道用之撰。祥道，元祐初以左宣義郎仕太常博士，解禮之名物，且繪其象，甚精博。朝廷聞之，給札繕寫，奏御。今世傳止五十卷。予愛之而恨其闕少，得是本於叙州通判盧彭年家，其象且以五采飾之，於是始見其全書云。

陳氏曰：論辯詳博，間以繪畫。於唐代諸儒之論、近世聶崇義之圖，或正其失，或補其闕，元祐中表上之。

丁丑三禮辯

中興藝文志：李心傳撰。以儀禮之説，與鄭氏辯者八十四；周禮之説，與鄭氏辯者二百二十六；皆有據。大戴之書，疑者三十，小戴之書，疑者一百九十八；鄭氏之注，疑者三百七十五，亦各辯其所以而詳識之。

夾漈鄉飲禮七卷

陳氏曰：鄭樵撰，計七卷。

喪服加減

崇文總目：凡一卷，不著撰人名氏。雜記服制增損，文無倫次。

周公謚法一卷

崇文總目：不著撰人名氏。謚法始於周，學者録之，因託以名篇。

鼂氏曰：其序曰：「維周公旦、太公望相嗣王發建功於牧野〔二三〕，及終，將葬，乃制謚。」計一百九十餘條云〔二四〕。謚，隋志附論語類中，今遷於此。

春秋謚法一卷

崇文總目：不著撰人名氏。其法差多於周公謚法。

鼂氏曰：與周公謚法相類，而小有異同。

校勘記

〔一〕史稱著此書四十卷　按賈公彦周禮疏，新、舊唐書藝文志、崇文總目卷一、直齋書録解題卷二、宋史藝文志皆作五十卷。宋時合經、注、疏爲一書，四十二卷。郡齋讀書志卷二著録周禮疏十二卷，且云史稱此書四十卷，疑「四十卷」或爲「五十卷」之誤。

〔二〕據陳邵異同評及沈重義疏爲之　「疏」字原闕，據直齋書録解題卷二、新唐書卷五七補。

〔三〕僞蜀孫朋吉書　「吉」原作「古」，據郡齋讀書志校證卷二改。按全蜀藝文志卷三六范成大石經始末記引鼂公武石經考異序、曾宏父石刻鋪叙卷上、讀書附志俱作「朋吉」。

〔四〕瀆祀煩民冗碎詭異　「瀆祀」，郡齋讀書志卷二作「瀆禮」；「冗碎」，郡齋讀書志卷二作「冗辟」。

〔五〕故其女曰王姬　郡齋讀書志卷二作「故其女曰王姬，舍其同姓」。

〔六〕曰子氏曰姜氏　原作「曰姜氏曰子氏」，據郡齋讀書志卷二改。按上文言「其臣如宋、齊之女」，齊姓姜，宋爲殷後，子氏。

〔七〕知其難也　「難」原作「數」，直齋書録解題卷二作「難」，王文公文集卷三六周禮義序同「難」，據改。

〔八〕陳君舉周禮説三卷　「三卷」，元本、慎本、馮本俱作「十三卷」。按宋史卷二〇二：「陳傅良周禮説一卷。」

〔九〕此説固是　「此」字原闕，據朱子語類卷八六補。

〔一〇〕宗伯典禮司寇典刑　是八字朱子語類卷八六闕。按上文云「但云主客行人之官，合屬春官宗伯，而乃掌於司空」，下文又云「土地疆域之事，合掌於司空，乃掌於司馬」，是八字疑屬注文。

〔一一〕歲登下民數於是　是句止齋文集卷四〇夏休井田譜序作「歲登下民數於策」。按周禮秋官司民：「掌登萬民之數，自生齒以上皆書於版，歲登下其生死。」

〔一二〕論議相出入　「相」，水心文集卷一二作「頗相」。

〔一三〕但諸儒議禮　「議禮」原作「儀禮」，據朱子語類卷八七改。

〔一四〕唯皇甫侃熊安生見於世然皇甫爲勝　「皇甫侃」當「皇侃」之誤，此郡齋讀書志卷二本孔穎達禮記正義序語。按梁書卷四八皇侃本傳：「皇侃，吴郡人，青州刺史，皇像九世孫也……尤明三禮、孝經、論語。」隋書卷三二著録皇侃禮記義疏九十九卷、禮記講疏四十八卷，經典釋文序録有皇侃禮記義疏五十卷，新、舊唐書藝文志著録皇侃禮記講疏一百卷、禮記義疏五十卷。

〔一五〕政和三年表進　「三年」，直齋書録解題卷二作「二年」。

〔一六〕……侯仲良尹焞凡十家之説　「尹焞」原闕，十家之説，僅列九家，據直齋書録解題卷二補。

〔一七〕大學一書有正經有或問看來看去只看注解便了　是句朱子語類卷一四作「只如大學一書，有正經，有注解，有或問，看來看去，不用或問，只看注解便了。」

〔一八〕都未有人説　「未有」，朱子語類卷六二作「未曾有」。

〔一九〕而於中又闕四篇　「四篇」原闕，據直齋書録解題卷二補。

〔二〇〕則又切似個船銘　「船銘」原作「船」，據朱子語類卷八八補。按朱子語類是句下録「賀孫云：因舉問數銘可疑。曰：便是，如盥盤銘似可做船銘」。又按大戴記卷六盥盤銘：「……與其溺於水也，寧溺於淵，溺於淵猶可游也，溺於水不可救也。」故朱子有「船銘」之説。

〔二一〕竇儼爲之序　「儼」原作「儀」，郡齋讀書志校證卷二、玉海卷三九作「儼」，據改。按宋史卷四三一聶崇義本傳：「崇義因取三禮圖再加考正，建隆三年四月表上之，儼爲序。」

〔二二〕以牋代璧　「牋」，直齋書録解題卷二作「版」。

〔二三〕維周公旦太公望相嗣王發建功於牧野　「相」原作「聞」，郡齋讀書志校證據清汪士鐘刊本之剜改本、袁本、宛委别藏本改作「相」。按困學紀聞卷二引周公謚法序：「惟三月既生魄，周公旦、太師望相嗣王發既賦憲，受臚於牧之野。」又按述記輯本、史記正義、抱經堂本逸周書俱作「開嗣王業」。

〔二四〕計一百九十餘條云　「云」原作「七」，據郡齋讀書志校證卷二改。

卷一百八十二　經籍考九

經春秋

漢藝文志曰：古之王者，世有史官，君舉必書，所以慎言行，昭法式也。左史記言，右史記事，事爲春秋，言爲尚書，帝王靡不同之。周室既微，載籍殘缺，仲尼思存前聖之業，乃稱曰：「夏禮，吾能言之，杞不足徵也；殷禮，吾能言之，宋不足徵也。文獻不足故也，足，則吾能徵之矣。」師古曰：論語載孔子之言也〔一〕。徵，成也。獻，賢也。孔子自謂能言夏、殷之禮，而杞、宋之君文章賢材不足以成之，故我不得成此禮也。以魯周公之國，禮文備物，史官有法，故與左丘明觀其史記，據行事，仍人道，師古曰：仍，亦因也。因興以立功，就敗以成罰，假日月以定曆數，藉朝聘以正禮樂。有所褒諱貶損，不可書見，口授弟子，弟子退而異言。師古曰：謂人執所見各不同也。丘明恐弟子各安其意，以失其真，故論本事而作傳，明夫子不以空言説經也。春秋所貶損大人當世君臣，有威權勢力，其事實皆形於傳，是以隱其書而不宣，所以免時難也。及末世口説流行，故有公羊、穀梁、鄒、夾之傳。四家之中，公羊、穀梁立於學官，鄒氏無師，夾氏未有書。

隋經籍志曰：遭秦滅學，口説尚存。漢初，有公羊、穀梁、鄒氏、夾氏，四家並行。王莽之亂，鄒氏無師，夾氏亡。初，齊人胡母子都傳公羊春秋，授東海嬴公，嬴公授東海孟卿，孟卿授魯人眭孟，眭孟授東海嚴彭祖、魯人顏安樂，故後漢公羊有嚴氏、顏氏之學，與穀梁三家並立。漢末，何休又作公羊解說。而左氏漢初出於張蒼之家，本無傳者，至文帝時，梁太傅賈誼爲訓詁，授趙人貫公。其後，劉歆典校經籍，考而正之，欲立於學，諸儒莫應。至建武中，尚書令韓歆請立而未行。時陳元最明左傳，又上書訟之。於是乃以魏郡李封爲左氏博士。後群儒蔽固者數廷爭之，及封卒，遂罷。然諸儒傳左氏者甚衆。永平中，能爲左氏者擢高第，爲講郎。其後賈逵、服虔並爲訓解，至魏，遂行於世。晉時杜預又爲經傳集解。穀梁范甯注、公羊何休注、左氏服虔、杜預注，俱立國學。然公羊、穀梁，但試讀文，而不能通其義。後學三傳通講，而左氏唯傳服義〔二〕。至隋，杜氏盛行，服義及公羊、穀梁浸微，今殆無師說。

先公曰：論春秋者，言夫子感麟而作，作起獲麟，而文止於所起。踰再歲，而夫子夢奠矣，故歐陽公謂此夫子既老而成之書。春秋緯演孔圖云：孔子修春秋，九月而成，卜之得陽豫之卦。是春秋二百四十二年之書，以九月而成。

漢志：凡春秋二十三家，九百四十八篇。省太史公四篇。

按班固七略無史門，故以古來及秦、漢之史，附於春秋之末。後世史書漸多，故志藝文者，以史自爲一部，難以厠之聖經之後矣。故今析班志春秋略内世本十五篇，至漢大年記五篇入史門，凡削九家，四百一十一篇云。

隋志：九十七部，九百八十三卷。通計亡書，合一百三十部，一千一百九十二卷〔三〕。

唐志：六十六家，一百部，一千一百六十三卷。失姓名五家，王玄度以下不著録二十二家〔四〕，四百三卷。

宋三朝志：七十二部，六百五十八卷。

宋兩朝志：十七部，一百一十四卷。

宋四朝志：三十六部，三百七十五卷。

宋中興志：一百二十九家，一百七十四部，二千二百七十一卷。

春秋正經十二卷

鼂氏曰：以左氏經爲本，其與公、穀不同者，注於下。

春秋經一卷

陳氏曰：每事爲一行，廣德軍所刊古監本。晦庵又刻於臨漳四經之一。其於春秋，獨無所論著，惟以左氏經文刻之。李燾仁甫又定春秋古經一卷。眉山李氏古經後序曰：漢藝文志有春秋古經十二篇，經十一卷，隋、唐志同。古經十二篇、十一卷者，本公羊、穀梁二家所傳，吴士燮始爲之注，隋氏載焉，又有賈逵春秋三家經本訓古十二卷〔五〕，宋三家經二卷；唐志又有李鉉春秋二傳異同十二卷〔六〕，李氏三傳異同例十三卷，馮伉三傳異同三卷，元和國子監修定春秋加減一卷。士燮、賈逵、宋及李、馮、元和諸書今皆不存，獨抱遺經者，莫適爲正。蓋公羊得立學官最先，穀梁次之，左氏最後，故士燮但注二家，不及左氏。賈逵既立左氏，始通三家。逵、燮并宋以下異同加減文字，悉已亡佚，莫知其舉厝何也。隋末唐初，左學特盛，二家浸微。陸德明音義、隋經籍志皆云。自杜預集解左氏，合經傳爲一，貞觀十六年，孔穎達承詔修疏，永徽四年，長孫無忌等重上正義，丘明傳學愈益盛矣。而仲尼遺經無復單行，學者或從杜解抄出，獨存左氏，擯落二家。幸陸德明與穎達同時於太學，自著音義，兼存二家本書，仍各注左氏別字，顧亦無決擇。德明爲國子博士，貞觀十七年也。惟貞元末陸淳纂例，列三傳經文差繆，凡二百四十一條，自言考校從其有義理者，然往往亦言未知孰是，兼恐差繆不止二百四十一條，惜啖、趙集傳，今俱失墜，無從審覆耳。唐志：陸質集注春秋二十卷，又集傳春秋纂例十卷，春秋微旨二卷，春秋辯疑七卷。今存者，惟纂例、微旨、辯疑耳。余患苦此久矣，嘗欲即三家所傳，純取遺經，心以爲是者，則大書之，仍細書其不然者於其下。數十年間，游走東西，志弗獲就。會潼川謝疇元錫來從余遊，其治春秋極有功，因付以斯事。居三月而書成，旁蒐遠引，不一而足，反説以約，厥功彌著。余撫其書喜甚，亟刻板，與學者共之。昔司馬遷言春秋文成數萬，張晏曰春秋纔萬八千字，遷誤也。今細數之，更闕一千四百二十八字。數，最易見者，尚爾錯誤，何況聖人筆削之旨乎。余鄉所謂心以爲是者，衆未必以爲是也，亦獨纂例考校，從其有義理者云耳。既心以爲是，則於證據操舍，必具成説，其説自當別出，兹第刻春秋純經，庶學者相與盡心焉。仍用漢志舊名，題曰春秋古經，十二公各爲一篇，不復分爲十一卷，蓋卷第於經義初無當也。

按春秋古經，雖漢藝文志有之，然夫子所修之春秋，其本文世所不見，而自漢以來所編古經，則俱自三傳中取出經文，名之曰正經耳。然三傳所載經文，多有異同，則學者何所折衷？如「公及邾儀父盟於蔑」，左氏以爲「蔑」，公穀以爲「昧」，則不知夫子所書者曰「蔑」乎？曰「昧」乎？「築郿」，左氏以爲「鄅」，公、穀以爲「微」，則不知夫子所書曰「鄅」乎？曰「微」乎？「會於厥慭」，公、穀以爲「屈銀」，則不知夫子所書曰「厥慭」乎？曰「屈銀」乎？若是者，殆不可勝數，蓋不特「亥豕魯魚」之偶誤其一二而已。然此特名字之訛耳，其事未嘗背馳於大義，尚無所關也。至於「君氏」卒，則以爲「聲子」，魯之夫人也；尹氏卒，則以爲「師尹」，周之卿士也。然則夫子所書隱三年夏四月辛卯之死者，竟爲何人乎？不寧惟是，公羊、穀梁於襄公二十一年皆書孔子生。按春秋惟國君世子生則書之，「子同生」是也，其餘雖世卿擅國政如季氏之徒，其生亦未嘗書之於册。夫子，萬世帝王之師，然其始生，乃鄹邑大夫之子耳，魯史未必書也。魯史所不書，而謂夫子自紀其生之年於所修之經，決無是理也。而左氏於哀公十四年獲麟之後〔七〕，又復引經，以至十六年四月書仲尼卒，杜征南亦以爲近誣。然則春秋本文其附見於三傳者，不特乖異未可盡信，而三子以其意增損者有之矣。蓋襄二十一年所書者，公、穀尊其師授而增書之也；哀十六年所書者，左氏痛其師亡而增書之也，俱非春秋之本文也。三子者，以當時口耳所傳授者各自爲傳，又以其意之所欲增益者攙入之，後世諸儒復據其見於三子之書者，互有所左右而發明之，而以爲得聖人筆削之意於千載之上，吾未之能信也。

易有彖、象，本與卦、爻爲二，而王弼合之；詩、書有序，本與經文爲二，而毛萇、孔安國合之。春秋有三傳，亦本與經文爲二，而治三傳者合之。先儒務欲存古，於是取其已合者復析之，命之曰古經。然彖、象之與卦、爻，序之與經，毛、孔、王三公雖以之混爲一書，尚未嘗以己意增損於其間，苟復析之，即古人之舊矣。獨春秋一書，三傳各以其説與經文參錯，而所載之經文又各乖異，蓋事同而字異者,「及邾儀父盟於蔑」、「於昧」之類是也;事、字俱異者,「尹氏」、「君氏」之類是也;元未嘗書其事,而以意增入者,「孔子生」、「孔丘卒」是也。然則自三傳中所取出之經文,既有乖異,又有增益,遽指以爲夫子所修之春秋,可乎?然擇其差可信者而言之,則左氏爲優。何也?蓋公羊、穀梁直以其所作傳文攙入正經〔八〕,不曾別出,而左氏則經自經而傳自傳。又杜元凱經傳集解序文以爲分經之年與傳之年相附,則是左氏作傳之時,經文本自爲一書,至元凱始以左氏傳附之經文各年之後,是左氏傳中之經文可以言古經矣。然獲麟而後引經以至仲尼卒,則分明增入,杜注亦自以爲春秋本終於獲麟,弟子欲記聖師之卒,故採魯史記以續夫子之經,而終於此。然則既續之於獲麟之後,寧保其不增益之於獲麟之前,如公、穀所書「孔子生」之類乎?是亦未可盡信也。

春秋左氏傳三十卷

劉子駿曰:左丘明好惡與聖人同,親見夫子,而公、穀在七十子後,傳聞之與親見,其詳略不同也。

杜元凱曰:左丘明受經於仲尼,以爲經者不刊之書也,故傳或先經以始事,或後經以終義,或依經以辯理,或錯經以合異,隨義而發。其例之所重,舊史遺文,略不盡舉,非聖人所修之要故也。身爲國史,躬覽載籍,必廣記而備言之。其文緩,其旨遠,將令學者原始要終,尋其枝葉,究其所窮;優而柔之,使自求之,饜而飫之,使自趨之。趨,七住反,又七俱反。若江海之浸,膏澤之潤,渙然冰釋,怡然理順,然後爲得也。其發凡以言例,皆經國之常制,周公之垂法,史書之舊章,仲尼從而修之，以成一經之通體。其微顯闡幽，裁成義類者，皆據舊例而發義，指行事以正襃貶。諸稱「書」、「不書」、「先書」、「故書」、「不言」、「不稱」、「書曰」之類，皆所以起新舊，發大義，謂之變例。然亦有史所不書，即以爲義者，此蓋春秋新意，故傳不言凡，曲而暢之也。其經無義例，因行事而言，則傳直言其歸趣而已，非例也。

陳氏曰：自昔相傳，以爲左丘明撰，其好惡與聖人同者也。而其末記晉智伯反喪於韓、魏，在獲麟後二十八年，去孔子没亦二十六年，不應年少後亡如此〔九〕。又其書稱「虞不臘矣」，「見於嘗酎」及「秦庶長」，皆戰國後制，故或疑非孔子所稱左丘明，别自是一人爲史官者。其釋經義例，雖未盡當理，而具得當時事實，則非二傳之比也。

朱子語録曰：左氏之病，是以成敗論是非，而不本於義理之正。嘗謂左氏是箇猾頭熟事，趨炎附勢之人。左氏傳是箇博記人做，只是以世俗見識斷當世事〔一〇〕，皆功利之説。國秀問三傳優劣。曰：「左氏曾見國史，考事頗精，只是不知大義，專去小處理會，往往不曾講學。孔子作春秋，當時亦須與門人講説，所以公、穀、左氏得箇源流，只是漸漸訛舛。當初若全無傳授，如何鑿空撰得。

石經左氏傳三十卷

鼂氏曰：不題所書人姓氏，亦無年月。按文不闕唐諱及國朝諱，而闕「祥」字，當是孟知祥僭位後刊石也。

春秋公羊傳十二卷

鼂氏曰：戴宏序云，子夏傳之公羊高，高傳其子平，平傳其子地，地傳其子敢，敢傳其子壽，至漢景帝時，壽乃與弟子胡母子都著以竹帛。其後傳董仲舒，以公羊顯於朝；又四傳至何休，爲經傳集詁〔二〕，其書遂大傳。鄭玄曰：「公羊善於讖。」休之注，引讖爲多。

石經公羊傳十二卷

鼂氏曰：皇朝田況皇祐初知成都日刊石。國史藝文志云：「僞蜀刻五經，備注傳，爲世所稱。」以此言觀之，不應無公、穀。豈初有之，後散毀邪？

春秋穀梁傳十二卷

鼂氏曰：應劭風俗通稱穀梁名赤，子夏弟子，糜信則以爲秦孝公同時人，阮孝緒則以爲名俶，字元始，皆未詳也。自孫卿、申公至蔡千秋、江翁，凡五傳，至漢宣帝好之，遂盛行於世。

石經穀梁傳十二卷

鼂氏曰：其後不載年月及所書人姓氏。按文不闕唐及僞蜀諱，而闕「恒」字，以故知刊石當在真宗以後，意者亦是田況也。

朱子語録：問：「公、穀如何？」曰：「據他説亦是有那道理，但恐聖人當初無此等意。如孫明復、趙啖、陸淳、胡文定皆説得好，道理皆是如此。但後世因春秋去考時，當如此區處。若論聖人當初作春秋時，其意不解，有許多説話。」「公羊、穀梁考事甚疏，然義理却精〔三〕。此二人乃是經生，傳得許多説話，往往不曾見國史。」問：「公、穀傳大概皆同？」曰：「所以林黄中説止是一人。但看文字，疑若非一手者。」或曰：「疑當時皆有所傳授，其後門人弟子始筆之於書耳。」曰：「想得皆是齊、魯間儒，其所著之書，恐有所傳授，但皆雜以己意，所以有差舛。其有合道理者，疑是聖人之舊。」

春秋左氏經傳集解三十卷

鼂氏曰：晉杜預元凱集劉子駿、賈景伯父子、許惠卿、潁子嚴之注，分經之年，與傳之年相附，故題曰經傳集解。其發明甚多，古今稱之，然其敝則棄經信傳。如成公十三年麻隧之戰，傳載秦敗績而經不書，以爲晉直秦曲，則韓役書「戰」，時公在師，復不須告，克獲有功，亦無所諱。於左傳之例皆不合，不曰傳之繆，而猥稱「經文闕漏」，其尤甚者至如此。

陳氏曰：其述作之意，序文詳之矣。專修丘明之傳以釋經，後世以爲左氏忠臣者也。其敝或棄經而信傳，於傳則忠矣，如經何？

夾漈鄭氏曰：杜預解左氏，顔師古解漢書，所以得忠臣之名者，以其盡之矣。左氏未經杜氏之前，凡幾家，一經杜氏之後，後人不能措一辭。漢書未經顔氏之前，凡幾家，一經顔氏之後，後人不能易其説。縱有措辭易説之者，如朝月曉星，不能有其明也。如此之人，方可以解經。苟爲文言多而經旨不見，文言簡而經旨有遺，自我説之後，後人復有説者，皆非箋釋之手也。傳注之學起，惟此二人其殆庶幾乎。其故何哉？古人之言，所以難明者，非爲書之理意難明也，實爲書之事物難明也；非爲古人之文言難明也，實爲古人之文言有不通於今者之難明也。能明乎爾雅之所作，則可以知箋注之所當然；不明乎爾雅之所作，則不識箋注之旨歸也。善乎二子之通爾雅也！顏氏所通者訓詁，杜氏所通者星曆、地理。當其顏氏之理訓詁也，如與古人對談；當其杜氏之理星曆、地理也，如羲和之步天，如禹之行水。然亦有所短，杜氏則不識蟲魚鳥獸草木之名，顏氏則不識天文、地理。孔子曰：「知之爲知之，不知爲不知，是知也。」杜氏於星曆、地理之言〔一三〕，無不極其致，至於蟲魚鳥獸草木之名，則引爾雅以釋之。顏氏於訓詁之言甚暢，至於天文、地理，則闕略焉。此爲「不知爲不知」也。其他紛紛，是何爲者，釋是何經，明是何學。

公羊傳詁解十二卷

陳氏曰：漢司空掾任城何休邵公撰。休爲太傅陳蕃屬，蕃敗，坐禁錮，作解詁，覃思不窺門十七年。又作公羊墨守、左氏膏肓、穀梁廢疾。黨禁解，拜議郎，終諫議大夫。其書多引讖緯，其所謂「黜周王魯」、「變周文，從殷質」之類，公羊皆無明文，蓋爲其學者相承有此説也。「三科九旨」，詳具疏中。

穀梁傳集解十二卷

鼂氏曰：自漢、魏以來，穀梁注解有尹更始、唐固、麋信、孔衍〔一四〕、江熙等十數家，而范甯皆以爲膚淺，於是帥其長子參、中子雍、小子凱、從弟邵及門生故吏，商略名例，博採諸儒同異之説，成其父汪之志。嘗謂三傳之學，穀梁所得最多；諸家之解，范甯之論最善。

陳氏曰：晉豫章太守順陽范甯武子撰。甯嘗謂王、何之罪，深於桀、紂，著論以排之。仕爲中書侍郎。其甥王國寶憚之〔一五〕，乃相驅扇，因求外補。抵罪，會赦，免。甯以爲春秋惟穀梁氏無善釋，故爲之注解。其序云升平之末，先君税駕於吴，帥門生故吏、兄弟子侄研講六籍三傳。蓋甯父汪爲徐、兖二州北伐失利，屏居吴郡時也。汪没之後，始成此書。所集諸家之説，皆記姓名，其稱「何休曰」及「鄭君釋之」者，即所謂發墨守、起廢疾也；稱「邵曰」者，甯從弟也；稱「泰曰」、「雍曰」、「凱曰」者，其諸子也。汪，范暑之孫，暑在良吏傳。自暑至泰，五世皆顯於時，甯父子祖孫同訓釋經傳，行於後世，可謂盛矣。泰之子曄，亦著後漢書，以不軌誅死，其家始亡。

春秋繁露十七卷

鼂氏曰：漢董仲舒撰。史稱仲舒説春秋事得失，聞舉、玉杯、繁露、清明、竹林之屬數十篇，十餘萬言，皆傳於後世。今溢而爲八十二篇，又通名繁露，皆未詳。隋、唐卷目與今同，但多訛舛。

崇文總目：其書盡八十二篇，義或宏博，非出近世，然其間篇第亡舛，無以是正。又即用玉杯題篇，疑後人取而附著云。

陳氏曰：按隋、唐及國史志卷皆十七，崇文總目凡八十二篇，館閣書目止十卷，萍卿所刻亦財三十七篇。今本乃樓攻媿得潘景憲本，卷篇皆與前志合，然亦非當時本書也。先儒疑辯詳矣，其最可疑者，本傳載所著書百餘篇，清明、竹林、繁露、玉杯之屬，今總名曰繁露，而玉杯、竹林則皆其篇名，此決非其本真。况通典、御覽所引，皆今書所無者，尤可疑也。然古書存於世希矣，姑以傳疑存之可也。又有寫本作十八卷，而但有七十九篇，考其篇次皆合，但前本楚莊王在第一卷首，而此本乃在卷末，別爲一卷；前本雖八十二篇，而闕文者三，實七十九篇也。

程氏演繁露曰：右繁露十七卷，紹興間董某所進。臣觀其書辭意淺薄，間掇取董仲舒策語雜置其中，輒不相倫比，臣固疑非董氏本書矣。又班固記其説春秋凡數十篇，玉杯、繁露、清明、竹林各爲之名，似非一書。今董某進本，通以繁露冠書，而玉杯、清明、竹林特各居其篇卷之一，愈益可疑。他日讀太平寰宇記及杜佑通典，頗見所引繁露語言，顧董氏今書無之。寰宇記曰：「三皇驅車抵谷口」，通典曰：「劍之在左，蒼龍之象也；冠之在首，玄武之象也。四者，人之盛飾也。」此數語者，不獨今書所無，且其體致全不相似，臣然後敢言今書之非本真也。牛享問崔豹：「冕旒以繁露者何？」答曰：「綴玉而下垂，如繁露也。」則繁露也者，古之冕旒似露而垂，是其所從假以名書也。以杜、樂所引，推想其書，皆句用一物，以發己意，有垂旒凝露之象焉，則「玉杯」、「竹林」同爲託物，又可想見也。漢、魏間人所爲文，名有「連珠」者，其聯貫物象，以達己意，略與杜、樂所引同，如曰「物勝權則衡殆，形過鏡則影窮」者〔一六〕，是其凡最也。以連珠而方古體，其殆「繁露」之所自出歟？其名其體，皆契合無殊矣。

又曰：淳熙乙未，予佐篷監〔一七〕，館本有春秋繁露，既嘗書所見於卷末，而正定其爲非古矣。後又因讀太平御覽，凡其部彙列叙古繁露語特多，如曰：「禾實於野，粟缺於倉」，皆奇怪非人所意，此可畏也。又曰：「金干土則五穀傷，土干金則五穀不成。」張湯欲以鶩當鳧祠祀宗廟，仲舒曰：「鷙非梟，梟非鷙，愚以爲不可。」又曰：「以赤統者，幘尚赤。」諸如此類，亦皆附物著理，無憑虛發語者，然後益自信予所正定不謬也。御覽、太平興國間編輯，此時繁露之書尚存，今遂逸不傳，可嘆也已。

春秋決事比

崇文總目：漢董仲舒撰。丁氏平，黄氏正。初，仲舒既老病，致仕，朝廷每有政議，武帝數遣廷尉張湯問其得失，於是作春秋決疑二百三十二事，動以經對。至吳，太史令吳汝南丁季、江夏黄復平正得失，今頗殘逸，止有七十八事。

按：此即獻帝時應劭所上仲舒春秋斷獄，以爲幾焚棄於董卓蕩覆王室之時者也。仲舒通經醇儒，三策中所謂任德不任刑之説，正心之説，皆本春秋以爲言。至引「正誼不謀利，明道不計功」，以折江都王，尤爲深得聖經賢傳之旨趣。獨災異之對，引兩觀、桓、僖、亳社火災，妄釋經意，而導武帝以果於誅殺，與素論大相反。西山真公論之詳矣。決事比之書，與張湯相授受，度亦災異對之類耳。帝之馭下以深刻爲明，湯之決獄以慘酷爲忠，而仲舒乃以經術附會之。王、何以老、莊宗旨釋經，昔人猶謂其罪深於桀、紂，况以聖經爲緣飾淫刑之具，道人主以多殺乎！其罪又深於王、何矣！

又按：漢刑法志言：自公孫弘以春秋之義繩下，張湯以峻文決理，於是見知腹誹之獄興。湯傳又言，湯請博士弟子治春秋、尚書者補廷尉史。蓋漢人專務以春秋決獄，陋儒酷吏，遂得以因緣假飾。往往見二傳中所謂責備之説、誅心之説、無將之説，與其所謂巧詆深文者相類耳。聖賢之意，豈有是哉！常秩謂孫復所學春秋，商君法耳，想亦有此意。

春秋釋例十五卷

鼂氏曰：晉杜預撰〔一八〕。凡四十部。集左傳諸例及地名、譜第、曆數，皆顯其同異〔一九〕，從而釋之，發明尤多。昔人稱預爲「左氏忠臣」，而預自以爲有傳癖，觀此尤信。

陳氏曰：唐劉蕡爲之序。

崇文總目：凡五十三例。

左氏膏肓九卷

崇文總目：漢司空掾何休撰。始答賈逵事〔二〇〕，因記左氏所短，遂頗流布，學者稱之。後更刪補爲定。今每事左方輒附鄭康成之學，因引鄭説竄寄何書云。書今殘逸，第七卷亡。

陳氏曰：何休著公羊墨守等三書，鄭康成作鍼膏肓、起廢疾、發墨守以排之。休見之，曰：「康成入吾室，操吾矛，以伐我乎！」今其書多不存，惟范甯穀梁集解載休之説，而鄭君釋之，當是所謂起廢疾者。今此書並存二家之言，意亦後人所録。館閣書目闕第七篇，今本亦正闕宣公，而於第六卷分文十六年以後爲第七卷，當併合。其十卷止於昭公，亦闕定、哀，固非全書也。而錯誤殆未可讀，未有他本可正。

春秋述議傳〔二一〕

崇文總目：隋東京太學博士劉炫撰。本四十篇，唐孔穎達正義蓋據以爲説而增損之。今三十九篇亡。

春秋正義三十六卷

崇文總目：唐國子祭酒孔穎達撰。按漢張蒼、賈誼、尹咸、鄭衆、賈逵皆爲詁訓，然參用公、穀二家。至晉杜預，專治左氏，其後有沈文阿、蘇寬、劉炫，皆據杜説。貞觀中，穎達據劉學而損益之，長孫無忌等又復損益，其書乃定。皇朝孔維等奉詔是正。

鼂氏曰：自杜預專治左氏學，其後沈文阿、蘇寬、劉炫皆有義疏，而炫性矜伐，雅好非毁，規杜氏之失一百五十餘事，義特淺近，然比諸家，猶有可觀。今書據以爲本，其有疏漏，以沈氏補焉。

陳氏曰：自晉、宋，傳杜學爲義疏者，沈、蘇、劉，沈氏義例粗可，經傳極疏。蘇氏不體本文，惟攻賈、服。劉炫好規杜失，比諸義疏，猶有可觀。

春秋公羊疏三十卷

崇文總目：不著撰人名氏。援證淺局，出於近世。或云徐彦撰。皇朝邢昺等奉詔是正。始令太學傳授，以備春秋三家之旨。

鼂氏曰：其書以何氏三科九旨爲宗，本其説曰：「何氏之意，三科、九旨，正是一事爾。總而言之，謂之三科，析而言之，謂之九旨。新周故宋，以春秋當新王，此一科三旨也；所見異辭，所聞異辭，所傳聞異辭，此二科六旨也；内其國而外諸夏，内諸夏而外夷狄，此三科九旨也。」

陳氏曰：廣川藏書志云：「世傳徐彦撰〔三〕，不知何代，意其在貞元、長慶後也。」

春秋穀梁傳疏十二卷

崇文總目：唐國子四門助教楊士勛撰〔三〕。皇朝邢昺等奉詔是正，令太學傳授。

春秋摘微四卷

鼂氏曰：唐盧仝撰。其解經不用傳，然旨意甚疏。韓愈謂「春秋三傳束高閣，獨抱遺經究終始」，蓋實録也。祖無擇得之於金陵。崇文總目所不載。

巽岩李氏曰：仝治春秋，不以傳害經，最爲韓愈所稱。今觀其書，亦未能度越諸子，不知愈所稱果何等義也。舊聞仝解惠公，仲子曰「聖辭也」，而此乃無之，疑亦多所亡逸云。

春秋集傳　纂例　辨疑共十七卷

崇文總目：唐給事中陸淳纂〔四〕。初，淳以三家之傳不同，故采獲善者，參以啖助、趙匡之説，爲集傳春秋。又本褒貶之意，更爲微旨，條別三家，以朱墨記其勝否。又摭三家得失，與經戾者，以啖、趙之説訂正之，爲辯疑。

鼂氏曰：啖助，字叔佐，關人。趙匡，字伯循，天水人。微旨自爲序。公武嘗學春秋，閱古今諸儒之説多矣，大抵啖、趙以前學者皆專門名家，苟有不通，寧言經誤，其失也固陋。啖、趙以後學者喜援經擊傳，其或未明，則憑私臆决，其失也穿鑿。均之失聖人之旨，而穿鑿之害爲甚。啖氏製統例，分別疏通其義，趙氏損益，多所發揮。今纂而合之，凡四十篇。

陳氏曰：初，潤州丹陽主簿趙郡啖助叔佐明春秋，傳洋州刺史河東趙匡伯循〔五〕，質從助及伯循傳其學。助考三傳，舍短取長，又集前賢注釋，補以己意，爲集傳、集注。又撮其綱，例目爲統。助卒，質與其子異繕録，以詣伯循，請損益焉，質隨而纂會之。大曆乙卯歲，書成。質本名淳，避憲宗諱改焉，故其書但題陸淳。助之學，以爲左氏叙事雖多，解意殊少；公、穀傳經密於左氏。至趙、陸，則直謂左氏淺於公、穀，誣謬實繁。皆孔門後之門人，但公、穀守經，左氏通史，其體異爾。丘明，夫子以前賢人，如史佚、遲任之流。焚書之後，學者見傳及國語俱題左氏，遂引以爲丘明。且左傳、國語文體不倫，序事多乖，定非一人所爲也。蓋左氏廣集諸國之史，以解春秋，子弟門人見事迹多不入傳，或復不同，故各隨國編之，以廣異聞。自古豈止一丘明姓左乎？按漢儒以來，言春秋者惟宗三傳，三傳之外，能卓然有見於千載之後者，自啖氏始，不可没也。唐志有質集注二十卷，今不存，然纂例、辯疑中大略具矣。又有微旨二卷，未見。質，梁陸澄七世孫，仕通顯。黨王叔文，侍憲宗東宫〔二六〕，會卒，不及貶。然則其與不通春秋之義者，相去無幾耳。

春秋加減一卷

崇文總目：唐元和時國子監承詔修定，以此經字文多少不同，故誌其增損，以防差駮。

陳氏曰：稱元和十三年國子監奉敕定，不著人名。校定偏旁，若五經文字之類。此本作小續册，財十餘板，前有睿思殿書籍印，末稱臣雱校定。蓋承平時禁中書也，不知何爲流落在此。

春秋折衷論三十卷

崇文總目：唐陳岳撰。以三家異同三百餘條，參求其長，以通春秋之義。

黽氏曰：其書以左傳爲上，公羊爲中，穀梁爲下，比其異同而折衷之。岳，唐末十上春官，晚乃從鍾傳，辟爲江西從事。

春秋指掌

崇文總目：唐試左武衛兵曹李瑾撰。瑾集諸家之説，爲序義、凡例各一篇；稱孔穎達正義爲五篇；采摭餘條，爲碎玉一篇；集先儒異同，辯正得失，爲三篇；取劉炫規過，申證其義，爲三篇。大抵專依杜氏之學，以爲説云。

巽岩李氏曰：其第一卷新編目録多取杜氏釋例及陸氏纂例，瑾所自著無幾。而序義以下十四卷，但分門抄録孔穎達左氏正義，皆非瑾所自著也。學者第觀正義及二例，則此書可無。且瑾之意，特欲以備科試應猝之用耳，初不爲經設也。其名宜曰左氏傳指掌，不當專繫春秋。本朝王堯臣崇文總目及李俶圖書志皆以先儒異同、規過、序、例等篇爲瑾筆削，蓋誤矣。寫本或訛舛，復用正義刪修之，乃可讀。惟篇首數序，瑾所自著者，既無參考，亦不敢以意改定，姑仍其誤云。

春秋通例

崇文總目：唐陸希聲撰。因三家之例，裁正其冗，以通春秋之旨。

春秋圖

崇文總目：唐張傑撰。以春秋所載車服、器用、都城、井邑之制，繢而表之。

春秋指元

崇文總目：唐張傑撰。摘左氏傳文，申釋其義。

春秋精義

崇文總目：不著撰人名氏。彙事於上，分抄杜氏、孔穎達言數家之說，參釋文。

演左氏傳謚族圖

崇文總目：不著撰人名氏。以左氏學世譜增廣之，貫穿系序，差無遺略。

春秋名號歸一圖二卷

崇文總目：僞蜀馮繼先撰〔二七〕。以春秋官謚名字，裒附初名之左。

鼂氏曰：左氏所書人，不但稱其名，或字，或號，或爵、謚，多互見，學者苦之。繼先皆取以繫之名下云。

巽岩李氏曰：昔丘明傳春秋，於列國君臣之名字不一其稱，多者或至四五，始學者蓋病其紛錯難記。繼先集其同者，爲一百六十篇，音同者附焉，於左氏抑亦微有所助云。宋大夫莊堇，秦右大夫詹，據傳未始有「父」字，而繼先輒增之，所見異本；若子韓晳者，蓋齊頃公孫，世族譜與傳同，而繼先獨以爲韓子晳，與楚、鄭二公孫黑共篇，蓋誤也。

陳氏曰：左傳所載君臣名氏字謚互見錯出，故爲此圖以一之。周一，魯二，齊三，晉四，楚五，鄭六，衛七，秦八，宋九，陳十，蔡十一，曹十二，吳十三，邾十四，杞十五，莒十六，滕十七，薛十八，許十九，雜小國二十。

左氏傳引帖新義

崇文總目：僞蜀進士蹇遵品撰。擬唐禮部試進士帖經舊式，覈經具對。

春秋纂例

崇文總目：僞唐人姜虔嗣撰。以春秋左氏、公、穀三家之傳學者鈔集之文。

帝王歷紀譜三卷

崇文總目：不著撰人名氏。其序言周所封諸侯，子孫散於他國，孔子修春秋而譜其世系。上採帝王歷紀而條次之，蓋學春秋所録。今本題云荀卿撰者，非也。

鼂氏曰：題曰秦相荀卿撰。載周末列國世家，故一名春秋公子血脉圖。頗多疏略，決非荀卿所著。且卿未嘗相秦，豈世别有一荀卿耶？

巽岩李氏曰：其載帝王歷紀殊少，序諸侯卿大夫之世頗詳，而崇文總目止名帝王歷紀譜，今從之。舊題云秦相荀卿撰。荀卿未嘗相秦，其繆妄立見，蓋田野陋儒依託以欺末學耳。故筆削最無義例，前後抵牾，不可遍舉。而所著族繫，又與世本不同，質之司馬遷、杜預，亦復差異，不知撰者果證據何書也。其血脉間有强附横入灼然非類者，要當釐正之，顧不敢輕改，姑仍其舊，使學者自擇焉。篇首尾雜引左氏傳中語，事既殘缺不屬，字畫訛舛尤甚，往往不可句讀。參考左氏傳，略加是正，十僅得四五云。其他政如棼絲結髮，未易一二爬梳也。

春秋論

崇文總目：皇朝祕書監胡旦撰。多摭杜氏之失裨經旨。

春秋龜鑑

崇文總目：不著撰人名氏。述春秋周及諸侯世次，齊、魯大國公子、公孫。初不詳備，其後傳寫又失其次序，今存以備討閲。

春秋世譜一卷

崇文總目：不著撰人名氏，凡七卷。起黄帝至周見於春秋諸國世系，傳久稍失其次矣。按隋、唐書目，春秋大夫世族譜十三卷，顧啓期撰。而杜預釋例自有世族譜一卷。今書與釋例所載不同，而本或題云杜預撰者，非也，疑此乃啓期所撰云。

鼂氏曰：不著撰人名氏。譜左氏諸國君臣世系，獨秦無世臣。

春秋宗族名諡譜

崇文總目：不著撰人名氏。略采春秋三傳諸國公卿大夫姓名諡號。

春秋二十國年表一卷

陳氏曰：不知何人作。周而下，次以魯、蔡、曹、衛、滕、晉、鄭、齊、秦、楚、宋、杞、陳、吴、邾、莒、薛、小邾。按館閣書目有年表二卷，元豐中楊彦齡撰，自周之外，凡十三國，仍總記蠻夷戎狄之事。又按董氏藏書志，年表無撰人，自周至吴、越凡十國，又有附庸諸國，别爲表，凡征伐、朝覲、會同皆書。今此表止記即位及卒，皆非二家書也。

春秋集傳十五卷

崇文總目：皇朝王沿纂。沿患學者自私其家學，而是非多異，失聖人之意，乃集三傳之説，删爲一書。又見祕書目有先儒春秋之學頗多，因啓求之，得董仲舒等十餘家。沿自以先儒猶爲未盡者，復以己意箋之。

鼂氏曰：集三傳解經之文。沿字聖源，大名人。好春秋，所至以春秋斷事。此書仁宗朝嘗奏御，詔直昭文館。後官至天章閣待制。

春秋經社六卷

鼂氏曰：皇朝孫覺撰。其學亦出於啖、趙，凡四十餘門。論議頗嚴。

陳氏曰：覺從胡安定游，門弟子以千數，别其老成者爲經社，覺年最少，儼然居其間，衆皆相服。此殆其時所作也。

校勘記

〔一〕論語載孔子之言也　「也」字原闕，據漢書卷三〇補。

〔二〕而左氏唯傳服義　「服義」原作「服虔」，據隋書卷三二及下文「服義及公羊、穀梁浸微」改。

〔三〕一千一百九十二卷　「一千一百九十二」原作「一千一百九十一」，據隋書卷三二改。

〔四〕王玄度以下不著録二十二家　「不著録」原作「不著餘」，「二十二」作「二十三」，並據新唐書卷五七改。

〔五〕又有賈逵春秋三家經本訓古十二卷　「本」字原闕，據隋書卷三二補。

〔六〕唐志又有李鉉春秋二傳異同十二卷　「十二」原作「十一」，據新唐書卷五七改。

〔七〕而左氏於哀公十四年獲麟之後　「左氏」原作「左」，據慎本、馮本補。

〔八〕蓋公羊穀梁直以其所作傳文攙入正經　「穀梁」原作「穀梁傳」，據元本、慎本、馮本删。

〔九〕不應年少後亡如此　「如此」原作「如何」，據直齋書録解題卷三改。

〔一〇〕只是以世俗見識斷當世事　「世事」，元本、慎本、馮本並朱子語類卷八三作「它事」。

〔一一〕爲經傳集詁　按後漢書卷七九何休傳謂休撰「春秋公羊解詁」。

〔一二〕然義理却精　「義理」原作「理義」，據朱子語類卷八三改。

〔一三〕杜氏於星曆地理之言　「於」原作「爲」，據元本、慎本、馮本改。按下文「顔氏於訓詁之言甚暢」。

〔一四〕孔衍　「衍」原作「演」，誤。按隋書卷三二著録「孔衍春秋穀梁傳十四卷」。孔衍爲孔子二十二世孫，見孔繼汾闕里文獻考、王肅孔子家語解自序，據改。

〔一五〕其甥王國寶憚之　「寶」原作「實」，據直齋書録解題卷三改。按晉書卷七五范甯傳：「王國寶，甯之甥也。」

〔一六〕形過鏡則影窮者　陸機演連珠：「形遇鏡則照窮。」

〔一七〕予佐篷監　「篷監」原作「達監」，據元本、慎本、馮本改。按宋人别稱祕書監爲「大篷」，少監爲「少篷」，「佐篷」則爲祕書省屬官。程大昌淳熙乙未爲著作佐郎，故有「佐篷」之稱。

〔一八〕晉杜預撰　「撰」原作「注」，據郡齋讀書志卷三改。

〔一九〕皆顯其同異　「皆」原作「偕」，據元本、慎本、馮本並郡齋讀書志卷三改。

〔二〇〕漢司空掾何休撰始答賈逵事　「撰始」原作「始撰」，顯屬倒文誤。按郡齋讀書志卷三：「休始答賈逵事」可證。

〔二一〕春秋述議傳　崇文總目作「春秋述議一卷」。按隋書卷三二作「春秋左氏傳述議四十卷」，玉海卷四〇作「左傳述議四十卷。小注：書目今存一卷，崇文目同」。

〔二二〕世傳徐彦撰　「撰」字原闕，據直齋書録解題卷三、郡齋讀書志校證卷三補。

〔二三〕唐國子四門助教楊士勛撰　「士」字原闕，據新唐書卷五七、宋史卷二〇二補。

〔二四〕唐給事中陸淳纂　「陸淳」即「陸質」，按新唐書卷一六八：「陸質本名淳，避太子諱改。」

〔二五〕傳洋州刺史河東趙匡伯循　「伯循」原作「伯淳」，據新唐書卷二〇〇及上文「趙匡字伯循」改。

〔二六〕侍憲宗東宮　「憲宗」原作「順宗」，據元本、慎本、馮本改。按新唐書卷一六八陸質傳：「憲宗爲太子，詔侍讀。」

〔二七〕僞蜀馮繼先撰　「馮繼先」原作「馮繼元」，直齋書録解題卷三、郡齋讀書志校證卷三、玉海卷四〇引崇文總目、宋史卷二〇二俱作「先」，據改。下文「繼元」皆依此例改。

卷一百八十三　經籍考十

經春秋

春秋經解十五卷

陳氏曰：孫覺撰。其自序言：「三家之説，穀梁最爲精深，且以爲本，雜取三傳及諸儒之説長者從之；其所未安，則以所聞於安定先生者斷之。」楊龜山爲之後序。海陵周茂振跋云：「先君傳春秋於孫先生，嘗言王荆公初欲釋春秋以行於天下，而莘老之書已出，一見而忌之，自知不能復出其右，遂詆聖經而廢之，曰：『此斷爛朝報也！』不列於學官，不用於貢舉云。」

春秋尊王發微十五卷〔一〕

鼂氏曰：皇朝孫明復撰。史臣言明復治春秋，不取傳注，其言簡而義詳，著諸大夫功罪，以考時之盛衰，而推見治亂之迹，故得經之意爲多。常秩則譏之曰：「明復爲春秋，猶商鞅之法，棄灰於道者有刑，步過六尺者有誅。」謂其失於刻也。胡安國亦以秩言爲然。

石林葉氏曰：孫明復春秋專廢傳從經，然不盡達經例，又不深於禮學，故其言多自抵牾，有甚害於經者。雖概以禮論當時之過，而不能盡禮之制，尤爲膚淺。

朱子語録曰：近時言春秋，皆是計較利害，大義却不曾見。如唐之陸淳，本朝孫明復之徒，他雖未曾深於聖經，然觀其推言治道，凛凛然可畏，終是得聖人箇意思。春秋之作，蓋以當時人欲横流，遂以二百四十二年行事寓其褒貶，恰如今之事送在法司相似，極是嚴謹，一字不輕易，若如今之説，只是箇權謀智略、兵機譎詐之書爾〔二〕。聖人晚年痛哭流涕，筆爲此書，其肯恁地纖巧，豈至恁地不濟事。

陳氏曰：復居泰山之陽，以春秋教授，不惑傳注，不爲曲説，其言簡易，明於諸侯大夫功罪，以考時之盛衰，而推見王道之治亂，得於經爲多。石介而下皆師事之。歐陽文忠公爲作墓誌。

春秋演聖統例二十卷

鼂氏曰：皇朝丁副撰。田偉書目「副」作「嗣」，未知孰誤。其序云：「經有例法，一家所至，較然重輕。杜預釋例，專主左氏而未該；唐陸淳纂例，雖舉經而未備。」纖悉網羅而咸在者，其惟此書乎？

春秋權衡　意林　劉氏春秋傳共三十四卷

劉敞原父撰。其自序曰：劉子作春秋權衡。權衡之書始出，未有能讀者。自序其首曰：「權，準也；衡，平也。物雖重，必準於權；權雖移，必平於衡。故權衡者，天下之公器也，所以使輕重無隱也，所以使低昂適中也。察之者易知，執之者易從也。不準，則無以知輕重；不平，則輕重雖出不信也。」故權衡者，天下之至信也。凡議春秋，亦若此矣。春秋，一也，而傳之者三家，是以其善惡相反，其褒貶相戾，則是何也？非以其無準失輕重邪？且昔者董仲舒、江公、劉歆之徒，蓋常相與争此三家矣，上道堯、舜，下據周禮，是非之議，不可勝陳，至於今未決，則是何也？非以其低昂不平邪？故利臆説者害公義，便私學者妨大道，此儒者之大禁也。誠準之以其權，則童子不欺；平之以其衡，則市人不惑，今此新書之謂也。雖然，非達學通人，則亦必不能觀之矣。耳牽於所聞，而目迷於所習，恐懷見破之私意，而無從善服義之公心，故亦譬之權衡矣。或利其寡而視權如羸，或利其多而視權如縮，若此者，非權衡之過也，人事之變也。

黿氏曰：權衡論三傳之失，意林叙其解經之旨，劉氏傳其所解經也。如「桓無王」、「季友卒」、「胥命」、「用郊」之類，皆古人所未言。

石林葉氏曰：劉原甫知經而不廢傳，亦不盡從傳。據義考例，以折衷之，經傳更相發明，雖間有未然，而淵源已正。今學者治經不精，而蘇、孫之學近而易明，其失者不能遽見，故皆信之。而劉以其難入，則或詆以爲用意太過，出於穿鑿。彼不知經，無怪其然也。

陳氏曰：原甫始爲權衡，以平三家之得失，然後集衆説，斷以己意，而爲之傳。傳所不盡者，見之意林。其傳用公、穀文體，説例凡四十九。

黎氏春秋經解十二卷

黿氏曰：皇朝黎錞希聲撰。錞，蜀人，歐陽公之客。名其書爲「經解」者，言以經解經也。其後又爲統論附焉。

橫渠春秋説一卷

黿氏曰：張子厚爲門人雜説春秋，其書未成。

潁濱春秋集傳十二卷

黿氏曰：蘇轍子由撰。大意以世人多師孫明復，不復信史，故盡棄三傳〔三〕。全以左氏爲本，至其不能通者，始取二傳、啖、趙。自熙寧謫居高安，至元符初，十數年矣，暇日輒有改定，卜居龍川，而書始成。

石林葉氏曰：蘇子由專據左氏言經。左氏解經者無幾，其凡例既不盡經，所書亦多違牾，疑自出己意爲之，非有所傳授，不若公、穀之合於經。故蘇氏但以傳之事釋經之文而已，傳事之誤者，不復敢議，則遷經以成其説，亦不盡立凡例於經義，皆以爲求之過。

朱子語録曰：蘇子由解春秋，謂其從赴告，此説亦是。既書「鄭伯突」，又書「鄭世子忽」，據史文而書耳。定、哀之時，聖人親見，據實而書；隱、桓之時，世既遠，史册亦有簡略處，夫子據史册寫出耳。

陳氏曰：其書專取左氏，不得已乃取二傳、啖、趙，蓋以一時談經者不復信史，或失事實故也。

伊川春秋傳二卷

程子自序曰：後世以史視春秋，謂褒善貶惡而已，至於經世之大法，則不知也。春秋大義數十，其義雖大，炳如日星，乃易見也，惟其微辭隱義，時措從宜者爲難知也。或抑或縱，或與或奪，或進或退，或微或顯，而得乎義理之安，文質之中，寬猛之宜，是非之公，乃制事之權衡，揆道之模範也。夫觀百物，然後識化工之神；聚衆材，然後知作室之用，於一事一義而欲窺聖人之用心，一本無心字。非上智不能也。故學春秋者，必優游涵泳，默識心通，然後能造其微也。後王知春秋之義，則雖德非禹、湯，尚可以法三代之治。自秦而下，其學不傳。予悼夫聖人之志不明於後世也，故作傳以明之，俾後之人通其文而求其義，得其意而法其用，則三代可復也。是傳也，雖未能極聖人之蘊奧，庶幾學者得其門而入矣。

朱子語類曰：或問伊川春秋傳，曰：「中間有説好處，如難理會處，他亦不爲决然之論。如説『滕子來朝』，以爲滕本侯爵，後微弱服屬於魯，自貶降而以子禮見魯，則貢賦少，力易供，此説最好。程沙隨之説亦然。」

陳氏曰：略舉大義，不盡爲説，襄、昭後尤略。序文崇寧二年作，蓋其晚年也。

劉質夫春秋十二卷

鼂氏曰：皇朝劉絢質夫撰。絢學於二程。伯淳嘗語人曰：「他人之學，敏則有之，未易保也。斯人之至，吾無疑焉。」正叔亦曰：「游吾門者多矣，而信之篤、得之多、行之果、守之固，若子者幾希。」有李參序。

陳氏曰：所解明正簡切。

中興國史志：絢傳説多出於頤書，而頤以爲不盡本意，故更爲之。未及竟，故莊公以後解釋多殘闕。

春秋得法志例論三十卷〔四〕

鼂氏曰：皇朝馮正符所撰。熙寧八年，何郯取其書奏之，久而不報，意王安石不喜春秋故也。其書例最詳悉，務通經旨，不事浮辭。正符頗與鄧綰、練亨甫交私〔五〕，後坐口語被斥。

陳氏曰：蜀州晉原主簿遂寧馮正符信道撰。其父堯民希元爲鄉先生。正符三上禮部，不第，教授梓、遂學十年，著此書及詩、易、論語解。蜀守何郯首以其春秋論上之。熙寧末，中丞鄧綰薦之，得召試，賜同進士出身，王安石亦待之厚。其書首辯王魯、素王之説，及杜預三體五例、何休三科九旨之怪妄穿鑿，皆正論也。

巽岩李氏曰：信道當熙寧九年用御史鄧文約薦，召試舍人院，賜出身。文約尋責守虢略，信道亦坐附會奪官，歸故郡。後又得馮允南所爲墓銘。信道實事安逸處士何群，其學蓋得之群。群學最高，國史有傳。其師友淵源果如此，則謂信道附會進取，或以好惡言之耳。王荆公當國，廢春秋，不立學官，而信道學經，顧於春秋特詳；鄧御史嚴事王荆公不敢異，乃先以得法志例論言於朝，初不曰宰相不喜此也。此亦可見當時風俗猶淳厚，士各行其志，不專以利禄故輟作。御史殆加於人一等，然信道要當與何群牽聯書國史。鄧御史偶相知，適相累耳。余舊評如此。今無子孫，其書則爲鬻書者擅易其姓名，屬諸李陶。陶字唐夫，嘗學於温公，號通經。李氏諸子，唐夫最賢，而得法志例則實非唐夫所論也，不知者妄託之。

繹聖傳十二卷

鼂氏曰：皇朝任伯雨德翁所撰。解經不甚通。例如解「桓十三年二月，公會紀侯、鄭伯。己巳，及齊侯、宋公、衛侯、燕人戰。齊師、宋師、衛師、燕師敗績」，取穀梁之說，戰稱人，敗績稱師，重衆之説。殊不知「齊人伐衛，衛人及齊人戰，衛人敗績」，何獨不重衆也？

王氏春秋列國諸臣傳共六十三卷

鼂氏曰：皇朝王當撰。當，眉山人，嘗爲列國諸臣傳，效司馬遷史記，凡一百三十有四人，十萬餘言。今又釋春秋，真可謂有志矣。

陳氏曰：當，元祐中復制科，以蘇轍薦，試六論，廷對切直，置下第，與堂除簿尉。所傳諸臣，皆本左氏，有見於他書，則附其末，繫之以贊。諸贊論議純正，文辭簡古，於經傳多所發明。

馮氏春秋通解十二卷

鼂氏曰：皇朝馮山允南撰。普州人，澥之父也。

春秋會義二十六卷

鼂氏曰：皇祐間進士杜諤集釋例、繁露、規過、膏肓、先儒同異篇、指掌碎玉、折衷、指掌議、纂例、辯疑、微指、摘微、通例、胡氏論、箋義、總論、尊王發微、本旨辯要、旨要、集議、索隱、新義、經社三十餘家成一書，其後仍斷以己意。雖其説不皆得聖人之旨，然使後人博觀古今異同之説，則於聖人之旨，或有得焉。

陳氏曰：自三傳及啖、趙諸儒訖於孫氏經社，凡三十餘家，集而繫之，時述以己意，有任貫者爲之序。

春秋口義五卷

陳氏曰：胡翼之撰。至宣十二年而止。戴岷隱在湖學嘗續之，不傳。

春秋皇綱論　明例隱括圖共六卷

陳氏曰：太常博士王哲撰〔六〕。至和間人〔七〕，館閣書目有通義十二卷〔八〕，未見。

左氏解一卷

陳氏曰：專辯左氏爲六國時人，其明驗十有一事。題王安石撰，其實非也。

左氏邦典二卷

陳氏曰：唐既濟潛亨撰〔九〕。質肅之侄，自號「真淡翁」，與其子愁問答而爲此書。鄒道鄉爲之序。

左氏鼓吹一卷

陳氏曰：彭門吴元緒撰。

春秋後傳　補遺共二十一卷

陳氏曰：陸佃撰。補遺者，其子宰所作也。宰字元鈞，游之父也。

春秋通訓　五禮例宗共二十六卷

陳氏曰：直祕閣吴興張大亨嘉父撰。其自序言：「少聞春秋於趙郡和仲先生。某初蓋嘗作例宗，論立例之大要矣，先生曰：『此書自有妙用，學者罕能領會，多求之繩約中，乃近法家者流，苛細繳繞〔一〇〕，竟亦何用？惟丘明識其用，然不肯盡談，微見端兆，使學者自得之。』予從事斯語十有餘年，始得其彷彿。」通訓之作，所謂去例以求經略，微文而視大體者也。東坡一字和仲，所謂趙郡和仲，其東坡乎？然例宗考究，亦爲詳洽。

胡文定春秋傳　通例　通旨共三十二卷

鼂氏曰：皇朝胡安國被旨撰。安國師程頤，其傳春秋事，按左氏義，取公、穀之精者，採孟子、莊周、董仲舒、王通、邵堯夫、程明道、張横渠、程正叔之説，以潤色之。其序略曰：「近世推隆王氏新説，按爲國是，獨於春秋，貢舉不以取士，庠序不以設官，經筵不以進讀，斷國論者，無以折衷，天下不知所適，人欲日長，天理日銷，其效使夷狄亂華，莫之遏也。」

陳氏曰：紹興中經筵所進。大綱本孟子，而微旨多以程氏之説爲據〔一一〕。近世學春秋者皆宗之。通旨者，所與其徒問答，及其他議論條例，凡二百餘章，其子寧輯爲一書。

中興史志曰：安國書與孫覺合者十六七。

朱子語録曰：胡文定春秋非不好，却不合這件事聖人意是如何下字，那件事聖人意又如何下字。要之聖人只是直筆據見在而書〔一二〕，豈有許多忉怛？胡春秋傳有牽强處，然議論有開合精神。

春秋指南十卷

鼂氏曰：吴園先生張根知常撰。以征伐會盟，年經而國緯。汪藻爲之序。

陳氏曰：專以編年旁通該括諸國之事，如指諸掌〔一三〕。又爲解例，亦用旁通法。其他辯疑、雜論諸篇，略舉要義〔四〕，多所發明。

春秋新傳十一卷

鼂氏曰：皇朝余安行撰。采三傳及孫復四家書，參以己意爲之。

四家春秋集解二十五卷

鼂氏曰：或人集皇朝師協、石季長、王棐、景先之解爲一通，具載本文。

春秋機括一卷

鼂氏曰：皇朝沈括存中撰。春秋譜也。

石林春秋傳　春秋考　春秋讞共七十二卷

陳氏曰：葉夢得撰。各有序。其序讞曰：「以春秋爲用法之君而已，聽之有不盡其辭，則欺民；有不盡其法，則欺君。凡啖、趙論三家之失，爲辯疑；劉氏廣啖、趙之遺，爲權衡。合二書，正其差誤，而補其疏略，目之曰讞。」其序考曰：「君子不難於攻人之失，而難於正己之是。必有得也，乃可知其失；必有是也，乃可斥其非。自是讞推之，知吾之所正爲不妄也，而後可以觀吾考；自其考推之，知吾之所擇爲不誣也，而後可以觀吾傳。」其序傳曰：「左氏傳事不傳義，是以詳於史，而事未必實，以其不知經也。公、穀傳義不傳事，是以詳於經，而義未必當，以其不知史也。乃酌三家，求史與經，不得於事，則考於義；不得於義，則考於事，更相發明，以作傳。」其爲書，辯訂考究，無不精詳，然其取何休之説，以十二公爲法天之大數，則所未可曉也。

春秋經解　本例　例要共十七卷

陳氏曰：涪陵崔子方彦直撰。紹聖中罷春秋取士，子方三上書，乞復之，不報，遂不應進士舉。黄山谷稱曰：「六合有佳士曰崔彦直，其人不游諸公，然則賢而有守可知矣。」其學辯三傳之是非，而專以日月爲例，則正蹈其失而不悟也。

春秋本旨二十卷

陳氏曰：知饒州丹陽洪興祖慶善撰。其序言：「三代各立一王之法，其末皆有弊。春秋經世之大法，通萬世而無弊。」又言：「春秋本無例，學者因行事之迹以爲例，猶天本無度，曆者即周天之數以爲度。」又言：「屬辭比事，春秋教也，學者獨求於義，則其失迂而鑿；獨求於例，則其失拘而淺。」若此類多先儒所未發，其解經義，精而通矣。興祖嘗爲程瑀作論語解序，忤秦檜，貶昭州以死。

春秋正辭　通例共三十五卷

陳氏曰：知盱眙軍東平畢良史少董撰。良史爲東京留守屬官，東京再陷，留虜中三年，著此書。已而得歸，表上之。

息齋春秋集注十四卷

陳氏曰：禮部侍郎鄞高閌抑崇撰〔一五〕。其學專本程氏，序文可見。

夾漈春秋傳　春秋考　地名共十四卷

其通志中自述曰：按春秋之經，則魯史記也，初無同異之文，亦無彼此之説，良由三家所傳之書有異同，故是非從此起。臣作春秋考，所以是正經文，以凡有異同者，皆是訛誤。古者簡編艱繁，學者希見親書，惟以口相授。左氏世爲楚史，親見官書，其訛差少，然有所訛，從文起。公、穀，漢之經生，惟是口傳，其訛差多，然有所訛，從音起。以此辯之，了無滯礙〔一六〕。又有春秋傳十二卷，以明經之旨，備見周之憲章。

陳氏曰：其學大抵工於考究，而義理多迂僻。

春秋經解　指要共十四卷

陳氏曰：知常州永嘉薛季宣士龍撰。指要列譜例於前，其序專言諸侯無史，天子有外史，掌四方之志，而職於周之太史。隱之時，更周曆而爲魯史。季宣博學通儒，不事科舉，陳止齋師事之。季宣死，當乾道九年，年四十。其爲此書，實紹興三十二年，蓋甫二十歲云。

朱子語録曰：薛常州解春秋，不知如何率意如此，只是幾日成此文字。如何説諸侯無史，内則尚有閽史。又如趙盾、崔杼事，皆史臣所書。

春秋集傳十五卷

陳氏曰：監察御史王葆彦光撰。朱新仲爲作序。葆，周益公之婦翁也。其説多用胡氏。

春秋集解十二卷

陳氏曰：吕本中撰。自三傳而下，集諸家之説，各記其名氏，然不過陸氏及兩孫氏、兩劉氏、蘇氏、程氏、許崧老〔一七〕、胡文定數家而已。大略如杜諤會義，而所擇頗精，却無自己議論。

朱子語録曰：呂居仁春秋亦甚明白，正如某詩傳相似。

左傳類編六卷

陳氏曰：呂祖謙撰。分類外内傳事實、制度、論議凡十九門，首有綱領數則，兼採他書。

左氏博議二十卷

陳氏曰：呂祖謙撰。方授徒時所作，自序曰：「春秋經旨，不敢僭議〔一八〕，而枝辭贅喻，則舉子所以資課試也。」

左氏説三十卷

陳氏曰：呂祖謙撰。於左氏一書，多有發明〔一九〕，而不爲文，似一時講説門人所抄。

朱子語録曰：東萊有左氏説，亦好。是人記録他言語。

左氏國紀

徐得之撰。止齋陳氏序曰：自荀悦、袁宏以兩漢事編年爲書，謂之左氏體，蓋不知左氏於是始矣。昔夫子作春秋，博極天下之史矣，諸不在撥亂世、反之正之科，則不録也。左氏獨有見於經，故采史記次第之，某國事若干，某事書，某事不書，以發明聖人筆削之旨云爾，非直編年爲一書也。古者事、言各有史，凡朝廷號令與其君臣相告語爲一書，今書是已；被之絃歌，謂之樂章，爲一書，今詩是也，有司藏焉；而官府都鄙、邦國習行之爲一書，今儀禮若周官之六典是已；自天子至大夫士氏族傳序爲一書〔二〇〕，若所謂帝繫、世本是已。而他星卜醫祝，皆各爲書，至編年則必叙事如春秋，三代而上，僅可見者周譜，他往往見野史、竹書、穆天子傳之類。自夫子始以編年作經，其筆削嚴矣。左氏亦始合事、言二史與諸書之體，依經以作傳，附著年月下，苟不可以發明筆削之指，則亦不録也。蓋其辭足以傳遠，而無與於經誼，則别爲國語。至夫子所見書，左氏有不盡見，又闕不敢爲傳，唯謹如此。後作者顧以爲一家史體，而讀左氏者寖失其意見，謂不釋經，是書之存亡〔二〕，幾無損益於春秋，故曰袁、荀二子爲之也。由是言之，徐子所爲左氏國紀，曷可少哉！余讀國紀，周平、桓之際，王室嘗有事於四方，其大若置曲沃伯爲侯，詩人美焉，而經不著；師行非一役，亦與王風刺詩合，而特書伐鄭一事；王子頹之禍，視帶爲甚，襄書而惠不書也。學者誠得國紀伏而讀之，因其類居而稽之經，某國事若干，某事書，某事不書，較然明矣。於是致疑，疑而思，思則有得矣。徐子殆有功於左氏者也。余苦不多見書，然嘗見唐閲左氏史與國紀略同而無所論斷，今國紀有所論斷矣，余故不復贊，而道其有功於左氏者爲之序。

春秋比事二十卷

陳同甫序之曰：春秋繼四代而作者也。聖人經世之志，寓於屬辭比事之間，而讀書者每患其難通。其善讀則曰：「以傳考經之事迹，以經考傳之真僞。」如此，則經果不可以無傳矣。游夏之徒胡爲而不能措一辭也。余嘗欲即經以類次其事之始末，考其事以論其時，庶幾抱遺經以見聖人之志。客有遺余以春秋總論者，曰「是習春秋者之祕書也」，余讀之，灑然有當於余心。雖其論未能一一中的，而即經類事，以見其始末，使聖人之志可以捨傳而獨考，此其爲志亦大矣。惜其爲此書之勤，而卒不見其名也。或曰是沈文伯之所爲也，文伯名棐，湖州人，常爲婺之校官。因爲易其名曰春秋比事，鋟諸木，以與同志者共之。

陳氏曰：按湖州有沈文伯，名長卿，號審齋居士〔三〕，爲常州倅，忤秦檜，貶化州，不名棐也。不知同甫何以云然。豈別名棐而字文伯者乎？然則非湖人也。

春秋經傳集解三十三卷

陳氏曰：林栗撰。其學專主左氏，而黜二傳，故爲左氏傳解，表上之。

止齋春秋後傳　左氏章指共四十二卷

陳氏曰：陳傅良撰。樓參政鑰爲之序。大略謂左氏存其所不書，以實其所書；公羊、穀梁以其所書，推見其所不書，而左氏實録矣。此章指之所以作也。若其他發明多新説，序文略見之。

徐潮州春秋解十二卷

知潮州徐某德操撰。水心序略曰：𠕋傳之學，惟春秋爲難工。經，理也；史，事也；春秋名經而實史也，專於經則理虚而無證，專於史則事礙而不通，所以難也。年時閏朔，禘郊廟制，理之綱條，不專於史也；濟西河曲，丘甲田賦，事之枝葉，不專於經也。薛伯卒，經無預，然杞、滕、郳、莒之興廢固明也；詭諸卒，史無預，然戊寅、甲子之先後固察也。觀潮州此類皆卓而信〔三〕、明而篤矣。至於授霸者之權，彼與此奪；録夷狄之變，先略後詳；諸侯群誅，大夫衆貶，凡春秋始終，統紀所繫，自公、穀以來，晝爲義例，名分字别，族貴人微，其能本末相顧，隱顯協中如潮州殆鮮焉。然則理之孰，故經而非虚；事之類，故史而非礙歟！古人以教其國而使人知深於是書者歟！雖然，詩、書、禮所以紀堯、舜、三代之盛，而春秋衰世之竭澤也，示不泯絶而已。或者遂謂一事一義〔二四〕，皆聖人之用，則余未敢從也。

春秋經辯十卷

陳氏曰：廬陵蕭楚子荆撰。紹聖中，貢禮部不第，蔡京用事，與其徒馮澥書，言蔡將爲宋王莽，誓不復仕。死建炎中。自號「三顧隱客」，門人謚爲清節先生。胡邦衡師事之，以春秋登甲科，歸拜床下，楚告之曰：「學者非但拾一第，身可殺，學不可辱。毋禍吾春秋乃佳。」邦衡誌其墓。

春秋集善十一卷

陳氏曰：端明殿學士廬陵胡銓邦衡撰。銓既事蕭楚爲春秋學，復學於胡文定公安國。南遷後作此書，張魏公爲之序。

春秋考異四卷

陳氏曰：不著名氏。録三傳經文之異者。

春秋類事始末五卷

陳氏曰：朝請大夫吴興章冲茂深撰。子厚之曾孫，葉少藴之壻。

左氏發揮六卷

陳氏曰：臨川吴曾虎臣撰。取左氏所載事，時爲之論，若史評之類。

春秋直音三卷

陳氏曰：德清丞方淑智善撰。劉給事一止爲作序。以學者或不通音切，故於每字切脚之下，直注其音，蓋古文未有反切，爲音訓者皆如此。服虔、如淳、文穎輩於漢書音義可見。

左傳約説　百論共二卷

陳氏曰：奉議郎新昌石朝英撰。又有王道辯一書，未板行，僅存其書於此篇之末。其爲説平平，無甚高論。

左氏紀傳五十卷

巽岩李氏曰：不著撰人名氏。取丘明所著二書，用司馬遷史記法，君臣各爲記傳。凡欲觀某國之治亂，某人之臧否，其行事本末，畢陳於前，不復錯見旁出，可省繙閱之勤。或事同而辭異者，皆兩存之，又因以得文章繁簡之度。雖編削附離，尚多不滿人意，然亦可謂有其志矣。獨所序世族譜繫，既與釋例不同，又非史遷所記，質諸世本，亦不合也，疑撰者别據他書。今姑仍其舊，以俟考求。

又題：後在陵陽觀沈存中自誌，乃知此書存中所著。存中喜述作，而此書終不滿人意，史法信未易云。

春秋分記九十卷

陳氏曰：邛州教授眉山程公説伯剛撰。以春秋經傳倣司馬遷書，爲年表、世譜、曆、天文、五行、地理、禮樂、征伐、官制諸書。自周、魯而下，及諸小國夷狄，皆彙次之。時有所論發明，成一家之學。公説積學苦志，早年登科，值逆曦亂，憂憤以死，年纔三十七。兄弟三人，皆以科第進。中書舍人公許，其季也。

春秋三傳分國紀事本末

夾江勾龍傳明甫撰。後溪劉氏序略曰：勾龍君博習詳考〔二五〕，又分國而紀之。自東周而下，大國、次國特出，小國、滅國附見。不獨紀其事與其文，而兼著其義，凡采其説者數十家。君蓋嗜古尊經之士，確乎其能自信者也。

春秋通説十三卷

陳氏曰：永嘉黄仲炎若晦撰。端平中嘗進之於朝。

春秋外傳國語二十一卷

崇文總目：左丘明撰，吴侍中、領左國史、亭陵侯韋昭解。昭參引鄭衆、賈逵、虞翻、唐固二人皆吴臣〔二六〕，合凡五家，爲注，自所發正者三百十事。

鼂氏曰：班固藝文志有國語二十一篇，隋志云二十二卷，唐志云二十一卷。今書篇次與漢志同，蓋歷代儒者析簡併篇，互有損益，不足疑也，要之藝文志審矣。陸淳謂「與左傳文體不倫，定非一人所爲」，蓋未必然。范甯云「左氏富而艷」，韓愈云「左氏浮誇」，今觀此書，信乎其富艷且浮夸矣，非左氏而誰？柳宗元稱越語尤奇峻，豈特越哉，自楚以下類如此。

巽岩李氏曰：昔左丘明將傳春秋，乃先采集列國之史，國別爲語，旋獵其英華，作春秋傳。而先所采集之語，草藁具存，時人共傳習之，號曰國語，殆非丘明本志也。故其辭多枝葉，不若内傳之簡直峻健，甚者駮雜不類，如出他手。蓋由當時列國之史，材有厚薄，學有淺深，故不能醇一耳。不然，丘明特爲此重複之書何邪？先儒或謂春秋傳先成，國語繼作，誤矣。惟本朝司馬温公父子能識之。

陳氏曰：自班固志言左丘明所著，至今與春秋傳並行，號爲外傳。今考二書，雖相出入，而事辭或多異同，文體亦不類，意必非出一人之手也。司馬子長云：「左丘失明，厥有國語。」又似不知所謂。唐啖助亦嘗辯之。

朱子語録曰：國語委靡繁絮，真衰世之文耳。是時語言議論如此，宜乎周之不能振起也。國語文字極困苦〔二七〕，振作不起。

國語補音三卷

陳氏曰：丞相安陸宋庠公序撰。以先儒未有爲國語音者，近世傳舊音一卷，不著撰人名氏，蓋唐人也。簡陋不足名書，因而廣之，悉以陸德明釋文爲主，陸所不載，則附益之。

非國語二卷

鼂氏曰：唐柳宗元子厚撰。序云：「左氏國語，其文深閎傑異，而其説多誣淫。懼學者溺其文采，而淪於是非，本諸理作非國語。」上卷三十一篇，下卷三十六篇。

左傳國語類編二卷

陳氏曰：吕祖謙撰。與左傳類編略同，但不載綱領，止有十六門。又分傳與國語爲二。

汲冢師春一卷

陳氏曰：晉汲郡魏安釐王冢所得古簡，杜預得其紀年，知其魏國史記，以考證春秋。别有一卷，純集疏左氏傳卜筮事，上下次第及其文義，皆與左傳同。名曰「師春」，似是抄集者人名也。今此書首叙周及諸國世系，又論分野、律吕爲圖，又雜録謚法、卦變，與杜預所言純集卜筮者不同，似非當時本書也。

校勘記

〔一〕春秋尊王發微十五卷　「十五」，郡齋讀書志校證卷三作「十二」，直齋書録解題卷三作「十五」。按玉海卷四〇引中興書目作「十二卷，總論三卷」，「十五」之説，蓋合總論計之。

〔二〕兵機譎詐之書爾　「兵機」原作「兵書」，據朱子語類卷八三改。

〔三〕大意以世人多師孫明復不復信史故盡棄三傳　「孫明復」原作「孫復」，「三傳」原作「二傳」，據郡齋讀書志校證卷三改。按潁濱春秋集傳自序云：「予少而治春秋，時人多師孫明復，謂孔子作春秋，略盡一時之事，不復信史，故盡棄三傳，無所復取。」

〔四〕春秋得法志例論三十卷　「志」，郡齋讀書志校證卷三作「忘」，玉海卷四〇著録本書同「忘」。直齋書録解題卷三同「志」，盧文弨校本作「忘」，注云：「别作『志例』者訛。」

〔五〕正符頗與鄧綰練亨甫交私　「練亨甫」原作「陳亨甫」，誤。按續資治通鑑長編卷二七八記熙寧九年十一月己酉鄧潤甫上言：「今點御史中丞鄧綰，又逐中書習學公事練亨甫。亨甫身備宰屬，而與綰交通，然臣聞二人所以能關通者，有馮正符爲之往來，傳導語言。」所言正同提要内容，據改。

〔六〕太常博士王哲撰　「王哲」，直齋書録解題卷三引張跋作「王晳」，玉海卷四〇作「王晳」。宋史卷二百二著録王晳春秋通義十二卷、又皇綱論五卷。

〔七〕至和間人　「人」，原作「入」，據元本、慎本、馮本並直齋書録解題卷三改。

〔八〕館閣書目有通義十二卷　「書」字原闕，據直齋書録解題卷三補。

〔九〕唐既濟潛亨撰　「濟」字原闕，據直齋書録解題卷三、宋史卷二〇二補。

〔一〇〕苛細繳繞　「苛細」原作「仔細」，據元本、慎本、馮本並直齋書録解題卷三改。

〔一一〕而微旨多以程氏之説爲據　「爲據」，直齋書録解題卷三作「爲證」。

〔一二〕要之聖人只是直筆據見在而書　「要之」原作「要知」，據朱子語類卷八三改。

〔一三〕如指諸掌　「諸」字原闕，據直齋書録解題卷三補。

〔一四〕略舉要義　「舉」字原闕，據直齋書録解題卷三補。

〔一五〕禮部侍郎鄞高閌抑崇撰　「閌」原作「閲」，據直齋書録解題卷三改。按高閌字抑崇，號息齋，宋史卷四三三有傳。

〔一六〕了無滯礙　「礙」原作「疑」，據元本、慎本、馮本改。

〔一七〕許崧老　原作「許崧老」，據各本並直齋書録解題卷三改。按許崧老即許翰，宋史卷三六三有傳。
〔一八〕不敢僭議　「不敢」，直齋書録解題卷三作「概不敢」。
〔一九〕多有發明　「有」，直齋書録解題卷三作「所」。
〔二〇〕自天子至大夫士氏族傳序爲一書　「氏族」原作「民族」，據止齋文集（四部叢刊本）改。
〔二一〕是書之存亡　「存亡」，原作「在亡」，據止齋文集改。
〔二二〕號審齋居士　「居士」原作「居仁」，據直齋書録解題卷三改。
〔二三〕觀潮州此類皆卓而信　「而」原缺，據元本、慎本、馮本並水心文集卷一二補。
〔二四〕或者遂謂一事一義　「一事一義」，水心文集卷一二作「一字之義」。
〔二五〕勾龍君博習詳考　「博」原作「傳」，據元本、慎本、馮本改。
〔二六〕昭參引鄭衆賈逵虞翻唐固　「唐固」原作「唐因」，據直齋書録解題卷三改。按三國志卷五三：「……唐固稱爲儒者，著國語、公羊、穀梁傳疏。」
〔二七〕國語文字極困苦　「苦」原作「善」，據朱子語類卷一三九改。

卷一百八十四　經籍考十一

經論語　孟子

西漢藝文志：論語者，孔子應答弟子時人及弟子相與言而接聞於夫子之語也。當時弟子各有所記，夫子既卒，門人相與輯而論纂，故謂之論語。師古曰：輯與集同，纂與撰同。漢興，有齊、魯之説。傳齊論語者〔一〕，昌邑中尉王吉、少府宋畸、御史大夫貢禹、尚書令五鹿充宗、膠東庸生，唯王陽名家。師古曰：王吉字子陽，故謂之王陽。傳魯論語者，常山都尉龔奮、長信少府夏侯勝、丞相韋賢、魯扶卿、前將軍蕭望之、安昌侯張禹，皆名家。張氏最後而行於世。隋經籍志：張禹本授魯論，晚講齊論，後遂合而考之，删其煩惑，除去齊論問王、知道二篇，從魯論二十篇爲定，號張侯論，當世重之。周氏、包氏爲之章句，馬融又爲之訓。又有古論語，與古文尚書同出，章句煩省，與魯論不異，唯分子張爲二篇，故有二十一篇，孔安國爲之傳。漢末，鄭玄以張侯論爲本，參考齊論、古論而爲之注，魏司空陳群、太常王肅、博士周生烈皆爲義説，吏部尚書何晏又爲集解。是後諸儒多爲之注，齊論遂亡。古論先無師説，梁、陳之時，唯鄭玄、何晏立於國學，而鄭氏甚微。周、齊，鄭學獨立，至隋，何、鄭並行，鄭氏盛於人間。其孔叢、家語並孔氏所傳仲尼之旨，爾雅諸書，解古今之意，並五經總義，附於此篇。

漢志：論語十二家，二百二十九篇。

隋志：二十九家，一百九十八卷。

唐志：三十家，三十七部，三百二十七卷。失名姓三家，韓愈以下不著録二家，十二卷。

宋三朝志：十六部，一百三十九卷。

宋兩朝志：二部，二十卷。

宋四朝志：十三部，七十八卷。

宋中興志：五十五家，六十三部，四百九十八卷。

何晏論語注十卷

鼂氏曰：魏何晏集解。其序自云：據魯論包咸、周氏、孔安國、馬融、鄭康成、陳群、王肅、周生烈八家之説，與孫邕、鄭沖、曹羲、荀顗集諸家訓解爲之。按漢時論語凡有三，而齊論有問王、知道兩篇，詳其名，當是必論内聖之道、外王之業，未必非夫子之最致意者，不知何説，而張禹獨遺之。禹身不知王鳳之邪正，其不知此固宜，然勢位足以軒輊一世，使斯文遂喪，惜哉！

按：齊論多於魯論二篇，曰問王、知道。史稱爲張禹所删，以此遂無傳。且夫子之言，禹何人而敢删之。然古論語與古文尚書同自孔壁出者，章句與魯論不異，唯分堯曰「子張問」以下爲一篇，共二十一篇，則問王、知道二篇，亦孔壁中所無，度必後儒依倣而作，非聖經之本真。此所以不傳，非禹所能删也。

皇侃論語疏十卷

鼂氏曰：梁皇侃撰。古今論語之注多矣，何晏集七家，復采古論語注爲集解。行於世。侃今又引衛瓘、繆播、欒肇、郭象、蔡謨、袁宏〔二〕、江惇〔三〕、蔡奚〔四〕、李充、孫綽、周懷〔五〕、范甯、王珉凡十三家之説，成此書。其序稱江熙所集。世謂其引事雖時近詭異〔六〕，而援證精博，爲後學所宗云。

韓李論語筆解十卷

鼂氏曰：唐韓愈退之、李翺習之撰。前有祕書丞許勃序，云韓、李相與講論，共成此書。按唐人通經者寡，獨兩公名冠一代，蓋以此。然四庫、邯鄲書目皆無之，獨田氏書目有韓愈論語十卷，筆解兩卷。此書題曰筆解，而兩卷亦不同〔七〕。

陳氏曰：館閣書目云祕書丞許勃爲之序。今本乃王存序，云得於錢塘汪充，而無許序。

石經論語十卷

鼂氏曰：右僞蜀張德鈞書〔八〕。闕唐諱，立石當在孟知祥未叛之前。其文脱兩字，誤一字，又述而第七「舉一隅」下有「而示之」三字，「三人行必有我師焉」上又有「我」字，衛靈公第十五「敬其事而後其食」作「後食其禄」，與李鶚本不同者此也。

論語井田義圖

崇文總目：不著撰人名氏。述周井田之法。其曰論語者，蓋爲論語學者引用云。

論語正義十卷

晁氏曰：皇朝邢昺等撰。亦因皇侃所採諸儒之説刊定而成書。

陳氏曰：唐人止爲五經疏，而不及孝經、論語，至昺始奉詔爲之。

按：唐藝文志亦有賈公彦論語疏十五卷，當考。

王令論語十卷

晁氏曰：皇朝王令逢原撰。解堯曰篇云：「四海不窮困，則天禄不永終矣。」王安石書新義取之。

王介甫論語解十卷　王元澤口義十卷　陳用之論語十卷

晁氏曰：王介甫撰。併其子雱口義、其徒陳用之解。紹聖後皆行於場屋，或曰用之書乃鄒浩所著，托之用之云。

東坡論語解十卷　潁濱論語拾遺

潁濱自序：予少爲論語解，子瞻謫居黄州，爲論語説，盡取以往，今見於書十二三也。大觀丁亥，閑居潁川，爲孫籀、簡、筠講論語。子瞻之説，意有所未安，時爲籀等言，凡二十七章，謂之論語拾遺，恨不得質之子瞻也。

晁氏曰：蘇軾子瞻爲論語解，没後，子由以其説之未安者辯正之。

伊川論語説十卷

晁氏曰：伊川門人記其師所解論語也。不爲文辭，直以俚語記之。

范醇夫論語説十卷

黿氏曰：元祐中所進。數稱引劉敞、程頤之說。

謝顯道論語解十卷

黿氏曰：顯道少師程正叔。

朱子語録：上蔡論語解，言語極多，看得透時，他只有一兩字是緊要。問：「謝氏之說多華掞。」先生曰：「胡侍郎嘗教人看謝氏論語，以其文字上多有發越處。」

呂與叔論語解十卷

黿氏曰：與叔雖程正叔之徒，解經不盡用其師說。

尹彥明論語解十卷

黿氏曰：彥明，程氏門人。紹興中，自布衣召爲崇政殿說書，被旨訓解，多採純夫之說。

朱子語録曰：論語中，程先生及和靖說，只於本文上添一兩字，甚平淡，然意味深長，須當子細看。要見得他意味，方好。問：「精義中，尹氏說多與二程同，何也？」曰：「二程說得已明，尹氏只說出處。」

王定國論語十卷

王鞏定國撰。秦少游序略曰：定國坐罪斥海上，罷還，詣東上閤門，奏書曰：「臣無狀，幸緣先臣之故，獲齒仕版，不能慎事，陷於罪戾。念無以自贖，間因職事之暇，妄以所見，注成論語十卷，未敢以進，唯陛下裁鑒之。」明日，詔御藥院取其書去，未報，而神宗棄天下。嗚呼！自熙寧初王氏父子以經術得幸，下其説於太學，凡置博士，試諸生，皆以新書從事，不合者黜罷之，而諸儒之論廢矣。定國於時處放逐之中，蠻夷瘴癘之地，乃能自信不惑，論著成一家之言，至天子聞之，取其書，非其氣過人，何以及此？姑掇其大概，使夫覽之者知定國著書之時爲如此，又知神宗嚮經術亦非主於一家而已。

汪氏論語直解十卷

鼂氏曰：汪革信民撰。撫州人，紹聖中試禮部，爲天下第一。嘗語人曰：「吾鄉有二相，一爲天下之福，一爲天下之禍。」蓋指晏元獻、王荆公也。即此可見其解經淵源所自云。

景迂論語講義十卷

鼂氏曰：從父詹事公撰。多取古人之説，以正近世之失。

楊氏注論語十卷

鼂氏曰：楊時中立〔九〕，伊川門人也。

游氏論語解十卷

陳氏曰：游酢定夫，伊川門人。

論語釋言十卷

陳氏曰：葉夢得少藴撰。

張氏論語解二十卷

陳氏曰：張九成撰。

五峰論語指南一卷

陳氏曰：胡宏仁仲撰。評論黄祖舜、沈大廉之説。

竹西論語感發十卷

陳氏曰：中書舍人江都王居正撰。凡十卷。

論語探古二十卷

陳氏曰：畢良史撰。二十卷。

洪興祖論語説

中興藝文志：其説多可采，謂此書始於不愠，終於知命，蓋君子儒。

論語續解　考異　説例共十二卷

中興藝文志：吴棫撰。自謂考研甚衆，獨於何晏集解、邢昺疏所得爲多。又謂孔門弟子之言多未盡善，而注信經、疏信注太過。嘗作指掌十卷，亡於兵火，僅追記大略，以解何晏集解之未盡未安者，故曰續解。又考他書之文之説異於論語者，爲考異。又爲説例，有集語、明原、微言、略例、答問、正統、權道、弟子、雜説凡十篇，多發明。

陳氏曰：其所援引百家諸史傳，出入詳洽。所稱欒肇駁王、鄭之説，間取一二。肇，晉人，隋、唐志載論語釋十卷〔一〇〕、駁二卷。按董逌藏書志，釋已亡，駁幸存。而崇文總目及諸藏書家皆無有，樾蓋嘗見其書也。館閣書目亦不載。

玉泉論語學十卷

陳氏曰：工部郎官喻樗子才撰〔二〕。樗與張子韶諸公友善，坐此得罪秦檜。汪端明應辰，其壻也。

曾吉甫論語義二卷

陳氏曰：禮部侍郎曾幾撰。胡文定公門人也。

南軒論語說十卷

陳氏曰：侍講廣漢張栻敬夫撰。

論語集義三十四卷

陳氏曰：朱熹撰。集二程、張氏及范祖禹、吕希哲、吕大臨、謝良佐、游酢、楊時、侯仲良、周孚先凡十一家〔三〕。初名精義，後刻於豫章郡學，始名集義。其所言「外自托於程氏，而竊其近似之言，以文異端之説」者，蓋指張無垢也。無垢與宗杲遊〔三〕，故云爾。

朱子語録曰：讀論語，須將精義看一段，次看第二段，將兩段比較，孰得孰失，孰是孰非。又將第三段比較如前，又總一章之說，而盡比較之。其間須有一説合聖人之意，或有兩說，有三說，有四五説皆是，又就其中比較疏密。如此，便是格物。及看得此一章透徹，則知便至。或自未有見識，只得就這裏挨。一章之中，程子之說多是，門人之說多非。然初看時，不可先萌此心，門人所記，亦多有好處。蜚卿曰：「若只將程子之説爲主，如何？」曰：「不可，只得以理爲主，然後看他底。看得一章直是透徹，然後看第二章，亦如此法。若看得三四篇，此心便熟，數篇之後，迎刃而解矣。」讀書考義理，似是而非者難辯。且如精義中，惟程先生説得的當確至。其門人非惟不盡得夫子之意，雖程子之意，亦多失之。今讀語、孟，不可便道精義都不是，都廢了。須借他做箇梯階去尋求，將來自見道理。知得他是非，方是自家所得處。

論語集注十卷

陳氏曰：朱熹撰。大略本程氏學，通取注疏古今諸儒之説，間復斷以己意。晦庵先生平生講解，此爲第一，所謂毫髮無遺憾者矣。

朱子語録曰：集注如秤上秤來無異，不高些，不低些。如看得透，存養熟，甚生氣質。集注添一字不得，減一字不得。看集注時，不可遺了緊要字，蓋解中有極散緩者，有緩急之間者，有極緊要者。某下一字時，直是秤等輕重，方敢寫出。集注乃集義之精髓。問：「集注引前輩之説，而增損改易本文，其意如何？」曰：「其説有病，不欲更就下面安注脚。」問：「集注中有兩存，何者爲長？」曰：「使某見得長底時，豈復存其短底？只爲二説皆通，故並存之。然必有一説合聖人之本，但不可知耳。」復曰：「大率兩説，前一説勝。」集注，某自三十歲便下工夫，到而今改猶未了，不是草草看者。

朱在過庭所聞曰：集注於正文之下，正解説字訓文義與聖經正意。如諸家之説有切當明白者，即引用而不没其姓名，如學而首章，先尹氏，而後程子，亦只是順正文解下來，非有高下去取也。章末用圈，而列諸家之説者，或文外之意，而於正文有所發明。不容略去；或通論一章之意，反覆其説，切要而不可不知也。

論語或問十卷

陳氏曰：朱熹撰。集注既成，復論次其取舍之所以然，别爲一書。而篇首述二書綱領，與讀者之要法。其與集注實相表裏，學者所當並觀也。

朱子文集：集注後來改定處多，遂與或問不相應，又無工夫修得或問，故不曾傳出。今莫若只就正經上玩味，有未通處，參考集注，更自思索爲佳，不可恃此未定之書，便以爲是也。

石鼓論語答問三卷

陳氏曰：戴溪岷隱撰。溪初仕，領石鼓書院山長，所與諸生講説者也。其説切近明白，晦庵亦稱其近道。

論語通釋十卷

陳氏曰：黄榦撰。其書兼載或問，發明婦翁未盡之意。

論語意原一卷

陳氏曰：不知作者〔一四〕。

論語本旨一卷

陳氏曰：建昌軍教授永嘉姜得平撰。

論語大意二十卷

陳氏曰：海陵卞圜撰。

晦庵語類二十七卷

陳氏曰：蜀人以晦庵語録類成編，處州教授東陽潘墀取其論語一類，增益其所未備，刊於學宫。

論語紀蒙六卷

陳氏曰：國子司業臨海陳耆卿壽老撰。葉水心爲之序。耆卿，學於水心者也，嘗主麗水簿，嘉定初年成此書。

孔子家語十卷

王肅注。後序曰：孔子家語者，皆當時公卿士大夫及七十二弟子之所諮訪交相對問言語也，既而諸弟子各自記其所問焉，與論語、孝經並時，弟子取其正實而切事者，别出爲論語，其餘則都集録之，名之曰孔子家語。凡所論辯，疏判較歸，實自夫子本旨也；屬文下辭，往往頗有浮説，煩而不要者，亦由七十二子各共叙述，首尾加之潤色，其材或有優劣，故使之然也。孔子既没而微言絶，七十二弟子終而大義乖。六國之世，儒道分散，遊説之士各以巧意而爲枝葉，唯孟軻、荀卿守其所習。當秦昭王時，荀卿入秦，昭王從之問儒術，荀卿以孔子之語及諸國事、七十二弟子之言凡百餘篇與之，由此秦悉有焉。始皇之世，李斯焚書，而孔子家語與諸子同列，故不見滅。高祖克秦，悉斂得之，皆載於二尺竹簡，多有古文字。及吕氏專漢，取歸藏之，其後被誅亡，而孔子家語乃散在人間。好事者或各以意增損其言，故使同是一事而輒異辭。孝景皇帝末年，募求天下遺書，於時京師士大夫皆送官，得吕氏之所傳孔子家語，而與諸國事及七十子辭妄相錯雜，不可得知，以付掌書，與曲禮衆篇亂簡合而藏之祕府。元封之時，吾仕京師，竊懼先人之典辭將遂泯没，於是因諸公卿大夫，私以人事募求其副，悉得之，乃以事類相次，撰集爲四十四篇。又有曾子問禮一篇，自别屬曾子問，故不復録。其諸弟子書所稱引孔子之言者，本不存乎家語，亦以其已自有所傳也，是以皆不取也，將來君子不可不鑑。

博士孔衍言：「臣祖故臨淮太守安國，逮仕於孝武皇帝之世，以經學爲名，以儒雅爲官，讚明道義，見稱前朝。時魯共王壞孔子故宅，得古文科斗尚書、孝經、論語，世人莫有能言者，安國爲改今文，讀而訓傳其義。又撰次孔子家語。既畢訖，會值巫蠱事起，遂各廢不行於時。然其典雅正實，與世相傳者，不可同日而論也。光禄大夫向以其爲時所未施行，故尚書則不記於别録，論語則不使名家也。臣竊惜之。且百家章句，無不畢記，况孔子家古文正實而疑之哉！又戴聖皆近世小儒，以曲禮不足，而乃取孔子家語雜亂者，及子思、孟軻、荀卿之書以裨益之，總名曰禮記。今見其已在禮記者，則便除家語之本篇，是爲滅其原而存其末也，不亦難乎？臣之愚，以爲宜如此爲例，皆記録别見，故敢冒昧以聞。」奏上，天子許之，未即論定而遇帝崩，向又病亡，遂不果立。

鼂氏曰：序注凡四十四篇，劉向校録止二十七篇。後王肅得此於孔子二十四世孫猛家。

朱子語録曰：家語雜，記得不純，却是當時書；孔叢子是後來自撰出。

又與吕伯恭書曰：遺書愚意所删去者，亦須抄出，逐段略注删去之意，方不草草。若只暗地删却，久遠易惑人。記論語者只爲如此，留下家語，至今作病痛也。

陳氏曰：孔子二十二世孫猛所傳〔一五〕。魏王肅爲之注。肅闢鄭學，猛嘗受學於肅，肅從猛得此書，與肅所論多合，從而證之，遂行於世云。博士安國所得壁中書也，亦未必然。其間所載，多已見左氏傳、大戴禮諸書。

右論語。

趙氏題辭曰：孟子以儒道游於諸侯，思濟斯民，然不肯枉尺直尋，時君咸謂之迂闊於事，終莫能聽納其説。於是退而論集所與高第弟子公孫丑、萬章之徒難疑答問，又自撰其法度之言，著書七篇，二百六十一章，三萬四千六百八十五字。又有外書四篇：性善辯、文説、孝經、爲正，其文不能弘深，不與内篇相似，似非孟子本真，後世依倣而作者也。秦焚經籍，其書號爲諸子，得不泯絶。孝文時論語、孝經、孟子、爾雅皆置博士，後罷傳記博士，獨立五經而已。

按前史藝文志俱以論語入經類，孟子入儒家類，直齋陳氏書録解題始以語、孟同入經類。其説曰：自韓文公稱孔子傳之孟軻，軻死，不得其傳。天下學者咸曰孔孟，孟子之書，固非苟、揚以降所可同日語也。今國家設科，語、孟並列於經，而程氏諸儒訓解二書，常相表裏，故合爲一類。今從之。

漢志：孟子十一篇。

隋志：三家，二十八卷。亡書九卷。

唐志：六家，四十五卷〔一六〕。

宋三朝志：五家，二十七卷。

宋四朝志：九家，九十二卷。

宋中興志：二十二部，二百八十五卷。

趙岐注孟子十四卷

鼂氏曰：岐字臺卿，後漢人。爲章指，析爲十四篇。其序云：軻，戰國時以儒術干諸侯，不用，退與公孫丑、萬章之徒難疑答問，著書七篇，三萬四千六百八十五字。秦焚書，以其書號諸子，故得不泯絶。又爲外書四篇，其書不能弘深，似非孟子本真也。按韓愈以此書爲弟子所會集，與岐之言不同。今考其書載孟子所見諸侯皆稱謚，如齊宣王、梁惠王、梁襄王、滕定公、滕文公、魯平公是也。夫死然後有謚，軻無恙時所見諸侯，不應皆前死〔一七〕，且惠王元年至平公之卒，凡七十七年，軻始見惠王，目之曰叟，必已老矣，決不見平公之卒也，後人追爲之明矣，則岐之言非也。荀子載孟子三見齊王而不言，弟子問之，曰「我先攻其邪心」。揚子載孟子曰「夫有意而不至者有矣，未有無意而至者也」。今書皆無之，則知散軼也多矣。岐謂秦焚書，得不泯絶，亦非也。或曰：「豈見於外書邪？」若爾，則岐又不當謂其不能弘深也。

四注孟子

中興藝文志：題揚雄、韓愈、李翺、熙時子四家注。旨意淺近，蓋依託者。

陸善經注孟子七卷

崇文總目：善經，唐人。以軻書初爲七篇，因删去趙岐章指與其注之繁重者，復爲七篇云。

孟子音義　正義共十六卷

鼂氏曰：皇朝孫奭等採唐張鎰、丁公著所撰，參附益其闕。古今注孟子者，趙氏之外，有陸善經。奭撰正義，以趙注爲本，其不同者，時時兼取善經。如謂「子莫執中」爲「子等無執中」之類。大中祥符中書成，上於朝。

陳氏曰：舊有張鎰、丁公著爲之音，俱未精當。奭方奉詔校定，撰集正義，遂討論音釋，疏其疑滯，備其闕遺。

石經孟子十四卷

鼂氏曰：皇朝席旦宣和中知成都，刊石置於成都學宫，云僞蜀時刻六經於石，而獨無孟子經，爲未備。夫經大成於孔氏，豈有闕耶？其論既繆，又多誤字，如以「頻」、「顣」爲「類」，不可勝紀。

五臣解孟子十四卷

鼂氏曰：皇朝范祖禹、孔武仲、吴安詩、豐稷、吕希哲元祐中同在經筵所進講義。貫穿史籍，雖文辭微涉豐縟，然觀者誠知勸講自有體也。

伊川孟子解十四卷

鼂氏曰：程正叔撰。

横渠孟子解二十四卷

鼂氏曰：張子載撰。併孟子統説附於後。

百家孟子解十二卷

鼂氏曰：集古今諸儒自皮日休至强至、賈同百餘家解孟子成一編。

王安石 王雱 許允成孟子解共四十二卷

鼂氏曰：介甫素喜孟子，自爲之解。其子雱與其門人許允成皆有注釋。崇、觀間場屋舉子宗之。

潁濱孟子解一卷

陳氏曰：其少年時所作，凡二十四章。

王逢原孟子解五卷

陳氏曰：所講纔盡二篇，其第三篇盡二章而止。

尹氏孟子解十四卷

陳氏曰：尹彦明所著。十四卷，未成，不及上而卒。

張無垢孟子解十四卷

張南軒孟子説十七卷

晦庵孟子集注　或問各十四卷

石鼓孟子答問三卷

陳壽老孟子紀蒙十四卷

說並見論語條下。

續孟子二卷

崇文總目：林慎思撰。慎思以爲孟子七篇非軻著書，而弟子共記其言，不能盡軻意，因傳其説，演而續之。

删孟二篇

鼂氏曰：皇朝馮休撰。休觀孟軻書時有叛違經者，疑軻没後門人妄有附益，删去之，著書十七篇，以明其意。前乎休而非軻者荀卿，刺軻者王充；後乎休而疑軻者温公，與軻辯者蘇東坡，然皆不若休之詳也〔一八〕。

疑孟一卷

鼂氏曰：皇朝司馬光君實撰。光疑孟子書有非軻之言者，著論是正之，凡十一篇。光論性不以軻道性善爲然。

翼孟

朝奉大夫臨川陸筠嘉材撰。周平園序曰：嘉材平生篤志孟子，著翼孟音解九十一條，擇春秋左氏傳、莊、列、楚辭、西漢書、説文之存古文者，深思互考，遂成此書。如以「折枝」爲「磬折腰肢」，讀「樂」酒若「樂」山、「樂」水，角「招」爲「韶」，「眸」子爲「牟」，「殺」三苗本作「竄」，二女「果」作「婐」之類，皆粲若白黑。至論舜生於諸馮，遷於負夏，卒於鳴條，視漢儒所記檀弓蒼梧之語，孰近孰遠，孰信孰疑，此古今學議論所未及也。且舜居河東，歷山、雷澤各有其地，而越人別指歷山舜井、象田，仍以餘姚、上虞名縣，風土記曲爲之辭，人不謂然。蓋異端之作，其來也久。於舜平居，附會已類此，况身後乎！所謂九疑之葬、二妃之溺，宜退之黄陵碑云皆不可信。彼孔安國解書，以「陟方」訓「升遐」，其説尤拘。書固曰「升高必自下，陟遐必自邇」，「陟」豈專訓「升」乎？然退之近捨孟子而遠引竹書紀年，何也？予每嘆恨不得質疑於韓門，而喜嘉材嗜古著書，有益後覺，藏其本迨三十年。今嗣子新融水尉孝溥追叙先志，請題卷首，始爲推而廣之。昔唐彭城劉軻慕孟子而命名，著翼孟三卷，白樂天記其事，賴以不朽。嘉材視劉何愧，特予非樂天比，其能使嘉材不朽乎！

尊孟辯七篇

陳氏曰：建安余允文隱之撰〔一九〕。以司馬公有疑孟，及李覯泰伯常語、鄭厚叔折衷皆有非孟之言，故辯之，爲五卷。後二卷則王充論衡刺孟及東坡論語説中與孟子異者，亦辯焉。

右孟子。

校勘記

〔一〕傳齊論語者　「齊論語」，漢書卷三〇作「齊論」，按下文有「魯論語」，疑漢書缺「語」字。

〔二〕袁宏　「袁宏」疑「袁喬」之誤。按晉書卷八三袁喬傳稱「喬博學有文才，注論語及詩，並諸文筆行於世」，隋書卷三二著録袁喬論語注十卷。袁宏字彦伯，晉書卷九二有傳，撰有後漢記三十卷、竹林名士傳三卷及詩賦誄表等雜文凡三百首傳於世。馬國翰玉函山房輯佚書有輯本，題名袁喬，並稱「皇疏序稱江熙集論語十三家，有晉江夏太守袁宏字叔度，蓋即袁喬，輾轉傳訛也」。

〔三〕江惇　「惇」，郡齋讀書志校證卷四據知不足齋叢書本皇疏序列江熙所集十三家姓名作「淳」。

〔四〕蔡奚　疑作「蔡系」。按皇侃序稱「晉撫軍長史蔡系子叔」，系，蔡謨子，事見晉書卷七七蔡謨傳等，隋書卷三二著録蔡系論語釋一卷。玉海卷四一引中興書目作「奚」。

〔五〕周懷　一作「周瓌」。按皇侃序稱「晉散騎常侍陳留周瓌字道夷」。玉海卷四一引中興書目作「懷」。

〔六〕世謂其引事雖時近詭異　「近」字原闕，據郡齋讀書志校證卷四補。按玉海卷四一引國史志：「皇侃疏雖時有鄙近，然博極群言。」

〔七〕而兩卷亦不同　「兩卷」，郡齋讀書志校證卷四作「十卷」。按韓愈注論語十卷，見於新唐書卷五七、李漢撰昌黎集序，筆解兩卷，見於直齋書録解題卷三、宋史卷二〇二，許勃序又稱「昌黎文公著筆解論語一十卷」。

〔八〕右僞蜀張德鈞書　「德鈞」，郡齋讀書志校證卷四依李富孫據成都記鼂氏石經考異序、趙氏讀書附志作「德釗」。

〔九〕楊時中立　「楊時」原作「楊氏」，元本、馮本作「時」，據改。郡齋讀書志校證卷四、直齋書録解題卷三同「時」。

〔一〇〕隋唐志載論語釋十卷　「十」原作「二」，按隋書卷三二、新唐書卷五七著録欒肇論語釋皆作「十」，據改。直齋書録解題卷三作「二」。

〔一一〕工部郎官喻樗子才撰　「工部郎官」原作「工部侍郎」，據直齋書録解題卷三改。按宋史卷四三三喻樗傳「轉工部員外郎」，屬郎官而非侍郎。

〔一二〕集二程張氏及范祖禹吕希哲吕大臨謝良佐游酢楊時侯仲良周孚先凡十一家　「十一家」，各本並直齋書録解題卷三皆作「十二家」。按四部叢刊影印本朱文公文集卷七五論孟集義序：「横渠、范氏、二吕氏、謝氏、游氏、楊氏、侯氏、尹氏，凡九家。」如合二程，亦止十一家，有尹彦而無周孚先。

〔一三〕無垢與宗杲游　「宗杲」，直齋書録解題卷三作「僧宗杲」。

〔一四〕不知作者　按宋史卷二〇二著録「黄榦論語意原一卷」。直齋書録解題引盧文弨校注云「黄俞邰云其家有此書，不止一卷，乃鄭氏著，亦未言其何名也。又據沈叔埏頤彩堂文集書直齋書録解題後，乃青田宋侍郎東谷鄭汝諧所撰。

〔一五〕孔子二十二世孫猛所傳　「二十二」原作「二十四」，元本、慎本、馮本作「二十二」。王肅孔子家語解自序云：「孔子二十二世孫有孔猛者，家有其先人書。昔相從學，頃還家，方取已來」，直齋書録解題卷九同「二十二」。據改。郡齋讀書志校證卷四同「二十四」。

〔一六〕唐志六家四十五卷　按舊唐書卷四七、新唐書卷五著録孟子，俱作四家三十五卷，即趙岐注孟子十四卷、劉熙注孟子七卷、鄭玄注孟子七卷、綦毋邃注孟子七卷。

〔一七〕不應皆前死　「皆前死」，郡齋讀書志校證卷一〇作「即稱諡」。

〔一八〕然皆不若休之詳也　「皆」字原闕，據郡齋讀書志校證卷一〇補。

〔一九〕建安余允文隱之撰　「余允文」原作「虞允文」，據直齋書録解題卷九改。按四部叢刊影印本朱文公文集卷七三讀余隱之尊孟辨，題下小注云「隱之名允文，建安人」。又據宋史卷三八三虞允文傳：「虞允文字彬甫，隆州仁壽人」，則尊孟辨顯然非虞允文撰。

卷一百八十五　經籍考十二

經 孝經　經解

漢藝文志曰：孝經者，孔子爲曾子陳孝道也。夫孝，天之經，地之義，民之行也。舉大者言，故曰孝經。漢興，長孫氏、博士江翁、少府后倉、諫大夫翼奉、安昌侯張禹傳之，各自名家，經文皆同，唯孔氏壁中古文爲異。「父母生之，續莫大焉」，「故親生之膝下」，諸家説不安處，古文字讀皆異。臣瓚曰：孝經云「續莫大焉」，而諸家之説各不安處之也。師古曰：「桓譚新論云古孝經千八百七十二字，今異者四百餘字。」

隋經籍志曰：孔子既叙六經，題目不同，指意差别，恐斯道離散，故作孝經，以總會之，明其枝流雖分，本萌於孝者也。遭秦焚書，爲河間人顔芝所藏。漢初，芝子貞出之，凡十八章，而長孫氏、博士江翁、少府后倉、諫議大夫翼奉、安昌侯張禹，皆名其學。又有古文孝經，與古文尚書同出，而長孫有閨門一章，其餘經文，大較相似，篇簡闕解，又有衍出三章，併前合爲二十二章，孔安國爲之傳。至劉向典校經籍，以顔本比古文，除其繁惑，以十八章爲定。鄭衆、馬融並爲之注。又有鄭氏注，相傳或云鄭玄，其立義與玄所注餘書不同，故疑之。梁代，安國及鄭氏二家並立國學，而安國之本亡於梁亂〔一〕，陳及周、齊，唯傳鄭氏。至隋，祕書監王劭於京師訪得孔傳，送至河間劉炫〔二〕，炫因序其得喪，述其議疏，講於人間，漸聞朝廷。後遂著令，與鄭氏並立。儒者諠諠，皆云炫自作之，非孔舊本，而祕府又先無其書。又云魏氏遷洛，未達華語，孝文帝命侯伏侯可悉陵以夷言譯孝經之旨，教於國人，謂之國語孝經，今取以附此篇之末。

宋三朝藝文志曰：古文孝經世不傳，歷晉至唐，所行唯鄭氏者，世以爲鄭玄。唐開元中，史官劉子玄證其非鄭玄者十有二，諸儒非子玄之説。天寶中，玄宗自注，元行冲造疏，授學官，凡今儒者傳習焉。五代以來，孔、鄭二注皆亡，周顯德末，新羅獻別序孝經，即鄭注者。皇朝咸平中，令祭酒邢昺取行冲疏删定，正義行焉。

漢志：八家，一十一篇。本志十一家，五十九篇。今削五經雜議以下，見經解門。

隋志：十八部，合六十三卷。通計亡書，合五十九部，一百一十四卷〔三〕。

唐志：二十七家，三十六部，八十二卷。失姓名一家，尹知章以下不著録六家〔四〕，一十三卷。

宋三朝志：六部，十卷。

宋兩朝志：一部，一卷。

宋四朝志：六部，五卷。

宋中興志：二十一家，二十一部，二十九卷。

古文孝經一卷

崇文總目：漢侍中孔安國注。班固藝文志有孝經古文孔氏一篇，二十二章。本出屋壁中，前世與鄭康成注並行。今孔注不存，而隸古文與章數存焉。

鄭康成注孝經一卷

崇文總目：先儒多疑其書，唯晉孫昶集解以此注爲優，請與孔注並行，詔可。今太學所立陸德明釋文與此相應。五代兵興，中原久逸其書，咸平中，日本僧以此書來獻，議藏祕府。

陳氏曰：世傳秦火之後，河間人顔芝得孝經，藏之，以獻河間王，今十八章是也。相承云康成作注，而鄭志目録不載，故先儒並疑之。古文有孔安國傳，不行於世，劉炫爲作稽疑一篇，序所謂劉炫明安國之本，陸澄譏康成之注者也。及唐開元中，詔議孔、鄭二家，劉知幾以爲宜行孔廢鄭，諸儒非之，卒行鄭學。按三朝志，五代以來，孔、鄭注皆亡，周顯德中，新羅獻別序孝經，即鄭注者，而崇文總目以爲咸平中日本僧奝然所獻，未詳孰是。世少有其本。乾道中，熊克子復從袁樞機仲得之〔五〕，刻於京口學宫，而孔傳不可復見。

唐明皇孝經注一卷

崇文總目：取王肅、劉劭、虞翻、韋昭、劉炫、陸澄六家之説，參倣孔、鄭舊義。今行於太學。

鼂氏曰：何休稱：「子曰『吾志在春秋，行在孝經』〔六〕」，信斯言也，則孝經乃孔子自著者也。今其首章云：「仲尼居，曾子侍。」則非孔子所著明矣。詳其文義〔七〕，當是曾子弟子所爲書也〔八〕。柳宗元謂「論語載弟子必以字，獨曾參不然〔九〕，蓋曾氏之徒樂正子春、子思相與爲之耳」，余於孝經亦云。

陳氏曰：今世所行本也。始刻石太學，御八分書，末有祭酒李齊古所上表及答詔，且具宰相等名銜，實天寶四載，號爲石臺孝經。乾道中，蔡洸知鎮江，以其本授教授沈必豫、熊克，使刻石學宮。云歐陽公集古録無之，豈偶未之見耶？家有此刻，爲四大軸，以爲書閣之鎮。按唐志作孝經制旨〔一〇〕。

元行沖孝經疏

崇文總目：明皇既作注，故行沖奉詔作疏。

孝經正義三卷

崇文總目：皇朝翰林侍講學士邢昺等撰。初，世傳行沖疏外，餘家尚多，皆猥俗褊陋，不足行遠。咸平中，詔昺及杜鎬等集諸儒之説而增損焉。

司馬君實古文孝經指解一卷

自序：先儒皆以爲孔氏避秦禁而藏書，愚竊疑其不然。何則？秦世科斗之書廢絶已久，又始皇三十四年始下焚書之令，距漢興才七年耳，孔氏子孫豈容悉無知者，必待恭王然後乃出？蓋始藏之時，去聖未遠，其書最真，與夫他國之人轉相傳授，歷世疏遠者，誠不侔矣。且孝經與尚書俱出壁中，今人皆知尚書之真而疑孝經之僞，是何異信膾之可啗，而疑炙之不可食也。

鼂氏曰：古文蓋孔惠所藏者。與顔芝十八章大較相似，而析出三章，又有閨門一章，不同者四百餘字。劉向校書，以十八章爲定，故世不大傳，獨有孔安國注，今亡。然諸家説不安處，古文字讀皆異，推此言之，未必非真也。司馬公爲之指解並音。

中興藝文志：自唐明皇時議者排毁古文，以閨門一章爲鄙俗，而古文遂廢。國朝司馬光始取古文爲指解。

陳氏曰：按唐志：孝經二十七家，今温公序言祕閣所藏，止有鄭氏、明皇及古文三家而已。古文有經無傳，以隸體寫之，而爲之指解，仁宗朝表上之。

王介甫孝經解一卷

鼂氏曰：經云「當不義，則子不可以不諍於父」，而孟子猥曰〔二〕：「父子之間不責善」，夫豈然哉！今介甫因謂當不義則諍之，非責善也。噫！不爲不義，即善矣。阿其所好，以巧慧侮聖人之言至此，君子疾夫〔三〕！

范淳夫古文孝經説一卷

鼂氏曰：元祐中，侍經筵時所上。

晦庵孝經刊誤一卷

中興藝文志：刊誤謂今文六章，古文七章，以前爲經，後爲傳。經之首，統論孝之終始，乃敷陳天子、諸侯、卿大夫、士、庶人之孝。而其末曰：「故自天子至於庶人，孝無終始，而患不及者，未之有也。」其首尾相應，文勢聯貫，實皆一時之言。而後人妄分爲六七，又增「子曰」及詩、書之文，以雜乎其間。今乃合爲一章，而删去「子曰」者二，引書者一，引詩者四，凡六十一字，以復經文之舊。又指傳文之失，删去「先王見教」以下凡六十七字，「以順則逆」已下凡九十字，餘從古文。

跋尾云：熹舊見衡山胡侍郎論語説，疑孝經引詩，非經本文，初甚駭焉，徐而察之，始悟胡公之言爲信，而孝經之可疑者，不但此也。因以書質之沙隨程可久丈，程答書曰：「頃見玉山汪端明亦以爲此書多出後人附會」，於是乃知前輩讀書精察，其論固已及此。又竊自幸有所因述，而得免於鑿空妄言之罪也。因欲掇取他書之言可發此書之旨者，別爲外傳，如冬温夏凊、昏定晨省之類，即附始於事親之傳。顧未敢耳。

語録：孝經，疑非聖人之言。且如「先王有至德要道」，此是説得好處。然下面都不曾説得切要處着，但説得孝之效如此。如論語中説孝，皆親切有味，都不如此。士、庶人章説得更好，只是下面都不親切。

陳氏曰：抱遺經於千載之後，而能卓然悟疑辯惑，非豪傑特起獨立之士，何以及此？後學所不敢倣傚，而亦不敢擬議也。

張無垢孝經解一卷

中興藝文志：九成依今文爲解。其謂人各有入道處，曾子則由孝而入，亦名言也。

黄勉齋孝經本旨一卷

中興藝文志：榦繼熹之志，輯六經、論、孟之言孝者爲一書，釐爲二十四篇，名爲孝經本旨。

馮椅古孝經輯注

中興藝文志：椅祖朱氏，刊經文所引詩、書之妄，而傳則盡删其所託曾、孔答問與其增益之辭，爲古孝經輯注，並引蔡氏注。

楊慈湖古文孝經解

中興藝文志：解中如「德性無生，何從有死」之語，蓋近於禪。

袁廣微孝經説三卷

陳氏曰：廣微爲鄱憲日，爲諸生説孝經，旁及諸子。諸生録之爲此編，凡三卷。

右孝經。

漢志：一家，十八篇。五經雜議〔一三〕。

隋志：二十九部，三百五十九卷。亡書四家，十七卷。

唐志：十九家，二十六部，三百八十一卷。失姓名一家，趙英以下不著録十家，一百二十七卷。

宋兩朝志：二家，七十九卷。

宋四朝志：四家，一百九十五卷。

宋三朝志：十五家，一百七十一卷。

宋中興志：二十二家，一百四十九卷。

白虎通德論十卷

崇文總目：後漢班固撰。章帝建初四年，詔諸儒會白虎觀，講議五經同異，詔集其事。凡十四篇。

陳氏曰：章帝詔諸儒講議五經同異，五官中郎將魏應承制問，侍中淳于恭奏，帝親稱制臨決，作白虎議奏，蓋用宣帝石渠故事。石渠議奏今不傳矣。班固傳稱撰集凡四十四門。

容齋洪氏隨筆曰：晉、唐至今，諸儒訓釋六經，否則自立佳名，蓋各以百數，其書曰傳、曰解、曰章句而已。若戰國迨漢，則其名簡雅。一曰故，故者，通其指義也。書有夏侯解故，詩有魯故、后氏故、韓故也。毛詩故訓傳，顏師古謂流俗改故訓傳爲詁，字失真耳。小學有杜林倉頡故。二曰微，謂釋其微指。如春秋有左氏微、鐸氏微、張氏微、虞卿微傳。三曰通，如洼丹易通論名爲洼君通，班固白虎通，應劭風俗通，唐劉知幾史通，韓滉春秋通。凡此諸書，唯白虎通、風俗通僅存耳。又如鄭康成作毛詩箋，申明其義〔一四〕，他書無用此字者。論語之學，但曰齊論、魯論、張侯論，後來皆不然也。

五經鉤沉

崇文總目：晉王芳撰。答難申暢，自謂鉤取五經之沉義，篇第亡缺。今缺五篇。

匡繆正俗八卷

崇文總目：唐祕書監顏師古撰。采先儒及當世之言，參質訛謬而矯正之。未終篇而師古歿，其子始上之，詔録藏祕閣。

鼂氏曰：師古以世俗之言多繆誤，故質諸經史，刊而正之。永徽中，子揚庭上之。

陳氏曰：莆田鄭樵有刊謬正俗跋八卷〔一五〕。汪玉山亦言揚庭表以爲藁草纔半，部帙未終，則是書初非定本也。今前後乖剌極多，玉山集中所辯甚詳。

六説五卷

崇文總目：唐右補闕劉迅作六書，以繼六經，故標概作書之誼，而著其目。惟易闕而不叙。

鼂氏曰：此其叙篇也，凡五卷。

經典釋文三十卷

崇文總目：唐陸德明撰。德明爲國子博士，以先儒作經典音訓，不列注傳，全録文，頗乖詳略。又南北異區，音讀罕同，乃集諸家之讀九經、論語、老、莊、爾雅者，皆著其翻語，以增損之。

陳氏曰：唐陸德明撰。自五經、三傳、古禮之外，及孝經、論語、爾雅、莊、老，兼解文義，廣采諸家，不但音切也。或言陸，吴人，多吴音，綜其實未必然。按前世藝文志列於經解類，中興書目始入之小學，非也。

經史釋題

崇文總目：唐李肇撰。起九經，下止唐氏實録，列篇帙之凡，概釋其題。

五經文字三卷

陳氏曰：唐國子司業張參撰。大曆中，刻石長安太學。

崇文總目：初，參拜詔與儒官校正經典，乃取漢蔡邕石經、許慎説文、吕忱字林、陸德明釋文，命孝廉生顏傳鈔撮疑互，取定儒師部爲一百六十〔一六〕，非緣經見者，皆略而不集。

經典分毫正字一卷

崇文總目：唐太學博士歐陽融撰。辯正經典字文，使不得相亂。篇帙今闕全篇，止春秋中帙，餘篇悉亡。

九經字樣一卷

崇文總目：唐翰林待制唐玄度撰。開成中，玄度奉詔覆定太學石經字文以來，補張參之闕，更作九經字樣，爲七十六部〔一七〕。

五經字樣一卷

陳氏曰：唐沔王友翰林待制唐玄度撰〔一八〕。補張參之所不載，開成中上之。二書卻當在小學類〔一九〕，以其專爲經設，故亦附見於此。往宰南城，出謁，有持故紙鬻於道右，得此書，乃古京本，五代開運丙午所刻也。遂爲家藏書籍之最古者。

授經圖〔二〇〕

崇文總目：不著撰人名氏。敘易、詩、書、禮、春秋三傳、論語、孝經之學，師承相第，系而爲圖。

九經餘義

崇文總目：皇朝處士黄敏撰。摭諸家之説，是非者裁正之。

演聖通論六十卷

崇文總目：皇朝祕書監致仕胡旦撰。以易、詩、書、論語先儒傳注得失參糅，故作論而辯正之。易百篇，書五十六篇，詩七十八篇，論語十八篇，凡二百五十二。天聖中獻之。

鼂氏曰：其所論易十六卷，書七卷，詩十卷，禮記十六卷，而春秋論別行。天聖中，嘗獻於朝，博辯精詳，學者宗焉。

陳氏曰：易十七，書七，詩十，禮記十六，春秋十，其第一卷爲目録。旦，太平興國三年進士第一人，恃才輕躁，累坐擯斥。晚尤黷貨，持吏短長，爲時論所薄。然其學亦博矣。

群經音辯七卷

陳氏曰：丞相真定賈昌朝子明撰。康定中，侍講天章閣所上，凡五門。

七經小傳三卷〔二〕

鼂氏曰：皇朝劉敞原甫撰。其所謂七經者，毛詩、尚書、公羊、周禮、儀禮、禮記、論語也。元祐史官謂：「慶曆前學者尚文詞，多守章句注疏之學，至敞始異諸儒之説，後王安石修經義，蓋本於敞。」公武觀原甫説「伊尹相湯伐桀，升自陑」之類，經義多剿取之，史官之言不誣。

陳氏曰：前世經學大抵祖述注疏，其以己意言經，著書行世，自敞倡之。惟春秋既有成書，而詩、書、三禮、論語見之小傳，又公羊、左氏、國語三則附焉，故曰七經。

河南經説七卷

陳氏曰：程頤撰。繫辭説一，書一，詩二，春秋一，論語一，改定大學一。程氏之學，易傳爲全書，餘經具此。

龜山經說八卷

陳氏曰：楊時撰。易三，詩、春秋、孟子各一，末二卷則經筵講義也。

三經義辯　辯學

中興藝文志：三經義辯，楊時撰；辯學，王居正撰。居正爲舉子時，不習王氏新經、字說，流落十餘年，時出義辯示之，曰：「吾舉其端，子成吾志。」居正感厲，首尾十載，爲三經辯學。凡安石父子言不合道者，悉正之。紹興間於上前論安石釋經無父無君處，上正色曰：「是豈不害名教。」居正退序上語，係辯學書首，上之，與時義辯並列祕府。自是天下不復言王氏學矣。

六經圖七卷

陳氏曰：東嘉葉仲堪思文重編。按館閣書目有六卷，昌州布衣楊甲鼎卿所撰，撫州教授毛邦翰增補之。易七十，今百三十；書五十五，今六十三；詩四十七，今同；周禮六十五，今六十一；禮記四十三，今六十二；春秋二十九，今七十二。然則仲堪蓋又以舊本增損改定者耶？

麗澤論說集録十卷

陳氏曰：吕祖謙門人所録平日說經之語，末三卷則爲史說、雜說。東萊於諸經，亦惟讀詩記及書說成書〔三〕，而皆未終也〔三〕。

畏齋經學十二卷

陳氏曰：宣教郎廣安游桂元發撰。凡十二卷。桂，隆興癸未進士，歷官至制司機宜。

項氏家説十卷　附録四卷

陳氏曰：項安世撰。九經皆有論注，其第八卷以後雜説文史正學。附録孝經、中庸、詩篇次、丘乘圖則各爲一書，重見諸類。

山堂疑問一卷

陳氏曰：起居郎簡池劉光祖德修撰，凡一卷。慶元中謫居房陵，與其子講説諸經，因筆記之。以其所問於詩爲多，遂取吕氏讀詩記盡觀之，而釋以己意，附疑問之後。

六經正誤六卷

陳氏曰：柯山毛居正誼甫校監本經籍之誤所欲刊正者。魏鶴山爲之序而刻傳之。大抵多偏傍之疑似者，凡六卷。

西山讀書記三十九卷

陳氏曰：真德秀景元撰。其書有甲、乙、丙、丁。甲言性理，中述治道，末言出處，大抵本經子格言〔二四〕，而述以己意。今但有甲三十七卷，丁二卷，乙、丙未見。

考信録三十卷

賈鑄撰。後溪劉氏序略曰：友人賈君成已〔二五〕，少予十三歲，未脱舉子累，且教授生徒，所至坐席常滿，而能歷年篤以成書。世之學者，於六經之疏能一閲焉者蓋寡，况能參稽其類，大之如天地氣形之初，微之如服食器用之末，先儒該洽兼綜，凡古書之雜出者，徵之而靡不在，分之而靡不貫也。其書曰考信録，考諸古而信於心，又以質於余而證於後世，用意遠矣。

右經解。

校勘記

〔一〕而安國之本亡於梁亂　「而」字原闕，據隋書卷三二補。

〔二〕送至河間劉炫　「送」原作「遂」，據隋書卷三二改。

〔三〕通計亡書合五十九部一百一十四卷　「一百一十四卷」原作「一百四十卷」，據隋書卷三二改。

〔四〕尹知章以下不著録六家　「不著録」原作「不録」，據新唐書卷五七補。

〔五〕熊克子復從袁樞機仲得之　「從」原作「然」，據直齋書録解題卷三改。

〔六〕何休稱子曰吾志在春秋行在孝經　按是語見何休春秋公羊傳序引孝經緯鉤命決，原非休語。

〔七〕詳其文義　「義」原作「書」，據郡齋讀書志校證卷三改。

〔八〕當是曾子弟子所爲書也　「也」字原闕，據郡齋讀書志校證卷三補。

〔九〕獨曾參不然　「獨」原作「然」，據郡齋讀書志校證卷三改。按彩世堂本河東先生集卷四論語辨二篇：「且是書載弟子必以字，獨曾子、有子不然。」

〔一〇〕按唐志作孝經制旨　「按唐志」等八字，直齋書録解題卷三盧校本云「疑通考所增」。

〔一一〕而孟子猥曰　「猥」，慎本作「獨」。

〔一二〕君子疾夫　是句下郡齋讀書志校證卷三有「佞者有以也」。

〔一三〕五經雜議　「議」原作「講」，據漢書卷三〇改。

〔一四〕申明其義　「其」，容齋隨筆卷六經解之名作「傳」。

〔一五〕鄭樵有刊謬正俗跋　「刊謬正俗跋」宋史卷二〇五作「刊謬正俗跋正」。

〔一六〕命孝廉生顔傳鈔撮疑互取定儒師部爲一百六十　是句疑有舛漏。按玉海卷四三：「乃本孝廉生顔傳經收拾疑文互體，受法師儒，取説文、字林、蔡邕石經、陸德明釋文爲定例，凡一百六十部，非經典文義所在，皆不集録。」文字相類而義較通順。

〔一七〕爲七十六部　「部」原闕，按玉海卷四三引中興書目：（九經）字樣一卷，開成丁巳歲唐玄度撰。序曰奉詔覆定國學石經、字林，删補張參五經文字，采其疑誤、舊未載者，撰成一卷，凡七十六部。據補。

〔一八〕唐沔王友翰林待制唐玄度撰　「沔」原作「沔」，據直齋書録解題卷六改。按新唐書卷八：穆宗長慶元年三月戊午封弟㥜沔王。

〔一九〕二書却當在小學類　按本提要見於直齋書録解題卷三九經字様題下，「二書」蓋以陳氏就上文五經文字三卷並言之。

〔二〇〕授經圖　按玉海卷四三引崇文總目有「授經圖三卷」。

〔二一〕七經小傳三卷　「三卷」，郡齋讀書志校證卷四作「五卷」，玉海卷四二引中興書目、宋史卷二〇二同「五卷」，直齋書録解題卷三作「三卷」。

〔二二〕亦惟讀詩記及書説成書　「惟」原作「爲」，據直齋書録解題卷三改。

〔二三〕而皆未終也　「皆」字原闕，據直齋書録解題卷三補。

〔二四〕大抵本經子格言　「經子」，直齋書録解題卷三作「經史」。

〔二五〕賈君成已　按宋元學案補遺别附卷二稱「賈鑄字君成，著有考信録三十卷」，疑本諸通考而作。

卷一百八十六　經籍考十三

經 樂

西漢藝文志：自黃帝下至三代，樂各有名。周衰，禮、樂俱壞，樂尤微眇，以音律爲節，師古曰：眇，細也。言其道精微，節在音律，不可具於書。眇亦讀曰妙。又爲鄭、衛所亂，故無遺法。漢興，制氏以雅樂聲律，世在樂官，頗能紀其鏗鏘鼓舞，而不能言其義。六國之君，魏文侯最爲好古，孝文時得其樂人竇公，師古曰：桓譚新論云竇公年百八十歲，兩目皆盲，文帝奇之，問曰：「何因至此？」對曰：「臣年十三失明，父母哀其不及衆技，教鼓琴，臣導引，無所服餌。」獻其書，乃周官大宗伯之大司樂章也。武帝時，河間獻王好儒，與毛生等共采周官及諸子言樂事者，以作樂記，獻八佾之舞，與制氏不相遠。其內史丞王定傳之，以授常山王禹。禹，成帝時爲謁者，數言其義，獻二十四卷記〔一〕。劉向校書，得樂記二十三篇，與禹不同，其道寖以益微。師古曰：寖，漸也。

鼂氏曰：古之爲國者先治身，故以禮、樂之用爲本；後世爲國者先治人，故以禮、樂之用爲末。先王欲明明德於天下〔二〕，深推其本，必先脩身，而脩身之要在乎正心誠意，故禮以制其外，樂以養其內，使內之不貞之心無自而萌〔三〕，外之不義之事無由而蹈，一身既脩，而天下治矣。是以禮、樂之用，不可須臾離矣。後世則不然，設法造令，務以整治天下，自適其暴戾恣睢之心，謂躬行率人爲迂闊不可用。若海内平定，好名之主然後取禮之威儀、樂之節奏，以文飾其治而已。則其所謂禮、樂者，實何益於治亂成敗之數？故曰後世爲國者，先治人，以禮、樂之用爲末。雖然，禮文在外，爲易見，歷代猶不能廢；至於樂之用在内，微密要眇，非常情所能知，故自漢以來，指樂爲虚器，雜以鄭、衛、夷狄之音，雖或用於一時，旋即放失，無復存者，况其書哉！今裒集數種，姑以補書目之闕焉爾。

陳氏曰：劉歆、班固雖以禮、樂著之六藝略，要皆非孔氏之舊也。然三禮至今行於世，猶是先漢舊傳，而所謂樂六家者，影響不復存矣。竇公之大司樂章既已見於周禮，河間獻王之樂記亦已録於小戴，則古樂已不復有書，而前志相承，廼取樂府、教坊、琵琶、羯鼓之類，以充樂類，與聖經並列，不亦悖乎！晚得鄭子敬氏書目，獨不然其爲説，曰：「儀注、編年，各自爲類，不得附於禮、春秋，則後之樂書，固不得列於六藝。」今從之而著於子録雜藝之前。

按古者詩、書、禮、樂，皆所以垂世立教，故班史著之六藝，以爲經籍之首。流傳至於後世，雖有是四者，而俱不可言經矣。故自唐有四庫之目，而後世之所謂書者入史門，所謂詩者入集門，獨禮、樂則俱以爲經，於是以歷代典章、儀注等書厠之六典、儀禮之後，歷代樂府、教坊諸書厠之樂記、司樂之後，猥雜殊甚，陳氏之言善矣。然樂者，國家之大典，古人以與禮並稱，而陳氏書録則置之諸子之後，而儕之於技藝之間，又太不倫矣。雖後世之樂不可以擬古，然既以樂名書，則非止於技藝之末而已。况先儒釋經之書，其反理詭道，爲前賢所擯斥者，亦沿經之名，得以入於經類，豈後世之樂書，盡不足與言樂乎？故今所叙録，雖不敢如前志相承，以之擬經，而以與儀注讖緯並列於經解之後，史、子之前云。

漢志：凡樂六家，百六十五篇。出淮南劉向等琴頌七篇。

隋志：四十二部，一百四十二卷。通計亡書，合四十六部，二百六十三卷〔四〕。

唐志：三十一家，三十八部，二百五十七卷。失姓名九家，張文收以下不著録二十家，九十三卷〔五〕。

宋三朝志：四十五部，四百九卷。

宋兩朝志：三十三部，一百七十四卷。

宋四朝志：二十一部，三百一十卷。

宋中興志：六十四家，七十一部，六百五十五卷。

樂府雜録一卷

崇文總目：唐段安節撰。其事蕪駁不倫。

鼂氏曰：記唐開國以來雅、鄭之樂，並其事始末。

歷代樂儀

崇文總目：唐協律郎徐景安撰。總序律吕，起周、漢，訖於唐。著唐樂章差爲詳悉。

大樂令壁記

崇文總目：唐協律郎劉昫撰。分樂、元正樂、四夷樂，合三篇。

古樂府樂府古題要解共十二卷

崇文總目：唐吴兢撰。釋古樂典所以名篇之意。

鼂氏曰：兢纂。采漢、魏以來古樂府詞，凡十卷。又於傳記及諸家文集中采樂府所起本義，以釋解古題云。

樂府解題

崇文總目：不著撰人名氏。與吴兢所撰樂府古題頗同，以江南曲爲首，其後所解差異。

玉臺新咏十卷〔六〕

鼂氏曰：陳徐陵纂。唐李康成云：「昔陵在梁世，父子俱事東朝，特見優遇。時承華好文，雅尚宫體，故采西漢以來詞人所著樂府艷詩，以備諷覽，且爲之序。」

玉臺後集十卷

鼂氏曰：唐李康成采梁蕭子範迄唐張赴二百九人所著樂府歌詩六百七十首，以續陵編。序謂「名登前集者，今並不録，唯庾信、徐陵仕周、陳，既爲異代，理不可遺」云。

後村劉氏曰：鄭左司子敬家有玉臺後集，天寶間李康成所撰。自陳後主、隋煬帝、江總、庾信、沈、宋、王、楊、盧、駱而下二百九人，詩六百七十首，彙爲十卷。與前集皆徐陵所遺落者，往往其時諸人之集尚存，其中多有佳句。

樂府古今解題

崇文總目：唐郗昂撰。或云王昌齡撰，未詳孰是。舊云古今樂府解題，又云古題，所載曲名與吳兢所撰樂府解題頗異。復有唐李百藥詞，今定爲樂府古今解題。

聲律要訣十卷

崇文總目：唐田琦撰。推本律吕及制管定音之法，文雖近俗，而於樂理尤詣焉。

鼂氏曰：唐上黨郡司馬田疇撰。序謂：「一切樂器，依律吕之聲，皆須本月真響。若但執累黍之文，則律吕陰陽不復諧矣。故據經史，參校短長爲此書」云。

羯鼓録一卷

崇文總目：唐南卓撰。羯鼓，夷樂，與都曇、荅鼓皆列於九部，至唐開元中始盛行於世。卓所記多開元、天寶時曲云。

陳氏曰：卓，唐爲婺州刺史。

琴操三卷〔七〕

崇文總目：晉廣陵相孔衍撰。述詩曲之所從，總五十九章。

陳氏曰：止一卷，不著名氏。中興書目云：晉廣陵守孔衍以琴調周詩五篇、古操、引共五十篇，述所以命題之意。今周詩篇同，而操、引財二十一篇，似非全書也。

琴譜三均手訣〔八〕

崇文總目：宋謝莊撰。敘唐虞至宋世善琴者姓名，及古曲名〔九〕，言琴通三均謂黄鍾、中吕、無射。

琴經

陳氏曰：托名諸葛亮，淺俚之甚。

琴手勢譜一卷〔一〇〕

崇文總目：唐道士趙邪利撰〔一一〕。記古琴指法，爲左右手圖二十一種。

陳氏曰：一名彈琴古手法〔一二〕。

金風樂一卷

崇文總目：唐玄宗撰。蓋琴曲名。

琴書三卷

崇文總目：唐翰林待詔趙惟暕撰。略述琴製，敘古諸典及善琴人姓名。

陳氏曰：惟暕稱前進士，滁州全椒尉。

琴譜十三卷〔一三〕

崇文總目：唐陳康士撰。按康士作琴曲一百章，譜十三卷，宫調二十章，商調十章，角調五章，徵調七章，琴調五章，黄鍾十章，離憂七章，沉湘七章，側蜀七章，縵角七章，玉女五章。其譜散亡。今書舊目有琴調六卷，琴譜一卷，殘缺無首尾，所裁乃楚、角、宫、黄鍾、側蜀、琴調數篇〔一四〕，餘皆亡。

琴譜序一卷

崇文總目：陳康士等撰。康士字安道，以善琴知名，嘗撰琴曲百篇〔一五〕，譜十三卷。進士姜阮、皮日休皆爲序，以述其能。康士譜今別行。

琴調四卷

崇文總目：陳康士撰。楚調五章，黄鍾調二十章，側蜀、瑟調皆一章。

離騷譜一卷

崇文總目：陳康士撰。依離騷以次聲。

大唐正聲新址琴譜一卷〔一六〕

崇文總目：唐陳拙纂。集琴家之説，不專聲譜。

廣陵止息譜一卷

崇文總目：唐呂渭撰。晉中散大夫嵇康作琴調廣陵散，説者以魏氏散亡自廣陵始，晉雖暴興，終止息於此。康避魏、晉之禍，託之於鬼神。河東司户參軍李良輔云袁孝己竊聽而寫其聲，後絶其傳。良輔傳之於洛陽僧思古，思古傳於長安張老〔一七〕，遂著此譜。總三十三拍，至渭，又增爲三十六拍。

東杓引譜一卷

崇文總目：唐協律郎李約撰。約患琴家無角聲，乃造東杓引七拍，有麟聲、繹聲，以備五音。

無射商九調譜一卷

崇文總目：唐蕭祐撰〔一八〕。祐因胡笳推無射商，自創爲九調。

琴雅略一卷

崇文總目：唐殿中侍郎齊嵩撰〔一九〕。概言創制音器之略。

琴聲律圖一卷

崇文總目：唐恭陵署令王大力承詔撰〔二〇〕。國琴制度，以六十律旋宮之法次其上，前序歷引諸家律吕相生之術。

琴德譜一卷

崇文總目：唐因寺僧道英撰。述吴、蜀異音，及辨析指法。道英與趙邪利同時〔二一〕，蓋從邪利所授。

沈氏琴書一卷

崇文總目：沈氏撰，不著名。首載嵇中散四弄，題趙師法撰；次有悲風、三峽、流泉、淥水、昭君、下舞、間絃，併胡笳四弄，題盛通師撰。蓋諸家曲譜，沈氏集之。

琴説一卷

陳氏曰：唐工部尚書李勉撰。

琴説一卷

陳氏曰：唐待詔薛易簡撰，衡州耒陽尉〔二二〕。

教坊記一卷

鼂氏曰：唐崔令欽撰。開元中，教坊特盛，令欽記之，率鄙俗事，非有益於正樂也。

琵琶故事一卷

鼂氏曰：未詳何人所纂。

陳氏曰：段安節撰。

張淡正琴譜一卷

崇文總目：茅仙逸人張淡正撰，不詳何代人。解琴指法。

琴譜二卷

崇文總目：梁開平中王邈撰。

小胡笳子十九拍一卷

崇文總目：僞唐蔡翼撰。琴曲有大、小胡笳，大胡笳十八拍，沈遼集，世名「沈家聲」。小胡笳又有契聲一拍，共十九拍，謂之「祝家聲」。祝氏不詳何人，所載乃小胡笳子。

阮咸譜一卷　琴調一卷

崇文總目：僞唐蔡翼撰。

琴雜説一卷

崇文總目：不著撰人名氏，蓋琴家雜集器圖聲訣之略。

琴調三卷

崇文總目：不著撰人名氏。無射、商、角諸譜皆亡其曲名。

琴譜四卷

崇文總目：不著撰人名氏。凡四大曲，一曰別鶴林，其三皆失其名而譜存，今留以待知琴者。

琴略一卷

崇文總目：不著撰人名氏。序有七例，頗抄歷代善琴者，各爲門類，又載拍法及雜曲名。

琴式圖二卷〔二三〕

崇文總目：不著撰人名氏。以琴制度爲圖，雜載趙邪利指訣，又有白雲先生三訣。

陳氏曰：三訣凡一卷，稱天台白雲先生。

三樂譜一卷

崇文總目：不著撰人名氏。載商調三樂譜。

琴譜纂要五卷

崇文總目：不著撰人名氏。圖琴制度，及載古曲譜曲名。

琴書正聲九卷

崇文總目：不著撰人名氏。集游春、綠水、幽居、坐愁、思秋、思楚、明光、易水、鳳歸林、接興、白雲，凡十數譜〔二四〕。

琴譜三卷

崇文總目：不著撰人名氏。雜録琴譜大小數曲，其前一大曲，亡其名。舊本或云李翺。用指法與諸琴法無異，而云翺者，豈其所傳歟？

阮咸調弄二卷

崇文總目：不著撰人名氏。

阮咸金羽調一卷　降聖引譜一卷

崇文總目：不著撰人名氏。載降聖引一篇，譜一首，不詳何代之曲。

阮咸譜二十卷　阮咸曲譜一卷

崇文總目：不著撰人名氏。有宫、商、角、徵、無射宫、無射商、金羽、碧玉、淒凉、黄鍾調，凡十篇，總十二卷。

琴義一卷

陳氏曰：稱野人劉籍撰。

琴曲詞一卷

陳氏曰：不知作者。凡十一曲，辭皆鄙俚。

大周正樂一百二十卷

崇文總目：周翰林學士竇儼撰。顯德中，儼奉詔集綴，其書博而無次。

樂苑五卷

崇文總目：不著撰人名氏。叙樂律聲器，凡二十篇。

周優人曲辭二卷

崇文總目：周吏部侍郎趙上交、翰林學士李昉、諫議大夫劉濤、司勳郎中馮古纂。録燕樂優人曲詞。

景祐大樂圖二十卷

崇文總目：皇朝司封員外郎、集賢校理聶冠卿撰。景祐二年，大樂署以律準考定雅樂，獻之。上召祠部員外郎、集賢校理李照問鍾律大要，照請用黍尺求聲，遂命照制新樂。冠卿討論故事，據經義，多所損益。以御制樂曲及鍾律議説制器之法，與古今樂器圖象之異，爲書一百二十六篇，上之。

大樂圖義二卷

崇文總目：皇朝太常博士、直史館宋祁撰。受詔考試太常樂工，因集古樂鍾律器用之説，上列爲圖，從釋其義，併今樂署闕典所當釐補者，更爲雜論七篇奏之。

皇祐樂記三卷

鼂氏曰：皇朝胡瑗等撰。皇祐二年，下詔曰：國初循用王朴樂，太祖患其聲高，令和峴減下一律，然猶未全。命瑗同阮逸等二十餘人再定。四年，樂成奏之，上御紫宸殿觀焉。此其説也。

陳氏曰：阮逸、胡瑗撰，凡十二篇。首載詔旨，次及律、度量衡、鐘磬、鼓鼎、鸞刀，圖其形製，刊校頒之天下。虎丘寺有本，當時所頒，藏之名山者也，其末志頒降歲月，實皇祐五年十二月二十一日，用蘇州觀察使印，長貳押字。余平生每見承平故物，未嘗不起敬，因録藏之，一切依元本摹寫，不少異。

景祐廣樂記

陳氏曰：翰林侍講學士馮元等撰。闕八卷。景祐元年，判太常寺燕肅建言鍾律不調，欲以王朴律準更加考詳〔二五〕。詔宋祁與集賢校理李照共領其事。照言朴律太高〔二六〕，比古樂約高五律，遂欲改大樂，制管鑄鐘，並引校理聶冠卿爲檢討官。又詔元等修撰樂書，爲一代之典。三年七月，書成，然未幾，照樂廢不用。

景祐樂府奏議一卷　皇祐樂府奏議一卷

陳氏曰：胡瑗撰。

三聖樂書一卷

陳氏曰：宋祁子京撰。

補亡樂書三卷　大樂演義三卷

鼂氏曰：皇朝房庶撰。古律既亡，後世議樂者，縱黍爲之則尺長，律管容黍爲有餘，王朴是也；横黍爲之則尺短，律管容黍爲不足，胡瑗是也。故庶欲造以一千二百黍，納之律管中，黍盡乃得九十分，爲黄鍾之長，其説大要以律生尺耳。范蜀公本之以製雅樂。

石林葉氏曰：皇祐中，昭陵命胡瑗、阮逸更造新樂〔二七〕，將成，宋景文得蜀人房庶所作樂書補亡三卷，上之，以爲知樂。庶自言嘗得古文漢書律曆志，言其度「起於黄鍾之長，用子穀秬黍中者，一黍」字下，脱「之起，積一千二百黍」八字，乃與下文「之廣」字相接〔二八〕。而人不悟，故歷世皆以累黍爲尺，當如漢志以秬黍中者千二百實管中爲九十分，以定黄鍾之長，而加一分以爲尺，則漢志所謂「一爲一分」者，黄鍾九十分之一，而非一黍之一也。又言樂有五音，今無正徵音，國家以火德王，而亡本音，尤非是。范景仁力主其説。時方用累黍尺，故庶但報聞罷。崇寧中，更定大晟樂，始申景仁之説，而增徵音。然漢書卒未嘗補其脱字，蓋不知庶之所自本也。

陳氏曰：庶説惟范鎮是之。時胡瑗、阮逸制樂已有定議，遂格不行。元豐四年，庶子審權作演義，以述父之意。其後元祐初，范蜀公自爲新樂，奏之於朝，蓋用其説云。

范蜀公樂書一卷

鼂氏曰：景仁論樂宗房庶，潛心四十餘年，出私財鑄樂器，元祐中上之。

五音會元圖

鼂氏曰：未知何人撰。謂樂各有譜，但取篳栗譜爲圖，以七音十二律，使俗易見。

樂書二百卷

陳氏曰：祕書省正字三山陳暘撰。建中靖國初進之。爲禮書陳祥道，其兄也。其書雅、俗、胡部音器、歌舞，下及優伶雜戲，無不備載，博則博矣，未免於穢蕪也。暘紹聖初制科，終禮部侍郎。

楊誠齋序曰：「其書遠自唐、虞、三代，近逮漢、唐、本朝，上自六經，下逮子史百氏〔二九〕，内自王制，外逮戎索，網羅放失，貫綜煩悉，放鄭而一之雅，引今而復之古，使人味其論，玩其圖，忽乎先王金鐘天球之音，粲乎前代鷺羽玉戚之容，後有作者，不必求之於野，證之於杞、宋，而損益可知焉。」

大晟樂書二十卷　雅樂圖譜

陳氏曰：大中大夫開封劉炳子蒙撰。大晟者，本方士魏漢津妄出新意，以祐陵指節定尺律〔三〇〕，傅會身爲度之説。炳爲大司樂，精爲緣飾。又有圖譜一卷。

隆韶道百和集一卷

陳氏曰：保義郎、大晟府按協律姚公立撰。以律吕、節氣、陰陽爲説，凡四十九條。

樂府詩集一百卷

鼂氏曰：皇朝郭茂倩編次。取古今樂府，分十二門：郊廟歌辭十二，燕射歌辭三，鼓吹曲辭五，横吹曲辭五，相和歌辭十八，清商曲辭八，舞曲歌辭五，琴曲歌辭四，雜曲歌辭十八，近代曲辭四，雜謡歌辭七，雜樂府詞十一。通爲百卷，包括傳記、辭曲，略無遺軼。

琴筌十卷

鼂氏曰：皇朝荀以道撰。記造琴法、彈琴訣並譜。

琴史六卷

陳氏曰：吴郡朱長文伯原撰。唐、虞以來迄本朝，琴之人與事備矣。

製琴法一卷

陳氏曰：不知何人撰。

大胡笳十九拍一卷

陳氏曰：題隴西董庭蘭撰，連劉商辭。又云「祝家聲」「沈家譜」，不可曉也。

琴譜八卷

陳氏曰：鄞學魏邸舊書有之，己卯分教傳録，亦益以他所得譜。

琴操譜十五卷　調譜四卷

陳氏曰：參政歷陽張巖肖翁以善鼓琴聞一時〔三一〕。余從其子佖得此譜。

琴譜十六卷

陳氏曰：新昌石孝隆君大所録。

律吕新書二卷

中興藝文志：曰蔡元定季通撰。其法以律生尺，如房庶、范鎮之論，亦祖兩漢志蔡邕説及我朝程子、張子，又主淮南太史、小司馬之説，以九分爲寸。

朱子序曰：南狩今六十年，學士大夫因仍簡陋，遂無復以鍾律爲意者。吾友蔡君季通乃獨心好其説而力求之，旁搜遠取，巨細不捐〔三二〕，積之累年，乃若冥契，著書兩卷，凡若干言。予嘗得而讀之，愛其明白而淵深，縝密而通暢，不爲牽合附會之談，而横斜曲直，如珠之不出於盤。其言雖多出於近世之所未講，而實無一字不本於古人已試之成法。蓋若黄鍾圍徑之數，則漢斛之積分可考；寸以九分爲法，則淮南太史、小司馬之説可推；五聲二變之數，變律半聲之例，則杜氏之通典具焉；變宫變徵之不得爲調，則孔氏之禮數因亦可見。至於先求聲氣之元，而因律以生尺，則尤所謂卓然者，而亦班班雜見於兩漢之志、蔡邕之説，與夫國朝會要以及程子、張子之言，顧讀者不深考，其間雖或有得於此者，而又不能無失於彼，是以晦蝕紛拏，無復定論。抑季通之爲此書，詞約理明，初非難讀，而讀之者往往未及終篇，輒已欠伸思睡，固無由了其歸趣，獨以予之頑頓不敏，乃能熟復數過，而僅得其旨意之仿佛。季通亦許予能知己，故屬以序，而不得辭焉。

朱子語録曰：季通律書分明是好，却不是暗説〔三〕，自有按據。

樂舞新書

中興藝文志：吴仁傑撰。論關雎者二，論風、雅、頌者九，論笙鏞雅頌者二，論大雅、小雅者一，論二南者二，論雅者九，凡二十五篇。

校勘記

〔一〕獻二十四卷記　「記」原作「訖」，元本、慎本、馮本作「記」，漢書卷三〇同「記」，據改。

〔二〕先王欲明明德於天下　「明明德」原作「明德」，據郡齋讀書志校證卷二改。按禮記大學：「古之欲明明德於天下者，先治其國。」

〔三〕使內之不貞之心無自而萌　「使」字原闕，據郡齋讀書志校證卷二補。

〔四〕通計亡書合四十六部二百六十三卷　「四十六」原作「四十」，「二百」原作「一百」，據隋書卷三二改。

〔五〕張文收以下不著録二十家九十三卷　「九十三卷」原作「共九十三卷」，據新唐書卷四七删。

〔六〕玉臺新咏十卷　「咏」原作「録」，據郡齋讀書志校證卷二改。

〔七〕琴操三卷　按琴操卷帙，各書著録不同。隋書卷三二、舊唐書卷四六同作「三卷」，新唐書卷五七作「二卷」，直齋書録解題卷一四作「一卷」，玉海卷一一〇引唐志「桓譚琴操二卷孔衍一卷」，又引書目「琴操引三卷，晉孔衍撰」。

〔八〕琴譜三均手訣　按玉海卷一一〇引書目著録「宋謝莊琴論一卷」，提要與通考著録琴譜三均手訣相類。

〔九〕敘唐虞至宋世善琴者姓名及古曲名　「曲」原作「典」，據玉海引書目著録「敘堯至宋凡九代善琴者姓名及古曲名」改。

〔一〇〕琴手勢譜一卷　「勢」原作「世」，據新唐書卷五七、玉海卷一一〇、宋史卷二〇二改。

〔一一〕唐道士趙邪利撰　「趙邪利」原作「趙邢利」，元本、慎本、馮本作「趙邪利」，新唐書卷五七、玉海卷一一〇同「趙邪利」，據改。宋史卷二〇二作「趙邦利」。

〔一二〕一名彈琴古手法　「古」，玉海卷一一〇、宋史二〇二作「右」；直齋書録解題卷一四作「指訣一卷，唐道士趙邪利撰。一名彈琴古手法」。

〔一三〕琴譜十三卷　「十三」原作「三十」，據玉海卷一一〇、新唐書卷五七改。又通考引崇文總目提要亦作「按康士作琴曲一百章，譜十三卷」。

〔一四〕所裁乃楚角宫黄鍾側蜀琴調數篇　「裁」疑「載」之誤。

〔一五〕嘗撰琴曲百篇　「撰」原作「操」，據元本、慎本、馮本改。

〔一六〕大唐正聲新址琴譜一卷　「址」原作「扯」，元本、慎本、馮本作「址」，新唐書卷五七同作「址」，據改。按玉海卷一一〇著録本書作「陳拙大唐正聲琴譜十卷」。

〔一七〕思古傳於長安張老　「思古」二字原闕，據慎本、馮本補。

〔一八〕唐蕭祐撰　「蕭祐」原作「蕭怗」，據新唐書卷五七、玉海卷一一〇、宋史卷二〇二改。

〔一九〕唐殿中侍郎齊嵩撰　「齊嵩」原作「齊檇」，據新唐書卷五七、玉海卷一一〇改。

〔二〇〕唐恭陵署令王大力承詔撰　「大力」原作「大刀」，據新唐書卷五七、玉海卷一一〇改。

〔二一〕道英與趙邪利同時　「趙邪利」，原作「趙邪利」，據元本、慎本、馮本改。

〔二二〕衡州耒陽尉　「耒陽」原作「來陽」，據元本、慎本、馮本並直齋書録解題卷一四改。

〔二三〕琴式圖二卷　按玉海著録本書作「琴略、琴式圖各一卷」。

〔二四〕凡十數譜　「十數」，各本作「十四」。

〔二五〕欲以王朴律準更加考詳　「考詳」原作「者詳」，據各本改。按宋史卷一二六：「判太常寺燕肅等上言：……願以周王朴所造律準考按修治。」

〔二六〕照言朴律太高　「照」原作「詔」，元本、馮本作「照」，直齋書録解題卷一四同「照」，據改。按宋史卷一二六：「照言朴準視古樂高五律，視教坊樂高二律。」

〔二七〕皇祐中昭陵命胡瑗阮逸更造新樂　「皇祐」原作「元祐」，誤。按昭陵爲仁宗陵名，命胡、阮造新樂事見續資治通鑑長編卷一六九：「(皇祐二年)十一月乙酉召太子中舍致仕胡瑗赴大樂所同定鐘磬制度。」宋史卷四三二胡瑗傳：「皇祐中，更鑄太常鐘磬，驛召瑗、逸，與近臣、太常官議於密閣。」又上文皇祐樂記題「胡瑗、阮逸撰」，據改。

〔二八〕乃與下文之廣字相接　「之廣」原作「之實」，據各本改。按漢書卷二一：「度者，分、寸、尺、丈、引也，所以度長短也。本起黃鍾之長。以子穀秬黍中者，一黍之廣，度之九十分，黃鍾之長。」

〔二九〕上自六經下逮子史百氏　「上自六經」原闕，據四部叢刊影印本誠齋集卷八二補。

〔三〇〕以祐陵指節定尺律　「祐陵」原作「裕陵」，據直齋書録解題卷一四改。按大晟府建於崇寧四年。宋史卷一二八引徽宗語：「崇寧初作樂，請吾指寸」；又宋史卷四六二魏漢津本傳，稱其人「崇寧初猶在，……謂人主稟賦與衆異，請以帝指三節三寸爲度」云。

〔三一〕參政歷陽張巖肖翁以善鼓琴聞一時　「肖翁」原作「尚翁」，據直齋書録解題卷一四、宋史卷三九六張巖本傳改。

〔三二〕巨細不捐　「捐」原作「損」，元本、四部叢刊影印本朱文公文集卷七六律呂新書序作「捐」，據改。

〔三三〕却不是暗説　「暗」，朱子語類卷九二作「臆」。

卷一百八十七　經籍考十四

經 儀注

隋經籍志：儀注之興，由來久矣。自君臣父子、六親九族，各有上下親疏之別；養生送死，吊恤賀慶，則有進止威儀之數。唐、虞以上，分之爲三，在周因而爲五。周官，宗伯所掌吉、凶、賓、軍、嘉，以佐王安邦國，親萬民，而太史執書以協事之類是也。是時典章皆具，可履而行。周衰，諸侯削除其籍。至秦，又焚而去之。漢興，叔孫通定朝儀，武帝時始祀汾陰后土，成帝時，初定南北之郊，節文漸具。後漢又使曹褒定漢儀，是後相承，世有制作。然猶以舊章殘闕，各遵所見，彼此紛争，盈篇滿牘。而後世多故，事在通變，或一時之制，非長久之道，載筆之士，删其大綱，編於史志。而或傷於淺近，或失於未達，不能盡其指要。遺文餘事，亦多散亡。今聚其見存者，以爲儀注篇。

漢志：四家，一百一十五卷。

隋志：五十九部，一千二十九卷。通計亡書合六十九部，三千九十四卷。

唐志：六十一家，一百部，一千四百六十七卷。失姓名三十二家，實維鋈以下不著録四十九家〔一〕，八百九十三卷。

宋三朝志：三十一部，一百二十九卷。

宋兩朝志：二十一部，四百三十九卷。

宋四朝志：五十五部，三千七百七十三卷。

宋中興志：七十九家，九十四部，一千六百七卷。

宋志又十部，三百八十三卷，元入禮門，今釐入儀注門。

宋志謚志十二家，一百七十四卷。

按：謚者，國家送終之大典，今歷代史志，俱以謚法入經解門，則倫類失當。今除周公謚法、春秋謚法二項入禮門，而歷代之謚法，則俱附於儀注之後，庶以類相從云。

叔孫通朝儀

本傳：漢王已併天下，諸侯共尊爲皇帝於定陶，通就其儀號。高帝悉去秦儀法，爲簡易。群臣飲爭功〔一〕，醉或妄呼，拔劍擊柱，上患之。通説上曰：「夫儒者難與進取，可與守成。臣請徵魯諸生，與臣弟子共起朝儀。」「采古禮與秦儀雜就之。」上曰：「可試爲之，令易知，度吾所能行爲之。」於是通使徵魯諸生三十餘人，及上左右爲學者，左右，謂近臣也。爲學，謂素有學術。與其弟子百餘人緜蕞野外。應劭曰：立竹及茅索營之，習禮儀其中也。如淳曰：謂以茅翦樹地，爲纂位尊卑之次也。習之月餘，通曰：「上可試觀。」上使行禮，曰：「吾能爲此。」乃令群臣習肄。七年，長樂宮成，行之。

先公曰：按史言通制禮，大抵皆襲秦，故少所改變。其書後與律令同藏於理官，法家又復不傳，臣民莫有見者。夫天高地下，而禮制行矣，豈專爲尊君抑臣哉！叔孫之制禮也，不過度帝所能爲；高帝之觀之也，不過曰「吾今知皇帝之貴」而已，夫豈知其出於人心天理之本然哉！故書之録也與律令同，其藏也在理官，然則非禮也，刑禁之書而已。

曹褒漢禮

本傳：肅宗元和二年欲制定禮樂〔三〕，褒乃上疏，請著成漢禮。章下太常，太常巢堪以爲一世大典，非褒所定，不可許。帝知群僚拘攣〔四〕，難與圖始，朝廷禮憲，宜以時定〔五〕，乃下詔曰：「漢遭秦餘，禮壞樂崩，且因循故事，未可觀省，有知説者，各盡所能。」褒乃復上疏，具陳禮樂之本，制改之意。拜褒侍中，召玄武司馬班固，問改定禮制之宜。固曰：「京師諸儒，多能説禮，宜廣招集，共議得失。」帝曰：「諺言『作舍道旁，三年不成』。會禮之家，名爲聚訟，互生疑異，筆不得下。昔堯作大章，一夔足矣。」乃召褒詣嘉德門，令小黄門持班固所上叔孫通漢儀十二篇，敕褒曰：「此制散略，多不合經，今宜依禮條正，使可施行〔六〕。於南宫、東觀盡心集作。」褒既受命，乃次序禮事，依準舊典，雜以五經讖記之文，撰次天子至於庶人冠昏吉凶終始制度，以爲百五十篇，寫以二尺四寸簡。其年十二月奏上，帝以衆論難一，故但納之，不復令有司平奏。會帝崩，和帝即位，褒乃爲作章句，帝遂以新禮二篇冠。後太尉張酺等奏褒擅制漢禮，破亂聖術，宜加刑誅。帝雖寢其奏，而漢禮遂不行。

致堂胡氏曰：孔子删詩定書，繫易作春秋，而不述禮樂之制，何也？禮因人情，爲之節文；樂以象功，故難立一成不變之制也。殷因於夏，周因於殷，其或繼周者，皆不免於有損有益，夏質殷忠而周文，其不可一也明矣。雖然，聖人必因事以明其義，蓋其數可陳，祝史有司之所能預也；其義難知，非仁且智，則不能本人情而約之於中道也。故或先王有之，而不宜於今之世，或古未之有而可以義起，神而明之，存乎其人而已。曹褒之志，蓋亦深見叔孫通之儀有未當者，故憤然欲正之，而章帝亦以是命之。若請博徵名儒，遲以年歲，猶庶幾乎不大違戾有可行者，而身當重任，決以獨見，纔數月間，遽成百五十篇，且又雜以讖記之文，蓋不待見其書，而可逆知舛駁不純乎古之正禮矣！一世大典，既鮮克留意者，幸而有之，其成就乃爾，豈不惜哉！

按：三代之禮亡於秦。繼秦者漢，漢之禮書，則前有叔孫通，後有曹褒。然通之禮雜秦儀，褒之禮雜讖緯，先儒所以議其不純也。然自古禮既亡，今傳於世者，惟周官、儀禮、戴記，而其說未備。鄭康成於三書皆有注，後世之所欲明禮者，每稽之鄭注，以求經之意，而鄭注則亦多雜讖緯及秦、漢之禮以爲說，則亦必本於通、褒之書矣。此三書者，漢、隋、唐三史藝文志俱無其卷帙，則其書久亡，故後世無述焉。然魏、晉而後，所用之禮，必祖述此者也。故摭二傳中所言二家著述之旨，以爲儀注之首。

漢舊儀四卷

衛敬仲撰。隋志四卷，今本止三卷。

獨斷二卷

鼂氏曰：漢左中郎將蔡邕纂。雜記自古國家制度及漢朝故事，王莽無髮，蓋見於此。公武得孫蜀州道夫本，乃閣下所藏。

陳氏曰：言漢世制度，禮文、車服及諸帝世次，而兼及前代禮樂。舒、台二郡皆有刊本。向在莆田嘗録李氏本，大略與二本同，而上下卷前後錯互，因並見之。

江都集禮一百四卷

崇文總目：隋諸儒撰。初，煬帝以晉王爲揚州總管，鎮江都，令諸儒集周、漢以來禮制因襲，下逮江左先儒論議，命潘徽爲之序。凡一百二十卷，今亡闕，僅存一百四卷。

開元禮一百五十卷

陳氏曰：唐集賢院學士蕭嵩、王仲丘等撰。唐初有貞觀、顯慶禮，儀注不同，而顯慶又出於許敬宗，希旨傅會，不足施用。開元十四年，通事舍人王嵒請删禮記舊文〔七〕，而益以今事，張説以爲禮記不可改易，宜折衷貞觀、顯慶以爲唐禮，乃詔徐堅、李鋭、施敬本撰述，蕭嵩、王仲丘繼之。書成，唐五禮之文始備，於是遂以設科取士。新史禮樂志大略采摭著於篇，然唐初已降凶禮於五禮之末，至顯慶遂削去國恤一篇，則敬宗諂諛諱惡鄙陋亡稽，卒不正也〔八〕。

開元禮百問二篇

陳氏曰：不著名氏。以古今異制，設爲問答。凡百條。

開元禮義鑑一百卷

崇文總目：唐蕭嵩撰。既定開元禮，又以禮家名物繁夥，更取歷代沿革，隨文釋義，與禮並行。

開元禮京兆義羅十卷

崇文總目：不著撰人名氏。據開元已有義鑑，申衍其説，今此又綱羅其遺墜云。

開元禮類釋二十卷

崇文總目：不著撰人名氏。以唐禮繁重，故彙其名物，粗爲申釋。

大唐郊祀録十卷

陳氏曰：唐太常禮院修撰王涇撰。考次歷代郊廟沿革之制，及其工歌祝號，而圖其壇屋陟降之序。貞元中上之。

禮閣新儀三十卷

陳氏曰：唐太常修撰韋公肅撰。録開元以後禮文損益，至元和十年，其一卷爲目録。按館閣書目云卷數雖存，而書不全，又復差互重出。今本不爾，但目録稍誤。

南豐曾氏序曰：禮閣新儀三十篇，韋公肅撰。記開元以後至元和之變禮。史館、祕閣及臣書皆三十篇，集賢院書二十篇，以參相校，史館及祕閣及臣書多復重，其篇少者八，集賢院書獨具。然臣書有目録一篇，以考其次序，蓋此書本三十篇，則集賢院書雖具，然其篇次亦亂。既正其脱謬，因定著從目録，而禮閣新儀三十篇復完。

夫禮者，其本在於養人之性，而其用在於言動視聽之間，使人之言動視聽一於禮，則安有放其邪心，而窮於外物哉？不放其邪心，不窮於外物，則禍亂可息，而財用可充，其立意微，其爲法遠矣。故設其器，制其物，爲其數，立其文，以待其有事者，皆人之起居出入、吉凶哀樂之具，所謂其用在乎言動視聽之間者也。然而古今之變不同，而俗之便習亦異，則法制度數，其久而不能無弊者，勢固然也。故爲禮者，其始莫不宜於當世，而其後多失而難遵，亦其理然也。失則必改制，以求其當，故羲、農以來，至於三代，禮未嘗同也。後世去三代，蓋千有餘歲，其所遭之變、所習之便不同，固已遠矣，而議者不原聖人制作之方，乃謂設其器，制其物，爲其數，立其文，以待其有事，而爲其起居出入、吉凶哀樂之具者，當一二以追先王之迹，然後禮可得而興也。至其説之不可求，其制之不可考，或不宜於人，不合於用，則寧至於漠然而不敢爲，使人之言動視聽之間，蕩然莫之爲節，至患夫爲罪者之不止，則繁於爲法以禁之〔九〕，故法至於不勝其繁，而犯者亦至於不勝其衆，豈不惑哉！蓋上世聖人，有爲耒耜者或不爲宫室，爲舟車者或不爲棺椁，豈其智不足爲哉？以謂人之所未病者，不必改也。至於後聖，有爲宫室者，不以土處爲不可變也；爲棺椁者，不以衣薪爲不可易也〔一〇〕，豈好爲相反哉？以謂人之所以既病者，不可因也。又至於後聖，則有設兩觀而更采椽之質，攻文梓而易瓦棺之素，豈不能從儉哉？以謂人情之所好者，能爲之節，而不能變也。由是觀之，古今之變不同，而俗之便習亦異，則亦屢變其法以宜之，何必一一以追先王之迹哉〔一一〕！其要在於養民之性，防民之欲者，本末先後，能合乎先王之意而已，此制作之方也。故元鑮之尚而薄酒之用〔一二〕，大羹之先而庶羞之飽，一以爲貴本，一以爲親用，則知有聖人作，而爲後世之禮者，必貴俎豆，而今之器用不廢也。先弁冕，而今之衣服不禁也，其推之皆然。然後其所改易更革，不至乎拂天下之勢，駭天下之情，而固已合乎先王之意矣。是以羲、農以來，至於三代，禮未嘗同，而制作之如此者，未嘗異也。後世不惟其如此〔一三〕，而或至於不敢爲；或爲之者特出於其勢之不得已，故苟簡而不能備，希闊而不常行，又不過用之於上，而未有加之於民者也。故其本在於養人之性〔一四〕，而其用在於言動視聽之間者，歷千餘歲，民未嘗得接於其耳目，況於服習而安之者乎？至其陷於罪戾，則繁於爲法以禦之，其亦不仁也哉。此書所紀，雖其事已淺，然凡世之記禮者，亦皆有所本，而一時之得失具焉。昔孔子於告朔，愛其禮之存，况著於一代之典籍哉！故其書不得不貴，因爲之定著，以俟夫論禮者考而擇焉。

續曲臺禮三十卷

陳氏曰：唐太常博士太原王彦威撰。元和十三年，嘗獻曲臺新禮三十卷，至長慶中，又自元和之末次第編録，下及公卿、士庶婚姻喪祭之禮，併目録爲三十卷，通前爲六十一卷。按此惟續書，而亦無目録，前書則未之見也，館閣書目亦無之。文宗朝，彦威仕爲尚書、節度使。

五禮精義十卷

崇文總目：唐太常博士韋彤撰。首載唐禮，參引古義，申釋其文。

服飾圖三卷

鼂氏曰：唐李德裕編。共五十五事。

咸鎬故事一卷

鼂氏曰：唐韋愼微撰。纂長安自元日至除夜朝廷慶賀事。

崇豐二陵集禮

太常丞裴堇封叔撰。柳子厚序略曰：自開元制禮，大臣諱避，去國恤章，而山陵之禮無所執。世之不學者，乃妄取預凶事之説，而大典闕焉。由是累聖山陵，皆摭拾殘闕，附比倫類，已乃斥去，其後莫能徵。永貞、元和間，天禍仍遘，自崇陵至於豐陵，德宗葬崇陵，順宗葬豐陵。不能周歲，司空杜公，杜黄裳。由太常相天下，連爲禮儀使，擇其僚以備損益，於是河東裴堇以太常丞、隴西辛祕以博士用焉。内之則攢塗祕器，象物之宜；攢與菆同，徒丸切，殯也；祕器，作棺。象物，塗車芻靈之屬。外之則復土斥上〔一五〕，因山之制。漢文紀：張武爲復土將軍，謂穿壙下棺。又惠帝紀斥上注：斥，開也，謂開土地爲冢壙。又文帝贊：因其山，不起墳。上之則顧命典册，與文物以受方國；方，一作萬。下之則制服節文，頒憲則以示四方。由其肅恭，禮無不備。且晏本作具。包併總統千載之盈縮，羅絡旁午百氏之異同。搜揚翦截，而畢得其中，顧問關决而不悖於事。議者以爲司空公得其人，而邦典不墜。裴氏乃悉取所刊定及奏復於上，辨列於下，聯百執事之儀，以爲崇豐二陵集禮，藏之於太常書閣，君子以爲愛禮而近古焉。

五服志三卷

崇文總目：不著撰人名氏。據江都、開元二禮，參引先儒所論輕重之制，蓋唐人所編次云。

喪服加減一卷

崇文總目：不著撰人名氏。雜記服制增損，文無倫次。

開寶通禮二百卷

鼂氏曰：皇朝劉温叟等撰。開寶中，詔温叟同李昉、盧多遜、扈蒙、楊昭儉、賈黄中、和峴、陳諤損益開元禮爲之，附益以國朝新制。

朱子語録曰：開寶禮全體是開元禮，但略改動。五禮新儀其間有難定者，皆稱「御製」以決之。如禱山川者，只開元禮内有。祖宗時有開寶通禮科，學究試默義，須是念得禮熟方得，禮官用此等人爲之。介甫一切罷去，盡令做大義。故今之禮官，不問是甚人皆可做。某嘗謂朝廷須留此等專科〔一六〕，如史科亦當有。

開寶通禮義纂一百卷

崇文總目：皇朝翰林學士盧多遜等撰。多遜既定新禮，復因開元禮義鑑增益爲開寶通禮義纂一百卷，上之。詔與通禮並行。

太常新禮四十卷

陳氏曰：提舉編修賈昌朝子明等上。景祐四年，同知太常禮院浦城吴育春卿言本院所藏禮文故事未經刊修，請擇官參定。至慶曆四年始成。凡通禮所存，悉仍其舊，裒其異者，列之爲一百二十篇。編修官孫祖德、李宥、張方平、吕公綽、曾公亮、王洙、孫瑜、余靖、刁約。

太常因革禮

陳氏曰〔一七〕：皇朝姚闢、蘇洵撰。嘉祐中，歐陽修言禮院文書放軼〔一八〕，請禮官編修。六年，用張洞奏，以命闢、洵，至治平二年乃成，詔賜以名。李清臣云：「開寶已修，三輯禮書〔一九〕，推其要歸，嘉祐尤悉。」然繁簡失中，詭闕不補，豈有拘而不得騁乎？何楦釀之甚也！

隲湖李氏跋：古者「經禮三百，曲禮三千」。自後世以禮著書者，僅存其大概，或闕其彌文，經禮粗詳，曲禮盡廢，以故往往不可復考。嘉祐獨於損益去取同異之際，莫不咸在。時知制誥張瓌奏以爲國朝禮不合古制〔二〇〕，欲命大臣與禮官釐正紬繹，然後傳之永久。蘇先生争之，以爲今亦編集故事，使後世毋忘之耳，非曰制爲典禮，遂使遵而行之也。遇事而載之，不擇善惡，是記事之體也，蓋其凡例條目之定論若此，而昧者顧謂繁簡失中，以楦釀目之，抑未之思歟！其書以開寶通禮爲本，而以儀注例册附見之，且參以實録、封禪記、鹵簿記、大樂記及他書，經禮、曲禮於是兩備。張文定謂其事業不得舉而措之，於天下獨新禮百篇，今爲太常施用者此也。

封禪記五十卷

晁氏曰：皇朝丁謂等撰。大中祥符元年，詔謂與李宗諤、陳彭年以景德五年正月三日天書降於左承天門鴟吻之上〔二一〕，迄十月泰山修封事迹儀注詔誥，編次成書上之。御製序冠之於首。

祀汾陰記五十卷

晁氏曰：皇朝丁謂撰。大中祥符三年八月，降祀汾陰御札，至明年春禮成。四年，詔謂與陳彭年編次事迹儀注，踰二年，成書上之。

吉凶書儀二卷

晁氏曰：皇朝胡瑗翼之撰。略依古禮，而以今禮書疏儀式附之。

天聖鹵簿記十卷

陳氏曰：翰林學士常山宋綬公垂撰。始，太祖朝鹵簿以繡易畫，號「繡衣鹵簿」。真宗時，王欽若爲記三卷，闕於繪事，弗可詳識。綬與馮元、孫奭受詔質正古義，傅以新制，車騎、人物、器服之品，皆繪其首者，名同飾異，亦別出焉。天聖六年十一月上之，其考訂援證，詳洽可稽。

大饗明堂記二十卷　紀要二卷

陳氏曰：宰相河汾文彦博寬夫等撰。國朝開創以來，三歲親郊，未嘗躬行大享之禮。皇祐二年，詔以季秋擇日有事於明堂，而罷冬至郊祀。直龍圖閣王洙言國家每歲大享〔三〕，止於南郊寓祭，不合典禮。古者明堂、宗廟、路寢同制，今大慶殿即路寢也，九月親祀，當於大慶殿行禮。詔用其言。禮成，命彦博及次相宋庠、參預高若訥編修爲記，上親製序文。已而彦博以簡牘繁多，別爲記要。首載聖訓，欲以大慶爲明堂禮官之議，適與聖意合云。

元豐郊廟禮文三十卷

鼂氏曰：皇朝楊完撰。元豐初，以郊廟禮文訛舛，詔陳襄、李清臣、王存、黄履、何洵直、孫諤、楊完就太常寺檢討歷代沿革，以詔考其得失。又命陸佃、張璪詳定，後以前後嘗進禮文，獨令完編類，五年，成書奏御。其書雖援據廣博，而雜出衆手，前後屢見，繁猥爲甚云。

閤門儀制十二卷

陳氏曰：學士李淑等修定。皆朝廷禮式也。

政和五禮新儀二百四十卷　目録五卷

陳氏曰：議禮局官知樞密院鄭居中、尚書白時中、慕容彦逢、學士强淵明等撰。首卷祐陵御製序文，次九卷御筆指揮，次十卷御製冠禮，餘二百二十卷，局官所修也。

石林葉氏曰：國朝典禮初循用唐開元禮舊書一百五十卷，太祖開寶初始命劉温叟、盧多遜、扈蒙三人補緝遺逸，通以今事，爲開寶通禮二百卷。又義纂一百卷，以發明其旨。且依開元禮設科取士。嘉祐初，歐陽文忠公知太常禮院，復請續編，以姚闢、蘇洵掌其事，爲太常因革禮一百卷。議者病其太簡。元豐中，蘇子容復議以開寶通禮及近歲詳定禮文，分有司、儀注、沿革爲三門，爲元豐新禮，不及行，至大觀中始修之，鄭達夫主其事。然時無知禮舊人，書成，頗多牴牾，後亦廢。

朱子語録曰：唐有開元、顯慶二禮，顯慶已亡，開元襲隋舊爲之。本朝修開寶禮，多本開元而頗加詳備。及政和間修五禮，一時姦邪以私智損益，疏略牴牾，更没理會，又不如開元禮〔二三〕。

政和五禮撮要十五卷

陳氏曰：紹興中，有范其姓者，爲湖北漕，取品官、士庶冠昏喪祭爲一編，刻板學宫，不著名。以武昌志考之，爲漕者有范正國、范寅秩，不知其爲誰也。

政和冠昏喪祭禮十五卷

陳氏曰：紹熙中〔二四〕，南康黄灝商伯爲禮官，請於政和五禮内掇取品官、庶人禮，摹印頒之郡縣，從之。其實即前十五卷書也。

訓俗書一卷

陳氏曰：許洞洞天撰〔二五〕。述廟祭、冠笄之禮，而拜掃附於末。謝絳希深、王舉正皆有序跋。洞，淳化三年進士〔二六〕，希深之舅也。

孟氏家祭禮一卷

陳氏曰：唐侍御史平昌孟詵撰。曰正祭、節祠、薦新、義例，凡四卷〔二七〕。

徐氏家祭禮一卷

陳氏曰：唐左金吾衛倉曹參軍徐潤撰。

鄭氏祠饗禮一卷

陳氏曰：唐侍御史鄭正則撰。

范氏寢堂時饗禮一卷

陳氏曰：唐涇縣尉南陽范傳式〔二八〕、殿中侍御史傅正修定。

賈氏家祭禮一卷

陳氏曰：唐武功縣尉賈頊撰。

劉岳書儀

歐陽氏歸田録曰：岳書儀，婚禮有「女坐婿之馬鞍，父母爲之合髻」之禮，不知用何經義。據岳自序云：「以時之所尚者益之」，則是當時流俗之所爲爾。岳當五代干戈之際，禮樂廢壞之時，不暇講求三王之制度，苟取一時世俗所用吉凶儀式，略整齊之，固不足爲後世法矣，然而後世猶不能行之。今岳書儀十已廢其七八，其一二僅行於世者，皆苟簡粗略，不如本書。就中轉失乖繆，可爲大笑者，坐鞍一事耳。

新定寢祀禮一卷

陳氏曰：不知作者。中興館閣書目有此書，云前後有序，題太常博士陳致雍撰集。今此本亦前後有序，意其是也。致雍，晉江人，及仕本朝。

校勘記

〔一〕失姓名三十二家實維鎏以下不著録四十九家　「失姓名」原作「知姓名」，「維鎏」原作「維洗金」，據新唐書卷五八改。

〔二〕群臣飲争功　「飲」原作「欲」，元本、馮本作「飲」，漢書卷四三同「飲」，據改。

〔三〕肅宗元和二年欲制定禮樂　「元和」原作「章和」，按後漢書卷三五：「……會肅宗欲制定禮樂，元和二年下詔曰……褒知帝旨欲有興作，乃上疏曰……章下太常，太常巢堪以爲一世大典，非褒所定，不可許。」又肅宗崩於章和二年二月。據改。

〔四〕帝知群僚拘攣　「拘攣」原作「拘牽」，元本、馮本作「拘率」，據後漢書卷三五改。按李賢注文曰：「拘攣猶拘束也」。

〔五〕宜以時定　「宜以時定」，後漢書卷三五作「宜時刊立」。

〔六〕使可施行　「使」原作「便」，據後漢書卷三五改。

〔七〕通事舍人王喦請删禮記舊文　「王喦」原作「王函」，據直齋書録解題卷六改。按舊唐書卷二一：「（開元）十四年，通事舍人王喦上疏，請改撰禮記，削去舊義，而以今事編之。」

〔八〕卒不正也　是句直齋書録解題卷六作「卒不能正也」。

〔九〕則繁於爲法以禁之　「禁之」，中華書局標點本曾鞏集卷一一作「禦之」。

〔一〇〕不以衣薪爲不可易也　「衣薪」，中華書局標點本曾鞏集卷一一作「葛溝」。

〔一一〕何必一一以追先王之迹哉　「一一」，中華書局標點本曾鞏集卷一一作「一二」。

〔一二〕故元罇之尚而薄酒之用　「元罇」，中華書局標點本曾鞏集卷一一作「瓦樽」。

〔一三〕後世不惟其如此　「惟」原作「推」，據中華書局標點本曾鞏集卷一一改。

〔一四〕故其本在於養人之性　是句中華書局標點本曾鞏集卷一一作「故其禮本在於養人之性」。

〔一五〕外之則復土斥上　「斥上」原作「斥土」，據河東先生集卷二一裴瑾崇奉二陵集禮後序改，下注文同。按漢書卷二惠帝紀：「視作斥上者，將軍四十金。」服虔曰：「斥上，壙上也。」

〔一六〕某嘗謂朝廷須留此等專科　「嘗謂」原作「嘗聞」，據朱子語類卷八四改。

〔一七〕陳氏曰　按太常因革禮未見著録於直齋書録解題，下文内容與郡齋讀書志解題幾乎全同，疑通考誤作陳氏。按郡齋讀書志校證卷二題作「太常因革禮一百卷」。

〔一八〕歐陽修言禮院文書放軼　「禮院」原作「禮書」，據郡齋讀書志校證卷二改。按長編卷二〇六治平二年九月辛酉日：「……先是，修同判太常寺，奏禮院文字多散失，請差官編修。」

〔一九〕開寶已修三輯禮書　「已修」，郡齋讀書志卷二作「以後」。「三輯禮書」原作「輯三禮書」，各本並郡齋讀書志同「三輯禮書」，據改。按「三輯」蓋指太祖時修開寶通禮、仁宗時修禮閣新編，及英宗時所修太常因革禮。

〔二〇〕時知制誥張瓌奏以爲國朝禮不合古制　「瓌」原作「環」，按長編卷二〇六治平二年九月、宋史卷三三〇張瓌傳俱作「瓌」，據改。

〔二一〕天書降於左承天門鴟吻之上　按天書降臨處，宋史卷一〇四作「左承天門屋南角有黄帛曳鴟尾上」。

〔二二〕直龍圖閣王洙言　「直龍圖閣」，原作「直龍圖」，據直齋書録解題卷六補。

〔二三〕又不如開元禮　「開元」，朱子語類卷八四作「開寶」。

〔二四〕紹熙中　「紹熙」原作「紹興」，據直齋書録解題卷六改。

〔二五〕許洞洞天撰　原作「許洞天撰」，據直齋書録解題卷六補。

〔二六〕洞淳化三年進士　「洞」字原闕，據直齋書録解題卷六補。

〔二七〕曰正祭節祠薦新義例凡四卷　「卷」，直齋書録解題卷六作「篇」。

〔二八〕唐涇縣尉南陽范傳式　「傳」原作「傅」，據直齋書録解題卷六改。按新唐書卷五八同「傳」。

卷一百八十八　經籍考十五

經　儀注　謚法　讖緯

孫氏祭享禮一卷〔一〕

陳氏曰：檢校左散騎常侍孫日用撰。周顯德中博士，後仕本朝。開寶時作此書。

杜氏四時祭享禮一卷

陳氏曰：丞相山陰杜衍世昌撰。

韓氏古今家祭式一卷

陳氏曰：司徒兼侍中相臺韓琦稚圭撰。

橫渠張氏祭禮一卷

陳氏曰：張載子厚撰。末有吕大鈞和叔説數條附焉。

朱子語録曰：橫渠所制禮多不本諸儀禮，有自杜撰處。

伊川程氏祭禮一卷

陳氏曰：程頤正叔撰。首載作主式。

伊洛禮書補亡　伊洛遺禮

龍川陳氏序曰：吾友陳君舉爲余言：「薛季宣士隆嘗從袁道潔游。道潔及事伊川，自言得伊洛禮書，不及授士隆而死，今不知其書在何許。」伊川嘗言：「舊修六禮〔二〕，已及七分，及被召乃止，今更一二年可成。」則信有其書矣。道潔之所藏近是，惜其書之散亡，不可見也。因集其遺言中凡參考禮儀而是正其可行與不可行者，以爲伊洛禮書補亡，庶幾遺意之未泯，而或者其書尚可訪也。

又曰：伊洛遺禮，其可見者，惟婚與喪禮僅存其一二，今以附諸補亡之後。夫禮雖先王未之有〔三〕，可以義起也。補亡所集，集其義也。苟精其義，則當時之所參定者尚可考，而闕裂不全之制，豈必以是爲尊哉！記曰：「禮之所尊，尊其義也。」存其義之可見者，以惜其不可見者而已。

呂氏家祭禮一卷

陳氏曰：丞相京兆呂大防微仲、正字大臨與叔撰。

朱子語録曰：與叔集諸家禮補儀，以儀禮爲骨。

范氏家祭禮一卷

陳氏曰：范祖禹淳甫撰。

温公書儀一卷

陳氏曰：司馬光撰。前一卷爲表章、書啟式，餘則冠婚、喪祭之禮詳焉。

朱子語録：胡叔器問四先生禮。晦庵先生曰：「二程與横渠多是古禮，温公則大概本儀禮，而參以今之可行者。要之温公較穩，其中與古不甚遠，是七分好。大抵古禮不可全用，如古服古器，今皆難用。」「温公本諸儀禮，最爲適古今之宜。」

先公曰：温公此書專本儀禮，其大者莫如婚、喪，婚禮「婦見舅姑」條下注：「若舅姑已殁，則有三月廟見之禮。」此儀禮説也。儀禮凡單言廟，皆謂禰廟，非祖廟也。公謂婦入門，拜先靈，則三月廟見之禮可廢，此於禮爲稍略，而朱文公遂以爲惑於陳鍼子「先配後祖」之説，故以婦入拜祖先爲未然。此禮當考，按鍼子所譏，自謂鄭忽當迎婦時不先告廟，注家引公子圍告莊共之廟而後行爲證，即非婦入門時事。喪禮「卒哭而祔」，亦儀禮説也。儀禮「三虞，明日以其班祔」，公直用之，此於禮爲大遽。檀弓明言「殷練而祔，周卒哭而祔，孔子善殷」，而云周已戚，公於注文但略言而不詳述，蓋「練而祔」，公所不敢故耳，大概温公誠篤之學。嘗答許奉世秀才書，云「自幼誦諸經，讀注疏，以求聖人之道，直取其合人情物理目前可用者從之」，此其大指也。

居家雜禮一卷

陳氏曰：司馬光撰。

吕氏鄉約一卷　鄉儀一卷

陳氏曰：吕大鈞和叔撰。

高氏送終禮一卷

陳氏曰：禮部侍郎高閌抑崇撰〔四〕。

四家禮範五卷

陳氏曰：張栻、朱熹所集司馬、程、張、吕氏諸家〔五〕，而建安劉珙刻於金陵。

古今家祭禮二十卷

陳氏曰：朱熹集通典、會要所載，以及唐、本朝諸家祭禮皆在焉。

朱文公家禮

朱子自序曰：嘗獨究觀古今之籍，因其大體之不可變者，而少加損益於其間，以爲一家之書。大抵謹名分、崇愛敬，以爲之本。至其施行之際，則又略浮文、務本實，以竊自附於孔子從先進之遺意。誠得與同志之士熟講而勉行之。

李氏曰：先生居母祝令人憂，居喪盡禮。蓋自始死以至祥禫，參酌古今，咸盡其變，因成喪、葬、祭禮，又推之於冠、婚，共成一編，命曰家禮。既成，爲一童行竊之以逃。先生易簀，其書始出，今行於世。然其間有與先生晚歲之論不合者，故未嘗爲學者道之。

楊氏曰：愚按家禮一書，今之士大夫家冠婚喪祭多所遵用。然此書始成，輒復失之，先生未嘗再加審訂，則世或未之知也。初，先生所定家鄉邦國王朝禮，專以儀禮爲經，及自述家禮，則又通之以古今之宜。故冠禮則多取司馬氏，婚禮則參諸司馬氏、程氏。喪禮本之司馬氏，後又以高氏之書爲最善。及論祔遷，則取横渠遺命，治喪則以書儀疏略而用儀禮。祭禮兼用司馬氏、程氏，而先後所見又有不同。節祠則以韓魏公所行者爲法。若夫明大宗、小宗之法，以寓愛禮存羊之意，此又家禮之大義所繫，蓋諸書所未暇及，而先生於此尤拳拳也。惜其書既亡，至先生既没而後出，先生不及再修爲一定之成儀，以幸萬世，而反爲未成之闕典。愚嘗與朋友讀而病之，於是竊取先生平日去取折衷之言，有以發明家禮之意者，若婚禮親迎用温公，入門以後則從伊川之類是也；有後來議論始定，不必守家禮之舊儀者，若祭禮祭始祖，初祖而後不祭之類是也；有超然獨得於心，不用疏家穿鑿之説，而默與鄭注本義契合，若「深衣之續衽鉤邊」是也；有用先儒舊義，與經傳不同，未見於後來之考訂議論者，若喪服辟領、婦人不杖之類是也。凡若此者，悉附於逐條之下，以待朋友共相考訂，庶幾粗有以見先生之意云。

十書類編三卷

陳氏曰：不知何人所集。十書者，管氏弟子職、曹昭女誡、韓氏家祭式、司馬温公居家雜儀、吕氏鄉禮、范氏義莊規、高氏送終禮、高登修學門庭、朱氏重定鄉約社倉約束也。雖不專爲禮，而禮居多，故附之於此。

廟議一卷

陳氏曰：吏部侍郎趙粹中撰進。專爲太祖未正東鄉之位，乃裒董弅、王普、趙漢首議〔六〕，與一時討論本末上之。時淳熙中也。

奉常雜録一卷　樂章一卷

陳氏曰：無名氏。雜録禮寺牲牢、樂舞、祝詞〔七〕。其樂章則祠祭見行用者。

服飾變古元録三卷

陳氏曰：唐翰林學士汝南袁郊之儀撰。郊，宰相滋之子。唐志作一卷。

古今服飾儀一卷

陳氏曰：題蜀人樊建紹興癸酉序〔八〕。

考古圖十卷

鼂氏曰：皇朝吕大臨與叔裒諸家所藏三代、秦、漢尊彝鼎敦之屬，繪之於幅，而辨論形制文字。

陳氏曰：其書作於元祐七年，所紀自御府之外，凡三十六家所藏古器物，皆圖而録之。

博古圖說十一卷

陳氏曰：祕書郎邵武黄伯思長睿撰〔九〕。有序。凡諸器五十九品，其數五百二十七；印章十七品，其數二百四十五。李丞相伯紀爲長睿志墓，言所著古器說四百二十六篇，悉載博古圖說。考之固多出於伯思，亦有不盡然者。又其名物亦頗不同，錢、鑒二品至多，此所載二錢、二鑑而已。博古不載印章，而此印章最夥。蓋長睿没於政和八年，其後修博古圖頗采用之，而亦有删改云爾。其書大抵好傅會古人名字〔一〇〕，說已見前。

宣和博古圖三十卷

鼂氏曰：皇朝王楚集三代、秦、漢彝器，繪其形範，辨其款識，增多於吕氏考古十倍矣。

陳氏曰：宣和殿所藏古器物，圖其形制而記名物，録其款識。品有總説，以舉其凡。而物物考訂，則其目詳焉。然亦不無牽合也。

容齋洪氏隨筆曰：政和、宣和間，朝廷置書局以數十計，其荒陋而可笑者莫若博古圖。予比得漢匜，因取一册讀之，發書捧腹之餘，聊識數事於此。父癸匜之銘曰「爵方父癸」，則爲説曰：「周之君臣，其有癸號者，惟齊之四世有癸公，癸公之子曰哀公，然則作是器也，其在哀公之時歟？故銘曰『父癸』者此也」。夫以十干爲號〔二〕，及稱父甲、父丁、父癸之類，夏、商皆然，編圖者固知之矣，獨於此器表爲周物，且以爲癸公之子稱其父，其可笑一也。周義母匜之銘曰「仲姞義母作」，則爲之説曰：「晉文公杜祁讓偪姞而己次之，趙孟云『母義子貴』，正謂杜祁，則所謂仲姞者自名也，義母者襄公謂杜祁也。」夫周世姞姓女多矣，安知此爲偪姞，杜祁但讓之在上，豈可便爲母哉？既言仲姞自名，又以爲襄公爲杜祁所作，然則爲誰之物哉？其可笑二也。漢注水匜之銘曰「始建國元年正月癸酉朔日制」，則爲之説曰：「漢初始元年十二月改爲建國，此言元年正月者，當是明年也。」按漢書王莽以初始元年十二月癸酉朔日竊即真位，遂以其日爲始建國元年正月〔三〕，安有明年却稱元年之理？其可笑三也。楚姬盤之銘曰「齊侯作楚姬寶盤」，則爲之説曰：「楚與齊從親，在齊湣王之時，所謂齊侯則湣王也。周末諸侯自王，而稱侯以銘器，尚知止乎禮義也。」夫齊、楚之爲國，各數百年，豈必當湣王時從親乎？且湣王在齊諸王中最爲驕暴，嘗稱東帝，豈有肯自稱侯之理？其可笑四也。漢梁山銷之銘曰「梁山銅造」，則爲之説曰：「梁山銅者，紀其所貢之地，梁孝王依山鼓鑄，爲國之富，則銅有自來矣。」夫即山鑄錢，乃吴王濞耳，梁山自是山名，屬馮翊夏陽縣，於梁國何預焉？其可笑五也。觀此數説，他可知矣。又曰：博古圖近復盡觀之，其謬妄不可殫舉。政、宣間，蔡京爲政，禁士大夫不得讀史，春秋三傳，真束高閣，故其所引用，絶爲乖盾。然至以州吁爲衛大夫〔一三〕，高克爲衛文公將，是此書局學士，亦不曾讀毛詩矣，可笑也。

鍾鼎款識二十卷

鼂氏曰：皇朝薛尚功編。考古、博古圖之類，然尤爲詳備。

按考古圖諸書鼂氏以入小學門，陳氏以入書目門，皆失其倫類。既所考者古之禮器，則禮文之事也，故釐入儀注門。

中興禮書

中興藝文志：中興禮書者，淳熙中禮部太常寺編次中興以來所行之禮也。其間如内禪、慶壽之類，亘古所無，可謂盛矣。

右儀注。

謚别十卷

崇文總目：宋沈約撰。上采周、秦，下至晉、宋君臣謚號，而以周公謚法爲本云。

謚法四卷

崇文總目：梁賀琛撰。初，約本周公之謚法，至琛又分君臣、美惡、婦人之謚，各以其類標其目。

曰「舊謚」者，周公之謚法；曰「廣謚」者，約所撰也；曰「新謚」者，琛所增也。

黽氏曰：約撰凡七百九十四條，琛又加「婦人謚」二百三十八條。

續古今謚法十四卷

崇文總目：唐户部郎中王彦威撰。因舊謚品，援集故事，依沈約謚例，記梁已來至唐得謚官稱姓名，又以單、複謚爲别。

嘉祐謚法三卷

黽氏曰：皇朝蘇洵明允撰。洵嘉祐中被詔編定周公、春秋、廣謚、沈約、賀琛、扈蒙六家謚法，於是講求六家，外採今文尚書、汲冢師春、蔡邕獨斷，凡古人論謚之書，收其所長，加以新意，得一百六十八謚，芟去者百九十有八，又爲論四篇，以叙去取之意〔一四〕。

六家謚法

陳氏曰：翰林學士、判太常寺周沆等編。六家者，周公、春秋、廣謚、沈約、賀琛、扈蒙也。今按周公即汲冢書之謚法解，春秋即杜預釋例所載也，廣謚不著名氏，沈約書一卷，賀琛書四卷，扈蒙書一卷，皆祖述古法而增廣之。琛字國寶，山陰人，梁尚書左丞。蒙字日用，幽州人，國初翰林學士。此書嘉祐末編集，英宗初始上。

雁湖李氏跋：六家謚法二十卷，嘉祐中，范忠文與老蘇公及姚闢等所修，六年十月始奉詔刊定，八年上之。蘇公之意有所未盡，又别爲謚法三卷，謚録三十五卷，於是古今謚法始粲然大備。

謚者，行之表，所以成德。蓋考名易行，使既没之後，是非較然，先王所以深勸沮，所從來遠矣。後世循私之習勝，士一登大官身顯，不問賢否，例得美謚，褒貶至是幾廢，猶賴學士大夫時起爭之。公之此書，雖格於一時異議，卒不果行，而著書之意，爛如日星，固不害其傳百代之明法也。惜謚録之書，今獨皇朝者存，而所次歷代十五卷俄空焉。六家之得失，公辨正既無遺矣，然某嘗考之，名周公者，即汲冢周書謚法篇；名春秋者，即杜預釋例謚法篇；唐及國史藝文志皆不載。近世學者就二書中採出，公固以疑其非古，然猶未明其爲汲冢書與釋例，故並及之。

集謚總録一卷

鼂氏曰：皇朝孫緯撰。凡一卷。春明退朝録嘗集類國朝謚幾二百人，緯任宗正寺丞日，因宋氏之舊，纂元豐以後，遂得三百餘人。自宗室、宰相以下，分爲九等。其序略云：有爵位已高，當得謚而未聞者，若范質、吕餘慶、韓崇訓、王博文、姜遵、王沔是也〔一五〕。

政和脩定謚法

陳氏曰：禮制局詳議官蔡攸等承詔脩定〔一六〕。全書八十卷，大率祖六家之舊，爲沿革統論一卷，參照二十六卷，看詳二十五卷〔一七〕，增立十卷，合而爲脩定六卷〔一八〕。今惟脩定六卷存，而以沿革繫之篇首。按館閣書目亦闕參照二十六卷。

鄭氏謚法三卷

陳氏曰：鄭樵撰。上卷序五篇，中卷謚三篇〔一九〕，下卷後論四篇。

右謚法。

隋藝文志：易曰：「河出圖，洛出書。」然則聖人之受命也，必因積德累業，豐功厚利，誠著天地，澤被生人，萬物之所歸往，神明之所福饗，則有天命之應。蓋龜龍銜負，出於河、洛，以紀易代之證，其理幽昧，究極神道，先王恐其惑人，祕而不傳。說者又云：孔子既敘六經，以明天人之道，知後世不能稽同其意，故別立緯及讖〔二〇〕，以遺來世。其書出於前漢，有河圖九篇，洛書六篇，云自黃帝至周文王所受本文。又別有三十篇，云自初起至於孔子，九聖之所增演，以廣其意。又有七經緯三十六篇，並云孔子所作〔二一〕，并前合爲八十一篇。而又有尚書中候、洛罪級〔二二〕、五行傳、詩推度災、氾曆樞〔二三〕、含神務〔二四〕、孝經勾命決、援神契、雜讖等書。漢代有郗氏、袁氏說。漢末，郎中郗萌集圖緯讖雜占爲五十篇，謂之春秋災異。宋均、鄭玄並爲讖律之注。然其文辭淺俗，顛倒舛謬，不類聖人之旨。相傳疑世人造爲之後，或者又加點竄，非其實録。起王莽好符命，光武以圖讖興，遂盛行於世。漢時，又詔東平王蒼，正五經章句，皆命從讖。俗儒趨時，益爲其學，篇卷第目，轉加增廣。言五經者，皆憑讖爲說，唯孔安國、毛公、王璜、賈逵之徒獨非之，相承以爲妖妄〔二五〕，亂中庸之典，故因漢魯恭王、河間獻王所得古文〔二六〕，參而考之，以成其義，謂之古學。當世之儒，又非毁之，竟不得行。魏代王肅，推引古學，以難其義。王弼、杜預從而明之，自是古學稍立。至宋大明中，始禁圖讖，梁天監以後，又重其制。及高祖受禪，禁之逾切。煬帝即位，乃發使四出，搜天下書籍與讖緯相涉者皆焚之，爲吏所糾者至死。自是無復其學，祕府之内，亦多散亡。今録其見存，列於六經之下，以備異說。

陳氏曰：按後漢書「緯候之學」注言：「緯，七緯也；候，尚書中候也。」所謂河洛七緯者，易緯，稽覽圖、乾鑿度、坤靈圖、通卦驗、是類謀、辨終備也；書緯，璇璣鈐〔二七〕、考靈曜、帝命驗、運期授也；詩緯，推度災、汜曆樞〔二八〕、含神務也；禮緯，含文嘉、稽命徵、斗威儀也；樂緯，動聲儀、稽耀嘉、叶圖徵也；孝經緯，援神契、鉤命決也；春秋緯，演孔圖、元命包、文耀鉤、運斗樞、感精符、合誠圖、考異郵、保乾圖、漢含孳、佐助期、握誠圖、潛潭巴、說題辭也。讖緯之說，起於哀、平、王莽之際，莽以此濟其篡逆，公孫述效之，而光武紹復舊物，乃亦以赤伏符自累〔二九〕，篤好而推崇之，甘心與莽、述同智〔三〇〕。於是佞臣陋士，從風而靡，賈逵以此論左氏學，曹褒以此定漢禮，作大予樂。大儒如鄭玄專以讖言經，何休又不足言矣。二百年間，惟桓譚、張衡力非之，而不能回也〔三一〕。魏、晉以革命受終，莫不傅會符命，其源實出於此。隋、唐以來，其學寖微矣。考唐志猶存九部八十四卷，今其書皆亡，惟易緯僅存者如此，及孔氏正義或時援引，先儒蓋嘗欲刪去之，以絕僞妄矣。使所謂七緯者皆存，猶學者所不道，況其殘闕不完，於僞之中又有僞者乎！姑存之以備凡目云爾。唐志數内有論語緯十卷，七緯無之。太平御覽有論語摘輔象撰考讖者，意其是也。御覽又有書帝驗期、禮稽命曜、春秋命曆序、孝經左右契〔三二〕、威嬉拒等，皆七緯所無，要皆不足深考。

致堂胡氏曰：讖書原於易之推往以知來，周家卜世得三十，卜年得八百，此知來之的也。易道既隱，卜筮者溺於考測，必欲奇中，故分流別派，其說寖廣，要之各有以也。易道所明，時有所用，知道者以義處命，理行則行，理止則止，術數之學蓋不取也。光武早歲從師長安，受尚書大義，夷考其行事，蓋儒流之英傑也，何乃蔽於讖文，牢不可破邪？

又曰：緯書原本於五經而失之者也，而尤紊於鬼神之理，幽明之故。夫鬼神之理，幽明之故，非知道者不能識。自孟子而後，知道者鮮矣，所以易惑而難解也。斷國論者，誠能一決於聖人之經，經所不載，雖有緯書讖記，屏而不用，則庶乎其不謬於理也。

隋志：十三部，合九十二卷。通計亡書合三十二部，共二百三十二卷。

唐志：二家，九部，八十四卷。

宋三朝志：四部，三十二卷。

宋中興志：三家，五部，十二卷。

易乾鑿度二卷

鼂氏曰：右舊題蒼頡修古籀文，鄭氏注。按唐四庫書目有鄭玄注詩、書緯，及有宋均注易緯，而無此書。其中多有不可曉者，獨九宮之法頗明。昔通儒謂緯書僞起哀、平，光武既以讖立，故篤信之。陋儒阿世，學者甚衆。鄭玄、何休以之通經，曹褒以之定禮，歷代革命之際，莫不引讖爲符瑞，故桓譚、張衡之徒皆深嫉之。自苻堅之後，其學殆絶。使其尚存，猶不足信，況此又非其真也。

坤鑿度二卷

鼂氏曰：題曰包犧氏先文，軒轅氏演；古籀文，蒼頡修。按隋、唐志及崇文總目皆無之，至元祐田氏書目始載焉，當是國朝人依託爲之。

周易緯稽覽圖二卷　是類謀一卷　辨終備一卷　乾元序制記一卷　坤靈圖一卷　通卦驗二卷

鼂氏曰：漢鄭玄注。按隋志有鄭氏注易緯八卷，唐志有宋均注易緯九卷。李氏本注與隋志同，卷數與唐志同。家本蓋出李氏，獨不載乾鑿度二卷，而有乾元序制一卷。按後漢注七緯，名亦無乾元序制。

陳氏曰：其間推陰陽卦直至唐元和中，蓋後世術士所附益也。按七緯之名，無乾元序制。

易稽覽圖三卷

陳氏曰：與上易緯前三卷相出入，而詳備不同〔三〕。

乾坤鑿二卷

陳氏曰：一作坤鑿度。題包犧氏先文，軒轅氏演籀，蒼頡修。鼂氏讀書志云崇文總目無之，至元祐田氏書目始載，當是國朝人依託爲之。

禮含文嘉

宋兩朝藝文志：舊有讖緯七經雜解，今緯書存者獨易，而含文嘉乃後人著爲占候兵家之說，與諸書所引禮緯乖異不合，故以易緯附經，移含文嘉於五行。

右讖緯。

校勘記

〔一〕孫氏祭享禮一卷　是書直齋書録解題卷六題作「孫氏仲享儀一卷」。

〔二〕舊修六禮　「六禮」原作「六典」，據中華書局增訂本陳亮集卷二三伊洛禮書補亡序改。

〔三〕夫禮雖先王未之有　「未之有」原作「之未有」，據陳亮集卷二五伊洛禮書補亡序改。

〔四〕禮部侍郎高閌抑崇撰　「崇」字原闕，據元本、慎本、馮本並直齋書録解題卷六補。

〔五〕張栻朱熹所集司馬程張吕氏諸家　「諸家」原作「諸書」，據直齋書録解題卷六改。

〔六〕乃裒董弅王普趙漢首議　「趙漢」，直齋書録解題卷六作「趙涣」。

〔七〕雜録禮寺牲牢樂舞祝詞　「祝詞」，原作「祝祠」，據直齋書録解題卷六改。

〔八〕紹興癸酉序　是句原作「紹癸丙序」，據直齋書録解題卷六改。

〔九〕祕書郎邵武黄伯思長睿撰　「邵武」原作「昭武」，據直齊書録解題卷八改。按黄伯思，邵武人，宋史卷四四三有傳。

〔一〇〕其書大抵好傅會古人名字　「古人」原作「古今」，據直齋書録解題卷八改。元本、慎本、馮本同「古人」。

〔一一〕夫以十干爲號　「十干」原作「十千」，據上海古籍出版社標點本容齋隨筆卷一四博古圖改。元本同「十干」。

〔一二〕遂以其日爲始建國元年正月　「正月」原闕，據容齋隨筆卷一四博古圖補。按漢書卷九九：「王莽至高廟拜受金匱神嬗……下書曰：……十二月朔癸酉爲建國元年正月之朔。」「正月」未見，義有不明。

〔一三〕然至以州吁爲衛大夫　「州吁」原作「周吁」，據容齋三筆卷一三再書博古圖改。按再書博古圖：「周州卣曰：『州』出於來國，後以『州』爲氏。在晉則大夫州綽，在衛則大夫州吁，其爲氏則一耳。」

〔一四〕以叙去取之意　是句元本、馮本作「以叙其去取之意」。

〔一五〕王沔是也　「王沔」原作「王沔」，據郡齋讀書志卷二改。

〔一六〕禮制局詳議官蔡攸等承詔修定　「承詔」原作「承旨」，據元本、慎本、馮本並直齋書録解題卷三改。

〔一七〕看詳二十五卷　「二十五」，直齋書録解題卷三作「三十五」，元本、慎本、馮本同「三十五」。按「二十五」或「三十五」，倘與其他卷數相加，皆未合「全書八十卷」之數，疑有遺漏。

〔一八〕合而爲修定六卷　「修定」原作「詳定」，據直齋書録解題卷三改。按下文「今惟修定六卷存」，又標題著録亦作「修定謚法」。

〔一九〕中卷謚三篇　「篇」原作「等」，據直齋書録解題卷三改。

〔二〇〕故别立緯及讖　「别」原作「必」，據隋書卷三二改。各本同「别」。

〔二一〕並云孔子所作　「云」原作「爲」，據隋書卷三二改。

〔二二〕洛罪級　「罪級」原作「書緯」，據隋書卷三二改。各本同「罪級」。

〔二三〕汜曆樞　「汜」原作「紀」，據隋書卷三二改。

〔二四〕含神務　「務」原作「霧」，據隋書卷三二改。元本、馮本同「務」。

〔二五〕相承以爲妖妄　「妖妄」原作「祆妄」，據隋書卷三二改。

〔二六〕河間獻王所得古文　「古文」原作「古人」，據隋書卷三二改。

〔二七〕璇璣鈐　「鈐」原作「鈴」，據直齋書録解題卷三改。

〔二八〕氾曆樞　「氾」原作「紀」，據直齋書録解題卷三改。

〔二九〕乃亦以赤伏符自累　「赤伏符」原作「赤符」，據直齋書録解題卷三補。按後漢書卷一：「光武先在長安時同舍生彊華自關中奉赤伏符，曰『劉秀發兵捕不道，四夷雲集龍鬭野，四七之際火爲王』。……光武於是命有司設壇場於鄗南千秋亭五成陌。」

〔三〇〕甘心與莽述同智　「同智」，直齋書録解題卷三作「同志」。

〔三一〕而不能回也　「能」原闕，據直齋書録解題卷三補。

〔三二〕孝經左右契　「左右」原作「左方」，據直齋書録解題卷三改。

〔三三〕而詳備不同　「詳備」，直齋書録解題卷三作「詳略」。

卷一百八十九　經籍考十六

經　小學

漢藝文志：易曰：「上古聖人結繩而治，後世聖人易之以書契，百官以治，萬民以察，蓋取諸夬。」「夬，揚於王庭」，言其宣揚於王者朝庭，其用最大也。古者八歲入小學，故周官保氏掌養國子，教之六書，師古曰：保氏，地官之屬也。保，安也。謂象形、象事、象意、象聲、轉注、假借，造字之本也。師古曰：象形，謂畫成其物〔一〕，隨體詰屈，日、月是也。象事，即指事也，謂視而可識，察而見意，上、下是也。象意，即會意也，謂比類合誼，以見指撝，武、信是也。象聲，即形聲，謂以事爲名，取譬相成，江、河是也。轉注，謂建類一首，同意相受，考、老是也。假借，謂本無其字，依聲託事，令、長是也。文字之義，總歸六書，故曰立字之本也〔二〕。漢興，蕭何草律，師古曰：草創造之。亦著其法，曰：「太史試學童，能諷書九千字以上〔三〕，乃得爲史。又以六體試之，課最者以爲尚書御史史書令史。韋昭曰：若今尚書蘭臺令史也。臣瓚曰：史書，今之太史書〔四〕。吏民上書，字或不正，輒舉劾。」六體者，古文、奇字、篆書、隸書、繆篆、蟲書，師古曰：古文謂孔子壁中書。奇字即古文而異者也。篆書謂小篆，蓋秦始皇使程邈所作也。隸書亦程邈所獻，主於徒隸，從簡易也。繆篆謂其文屈曲纏繞，所以摹印章也。蟲書謂爲蟲鳥之形，所以書幡信也。皆所以通知古今文字，摹印章，書幡信也。古制，書必同文，不知則闕，問諸故老，至於衰世，是非無正，人用其私，師古曰：

各任私意而爲字。故孔子曰：「吾猶及史之闕文也，今亡矣夫！」師古曰：論語載孔子之言，謂文字有疑，則當闕而不説〔五〕。孔子自言，我初涉學，尚見闕文，今則皆無，任意改作也。蓋傷其寖不正。史籀篇者，周時史官教學童書也〔六〕，與孔氏壁中古文異體。蒼頡七章者，秦丞相李斯所作也；爰曆六章者，車府令趙高所作也；博學七章者，太史令胡母敬所作也；文字多取史籀篇，而篆體復頗異，所謂秦篆者也。是時始造隸書矣，起於官獄多事〔七〕，苟趨省易，師古曰：趨，讀曰趣，謂趨向之也。易，音弋豉反。施之於徒隸也。漢興，閭里書師合蒼頡、爰曆、博學三篇，斷六十字以爲一章，凡五十五章，併爲蒼頡篇，師古曰：併，合也，總合以爲蒼頡篇也。武帝時司馬相如作凡將篇，無復字，師古曰：復，重也。元帝時黄門令史游作急就篇，成帝時將作大匠李長作元尚篇，皆蒼頡中正字也。凡將則頗有出矣。至元始中，徵天下通小學者以百數，各令記字於庭中〔八〕，楊雄取其有用者，以作訓纂篇，順續蒼頡，又易蒼頡中重復之字，凡八十九章。臣復續楊雄作十三章，韋昭曰：臣，班固自謂也。作十三章，後人不别，疑在蒼頡下篇三十四章中〔九〕。凡一百二章，無復字，六藝群書所載略備矣。蒼頡多古字，俗師失其讀，宣帝時徵齊人能正讀者，張敞從受之，傳至外孫之子杜林，爲作訓故，並列焉。

隋經籍志：説者以爲書之所起，起自黄帝、蒼頡。比類象形謂之文，形聲相益謂之字，著於竹帛謂之書，故有象形、諧聲、指事、會意、轉注、假借六義之别。古者童子示而不誑，六年教之數與方名。十歲入小學，學書計。二十而冠，始習先王之道，故能成其德而任事。然自蒼頡訖於漢初，書經五變：一曰古文，即蒼頡所作；二曰大篆，周宣王時史籀所作；三曰小篆，秦時李斯所作；四曰隸書，程邈所作;五曰草書,漢初作。秦世既廢古文,始用八體,有大篆、小篆、刻符、摹印、蟲書、署書、殳書、隸書。漢時以六體教學童,有古文、奇字、篆書、隸書、繆篆、蟲鳥,并藁書、楷書、懸針、垂露、飛白等二十餘種之勢,皆出於上六書,因事生變也。魏世又有八分書,其字義訓讀,有史籀篇、蒼頡篇、三蒼、埤蒼、廣蒼等諸篇章〔一〇〕,訓詁、説文、字林、音義、聲韵、體勢等諸書。自後漢佛法行於中國〔一一〕,又得西域胡書,能以十四字貫一切音〔一二〕,文省而義廣,謂之婆羅門書,與八體六文之義殊别,今取以附體勢之下。又後魏初定中原,軍容號令,皆以夷語。後染華俗,多不能通,故録其本言,相傳教習,謂之「國語」。今取以附音韵之末。又後漢鐫刻七經,著於石碑,皆蔡邕所書。魏正始中,又立三字石經〔一三〕,相承以爲七經正字。後魏之末,齊神武執政,自洛陽徙於鄴都,行至河陽〔一四〕,值岸崩,遂没於水,其得至鄴者,不盈大半。至隋開皇六年,又自鄴京載入長安,置於祕書内省,議欲補緝,立於國學。尋屬隋亂,事遂寢廢,營造之司,因用爲柱礎。貞觀初,祕書監臣魏徵始收聚之,十不存一。其相承傳拓之本,猶在祕府,并秦帝刻石,附於此篇,以備小學。

宋三朝藝文志曰:漢志六藝以爾雅附孝經,六書爲小學,隋沿其制。唐録有詁訓、小學二類,爾雅爲詁訓,偏傍音韵雜字爲小學,今合爲一。自齊、梁之後,音韵之學始盛,顧野王玉篇、陸法言切韵尤行於世。

漢志:十家,四十五篇〔一五〕。入揚雄、杜林二家二篇。

漢志、爾雅以下四部,二十六篇,漢志元附孝經,今釐入小學。

隋志：一百八部，四百四十七卷。通計亡書，合一百三十五部，五百六十九卷。

唐志：六十九家，一百三部〔一六〕，七百二十一卷。失姓名二十三家，徐浩以下不著録二十三家，二千四十五卷。

宋三朝志：六十七部，六百八卷。

宋兩朝志：二十部，一百四十二卷。

宋四朝志：二十二部，二百七十七卷。

宋中興志：一百二十八家，一百五十五部，一千一百一十三卷。

爾雅三卷

鼂氏曰：世傳釋詁，周公書也，餘篇仲尼、子夏、叔孫通、梁文增補之，晉郭璞注。文字之學凡有三：其一體製，謂點畫有縱横曲直之殊；其二訓詁，謂稱謂有古今雅俗之異〔一七〕；其三音韵，謂呼吸有清濁高下之不同。論體製之書，説文之類是也；論訓詁之書，爾雅、方言之類是也；論音韵之書，沈約四聲譜及西域反切之學是也。三者雖各名一家，其實皆小學之類。而藝文志獨以爾雅附孝經類，經籍志又以附論語類，皆非是。今依四庫目置於小學之首。

陳氏曰：晉弘農太守河東郭璞景純注。按漢志：爾雅二十篇，今書惟十九篇。志初不著撰人名氏，璞序亦但稱興於中古，隆於漢氏而已。至陸氏釋文始謂釋詁爲周公所作，其説蓋本於魏張揖所上廣雅表，言周公制禮以道天下，著爾雅一篇，以釋其義。今俗所傳二篇，或言仲尼所增，或言子夏所益，或言叔孫通所補，或言沛郡梁文所考，皆解家所説，先師口傳，疑莫能明也。舊有劉歆、樊光、李巡、孫炎之學，今惟郭氏行於世。

朱子語録曰：爾雅是取傳注以作，後人却以爾雅證傳注。爾雅非是，只是據諸處訓釋所作。趙岐説孟子，爾雅皆置博士，在漢書亦無可考。

爾雅釋文一卷

陳氏曰：唐陸德明撰。

爾雅音訓二卷

崇文總目：不著撰人名氏。以孫炎、郭璞二家音訓爲尚狹，頗增益之。

爾雅疏十卷

鼂氏曰：舊有孫炎、高璉疏。皇朝以其淺略，命邢昺、杜鎬等别著此書。

陳氏曰：邢昺等撰〔一八〕。其叙云：「爲注者劉歆、樊光、李巡、孫炎，雖各名家，猶未詳備，惟郭景純最爲稱首。其爲義疏者，惟俗間有孫炎、高璉，皆淺近。今奉敕校定，以景純爲主。」共其事者，杜鎬而下八人。

止齋陳氏跋爾雅疏曰：古者重小學，爾雅所爲作也。漢興，除秦之禁，嘗置博士列於學官，至今漢儒書行於世，如毛氏詩訓、許氏説文、楊氏方言之類，蓋皆有所本云。隋、唐以來，以科目取士，此書不課於舉子，由是浸廢。韓退之以古文名世，尚以注蟲魚爲不切，則知誦習者寡矣。國初諸儒獨追古，依郭氏注爲之疏，爾雅稍稍出。比於熙豐三經行，學者非字説不學，自先儒注疏皆罷絀，而爾雅益廢。余憶爲兒時入鄉校，有以爾雅問題者，余用「能辨鼠豹、不識螔蟆」爲對，其事至淺，諸老先生往往驚嘆，以爲博也。郡有刊疏并音釋若干卷，以久不就，字畫多殘闕，金華趙君子良來爲推官，繕補之，始頗可讀。趙徵余言，因叙此書之所以廢，且見子良之志。子良學於東萊吕伯恭氏，於余爲同年進士，名善珍。

爾雅音略三卷

鼂氏曰：僞蜀毋昭裔撰。爾雅舊有釋智騫及陸元朗釋文〔一九〕。昭裔以一字有兩音，或三音，後生疑於呼讀，乃釋其文義最明者爲定。

小爾雅一卷

鼂氏曰：孔氏古文也〔二〇〕，見於孔鮒書。

陳氏曰：漢志有此書，亦不著名氏。唐氏有李軌解一卷。今館閣書目云孔鮒撰。蓋即孔叢子第十一篇也，曰廣詁、廣言、廣訓、廣義、廣名、廣服、廣器、廣物、廣鳥、廣獸，凡十章；又度量衡爲十三章〔二一〕，當是好事者抄出别行。

爾雅新義二十卷

陳氏曰：陸佃撰。其於是書用力勤矣，自序以爲雖使郭璞擁篲清道，跂望塵躅可也〔二二〕。以愚觀大率不出王氏之學，與劉貢父所謂「不徹薑食，三牛三鹿」戲笑之語，殆無以大相過也。書云「玩物喪志」，斯其爲喪志也弘矣。頃在南城傳寫，凡十八卷，其曾孫子遹刻於嚴州，爲二十卷。

注爾雅三卷

陳氏曰：鄭樵撰。其言爾雅出自漢代箋注未行之先，蓋憑詩、書以作爾雅，爾雅明則百家箋注皆可廢。爾雅，應釋者也，箋注，不應釋者也。言語、稱謂、宮室、器服、草木、蟲魚、鳥獸之所命不同，人所不能識者，故爲之訓釋。義理，人之所本有，無待注釋，有注釋則人必生疑，反舍經之言，而疑注解之言〔三〕。或者復舍注解之意，而泥己之意以爲經意。此其爲說雖偏，而論注釋之害，則名言也。

博雅十卷

鼂氏曰：隋曹憲撰。魏張揖嘗採蒼雅遺文爲書，名曰廣雅。憲因揖之說，附以音解，避煬帝諱，更之爲「博」云。後有張揖表。憲後事唐，太宗嘗讀書有奇難字，輒遣使問憲，憲具爲音注，援驗詳覆，帝嘆賞之。

陳氏曰：魏博士張揖撰。凡不在爾雅者著於篇，仍用爾雅舊目。館閣書目云今逸，但存音三卷。今書十卷，而音附逐篇句下，不別行。揖又有埤蒼、三蒼、訓詁雜字、古文字訓，凡四書，見唐志，今皆不傳。

蜀爾雅三卷

陳氏曰：不著撰人名氏。館閣書目按李邯鄲云唐李商隱採蜀語爲之，當必有據。

埤雅

鼂氏曰：皇朝陸佃農師撰。書載蟲魚鳥獸草木名物，喜採俗說。然佃，王安石客也，而學不專主王氏，亦似特立者。

陳氏曰：釋魚釋獸，以及於鳥蟲馬木草，而終之以釋天，所以爲爾雅之輔也。此書本號物性門類，其初嘗以說魚、說木二篇上之朝，編纂將就，而永裕上賓，不及再上。既注爾雅，遂成此書。其於物性精詳，所援引甚博，而亦多用字說。

急就章一卷

鼂氏曰：漢史游撰，唐顔師古注。游，元帝時爲黄門令。凡書三十二章，雜記姓名、諸物、五官等字，以教童蒙。「急就」者，謂字之難知者，緩急可就而求焉。自昔善小學者多書此，故有皇象、鍾繇、衛夫人、王羲之所書傳於世。

陳氏曰：其文多古語、古字、古韵，有足觀者。

方言十三卷

崇文總目：漢揚雄子雲撰，晉郭璞注。今世所傳，文或謬缺，與先儒所引時有差云。

鼂氏曰：雄齎油素〔二四〕，問上計孝廉，異語悉集之，題其首曰輶軒使者絶代語釋别國方言。予傳本於蜀中，後用國子監刊行本校之，多所是正，其疑者兩存之。然監本以「雈」爲秋侯〔二五〕，以「叜」爲「更」〔二六〕，引傳「糊其口於四方」作「餬予口」〔二七〕，未必盡得也。

陳氏曰：首題輶軒使者絶代語，末載答劉歆書，具詳著書本末。其略云：「天下上計孝廉及内郡衛卒會者，常抱三寸弱翰，齎油素四尺，以問其異語，歸即以鉛摘次之於槧。」葛洪西京雜記言子雲好事，常懷鉛題集，從諸記訪殊方絶域之語〔一六〕，蓋本雄書所云也。

容齋洪氏隨筆曰：今世所傳揚子雲輶軒使者絶代語釋別國方言，凡十三卷，郭璞序而解之。其末又有漢成帝時劉子駿與雄書，從取方言，及雄答書。以予考之，殆非也。雄自序所爲文，漢史本傳但云：「經莫大於易，故作太玄；傳莫大於論語，作法言；史篇莫善於蒼頡，作訓纂；箴莫善於虞箴，作州箴，賦莫深於離騷，反而廣之；辭莫麗於相如，作四賦。」雄平生所爲文盡於是矣，初無所謂方言。漢藝文志小學有訓纂一篇，儒家有雄所序三十八篇，注云「太玄十九，法言十三，樂四，箴二」，雜賦有雄賦十二篇，亦不載方言。觀其答劉子駿書稱「蜀人嚴君平」，按君平本姓莊，漢顯宗諱莊，改曰嚴。法言所稱「蜀莊沈冥」，「蜀莊之才之珍」，「吾珍莊也」，皆本字，何獨至此書而曰「嚴」？又子駿只從之求書，而答云「必欲脅之以威，陵之以武，則縊死以從命也」，何至是哉！既云成帝時子駿與雄書，而其中乃云孝成皇帝，反覆牴牾。又書稱「汝、潁之間」，先漢人無此語也，必漢、魏之際好事者爲之云。

釋名八卷

陳氏曰：漢徵士北海劉熙成國撰。序云：「名之於實，各有類義，百姓日稱，而不知其所以然之意，故撰天地、陰陽、四時、邦國、都鄙、車服、喪紀，下及民庶應用之器，即物名以釋義，凡二十七篇。」

說文解字三十卷

鼂氏曰：漢許慎纂，李陽冰刊定。僞唐徐鉉再是正之，又增加其闕字。

陳氏曰：凡十四篇，并序目一篇，各分上下卷，凡五百四十部，九千三百五十三文，重一千一百六十三。雍熙中，右散騎常侍徐鉉奉詔校定。以唐李陽冰排斥許氏爲臆說，末有新定字義三條〔二九〕，其音切則以唐孫愐韵爲定。

容齋洪氏隨筆曰：許叔重在東漢與馬融、鄭康輩不甚相先後，而所著說文，引用經傳，多與今文不同。聊摭逐書十數條，以示學者，其字異而音同者不載。所引周易「百穀草木麗乎土」爲「草木麗乎地」，「服牛乘馬」爲「犕音備牛乘馬」，「夕惕若厲」爲「若夤」〔三〇〕，「其文蔚也」爲「斐也」，「乘馬班如」爲「驙如」，「天地絪緼」爲「天地壹壺」。所引書「帝乃殂落」爲「勛乃殂」，「竄三苗」爲「𢿱塞也，音倅三苗」，又「圛圛升雲，半有半無」，「獂有爪而不敢以撅」及「以相陵懱」，「維緢有稽」之句，皆云周書，今所無也。所引詩「既伯既禱」爲「既禡既禂」，「新臺有泚」爲「有玼」，「焉得諼草」爲「安得藼草」。論語「荷蕢」爲「荷臾」，「褻裘」爲「絬衣」，又有「跢予之足」一句。孟子「源源而來」爲「謜謜」，「接淅」爲「滰淅」，滰，其兩反，乾漬米也〔三一〕。左傳「尨涼」爲「牻涼」，「芟夷」爲「癹音發夷」。國語「觥飯不及壺飧」爲「侊飯不及一食」，如此者甚多。

說文字源一卷

崇文總目：唐李騰集。初，李陽冰爲滑州節度使李勉篆新驛記，賈耽鎮滑州，見陽冰書，嘆其精絕，因命陽冰侄騰集許慎說文目錄五百餘字，刊於石以爲世法云。

說文解字韵譜十卷

鼂氏曰：南唐徐鍇撰〔三一〕。鍇以許慎學絶，取其字分譜四聲，殊便檢閲。然不具載其解爲可恨，頗有意再編之。

說文解字繫傳四十卷

陳氏曰：南唐校書郎廣陵徐鍇楚金撰。爲通釋三十篇〔三三〕，部叙二篇，通論三篇，袪妄〔三四〕、類聚、錯綜、疑義、系述各一篇。鍇至集賢學士、右内史舍人，不及歸朝而卒。鍇與兄鉉齊名，或且過之，而鉉歸朝通顯，故名出鍇上。此書援引精博，小學家未有能及之者。

巽岩李氏序曰：漢和帝永元十二年，太尉祭酒許叔重始爲說文解字十四篇，凡五百四十部，其文九千三百五十三。後二十一年，當安帝建光元年，叔重子沖乃且以獻。晉東萊嶧令呂忱繼作字林五卷，以補叔重所闕遺者，於叔重部叙，初無移徙。忱書甚簡，顧爲他說揉亂，且傳寫訛脱，學者鮮通。今往往附見說文，蓋莫知自誰氏始。古文、籀文，疑是呂忱始增入，今或以附見說文。或在陽冰以前，若說文元自有此，則林罕不應謂忱補許氏遺闕也。戎字當時增入，上字則說文元自有矣，更詳之。陳左將軍顧野王更因說文造玉篇三十卷，梁武帝大同末獻之。其部叙既有所升降損益，其文又增多於叔重。唐上元末，處士孫强復修野王玉篇，愈增多其文，今行於俗間者，强所修也。叔重專爲篆學〔三五〕，而野王雜以隸書〔三六〕，用世既久，故篆學愈微。野王雖曰推本叔重，而追逐世好，非復叔重之舊，自强以下，固無譏焉。大曆間，李陽冰獨以篆學得名，時稱中興，更刊定說文，仍祖叔重，然頗出私意，詆訶許氏，學者恨之。南唐二徐兄弟，實相與反正由舊，故鍇所著書四十篇，總名繫傳，蓋尊許氏若經也，惜其書未布而鍇亡。本朝雍熙三年，鍇兄鉉初承詔，與句中正、葛湍、王惟恭等詳校説文，今三十卷內，繫傳往往錯見，豈其家學同源，果無異派歟？鍇亡恙時，鉉苦許氏偏旁奥密，不可意知，因令鍇以切韻譜其四聲，庶幾檢閲力省功倍，又爲鍇篆名曰説文韻譜，其書當與繫傳並行〔三七〕。今韻譜或刻諸學宫，而繫傳訖莫光顯。余蒐訪歲久，僅得其七八，闕卷誤字，無所是正，每用太息。蓋嘗謂小學放絶久矣，欲崇起之，必以許氏爲宗，而鉉、鍇兄弟最其親近者，如陽冰、林罕、郭忠恕等輩，俱當收拾採掇，聚爲一書，使學者復睹純全，似非小補，顧力有所不及耳。韻譜仍便於檢閲，然局以四聲，則偏旁要未易見，乃因司馬光所上類篇，依五音先後，悉取説文次第安排，使若魚貫然，開編即可了也。説文所無，而類篇新入者，皆弗取。若有重音，則但舉其先，而略其後，雖許氏本在上去入聲，而類篇在平聲，亦移載平聲，大抵皆以類篇爲定。類篇者，司馬光治平末所上也。先是，景祐初，宋祁、鄭戩建言「見行廣韻乃陳彭年、丘雍等景德末重修，繁省失當，有誤科試，乞別刊定」，即詔祁、戩與賈昌朝同修，而丁度、李淑典領之。寶元二年，書成，賜名集韻。度等復奏集韻添字極多，與彭年、雍等前所修玉篇不相參協，乞別爲類篇。即以命洙；洙尋卒，命胡宿代之。宿奏委掌禹錫、張次立同加校讎。宿遷，又命范鎮代之。鎮出，而光代之，乃上其書。自集韻、類篇列於學宫，而廣韻、玉篇微矣。然小學放絶，講習者寡，獨幸其書具存耳。所謂廣韻則隋仁壽初陸法言等所共纂次，而唐儀鳳後郭知玄等又附益之，時號切韻。天寶末，陳州司法孫愐者以切韻爲謬，略復加刊正，別爲唐韻之名。在本朝太平興國及雍熙、景德皆嘗命官討論，大中祥符元年，改賜新名曰廣韻。今號集韻，則又寶元改賜也。切韻、廣韻皆莫如集韻之最詳〔三八〕，故司馬光因以修類篇。集韻部叙或與廣韻不同，鍇修韻譜尚因之，今五音先後並改從集韻，蓋類篇亦以集韻爲定故也。嗚呼！學無小，而古則謂字書之學爲小，何哉？亦志乎學當由此始爾。凡物雖微，必有理存，何況斯文。幼而講習磨礲，浸灌之久，逮其長也，於窮理乎何有？不則躐等陵節，君子不貴也。今學者以利禄之路初不假此，遂一切棄捐不省，喜字書者，求其心畫端方已絶不可得，但肆筆趍姿媚耳！偏旁横竪，且昏不知，矧其文之理邪！先儒解經，固未始不用此，匪獨王安石也。安石初是説文，覃思頗有所悟，故其解經合處亦不爲少，獨恨求之太鑿，所失更多，不幸驟貴，附和者益衆，而鑿愈甚。蓋字有六義，而彼乃一之，雖欲不鑿，得乎？科試競用其説，元祐嘗禁之，學官導諛，紹聖復用，嗜利禄者靡然風從，鑿説横流，汩喪道真，此吾蘇氏所以力攻王氏而不肯置也。若一切置此弗道，則又非是。今國家既不以此試士〔三九〕，爲士者可以自學矣，乃未嘗過而問焉，余竊哀之。雖老矣，猶欲與後生共講習此，故先爲此五音韻譜，且叙其指意云。

又後序曰：某在武陵，嘗與賈直孺之孫端修因徐楚金兄弟説文解字韻譜，别以類編所次五音先後，作五音譜。其部叙仍用許叔重舊次，蓋楚金兄弟本志，止欲便於檢閲，故專以聲相從，叔重當時部叙固不暇存。既不存當時部叙，則於偏旁一切都置之宜矣。然偏旁一切都置，則字之有形而未審厥聲者，豈不愈難於檢閲乎？此寶元所以既修集韻，必修類篇，修類篇蓋補集韻之不足處也。集韻、類篇，兩者相順，則字之形、聲，乃無所逃，檢閲之難，果非所患。故某初作五音譜，不敢紊叔重部敘舊次，其偏旁皆按堵如故，獨依類篇取集韵翻切，所得本音，以序安頓，粲然珠連，不相雜揉，古文奇字，畢陳立見，頗自謂於學者披閱徑捷，不愧楚金兄弟之言矣。書既成，未敢出也，會得請歸眉山，惟吾鄉家氏三世留意篆學，多所纂述，每欲持此書相與考評精粗，或增或損，而去鄉踰一星終，及歸，則舊遊零落盡矣。後生雖多俊才，不復肯以小學爲事，所謂五音譜者，遂束之高閣。茲來遂寧，適與餘杭虞仲房相遇。仲房能爲古文奇字，聲溢東南，凡江、浙扁榜與其他金石刻〔四〇〕，多仲房筆。其乘暇，則出五音譜求是正焉。仲房喜曰：「此要書也，便可刊刻，與後學共之，復何待？」某曰：「姑徐之，試爲我更張其不合者。」已而，仲房謂某曰：「五音譜發端實因徐氏，則此譜宜以徐氏爲本。以徐氏为本〔四一〕，則所謂以聲相從，其平上去入，自有先後，固不容顛倒，叔重部敘亦何可獨異？蓋即用徐氏舊譜，參取集韵卷第，起東終甲，而偏旁各以形相從，悉依類篇。今若此，則説文解字形聲具存此譜，於檢閱豈不愈徑捷？但不免移徙叔重部敘耳。」某曰：「叔重部敘舊次，起一終亥，世固未有能通其説者，楚金實始通之。其書要自別行，兩不傷，賦詩斷章，取所求而已，復何待。」亟謂仲房鏤板流布。嗟夫！小學放絶久矣，自是其復興乎！若論小學源委，則載前記矣。繇崇寧以來，用篆籀名一時者，吴興則張有謙仲〔四二〕，歷陽則徐兢明叔，而仲房最所善者獨張，謂某曰：「明非謙敵也，謙作復古編，其筆法實繼斯、冰，其辯形聲，分點畫，剖判真僞，計較毫釐，視楚金兄弟及郭恕先尤精密，其有功於許氏甚大。今其書具在〔四三〕，明何敢望邪！」某曰：「明非謙敵信然，謙不務進取，用心於内，成此書時，年五十餘矣。晚又棄家爲黄冠師，殆世外士，陳了翁實愛之重之，特識篇首。夫豈若明之攀援姻戚，苟入書藝局，登進未幾，旋遭汰斥乎。兩人相去，何翅九牛毛。」因是亦可得吾仲房胸懷本趨。遂并復古編重刊刻云。

又曰：舊編五音譜，凡許氏所無，類篇新入者，皆弗取。若有重音，則但舉其先，而略其後。雖許氏本在上去入聲，而類篇在平聲，亦移載平聲，大抵皆以類篇爲定。今編既改部叙從徐氏，則其五音先後亦不復用類篇，但取許氏本音次第之，庶學者易曉二書，要須各行乃曲當云。

字林五卷

陳氏曰：晉𢆯令吕忱撰，太一山僧雲勝注。按隋、唐志皆七卷，三朝國史志惟一卷，董氏藏書志三卷。其書集説文之漏略者凡五篇〔四四〕，然雜揉錯亂，未必完書也。

巽岩李氏曰：隋、唐志皆云七卷，恐誤。今五卷具在，此説文部叙初無欠闕，不應五卷外更有兩卷。崇文及邯鄲總目並無忱書，余獨得之豫章，但恨轉寫脱誤，且他説雜揉其間，非復忱書舊本也。忱所增古文、籀文，今説文多已附見，疑後人因忱書悉收繫許氏，若許氏先自有之，忱又何補焉？隋氏又載宋揚州督護吴恭字林音義五卷，忱書今間有音，獨無吴恭姓名，仍無卷標，署隋篇次第，篇首又題太一山僧雲勝注，亦不知雲勝者何許人。忱書要爲可惜，除古文、籀文已附見説文外，他字亦多收繫類篇，尚有未收繫者，故忱本書不可遽使散落，須求善本校正之。

玉篇三十卷

鼂氏曰：梁顧野王撰。唐孫彊又嘗增字〔四五〕，僧神珙反紐圖附於後〔四六〕。

陳氏曰：大約本說文，以後漢反切音未備，但云讀如某，其反切皆後人所加，多疏楪脱誤。至梁時，四聲之學盛行，故此書不復用直音矣。其文字雖增多，然雅俗雜居，非如說文之精覈也。又以今文易篆字，益以舛訛。世人以篆體難通，今文易曉，故說文遂罕習，要當尋其本原也。

像文玉篇二十卷

崇文總目：唐釋慧力撰。據野王之書，裒益衆說，皆標文示象。

玉篇解疑三十卷

崇文總目：道士趙利正撰。删略野王之說，以解字文。

重修玉篇三卷

崇文總目：皇朝詔翰林學士陳彭年與史館校勘吴鋭、直集賢院丘雍等重加刊定〔四七〕。

證俗音字四卷

崇文總目：齊黄門侍郎顔之推正時俗文字之謬，援諸書爲據，凡三十五目。

廣韵五卷

鼂氏曰：隋陸法言撰。其後唐孫愐加字，凡四萬二千三百八十三，前有法言、長孫、愐三序。

陳氏曰：開皇初，有劉臻等八人同詣法言，共爲撰集，長孫納言爲之箋注。唐朝轉有加增，至開元中，陳州司法孫愐著成唐韵，本朝陳彭年等重修。中興書目云不知作者。按國史志有重修廣韵，題皇朝陳彭年等〔四八〕。景祐集韵亦稱真宗令陳彭年、丘雍等因陸法言韵就爲刊益。今此書首載景德、祥符敕牒，以大宋重修廣韵爲名，然則即彭年等所修也。

景祐集韵十卷

陳氏曰：直史館宋祁、鄭戩修定，學士丁度、李淑典領。字訓皆本說文，餘凡例詳見於序。說文所無，則引他書爲解。字五萬三千五百二十五，比舊增二萬七千三百三十一。

名苑

丞相温文正公司馬光撰。自序：「竊以爲備萬物之體用者，無過於字；包衆字之形聲者，無過於韵。今以集韵本爲正，先以平上去入衆韵正其聲，次以說文解字正其形，次以訓詁同異辯其理，次以經傳諸書之言證其實，命曰名苑。其有法制云爲時遷物變者，亦略叙其沿革，欲人知其源流變態云爾。至於魚蟲草木之類，雖纖苛煩碎，非慷慨君子所當用心，然亦重名之一節爾。至於正三才〔四九〕、道德、禮樂、善惡、真僞之名，輔佐世治，其功亦不細哉。所謂文武之道，未墜於地，在人賢者識其大者，不賢者識其小者，將來君子好學樂道，庶幾亦有取焉。」

類篇四十九卷

鼂氏曰：皇朝景祐中，丁度受詔修類篇，至熙寧中，司馬光始奏書。文三萬一千三百一十九，重音二萬一千八百四十六，以說文爲本。

陳氏曰：丁度等既修集韵，奏言今添字既多，與顧野王玉篇不相參協〔五〇〕，乞委修韵官別爲類篇，與集韵並行。自寶元迄治平及成書，歷王洙、胡宿、范鎮，司馬光始上之，熙寧中頒行。凡十五篇，各分上、中、下，以說文爲本，而例有九云。

潁濱蘇氏序曰：雖有天下甚多之物，苟有以待之，無不各獲其處也。多而至於失其處者，非多罪也。無以待之，則十百而亂；有以待之，則千萬若一。今夫字書之於天下，可以爲多矣，然而從其有聲也，而待之以集韵，天下之字以聲相從者無不得也；從其有形也，而待之以類篇，天下之字以形相從者無不得也。既已盡之以其聲矣，而又究之以其形，而字書之變曲盡。蓋天聖中諸儒始受詔爲集韵，書成，以其有形存而聲亡者，未可以責得於集韵也，於是又詔爲類篇，凡受詔若干年而後成。夫天下之物，其多而至比於字書者，未始有也，然而多不獲其處，豈其無以待之？昔周公之爲政，登龜取黿、攻梟去蛙之說，無不備具，而孔子之論禮，至於千萬而一有者，皆預爲之說。夫此將以應天下之無窮，故待天下之物，使皆有處，如待字書，則物無足治者。凡爲類篇，以說文爲本，而其例有八，一曰犨槻同部〔五一〕，而吶㕯異部，凡同意而異形者，皆兩見也。二曰天，一在年，一在真，凡同意而異聲者，皆一見也。三曰叟之在草，侌之在於，凡古意之不可知者，皆從其故也。四曰氛，古气類也，而今附兩；[illegible]，古口類也，而今附音。凡變古而有異義者，皆從今也。五曰臺之在口，無之在林，凡變古而失其真者，皆從古也。六曰兂之附天，壬之附人，凡字之後出而無據者，皆不得特見也。七曰王之爲玉，朋之爲明，凡字之失故而遂然者，皆明其由也。八曰邑之加邑，白之加[illegible]，凡集韵之所遺者，皆載於今書也。推此八者，以求其詳，可得而見也。凡十四篇，目録一篇，文若干。

校勘記

〔一〕謂畫成其物　「畫」原作「或」，據漢書卷三〇改。
〔二〕故曰立字之本也　「也」原作「焉」，據漢書卷三〇改。
〔三〕能諷書九千字以上　「千」原闕，據漢書卷三〇補。
〔四〕今之太史書　「書」原作「也」，據漢書卷三〇改。
〔五〕則當闕而不説　「闕」原作「問」，「不」字原脱，據漢書卷三〇改補。
〔六〕周時史官教學童書也　「時」原作「之」，據漢書卷三〇改。
〔七〕起於官獄多事　「獄」原作「職」，據漢書卷三〇改。
〔八〕各令記字於庭中　「記」原作「訖」，據漢書卷三〇改。
〔九〕疑在倉頡下篇三十四章中　「下篇」原作「下章」，據漢書卷三〇改。
〔一〇〕廣蒼等諸篇章　「篇章」原作「篇草」，據隋書卷三二改。
〔一一〕自後漢佛法行於中國　「後」字原闕，據隋書卷三二補。
〔一二〕能以十四字貫一切音　「十四」原作「十數」，據隋書卷三二改。
〔一三〕又立三字石經　「三」原作「一」，據隋書卷三二改。
〔一四〕行至河陽　「河陽」原作「洛陽」，據隋書卷三二改。
〔一五〕四十五篇　「四十」原作「三十」，據漢書卷三〇改。

〔一六〕一百三部　「三」原作「八」，據新唐書卷五七改，元本、慎本、馮本同作「三」。
〔一七〕謂稱謂有古今雅俗之異　「雅」原作「雜」，據郡齋讀書志校證卷四改。
〔一八〕邢昺等撰　「等」原闕，據直齋書録解題卷三補。按下文有「共其事者杜鎬而下八人」云。
〔一九〕爾雅舊有釋智騫及陸元朗釋文　「陸元朗」原作「陸朗」，據郡齋讀書志校證卷四補。
〔二〇〕孔氏古文也　「孔氏」原作「孔子」，據郡齋讀書志校證卷四改，元本、慎本、馮本同作「孔氏」。
〔二一〕又度量衡爲十三章　按增訂漢魏叢書本小爾雅：「廣量第十二章，廣衡第十三章。」
〔二二〕跂望廛躅可也　「跂」原作「跛」，據直齋書録解題卷三改。
〔二三〕而疑注解之言　「疑」，直齋書録解題卷三作「泥」。
〔二四〕雄齎油素　「油素」原作「素油」，據直齋書録解題卷四改。按古文苑揚雄答劉歆書：「雄常把三寸弱翰，齎油素四尺。」下引陳氏曰同此例。
〔二五〕然監本以雈爲秋侯　「雈」原作「秋佳」，據郡齋讀書志校證卷四改。按雈字見方言卷八，子幽反，徐、魯之間謂鷄雛爲雈子。校證引郡齋讀書志黃丕烈校語云：「覆案：『雈』，通考作『秋佳』，誤分『雈』爲二字。戴震據廣雅校方言，作『雈』，則原本『雈』字是。」
〔二六〕以叓爲更　「叓」原作「叏」，據郡齋讀書志校證卷四改。按「叓」見方言卷三。説文解字卷三支部云：更從攴，丙聲。
〔二七〕引傳糊其口於四方作餬予口　「餬」原作「糊」，方言卷二皆作「餬」，左傳隱公十一年同「餬」，據改。
〔二八〕常懷鉛題集從諸記訪殊方絶域之語　直齋書録解題卷三是句作「常懷鉛提槧，從諸記訪殊方絶域之語」。

〔二九〕末有新定字義三條　「末」原作「未」，據直齋書録解題卷三改。

〔三〇〕夕惕若厲爲若夤　「若夤」，原作「若夕寅」，據上海古籍出版社標點本容齋續筆卷六「説文與經傳不同」條改。

〔三一〕接淅爲滰淅滰其兩反乾漬米也　「漬米」原作「瀆采」，據容齋續筆卷六「説文與經傳不同」條改。

〔三二〕南唐徐鍇撰　「南」原作「高」，據郡齋讀書志校證卷四改。

〔三三〕爲通釋三十篇　按玉海卷四四：崇文目鍇以許氏學廢，推源析流，演究其文，作四十篇。近世言小學，惟鍇名家。小注：鍇集通釋四十篇，三十卷。又韵譜十卷。小注：五音凡十卷，李燾爲五音譜。

〔三四〕祛妄　「祛妄」原作「祛要」，據直齋書録解題卷三改。

〔三五〕叔重專爲篆學　「篆」原作「策」，據元本、愼本、馮本改。按玉海卷四四：叔重自叙今叙篆文，合以古籀，稽其説，分别部居十四篇，五百四十音，九千三百五十三文。

〔三六〕而野王雜以隸書　「雜以」原作「雜於」，據元本、愼本、馮本改。

〔三七〕其書當與繫傳並行　「行」字原闕，據元本、愼本、馮本補。

〔三八〕切韵廣韵皆莫如集韵之最詳　「莫如」原作「不如」，據元本、愼本、馮本改。

〔三九〕今國家既不以此試士　「今」原作「夫」，據元本、愼本、馮本改。

〔四〇〕凡江浙扁榜與其他金石刻　「扁榜」原作「偏旁」，據元本、愼本、馮本改。

〔四一〕以徐氏爲本　是句原無，據元本補。

〔四二〕吴興則張有謙仲　「仲」，直齋書録解題卷三作「中」。

〔四三〕今其書具在　是句元本、愼本、馮本作「其書今具在」。

〔四四〕其書集説文之漏略者凡五篇　「其書集」原作「其集」，據直齋書録解題卷三補。

〔四五〕唐孫彊又嘗增字　「孫彊」原作「孫疆」，據郡齋讀書志校證卷四改。

〔四六〕僧神珙反紐圖附於後　「反紐圖」原作「反紐圓」，據郡齋讀書志校證卷四改。按神珙圖全稱四聲五音九弄反紐圖。

〔四七〕直集賢院丘雍等重加刊定　「集」字原闕，據元本、慎本、馮本補。

〔四八〕題皇朝陳彭年等　「題」字原闕，據直齋書録解題卷三補。

〔四九〕至於正三才　「正」字原闕，據溫國文正司馬公集卷六四名苑序補。

〔五〇〕與顧野王玉篇不相參協　「不相」原作「才相」，據元本、慎本、馮本並直齋書録解題卷三改。

〔五一〕一曰㮨梘同部　「㮨梘」，上海古籍出版社標點本欒城集卷二五類篇叙作「槼梘」。按是段文字多古字，元本、慎本、馮本或不清，欒城集點校者據影宋本類篇叙訂正。

卷一百九十　經籍考十七

經小學

禮部韻略五卷

鼂氏曰：皇朝丁度等撰。元祐中，孫諤、蘇軾載加詳定。

陳氏曰：雍熙中，殿中丞丘雍、景德龍圖閣待制戚綸所定，景祐知制誥丁度重修〔一〕，元祐太學博士增補。其曰略者，舉子詩賦所常用，蓋字書聲韻之略也。

干禄字書一卷

鼂氏曰：唐顏元孫撰。以經史所用爲「正」，世所行爲「俗」，二者之間爲通，凡三體。

林氏小說三卷

鼂氏曰：唐林罕撰。凡五百四十一字，以說文部居，隨字出文，以定偏傍。其說頗與許慎不同，而互有得失。邵必緣進禮記石經陛對，仁宗顧問：「罕之書如何？」必曰：「雖有所長，而微好怪。說文歸字從堆、從止、從帚，以堆爲聲。罕云從追，於聲爲近，此長於許氏矣。說文哭從吅〔二〕，從獄省，罕乃云象犬嗥，此怪也。」有石刻在成都，公武嘗從數友就觀之，其解字殊可駭笑者，不疑好怪之論誠然。

復古編二卷

鼂氏曰：吴興道士張有謙中撰。有自幼喜小篆，年六十成此書，三千言。據古說文以爲正，其點畫之微，轉側從横，高下曲直，毫髮有差，則形聲頓異。自陽冰前後名人〔三〕，格以古文，往往而失，其精且博如此。

陳氏曰：有工篆書，專本許氏說文，一點畫不妄錯。林中書攄母魏國夫人墓道碑有書之〔四〕「魏」字從山，攄以爲非，有曰：「世俗以從山者爲『巍』，不從山者爲『魏』，非也，其實二字皆當從山，蓋一字而二音爾。説文所無，手可斷，字不可易也。」攄不能强。晚著此書，專辨俗體之訛，手自書之，陳了齋爲之序。

古文四聲五卷

鼂氏曰：皇朝夏竦撰。博採古文奇字，分四聲編次，以便檢尋。

龍龕手鏡三卷

鼂氏曰：契丹僧行均撰。凡二萬六千四百三十字，注十六萬三千一百餘字。僧智光爲之序。後題云「統和十五年丁酉」，按紀年通譜，耶律隆緒嘗改元統和，丁酉，至道三年也。沈存中言契丹書禁甚嚴，傳入中國者，法皆死。熙寧中，有人自虜中得此書，入傅欽之家。蒲傳正帥浙西，取以刻版，其末舊題云重熙二年序，蒲公削去之。今本乃云統和，非重熙字，豈存中不見舊題〔五〕，妄記之耶？

英公字源一卷

晁氏曰：皇朝釋夢英撰。夢英通篆、籀之學，書偏傍五百三十九字。郭忠恕云：「按説文字源唯有五百四十部，子字合收在子部，今目録妄有更改。又集解中誤收去部在注中；今檢點偏傍，少晶、惢、至、龜、絃五字，故知林氏虚誕誤後進，其小説可焚。夢英因書此正之〔六〕，柴禹錫爲立石。」

釋鑒聿韵總五篇

洛陽僧鑒聿撰。歐公序略曰：儒之學者，信哉遠且大而用功多，則其有所不暇者宜也。文字之爲學，儒者之所用也，其爲精也，有聲形、曲直、毫釐之别，音響清濁相生之類，五方言語，風俗之殊，故儒者莫暇精之。其有精者，則往往不能乎其他，是以學者莫肯捨其所事而盡心乎此，所謂不兩能者也，必待乎用心專者而或能之，然後儒者有一取焉。洛僧鑒聿爲韵總五篇，推子母輕重之法，以定四聲；考求前儒之失，辨正五方之訛，顧其用心之精，可謂入於忽微，櫛一有者字之於髮，績一有者字之於絲，雖細且多，而條理不亂，儒之學者莫能難也。鑒聿通於易，能知大衍之數〔七〕，又學乎陰陽、地理、黄帝、岐伯之書，其尤盡心者韵總也。浮圖之書，行乎世者數百萬言，其文字雜以夷夏，讀者罕得其真，往往就一有聿字而正焉。鑒一無此字聿之書一作韵非獨有取於吾儒，亦欲傳於其徒也。

字説二十卷

晁氏曰：皇朝王安石介甫撰。晚年閑居金陵，以天地萬物之理著於此書，與易相表裏。而元祐中言者指其揉雜釋、老，穿鑿破碎，聾瞽學者，特禁絶之。

王氏自序曰：文者，奇耦剛柔，雜比以相承，如天地之文，故謂之文。字者，始於一，一而生於無窮，如母之字子，故謂之字。其聲之抑揚開塞、合散出入，其形之衡從曲直、邪正上下、内外左右，皆有義，皆出於自然，非人私智所能爲也。與伏羲八卦、文王六十四，異用而同制，相待而成易。先王以爲不可忽，而患天下後世失其法，故三歲一同，同者，所以一道德也。秦燒詩、書，殺學士，而於是時始變古而爲隸，蓋天之喪斯文也。不然，則秦何力之能爲？而許慎説文，於書之意，時有所悟，因序録其説爲二十卷，以與門人所推經義附之。惜乎先王之文缺已久，慎所記不具，又多舛，而以予之淺陋考之，宜有所不合。雖然，庸詎非天之將興斯文也，而以予贊其始，故其教學必自此。始能知此者，則於道德之意已十九矣。

石林葉氏曰：凡字不爲無義。但古之制字，不專主義，或聲或形，其類不一，先王略别之，以爲六書。而謂之小學者，自是專門一家之學，其微處遽未易盡通，又更篆隸，損益變易，必多乖失。許慎之説文，但據東漢所存，以偏旁類次，其造字之本，初未嘗深究也。王氏見字多有義，遂一概以義取之，雖六書且不問矣，況所謂小學之專門者乎？是以每至於穿鑿附會，有一字析爲三四文者，古書豈如是煩碎哉！學者所以閧然起而交詆，誠不爲無罪，然遂謂之皆無足取則過也。

王元澤爾雅

王雱撰。項平甫跋：予讀王元澤爾雅，爲之永嘆。曰：嗚呼，以王氏父子之學之苦，即其比物引類之博，分章析句之工，其用力也久，其屬辭也精，以此名家，自足垂世，視揚子雲、許叔重何至多遜。而必欲用此説也，咸五帝而登三王，縛頡利而臣高昌，則已疏矣，度不能勝，而乃濟之以愎，輔之以狡，招合一時之群小，盡逐累世之舊臣，以蹙吾國而覆之，其遺凶流毒，至使後之擅國者世師焉。以享上祇辟之説悦人主，以邦朋國是之説空廷臣，則王氏父子實爲之津梁，可不痛哉！

唐氏字説解一百二十卷

鼂氏曰：皇朝唐耜撰。紹聖以來，用字説程試諸生，解者甚衆。耜集成此書，頗注其用事所出，一時稱之。耜知邛州日奏御。

字説偏旁音釋一卷　字説疊解備檢一卷

鼂氏曰：不著撰人名氏。

切韵指元論三卷　四聲等第圖一卷

鼂氏曰：皇朝王宗道撰。論切韵之學〔八〕。切韵者，上字爲切，下字爲韵，其學本出西域。今其法類本韵字，各歸於母。幫、滂、並、明、非、敷、奉、微，唇音也；端、透、定、泥、知、徹、澄、娘，齒音也〔九〕；曉、匣、影、喻，牙音也；來、日，半齒半舌也。凡三十六，分爲五音，天下之聲，總於是矣。切歸本母，韵歸本等者，謂之「音和」，常也〔一〇〕，本等聲盡，汎入别等者，謂之「類隔」，變也。中國自齊、梁以前，此學未傳，至沈約以後，始以之爲文章。至於近時，始有專門者矣。

韵補五卷

陳氏曰：吴棫撰。取古書自易、書、詩而下，以及本朝歐、蘇凡五十種，其聲韵與今不同者皆入焉。朱侍講多用其説於詩傳、楚辭注，其爲書詳且博矣。又有毛詩補音一書，别見詩類，大歸亦如此。以愚考之，古今世殊，南北俗異，語言音聲，誠有不得盡合者。古之爲詩學者多以風誦，不專在竹帛，竹帛所傳，不過文字，而聲音不可得而傳也。又漢以前未有反切之學，許氏説文、鄭氏箋注但曰「讀若某」而已，其於後世四聲七音，又豈能盡合哉？反切之學，自西域入中國，至齊、梁間盛行，然後聲病之説詳焉。韵書肇於陸法言，於是有音同韵異，若東、冬、鍾、虞、魚、模、庚、耕、清、青、登、蒸之類〔二〕，斷斷乎不可以相雜，若此者，豈惟古書未之有，漢、魏之前亦未之有也。陸德明於燕燕詩以「南」韵「心」，有讀「南」作「泥心切」者，陸以爲古人韵緩，不煩改字，此誠名言。今之讀古書古韵者，但當隨其聲之叶而讀之。若「來」之爲「釐」，「慶」之爲「羌」，「馬」之爲「姥」，聲韵全别，不容不改。其聲韵若相近，可以叶讀，則何必改字？如「燔」字必欲作「汾沿反」，「官」字必欲作「俱員反」，「天」字必欲作「鐵因反」之類〔三〕，則贅矣。

廣干禄字書五卷

中興藝文志：婁機撰。機取許慎説文及諸家字書，按以蔡伯喈五經備體、張參五經文字、田放九經字様，與夫經典釋文子史古字，參以本朝丁度所書集韵，爲廣干禄字書，蓋廣唐人顔元孫之書也。

陳氏曰：唐顔元孫爲干禄字書，其侄真卿書之，刻石吴興，爲世所寶。辨正、通、俗三體，目以「干禄」，謂舉子所資也。機熟於小學，嘉泰中教授資善堂，景獻時爲惠國公，數問字畫之異，因爲此書。續唐之舊，故仍干禄之名。既而悟其非所以施於朱邸也，則以「干禄百福」之義傅會焉。

修校韻略五卷

陳氏曰：祕書省正字莆田劉孟容以説文、字林、干禄書、五經文字、九經字樣、佩觿、復古編等書修校。

韻略分毫補注字譜一卷

陳氏曰：進士末陽秦昌朝撰。附前韻略之後，皆永嘉教授臨安錢厚所刻也。竊謂小學當論偏旁尚矣，許叔重以來諸書是也。韻以略稱，止施於禮部貢舉，本非小學全書，於此而校其偏傍，既不足以盡天下之字，而欲使科舉士子盡用篆籀點畫於試卷〔三〕，不幾於迂而可笑矣哉！進退皆無據，謂之贅可也。

附釋文互注韻略五卷

陳氏曰：以監本增注而釋之。

押韻釋疑五卷

陳氏曰：進士廬陵歐陽德隆、易有開撰。凡字同義異、字異義同者，皆辨之，尤便於場屋。

正字韻類

謝季澤撰。止齋陳氏序略曰：季澤家學，長於詩、禮，頗欲有所論次而未就，僅及就此篇。其於字學偏傍訓故，學者易入焉。韓昌黎嘗言「注爾雅蟲魚非磊落人」，歐陽公序韻總亦曰「儒者莫暇精之，其有精者，往往不能乎其他」。余方悲季澤官不足行其志，位不足稱其才，且懼後之人見此書如二公之云也。於是道其平昔大概，序之篇端焉。

字通一卷

陳氏曰：彭山李從周肩吾撰。

切韵義一卷 纂要圖例一卷

陳氏曰：汴陽謝暉撰，紹興十年序。

三十六字母圖一卷

夾漈鄭氏曰：僧守温撰。切韵之學，起自西域，舊所傳十四字貫一切音，文省而音博，謂之婆羅門書，然猶未也。其後又得三十六字母，而音韵之道始備。中華之韵，只彈四聲，然有聲有音，聲爲經，音爲緯。平、上、去、入者，四聲也，其體縱，故爲經；宫、商、角、徵、羽、半徵、半商者，七音也，其體横，故爲緯。經緯錯綜，然後成文，愚所作韵書備矣。釋氏謂此學爲小悟，學者誠不可忽也。

智永千字文一卷

鼂氏曰：梁周興嗣撰，釋智永所書。

後村劉氏曰：嘗疑千字文，世以爲梁散騎常侍周興嗣所作，然法帖中漢章帝已嘗書此文，殆非梁人作也。

經典釋文三十卷

鼂氏曰：唐陸德明撰。德明名元朗，以字行。釋易、書、詩並三禮、三傳、孝經、論語、爾雅、老、莊，頗載古文及諸家同異。德明蓋博極群書者也〔一四〕。

群經音辨七卷

鼂氏曰：皇朝賈昌朝撰。先是，大臣稽古不過秦、漢，引經義議政，蓋自昌朝始。此書以古文多通借音詁，乃辨正之，凡五門。

佩觿三卷

鼂氏曰：皇朝郭忠恕撰。取字文相類者，别其所從，以檢訛舛。上篇論古今傳記，小學異同〔一五〕，極爲辨博。

陳氏曰：忠恕爲國子周易博士，「觿」者，所以解結也。忠恕恃酒狂縱，數犯法忤物得罪。其死時頗異，世以爲尸解。

翰林禁經八卷

鼂氏曰：唐李陽冰撰。論書勢筆法所禁，故以名書。

墨藪十卷

鼂氏曰：高陽許歸與編。未詳何代人。李氏書目止五卷，而梁武評書、王逸少筆勢皆别出。

陳氏曰：不知何代人所集。凡十八篇，又一本二十一篇。

臨池妙訣三卷

鼂氏曰：未詳何人撰。後有江南李煜述書。

周越書苑十五卷

鼂氏曰：皇朝周越撰。越以善書名世，天聖八年四月成此書奏御，故其序稱「臣越」「臣兄起」，於柳公權書又云「亡兄」，間稱名而不臣，似未精討論也。

陳氏曰：主客郎中臨淄周越與其兄起皆有書名，起書未見，越書間有之，俗甚。

唐藏經音義四卷

鼂氏曰：未詳撰人。分四聲，以類相從，蜀中印本也。

鐘鼎篆韻七卷

鼂氏曰：皇朝薛尚功集。元祐中呂大臨所載僅數百字，政和中王楚所傳亦不過數千字，今是書所錄，凡一萬一百二十有五。

陳氏曰：不著名氏。按館閣書目此書有二家，其一七卷，其一一卷。七卷者，紹興中通直郎薛尚功所廣；一卷者，政和中主管衡州露仙觀王楚也。則未知此書之爲王楚歟？薛尚功歟？尚功有鐘鼎法帖十卷，刻於江州，當是其篆韻之所本也。

漢隸字源六卷

陳氏曰：婁機撰。以世所存漢碑三百有九，韵類其字，魏碑附寫焉者僅三十之一。首爲碑目一卷，每字先載今文，而以漢字著其下，一字數體者並列之。皆以碑目之次第著其所從出，洪邁作序。

象類書十一卷

中興藝文志：鄭樵撰。中興後，安石之字説既廢，樵復理其緒餘。初有象類之書，復約而歸於六書。象形類六百八，指事類百七，會意類七百四十，轉注類三百七十二，諧聲類二萬一千八百十，假借類五百九十八。

隸釋二十七卷　隸續二十一卷

中興藝文志：洪适撰。适取古今石刻，法其字爲之韵，辨其文爲之釋，以辨隸書。曰隸釋、隸續。

陳氏曰：凡漢刻之存於世者，以今文寫之，而爲之釋，又爲之世代譜及物象圖碑，形式悉具之，魏初近古者亦附焉。年來北方舊刻不可復得，覽此猶可慨想。

字始連環二卷

陳氏曰：鄭樵撰。大略謂六書惟類聲之生無窮，音切之學自西域流入中國，而古人取音制字，乃與韵圖吻合。

論梵書一卷

陳氏曰：鄭樵撰。

樵論華梵曰：諸蕃文字不同，而多本於梵書。流入中國，代有大鴻臚之職，譯經潤文之官，恐不能盡通其旨，不可不論也。梵書左旋，其勢向右；華書右旋，其勢向左。華以正錯成文，梵以偏纏成體。華則一字該一音，梵則一字或貫數音。華以直相隨，梵以横相綴。華蓋以目傳，故必詳於書；梵以口傳，如曲譜然，書但識其大略。華之讀別聲，故就聲而借；梵之讀別音，故即音而借。

又曰：梵人別音在音，不在字；華人別字在字，不在音。故梵書甚簡，不過數個屈曲耳，差別不多，亦不成文理，而有無字之音焉。華人若不別音，如切韵之學，自漢以前，人皆不識，實自西域流入中土。所以韵圖之類，釋子多能言之，而儒者皆不識起例，以其源流出於彼耳。華書制字極密，點畫極多，梵書比之，實相遼邈，故梵有無窮之音，而華有無窮之字。梵則音有妙義，而字無文彩；華則字有變通，而音無錙銖。梵人長於音，所得從聞入，故曰：「此方真教體，清凈在音聞。我昔三菩提，盡從聞中入。」有「目根功德少，耳根功德多」之說。華人長於文，所得從見入，故天下以識字人爲賢智，不識字人爲庸愚。

石鼓文考三卷

陳氏曰：鄭樵撰。其説以爲石鼓出於秦，其文有與秦斤、秦權合者。

嘯臺集古録二卷〔一六〕

陳氏曰：王球子弁撰〔一七〕。李邴漢老序之，稱故人長孺之子，未詳何王氏也〔一八〕。皆録古彝器款識，自商迄秦，凡數百章，以今文釋之，疑者闕焉。

前漢古字韵編五卷

陳氏曰：侍郎宣城陳天麟季陵撰。取漢書所用古字，以今韵編入之。

班馬字類二卷

陳氏曰：參政嘉禾婁機彦發撰。取二史所用古字及假借通用者，以韵類之〔一九〕，洪邁景盧作序。

閣本法帖十卷

樂静李昭玘跋：太宗皇帝治定餘暇，遊意翰墨，遣使購古帝王名卿墨帖，集爲十卷，詔鏤版藏禁中，每大臣登二府，即賜焉，歲久，寖不復賜。元豐中，嘉王嘗從神考借其板，模搨幾百本，王府官盡得之，士大夫間亦見一二。初，長沙僧希白填本刻石，河東潘氏、御史劉次莊又作别本，識者謂希白善書，不甚失真；潘復易次，間以他書；御史所模，尤疏闊。夫獨前者縱，學步者拘，因人之迹，而又加意焉，則目亂而心疑，神已虧矣，故終不近也。

法帖釋文十卷〔二〇〕

鼂氏曰：淳化法帖既已焚板，元祐中，有劉次莊者模刻之石，復取帖中草書世所病讀者，爲釋文行於世。

陳氏曰：劉次莊元祐中爲官帖釋文，刻石臨江。而武岡又嘗傳刻絳州民潘氏帖。嘉定中，汪立中取劉本分二十卷，中官帖所無者增附之。

法帖要録十卷

陳氏曰：唐大理卿河東張彦遠愛賓撰。彦遠，弘靖之孫，三世相閲〔二一〕。其父文規嘗刺湖州，著吴興雜録。

金壺記一卷

陳氏曰：僧適之撰。集書家故事，以二字爲題，而注所出於其下，凡三百餘條。

飛白叙録一卷

陳氏曰：錢惟演希聖撰。天聖四年序進。

法帖刊誤二卷

陳氏曰：黄伯思長睿撰。淳化法帖出於待詔王著去取〔三〕。時祕府墨蹟真贋雜居，著不能辨也，但欲備晉、宋間名蹟，遂至以江南人一手僞帖竄入其間，鄙惡之甚。米南宫辨之，十已得七八，至長睿，益精詳矣。

籀史二卷

陳氏曰：翟耆年伯壽撰。裒諸家鍾鼎圖説爲一編，頗有考究。

絳帖評二十卷〔三〕

陳氏曰：鄱陽姜夔堯章撰。

山谷黄氏跋絳本法帖：心能轉腕，手能轉筆，書字便如人意。古人工書無他異，但能用筆耳。元豐八年五月戊申，趙正夫出此書於平原官舍，會觀者三人，石庭簡、柳子文、黄庭堅。

蘭亭博議十五卷

陳氏曰：淮海桑世昌撰。世昌居天台，陸放翁諸甥，博雅能詩。

蘭亭考十三卷

山谷黄氏蘭亭跋曰：王右軍禊飲序草，號稱最得意書，宋、齊以來，似藏在祕府，士大夫間，未聞稱述，豈未經大盜兵火時，蓋有墨蹟在蘭亭右者？及蕭氏、宇文焚蕩之餘，千不存一，永師晚出，所見好迹〔二四〕，唯有蘭亭，故爲虞褚輩道之〔二五〕，所以太宗求之百方，期於必得。其後公私相盜，今竟失之。書家晚得定武石本，髣髴有古人筆意耳。褚庭誨所臨極肥〔二六〕，而洛陽張景元斸地得缺石極瘦，定武本則肥不剩肉，瘦不露骨，猶可想其風流。三石刻皆有佳處，不必寶己有而非彼也。

陳氏曰：即博議也，浙東庾司所刻。視初本頗有删改，初十五篇，今存十三篇，去其集字篇後人集蘭亭字作書帖、詩銘之類者，又附見篇兼及右軍他書蹟，於樂毅論尤詳。其書始成，本名博議，高内翰文虎炳如爲之序。及其刊也，其子似孫主爲删改，去此二篇固當，而其他務從省文，多失事實，或戾本意。其最甚者，序文本亦條達可觀，亦竄改無完篇，首末闕漏，文理斷續，於其父猶然，深可怪也。此書累十餘卷，不過爲晉人一遺帖，自是作無益，玩物喪志，本無足云。其中所録諸家跋語，有昭然僞妄而不能辨者，不暇疏舉〔二七〕。

法書撮要十卷〔二八〕

陳氏曰：吴興蔡旹山父撰。以書家事實分門條類，亦無所發明。淳熙中人。

書苑菁華二十卷

陳氏曰：臨安書肆陳思者集刻。〔二九〕

按：以字書入小學門，自漢志已然，歷代史志從之，至陳直齋所著書録解題，則以爲書品、書斷之類，所論書法之工拙，正與射御同科，特削之，俾列於雜藝，不以入經録。夫書雖至於鍾、王，乃游藝之末者，非所以爲學，削之誠是也。然六經皆本於字，字則必有真行草篆之殊矣，且均一字也，屬乎偏旁音韵者則入於小學，屬乎真行草篆者則入於雜藝，一書而析爲二門，於義亦無所當矣。故今並以入小學門，仍前史舊云。

蒙求三卷

鼂氏曰：唐李瀚撰〔三〇〕。纂經傳善惡事實類者，兩兩相比爲韵語，取蒙卦「童蒙求我」之義名其書，蓋以教學童云。

陳氏曰：本無義例，信手肆意，雜襲成章，取其韵語易於訓誦而已。今舉世誦之，以爲小學發蒙之事〔三一〕。

補注蒙求八卷

陳氏曰：徐子光撰。以李瀚蒙求句爲之注，本句之外，兼及其他人事。

左氏蒙求三卷

鼂氏曰：皇朝王舜俞序。不知何人所作，過於綱領者。

左氏綱領四卷

鼂氏曰：皇朝文濟道撰。排比事實爲儷句，蒙求之類也。

兩漢蒙求十卷

陳氏曰：樞密吴興劉珏希范撰〔三〕。紹聖中所序。

十七史蒙求二卷

陳氏曰：題王先生，不著名。或云王令也。

宋朝蒙求二卷

陳氏曰：端明殿學士成都范鎮景仁撰。

唐史屬辭五卷　南北史蒙求十卷

鼂氏曰：未詳撰人，皆效李瀚也。

班左誨蒙三卷

陳氏曰：程俱致道撰。

趙氏家塾蒙求二十五卷　宗室蒙求二卷　幼學須知五卷

陳氏曰：餘姚孫應符仲潛撰次〔三〕。此書本書坊所爲，以教小學，應符從而增廣之。

童蒙訓一卷

陳氏曰：中書舍人東萊吕本中居仁撰。

少儀外傳二卷

陳氏曰：吕祖謙撰。雜取經傳嘉言善行，切於立身應世者，皆小學切問之事也，而大要以謹厚爲本。大愚吕氏跋曰：少儀外傳一編，先兄太史所自次輯者也。首命其名曰帥初，次更其名曰辨志，而其終則定以是名焉。某嘗侍坐〔三四〕，蓋與聞所以爲此編之意。蓋以始學之士，徒玩乎見聞，汩乎思慮，輕自大而卒無據，故指其前言往行，所當知而易見者，登之於册，使之不待考索，而自有得於日用之間。其於未易遽知而非可卒見者，則皆略而不載。苟讀是編而無所厭忽，各因其所得而有自立之地，則先兄之本心，庶乎其不泯矣。

辨志録一卷

陳氏曰：皆已見上書，而無次第，當是草創本。

小學書四卷

陳氏曰：朱熹所集古聖格言至論，以教學者，皆成童幼志進學之序也。内篇曰立教、明倫、敬身、稽古，外篇曰嘉言、善行。

朱子語録曰：脩身之法，小學備矣。後生初學，且看小學之書，這個是做人底樣子。學之小大雖不同，而其道則一。小學是事，如事君、事父、事兄、處友等事，大學是發明此事之理。游倪曰：自幼既失小學之序，願授大學。先生曰：授大學甚好，也須把小學書看，只消旬日工夫。

小學字訓

程端蒙撰。

朱子曰：字訓甚佳，言語雖不多，却是一部大爾雅也。

弟子職等五書一卷

陳氏曰：漳州教授張時舉，以管子弟子職篇、班氏女誡、吕氏鄉約、鄉禮、司馬氏居家雜儀合爲一篇。

校勘記

〔一〕景祐知制誥丁度重修　「知制誥」原作「制誥」，據直齋書録解題卷三補。

〔二〕説文哭從吅　「哭從吅」原作「哭後吅」，據郡齋讀書志校證卷四改。馮本、慎本同郡齋讀書志校證卷四。

〔三〕自陽冰前後名人　「陽冰」原作「陽水」，據郡齋讀書志校證卷四改。

〔四〕林中書攄母魏國夫人墓道碑有書之　「碑」原作「俾」，直齋書録解題卷三、馮本作「碑」，據改。

〔五〕豈存中不見舊題　「豈」原闕，據郡齋讀書志校證卷四補。

〔六〕夢英因書此正之　「因書此正之」原作「因此書正之」，據郡齋讀書志校證卷四改。

〔七〕能知大衍之數　「大衍」，歐陽文忠公文集居士集卷四一作「大演」，各本同「大演」。

〔八〕論切韵之學　「論」原闕，據郡齋讀書志校證卷四補。

〔九〕端透定泥知徹澄娘齒音也　郡齋讀書志校證卷四：「徹、澄、娘，齒音也；見、溪、群、疑，喉音也；照、穿、床、審、禪、精、清、從、心、邪，舌音也。」按「見溪」以下，通考略之。

〔一〇〕謂之音和常也　「也」原闕，據郡齋讀書志校證卷四補。

〔一一〕蒸之類　「類」原闕，據直齋書録解題卷三補。

〔一二〕天字必欲作鐵因反之類　「作」原闕，據直齋書録解題卷三補。

〔一三〕而欲使科舉士子盡用篆籀點畫於試卷　「篆籀」原作「象籀」，據直齋書録解題卷三改。

〔一四〕德明蓋博極群書者也　「者」原闕，據郡齋讀書志校證卷四補。

〔一五〕上篇論古今傳記小學異同　「古」原闕，據郡齋讀書志校證卷四補。

〔一六〕嘯臺集古録二卷　「嘯臺」，直齋書録解題卷三作「嘯堂」。

〔一七〕王球子弁撰　「王球」，直齋書録解題卷三作「王俅」。

〔一八〕未詳何王氏也　「未」原作「米」，元本、慎本、馮本同「未」，據改。

〔一九〕以韵類之　「類」原闕，據直齋書録解題卷三補。

〔二〇〕法帖釋文十卷　直齋書録解題卷一四作「武岡法帖釋文二十卷」。

〔二一〕三世相閲　「閲」，直齋書録解題卷一四作「門」。

〔二二〕淳化法帖出於待詔王著去取　「淳化法帖」原作「淳化帖」，據直齋書録解題卷一四補。

〔二三〕絳帖評二十卷　「二十卷」，直齋書録解題卷一四作「一卷」。

〔二四〕所見好迹　「好迹」，津逮祕書本山谷題跋作「妙迹」。

〔二五〕故爲虞褚輩道之　「褚」原作「楮」，據元本、慎本、馮本改。

〔二六〕褚庭誨所臨極肥　「褚庭誨」原作「褚庭晦」，據山谷題跋改。

〔二七〕不暇疏舉　「不暇」，直齋書録解題卷一四作「未暇」。

〔二八〕法書撮要十卷　「法書」原作「法言」，據直齋書録解題卷一四改。

〔二九〕臨安書肆陳思者集刻　「書肆」原作「肆」，直齋書録解題卷一四作「書肆」，各本同「書肆」，據補；「集刻」原作「集别」，直齋書録解題作「集刻」，據改。

〔三〇〕唐李瀚撰　「李瀚」，直齋書録解題卷一四、宋史卷二百七藝文六作「李翰」。

〔三一〕以爲小學發蒙之事　「事」，直齋書録解題卷一四作「首」。是句下通考删去「事有甚不可曉者。余家諸子在褓，未嘗令誦此也」句。

〔三二〕樞密吴興劉珏希范撰　「劉珏希范」原作「劉班希苑」，直齋書録解題卷一四作「劉珏希范」，元本、慎本、馮本同「希范」。按宋史卷三七八本傳：「劉珏希范，湖州長興人，登崇寧五年進士第。有兩漢蒙求十卷。」據改。

〔三三〕陳氏曰餘姚孫應符仲潛撰次　「陳氏」原作「程氏」，「餘姚」原作「餘符」，據直齋書録解題卷一四改。按宋元學案補遺卷三五：「孫應符仲潛，孫介次子，餘姚人。」

〔三四〕某嘗侍坐　「侍」原作「待」，據馮本、慎本改。

卷一百九十一　經籍考十八

史正史各門總　正史

隋經籍志曰：古者天下諸侯，必有國史，以記言行，後世多務，其道彌繁。夏、殷已上，左史記言，右史記事；周則大史、小史、内史、外史、御史分掌其事，而諸侯之國亦置史官。又春秋、國語引周志、鄭書之説，推尋事迹，似當時記事各有職司，後又合而撰之，總成書記。其後陵夷衰亂，史官放絶。秦滅先王之典，遺制莫存。至漢武帝時，始置太史公，命司馬談爲之，以掌其職。時天下計書，皆先上太史，副上丞相，遺文古事，靡不畢臻。談乃據左氏、國語、世本、戰國策、楚漢春秋，接其後事，成一家之言。談卒，其子遷又爲太史令，嗣成其志。上自黄帝，迄於炎漢，合十二本紀、十表、八書、三十世家、七十列傳，謂之史記。遷卒以後，好事者亦頗著述，然多淺鄙，不足相繼。至後漢，扶風班彪綴後傳數十篇，并譏正前失。彪卒，明帝命其子固續成其志。以爲唐、虞、三代，世有典籍，史遷所記，乃以漢氏繼於百王之末，非其義也。故斷自高祖，終於孝平王莽之誅，爲十二紀、八表、十志、六十九傳。潛心積思二十餘年，建初中，始奏表及紀傳，其十志竟不能就。固卒後，始命曹大家續成之。先是，明帝召固爲蘭臺令史，與諸先輩陳宗、尹敏、孟冀等共成光武本紀，擢固爲郎，典校祕書。固撰後漢事，作列傳，載紀二十八篇。其後，劉珍〔一〕、劉毅、劉陶、伏無忌等相次著述東觀，謂之漢紀。及三國鼎峙，魏氏及吴并有史官。晉時，巴西陳壽删集三國之事，唯魏帝爲紀，其功臣及吴、蜀之主並皆爲傳，仍各依其國，部類相從，謂之三國志。壽卒後，梁州大中正范穎表奏其事〔二〕，帝詔河南尹、洛陽令就壽家寫之。自是世有著述，皆擬班、馬以爲正史，作者尤廣，一代之史，至數十家。唯史記、漢書師法相傳，並有解釋。三國志及范曄後漢書雖有音注，既近世之作，並讀之可知。梁時明漢書有劉顯、韋稜，陳時有姚察，隋代有包愷、蕭該，並爲名家。史記傳者甚微，今依其世代，聚而編之，以備正史。

鼂氏曰：後世述史者，其體有三：編年者，以事繫日月，而總之於年，蓋本於左丘明〔三〕；紀傳者，分記君臣行事之終始，蓋本於司馬遷；實録者，其名起於蕭梁，至唐而盛，雜取兩者之法而爲之，以備史官采擇而已，初無制作之意，不足道也。若編年、紀傳，則各有所長，殆未易以優劣論。雖然，編年所載，於一國治亂之事爲詳，紀傳所載，於一人善惡之迹爲詳。用此言之，編年似優，又其來最古。而人皆以紀傳便於披閲，獨行於世，號爲正史，不亦異乎！

王氏揮麈録曰：凡史官紀事，所因者有四〔四〕：一曰時政記，則宰執朝夕議政、君臣之間奏對之語也；二曰起居注，則左、右史所記言動也；三曰日曆，則因時政記、起居注潤色而爲之者也，舊屬史館，元豐官制屬祕書省國史按，著作郎佐主之；四曰臣僚墓碑行狀，則其家之所上也。四者，惟時政，執政之所日録，於一時政事最爲詳備。左、右史雖二員，然輪日侍立，榻前之語既遠不可聞，所賴者臣僚所申，而又多務省事，凡經上殿，止稱别無所得聖語，則可得而記録者，百司關報而已。日曆非二者所有，不敢有所附益。臣僚行狀於士大夫行事爲詳，而人多以其出於門生子弟之類，以爲虛辭溢美，不足取信。雖然，其所泛稱德行功業不以爲信可也〔五〕，所載事迹，以同時之人考之，自不可誣，亦何可盡廢云。

漢志：九家，四百一十一篇。元附春秋，今釐入史門。

按：班孟堅藝文志、七略無史類，以世本以下諸書附於六藝略春秋之後。蓋春秋即古史，而春秋之後，惟秦、漢之事，編帙不多，故不必特立史部。後來傳代既久，史言漸多，而述作之體亦不一，隋志史之類已有十三門，唐以後之志皆因之。然漢志所録世本以下九書，隋志則以太史公書入正史門，戰國策、楚漢春秋入雜史門，而其餘諸書，則後學所不盡見，無由知其合入何門矣，故姑以此九者盡置之正史之首云。

隋志：六十七部，三千八十三卷。通計亡書，合八十部〔六〕，四千三十卷。

唐志：正史、集史共七十五家，九十六部，五千一百有七卷〔七〕。

宋三朝志：二十六部，二千一十卷。

宋兩朝志：六部，五百五十六卷。

宋四朝志：一十三部，一千一百六十七卷。

宋中興志：三十九家，四十二部，二千八百七十七卷。

右正史。

隋經籍志：自史官放絶，作者相承，皆以班、馬爲準。漢獻帝雅好典籍，以班固漢書文繁難省，命潁川荀悦作春秋左傳之體〔八〕，爲漢紀三十篇，言約而事詳，辨論多美，大行於世。至晉太康元年，汲郡人發魏襄王冢〔九〕，得古竹簡書，字皆科斗。帝命中書監荀勖、令和嶠等，撰次爲十五部，八十七卷。多雜碎怪妄，不可訓知，唯周易、紀年最爲分了。其周易上下篇與今正同。紀年皆用夏正建寅之月爲歲首，起自夏、殷、周三代王事，無諸侯國別。唯特記晉國，起自殤叔，次文侯、昭侯，以至曲沃莊伯。盡晉國滅，獨記魏事。下至魏哀王，謂之「今王」，蓋魏國之史記也。其著書皆編年相次，文意但似春秋經〔一〇〕，諸所記事多與春秋左氏扶同。學者因之，以爲春秋則古史記之正法，有所著述，多依春秋之體。今依其世代，編而叙之，以見作者之别，謂之古史。

宋三朝藝文志：編年之作，蓋春秋舊，自東漢後，變名滋多，至北齊，或曰紀，或曰春秋，或曰略，或曰典，或曰志，梁有皇帝實録，唐貞觀中，作高祖實録，自是訖皇朝爲之。

隋志：三十四部，六百六十六卷。

唐志：四十一家，四十八部，九百四十七卷。失姓名四家，柳芳以下不著録十九家，三百五十五卷。

唐志：實録二十八部，三百四十五卷。劉知幾以下不著録四百五十七卷。

按：實録即是倣編年之法，惟唐志專立實録一門，隋史以實録附雜史，宋志以實録附編年，今從宋志。

宋四朝志：二十四部，一千二百一十卷。宋敏求武宗以下，元入雜史門，今附此。

宋中興志：七十一家，八十七部，二千四百九十一卷。

右編年。

隋經籍志：起居注者，録紀人君言行動止之事。春秋傳曰：「君舉必書。」周官：內史掌王之命，遂書其副而藏之，是其職也。漢武帝有禁中起居注，後漢明德馬后撰明帝起居注。然則漢時起居，似在宮中，爲女史之職，然皆零落，不可復知。今之存者，有漢獻帝及晉代已來起居注，皆近侍之臣所録。晉時又得汲冢書〔一〕，有穆天子傳，體製與今起居注同，蓋周時內史所記王命之副也。近代以來，别有其職，事在百官志。今依其先後，編而次之。其僞國起居，唯南燕一卷，不可别出，附之於此。

宋三朝藝文志：古者左史記言，右史記動。厥後有起居注，蓋記動也；時政紀，蓋記言也；又有日曆，兼言動而成之。淳化以來，悉備其書。唐録編年之外，又有起居注，類前代記注。今惟唐創業起居注存焉，餘悉亡逸。國朝起居注、時政記、日曆秘在有司〔二〕，不列於此。

隋志：四十四部，一千一百八十九卷。

唐志：六家，三十八部，一千二百七十二卷。失姓名二十六家，開元起居注以下不著録三家。

唐志：詔令十一部，三百五卷。失姓名十家，温彦博以下不著録十一家，二百二十二卷。

按：唐志特立詔令一門，歷代史皆無之。按古者左史記言〔三〕，右史記動，後來官制中起居郎〔四〕、起居舍人，即左、右之任也。故以詔令併入起居注門，庶從其類云。

宋中興志：七部，四千三百一十二卷。本志元以實録、日曆俱入編年，今除實録入編年外，以日曆附於起居注。

右起居注。

史記一百三十卷

鼂氏曰：右漢太史令司馬遷續其父談書。創爲義例，起黄帝，迄於漢武獲麟之歲〔一五〕。撰成十二紀以序帝王，十年表以貫歲月，八書以紀政事，三十世家以叙公侯，七十列傳以志士庶。上下三千餘載，凡爲五十二萬六千五百言。遷没後，缺景、武紀、禮、樂、律書、三王世家、漢興以來將相年表、日者、龜策傳、靳蒯列傳等十篇。元、成間，褚少孫追補，及益以武帝後事，辭旨淺鄙，不及遷書遠甚。遷書，舊裴駰爲之解云〔一六〕。班固常譏遷〔一七〕，「論大道則先黄、老而後六經，序遊俠則退處士而進姦雄，述貨殖則崇勢利而羞貧賤」。後世愛遷者多以此論爲不然。謂遷特感當世之所失，憤其身之所遭，寓之於書，有所激而爲此言耳，非其心所謂誠然也。當武帝之世，表章儒術，而罷黜百家，宜乎大治，而窮奢極侈，海内凋敝，反不若文、景尚黄、老時人主恭儉，天下饒給。此其所以先黄、老而後六經也。武帝用法刻深，群臣一言忤旨，輒下吏誅，而當刑者，得以貨免。遷之遭李陵之禍，家貧無財賄自贖，交遊莫救，卒陷腐刑。其進姦雄者，蓋遷嘆時無朱家之倫，不能脱己於禍，故曰：「士貧窘得委命，此豈非人所謂賢豪者邪？」其羞貧賤者，蓋自傷特以貧故，不能自免於刑戮，故曰：「『千金之子，不死於市』，非空言也。」固不察其心而驟譏之，過矣！

陳氏曰：漢太史令夏陽司馬遷子長撰，宋南中郎參軍河東裴駰集注。按：班固云：遷據左氏、國語，采世本、戰國策，述楚漢春秋，接其後事，訖於天漢〔一八〕，斯以勤矣。十篇闕，有録亡書。張晏曰：遷没之後，亡景武紀、禮、樂、兵書、漢興將相年表、三王世家、日者、龜策、靳歙傳寬列傳〔一九〕。元、成之間，褚先生補作武紀、三王世家、日者、龜策傳，言辭鄙陋，非遷本意也。顔師古曰：本無兵書，張説非也。今按此十篇者，皆具在。褚所補武紀全寫封禪書，三王世家但述封拜策書，二列傳皆猥釀不足進〔二〇〕。而其餘六篇，景紀最疏略，禮、樂書謄荀子禮論、河間王樂紀，傳靳列傳與漢書同，而將相年表迄鴻嘉，則未知何人所補也。褚先生者，名少孫。裴駰即注三國志松之之子也。始徐廣作史記音義，駰本之以成集解。竊嘗謂著書立言，述舊易，作古難，六藝之後，有四人焉。摭實而有文采者，左氏也；馮虚而有理致者，莊子也；屈原變國風、雅、頌而爲離騷；及子長易編年而爲紀傳，皆前未有比〔二一〕，後可以爲法，非豪傑特起之士，其孰能之？

李方叔師友讀書記曰：司馬遷作史記，大抵譏漢武帝所短爲多，故其用意遠，揚雄、班固之論不得實。見班固司馬遷傳。秦始皇本紀皆譏武帝也，可以推求史記，其意深遠，則其言愈緩，其事繁碎，則其言愈簡，此詩、春秋之義也。

朱子語録曰：司馬遷才高識亦高，但麤率。太史公三代本紀皆著孔子所損益四代之説，高帝紀又言「色尚黄，朝以十月」，此固有深意。且以孔、顔而行夏時，乘殷輅，服周冕，用韶舞，則固好；以劉季爲之，則亦未濟事在。曹器遠云：「黄屋左纛，朝以十月，葬長陵。此事大事，所以書在後。」先生云：「某嘗謂史記恐是箇未成底文字，故記載無叙，有疏闊不接續處，如此等是也。」伯恭、子約宗太史公之學，以爲非漢儒所及，某嘗痛與之辨。子由古史言馬遷「淺陋而不學，疏略而輕信」，此二句最中馬遷之失，伯恭極惡之。古史序云：古之帝王，其必爲善〔二二〕，如火之必熱，水之必寒；其不爲不善〔二三〕，如騶虞之不殺，竊脂之不穀。此語最好。某嘗問伯恭，此豈馬遷所能及？然子由此語雖好〔二四〕，又自有病處，如云「帝王之道，以無爲宗」之類。他只說得箇頭勢大，然下面工夫，又皆空疏。亦猶馬遷禮書云：「大哉，禮樂之道！洋洋乎，鼓舞萬物，役使群動。」說得頭勢甚大，然下面亦空疏，却引荀子諸說以足之。又如諸侯年表盛言：「形勢之利，有國者不可無。」末却云：「形勢雖强，要以行義爲本。」他上文本意主張形勢，而其末却如此說者，蓋他也知仁義是箇好底物事，不得不說，且說教好看。如禮書所云，亦此意也。伯恭極喜渠此等說，以爲遷知行夏之時，乘殷之輅，服周之冕，爲得聖人爲邦之法，非漢儒所及。此亦衆所共知，何必馬遷？然遷嘗從董仲舒遊，史記中有「余聞之董生」云，此等語言，亦有所自來也。遷之學，也說仁義，也說詐力，也用權謀，也用功利，然其本意却只在於權謀功利。又如伯夷傳，孔子正說伯夷「求仁得仁，又何怨」，他一傳中首尾皆是怨辭，盡說壞了伯夷。子由古史皆刪去之，盡用孔子之語作傳，豈可以子由爲非，馬遷爲是？可惜子由死了，此論至死不曾明。聖賢以六經垂訓，炳若丹青，無非仁義道德之說。今求義理，不於六經，而反取疏略淺陋之子長，亦惑之甚矣！

東萊吕氏曰：太史公之書法，豈拘儒曲士所能通其說乎？其指意之深遠，寄興之悠長，微而顯，絶而續，正而變，文見於此而起義於彼，有若魚龍之變化，不可得而蹤迹者矣！讀是書者，可不參考互觀，以究其大指之所歸乎？

夾漈鄭氏曰：仲尼既没，諸子百家興焉，各效論語，以空言著書，至於歷代實迹，無所統繫〔二五〕。迨漢建元、元封之後，司馬氏父子出焉，世司典籍，工於制作，故能上稽仲尼之意，會詩、書、左傳、國語、世本、戰國策、楚漢春秋之言，通黄帝、堯、舜，至於秦、漢之世，勒成一書，分爲五體，本紀記年，世家傳代，表以正曆，書以類事，傳以著人。使百代而下，史官不能易其法，學者不能捨其書，六經之後，惟有此作。故謂周公五百歲而有孔子，孔子五百歲而在斯乎！是其所以自待者已不淺。然大著述者，必深於博雅，而盡見天下之書，然後無恨。當遷之時，挾書之律初除，得書之路未廣，亘三千年之史籍，而跼蹐於七八種書。所可爲遷恨者，博不足也。凡著書，雖雜前人之書〔二六〕，必自成一家言。左氏，楚人也，所見多矣，而其書皆楚人之詞。公羊，齊人也，所聞多矣，而其書皆齊人之語。今遷書全用舊文，間以俚俗〔二七〕，良由采摭未備，筆削不遑。故曰：「余不敢墮先人之言〔二八〕，乃述故事，整齊其傳，非所謂作也〔二九〕。」劉知幾亦譏其「多聚舊記，時插新言」。所可爲遷恨者，雅不足也。大抵開基之人，不免草創，全屬繼志之士爲之彌縫。晉之乘，楚之檮杌，魯之春秋，其實一也。乘、檮杌無善後之人，故其不行〔三〇〕；春秋得仲尼挽之於前，左氏推之於後，故其書與日月並傳。不然，則一卷事目，安能行於世？自春秋之後，惟史記擅制作之規模，不幸班固非其人，遂失會通之旨，司馬氏之門户自此衰矣。先公曰：太史公整齊世傳，論次其文，七年而遭李陵之禍，於是述陶唐迄獲麟止。是史記二千四百一十三年之書年數張守節説〔三一〕。以七年而成。

前漢書一百卷〔三二〕

鼂氏曰：後漢玄武司馬班固續司馬遷史記撰。十二帝紀，八年表，十本志，七十列傳。起高祖，終於王莽之誅，二百三十九年，凡八十餘萬字。固既瘐死〔三三〕，書頗散亂，章帝令其妹曹世叔妻昭就東觀緝校，内八表、天文志皆其所補也。唐太宗子承乾，令顔師古考衆説爲之注。范曄譏固飾主闕〔三四〕，蓋亦不然。其贊多微文，顧讀者弗察耳。劉知幾又詆其古今人物表無益於漢史。此論誠然，但非固之罪也。至謂受金鬻筆，固雖諂附匪人，亦何至是歟？然識者以固書皆因司馬遷、王商〔三五〕、揚雄、歆、向舊文潤色之，故其文章首尾皆善，而中間頗冗瑣，良由商之才〔三六〕，視數子微劣耳。固之自叙稱述者，豈亦謂有所本歟？

陳氏曰：漢尚書郎扶風班固孟堅撰。唐祕書監京兆顔師古注。本傳稱字籀，恐當名籀，而以字行也。固父，徐令彪叔皮，以司馬氏史記太初以後闕而不録，故作後傳數十篇。固以所續未詳，探撰前記，綴集所聞，以爲漢書。起高祖，終孝平王莽之誅，二百三十年，爲春秋考紀、表、志、傳凡百篇，自永平受詔，至建初中乃成。按班昭傳云，八表并天文志未竟而卒，和帝詔昭就東觀藏書踵成之。今中興書目以爲章帝時，非也。固坐竇憲死永元初，不在章帝時。師古以太子承乾之命，總先儒注解，服虔，應劭而下二十餘人，删繁補略，裁以己説，遂成一家。世號杜征南、顔監爲左氏班史忠臣〔三七〕。

李方叔師友談記曰：左氏傳春秋二百四十二年，其書止十九萬言。太史公史記上自黄帝下至漢武，三千餘年，止七十萬言。而班固漢書十二帝間二百三十年，乃一百萬言。雖稱良史善叙事，至於案牘之文，卑陋之事，悉皆載之，其失春秋之旨遠矣！春秋蓋三萬言而已〔三八〕。

夾漈鄭氏曰：班固浮華之士，全無學術，專事剽竊。肅宗問以制禮作樂之事，固對以在京諸儒必能知之。倘臣鄰皆如此，則顧問何取焉？及諸儒各有所陳，惟竊叔孫通十二篇之儀以塞白而已。倘臣鄰皆如此，則奏議何取焉？肅宗知其淺陋，故語竇憲曰：「公愛班固而忽崔駰，此葉公之好龍也。」固於當時已有定價，如此人才，將何著述？史記一書，功在十表，猶衣裳之有冠冕，木水之有本源。班固不通旁行，却以古今人物强立等差〔三九〕；且謂漢紹堯運，自當繼堯，非遷作史記厠於秦、項，此則無稽之談也。由是斷漢爲書〔四〇〕，是致周、秦不相因，古今成間隔。自高祖至武帝，凡六帝之前〔四一〕，盡竊遷書，不以爲慚；自昭帝至平帝凡六世之後〔四二〕，資於賈逵、劉歆，復不以爲恥。况又有曹大家終篇，則固之自爲書也幾希。往往出固之胸中者，古今人表耳。他人無此謬也！後世衆史修書〔四三〕，道旁築室，掠人之文，竊鈴掩耳，皆固之作俑也。固之事業如此，後來史家奔走班固之不暇，何能測其深淺？遷之於固，如龍之於猪，奈何諸史棄遷而用固，劉知幾之徒尊班而抑馬。且善學司馬遷者，莫如班彪。彪續遷書自武昭至於後漢〔四四〕，欲令後人之續己，如己之續遷，既無衍文，又無絶緒，世世相承，如出一手。善乎，其繼志也！其書不可得而見，所可見者，元、成二帝贊耳。皆於本紀之外，別記所聞，可謂深入太史公之閫奥矣〔四五〕。凡左氏之有「君子曰」者，皆經之新意。史記之有「太史公曰」者，皆史之外事，不爲褒貶也。間有褒貶者，褚先生之徒雜之耳。且紀傳之中，既載褒貶善惡，足爲監戒，何必紀傳之後更加褒貶？此乃諸生決科之文，何施於著述？殆非遷、彪之意。况謂爲「贊」，豈有貶詞〔四六〕？後之史家，或謂之論，或謂之序，或謂之撰〔四七〕，或謂之評，皆效班固，臣不得不劇論固也。

又曰：顏師古解漢書，所以得忠臣之名者，以其盡之矣。漢書未經顏氏之前，凡幾家，一經顏氏之後，後人不能易其説，縱有措辭易説之者，如朝月曉星，不能有其明也。詳見經録左氏傳條下。

容齋洪氏曰：班固著漢書，制作之工，如英、莖、咸、韶，音節超詣，後之爲史者，莫能及其髣髴。然至後漢中所載固之文章，斷然如出兩手。

又曰：顏師古注漢書，評較諸家之是非最爲精盡，然有失之贅冗及不煩音釋者。其始遇字之假借，從而釋之，既云「他皆類此」，則自是以降，不煩申言。然有字義不深秘，既爲之辭，而有數出至同在一板内再見者，如項羽一傳，伯讀曰霸，至於四言之，此類繁多，不可勝數。顏自注敘例云：「至如常用可知〔四八〕，不涉疑昧者，衆所共曉，無繁翰墨。」殆與今書相矛盾也。

後漢書九十卷　志三十卷

鼂氏曰：宋范曄撰。十帝紀，八十列傳。唐高宗令章懷太子賢與劉訥言、革希元〔四九〕等作注。初，曄令謝儼撰志，未成而曄伏誅，儼悉蠟以覆車。梁世，劉昭得舊本，因補注三十卷。觀曄與甥侄書，叙其作書之意，稱自古體大而思精，未有如此者。又謂諸序論筆勢放縱，實天下之奇作，往往不減過秦論，常以此擬班氏，非但不愧之而已。其自負如此。然世多譏曄創爲皇后紀，及采風俗通中王喬、抱朴子中左慈等詭譎事，列之於傳，又贊辭佻巧，失史之體云。

陳氏曰：按唐藝文志爲後漢史者有謝承、薛瑩、司馬彪、劉義慶、華嶠、謝沈、袁山松七家，其前又有劉珍等東觀記，至曄乃删取衆書，爲一家之作。其自視甚不薄，然頗有略取前人舊文者，注中亦著其所從出。至於論後有贊，尤自以爲傑思，殆無一字虚設。自今觀之，幾於贅矣！

又曰：志三十卷，晉祕書監河内司馬彪紹統撰，梁剡令平原劉昭宣卿補注〔五〇〕。曄本書，隋唐志皆九十七卷，今書紀、傳共九十卷，蓋未嘗有志也。劉昭所注，乃司馬彪續漢書之八志爾。序文固云范志今闕，乃借舊志注以補之，其與范氏紀傳，自别爲一書。其後紀傳孤行，而志不顯。至本朝乾興初，判國子監孫奭始建議校勘，但云補亡借闕〔五一〕，而不著其爲彪書也。館閣書目乃直以百二十卷併稱曄撰，益非是。今考章懷注所引稱續漢志者，文與今志同，信其爲彪書不疑。彪，晉宗室，高陽王睦之長子，多所注述，注莊子及九州春秋之類是也。

朱子語録曰：劉昭補志，於冠幘車服尤詳，前史所無。

水心葉氏曰：前漢雖有太史令司馬遷，以爲百年之間，遺文古事，靡不畢集，紬石室金匱，自成一家，然朝廷之上，本無史官可考。班固亦不過綴輯所聞爲書，賴其時天下一家，風俗稍質，流傳不至甚謬。要之兩書之不可盡信者，亦多矣。至後漢，始有史官東觀著説，前後相承。范曄所以能述史於二百年之後，由有諸家舊書也。然東漢雖有著記，而當時風俗之質，則不如前漢，而所載多溢詞，又胡廣、蔡邕父子竟不能成書，故一代典章，終以放失。范曄類次齊整，用律精深，但見識有限，體致局弱，爲可恨耳。其序論欲於班固之上增華積靡，縷貼綺繡，以就篇帙，而自謂筆勢縱放，實天下之奇作。蓋宋、齊以來文字，自應如此，不足怪也。

三國志六十五卷

鼂氏曰：晉陳壽撰。魏四紀、二十六列傳，蜀十五列傳，吴二十列傳。宋文帝嫌其略，命裴松之補注，博採群説，分入書中，其多過本書數倍。王通數稱壽書，今細觀之〔五二〕，實高簡有法。如不言曹操本生，而載夏侯惇及淵於諸曹傳中，則見嵩本夏侯氏之子也。高貴鄉公書卒，而載司馬昭之奏，則見公之不得其死也。他皆類此。但以魏爲紀，而稱漢、吴曰傳，又改漢曰蜀，世頗譏其失。至於謂其銜諸葛孔明髡父，而爲貶辭，求丁氏之米不獲，不立儀、廙傳之類，亦未必然也。

陳氏曰：壽書初成時，人稱其善叙事，張華尤善之。然乞米作佳傳，以私憾毁諸葛亮父子，難乎免物議矣！王通謂壽有志於史，依大義而黜異端，然要爲率略。松之在元嘉時承詔爲之注，鳩集傳記，增廣異聞。大抵本書固率略，而注又繁蕪，要當會通裁定，以成一家，而未有奮然以爲己任者。豐、祐間，南豐吕南公鋭意爲之，題其齋曰「衮斧」，書垂成而死，遂弗傳。又紹興間吴興鄭知幾維心嘗爲之，鄉里前輩多稱其善，而書亦不傳。近永康陳亮亦頗有意焉，僅成論贊數篇，見集中，而書實未嘗修也。

水心葉氏曰：陳壽筆高處逼司馬遷；方之班固，但少文義緣飾爾，要終勝固也。近世有謂三國志當更脩定者，蓋見注所載尚有諸書，不知壽盡取而爲書矣。注之所載，皆壽書之棄餘也。後生誦讀不詳，輕立議論，最害事。

續後漢書四十卷

廬陵貢士蕭常撰。周平園序略曰：陳壽身爲蜀人，徒以仕屢見黜，父又爲諸葛亮所髡，於劉氏君臣，不能無憾。著三國志以魏爲帝，而指漢爲蜀，與孫氏俱謂之「主」，設心已偏。故凡當時祫祭高祖以下昭穆制度〔五三〕，皆略而弗書。方且乞米於人，欲爲佳傳。私意如此，史筆可知矣！其死未幾，習鑿齒作漢晉春秋，起漢光武，終晉愍帝，以蜀爲正，魏爲篡。謂「漢亡僅一二年，則已爲晉，炎興之名，天實命之」，是蓋公論也。然五十四卷徒見於唐藝文志及本朝太平御覽之目，逮仁宗時修崇文總目，其書已逸。或謂世亦有之，而未之見也。幸晉史載所著論千三百餘言，大旨昭然。劉知幾史通云：備王道則曹逆而劉順。本朝歐陽修論正統而不黜魏，其賓客章望之著明統論非之〔五四〕，見於國史。近世張栻經世紀年，直以先主上繼獻帝爲漢，而附魏、吳於下方，皆是物也。今廬陵貢士蕭常潛心史學，謂古以班固史爲漢書，范曄史爲後漢書，乃起昭烈章武元年辛丑，盡少帝炎興元年癸未，爲續後漢書。既正其名，復擇注文之善者併書之。積勤二十年，成帝紀、年表各二卷，列傳十八卷，吳載記十一卷，魏載記九卷，別爲音義四卷。惜乎壽疏略於前，使常不得追記英賢憲章於後，以釋裴松之之遺恨也！

右正史。

校勘記

〔一〕劉珍　原作「劉玠」，據元本、慎本、馮本、弘治本及後漢書卷八〇上文苑列傳、隋書卷三三經籍志改。

〔二〕梁州大中正范穎表奏其事 「范穎」,元本、愼本、馮本、弘治本及隋書卷三三經籍志同。按晉書卷八二陳壽傳及史通卷一二古今正史均作「范頵」,疑是。

〔三〕蓋本於左丘明 原脱「於」字,元本、愼本、馮本脱「本」字。按下文云「蓋本於司馬遷」,與此句式相同,故據郡齋讀書志卷五補。

〔四〕所因者有四 「者」下原有「例」字,據元本、愼本、馮本、弘治本及揮麈録後録删。

〔五〕不以爲信可也 「不以爲信」原作「不足以爲信」。按「足」蓋涉上「不足取信」而衍,故據揮麈録後録删。

〔六〕通計亡書合八十部 原脱「十」字,據元本、愼本、馮本、弘治本及隋書卷三三經籍志補。

〔七〕五千一百有七卷 元本、愼本同,馮本「有」作「零」。

〔八〕命潁川荀悦作春秋左傳之體 「潁川」,原作「穎川」。按潁川郡名,秦置,因潁水得名。地志均作「潁川」。故據隋書卷三三經籍志及後漢書卷六二荀淑傳改。

〔九〕汲郡人發魏襄王冢 「王」原作「主」,據愼本、馮本、弘治本及隋書卷三三經籍志改。

〔一〇〕文意但似春秋經 「似」原作「以」,據元本、馮本及隋書卷三三經籍志改。

〔一一〕晉時又得汲冢書 「得」原作「復」,據隋書卷三三經籍志改。

〔一二〕日曆秘在有司 「在」字原脱,據元本、愼本、馮本補。

〔一三〕古者左史記言 「者」字原脱,據元本、愼本、馮本、弘治本補。

〔一四〕後來官制中起居郎 「來」字原脱,據元本、愼本、馮本、弘治本補。

〔一五〕迄於漢武獲麟之歲 「漢武」二字原脱,據元本、愼本、馮本、弘治本及郡齋讀書志卷五補。

〔一六〕舊裴駰爲之解云　元本、慎本、馮本、弘治本同。郡齋讀書志卷五「舊」下有「有」字。疑是。

〔一七〕班固常譏遷　元本、慎本、馮本、弘治本同。郡齋讀書志卷五「常」作「嘗」。

〔一八〕訖於天漢　「天」原作「大」。今據馮本及漢書卷六二司馬遷傳、裴駰史記集解序、司馬貞史記索引序、張守節史記正義序改。

〔一九〕靳歙傅寛列傳　原作「靳蒯傅歙列傳」，元本、慎本、馮本、弘治本均作「靳歙傅寛列傳」。按史記卷九八有「傅靳蒯成列傳」，所傳者爲陽陵侯傅寛、信武侯靳歙、蒯成侯周緤三人。下文又云「傅靳列傳」。故原誤，今據直齋書録解題卷四改。

〔二〇〕二列傳皆猥釀不足進　「進」，元本、慎本、馮本、弘治本同。直齋書録解題卷四作「道」，疑是。

〔二一〕皆前未有比　「皆」原作「者」，據馮本及直齋書録解題卷四改。

〔二二〕其必爲善　元本、慎本、馮本、弘治本同。古史原叙「必」作「於」。

〔二三〕其不爲不善　元本、慎本、馮本、弘治本同。古史原叙「其」下有「於」字。

〔二四〕然子由此語雖好　「此」原作「之」，據元本、慎本、馮本、弘治本改。

〔二五〕無所統繫　元本、慎本、馮本、弘治本同。通志總序「統」作「紀」。

〔二六〕雖雜前人之書　元本、慎本、馮本、弘治本同。通志總序「雜」作「采」。

〔二七〕間以俚俗　各本同。通志總序「俗」作「語」。

〔二八〕隳先人之言　「之」字原脱，據元本、慎本、馮本、弘治本及通志總序補。按史記卷一三〇太史公自序作「隳先人所言」。

〔二九〕非所謂作也　「謂」字原無，據通志總序及史記卷一三〇太史公自序補。

〔三〇〕故其不行　「其」原作「俱」，據元本、慎本、馮本、弘治本及通志總序改。

〔三一〕年數張守節説　「張守節」原作「張中節」，據馮本及史記正義改。

〔三二〕前漢書一百卷　「百」字原脱，據元本、慎本、馮本、弘治本及漢書補。

〔三三〕固既瘐死　「瘐」原作「瘦」，據元本及郡齋讀書志卷五改。

〔三四〕范曄譏固飾主闕　「主」原作「王」，據元本、慎本、馮本、弘治本及郡齋讀書志卷五改。

〔三五〕王商　各本同。按今未見述司馬遷書有名「王商」者，漢書卷三〇藝文志載「馮商所續太史公七篇」，韋昭曰：「馮商受詔續太史公十餘篇，在班彪别録。商字子高。」同書卷五九張湯傳贊如淳注曰：「班固目録：馮商長安人，成帝時以能屬書待詔金馬門，受詔續太史公書十餘篇。」史通卷一二古今正史亦作「馮商」。疑「王商」爲「馮商」之訛。

〔三六〕良由商之才　「商」原作「固」，據元本、慎本、馮本、弘治本及郡齋讀書志卷五改。

〔三七〕世號杜征南顔監爲左氏班史忠臣　「左氏」二字原無，據直齋書録解題卷四補。

〔三八〕春秋蓋三萬言而已　「三」原脱，據元本、慎本、馮本、弘治本補。

〔三九〕班固不通旁行却以古今人物强立等差　元本、慎本、馮本、弘治本同。通志總序作「班固不通旁行邪上，以古今人物强立等差」。

〔四〇〕由是斷漢爲書　元本、慎本、馮本、弘治本同。通志總序「是」作「其」。

〔四一〕凡六帝之前　元本、慎本、馮本、弘治本同。通志總序「帝」作「世」。

〔四二〕凡六世之後　元本、慎本、馮本、弘治本同。通志總序無「之後」二字。

〔四三〕後世衆史修書　元本、慎本、馮本、弘治本同。通志總序「史」作「手」。

〔四四〕自武昭至於後漢　元本、慎本、馮本、弘治本同。通志總序「武昭」作「孝武」。

〔四五〕可謂深入太史公之閫奥矣　原作「奥閫」，據通志總序乙正。

〔四六〕豈有貶詞　「貶」原作「褒」，據通志總序改。

〔四七〕或謂之撰　「撰」原作「銓」，據馮本及通志總序改。

〔四八〕至如常用可知　「如」原作「於」，據元本、慎本、馮本、弘治本及容齋續筆卷一二改。

〔四九〕革希元　各本及郡齋讀書志同。按新唐書卷五八藝文二：賢命劉訥言、格希玄等注。唐會要卷三六修撰：儀鳳元年十二月二日，皇太子賢上所注後漢書。初，太子右庶子張太安、洗馬劉訥言、洛州司户參軍格希元等同注范曄後漢書。又兩唐書岑文本傳附格輔元傳均言格希元與劉訥言等同注後漢書。似「革」爲「格」之誤。「元」爲「玄」之避諱字。

〔五〇〕梁剡令平原劉昭宣卿補注　「宣卿」原作「宣鄉」，據元本、慎本、馮本、弘治本及南史卷七二文學傳、梁書卷四九文學上改。

〔五一〕但云補亡借闕　「云」原作「去」，據元本、慎本、馮本、弘治本及直齋書録解題卷四改。

〔五二〕今細觀之　「今」字原脱，據元本、慎本、馮本、弘治本補。

〔五三〕故凡當時祫祭高祖以下昭穆制度　「祫」原作「袷」，據元本、馮本、弘治本及直齋書録解題卷四改。

〔五四〕其賓客章望之著明統論非之　「明」原作「朝」，據馮本及直齋書録解題卷四改。

卷一百九十二　經籍考十九

史正史

晉書一百三十卷

鼂氏曰：唐房喬等撰。貞觀中，以何法盛等十八家晉史未善，詔喬與褚遂良、許敬宗再加撰次，乃據臧榮緒書增損之。後又命李淳風、李義府〔二〕、李延壽等十三人分掌著述，敬播等四人考正類例。西晉四帝五十四年，東晉十一帝一百二年，又胡、羯、氐、羌、鮮卑割據中原，爲五涼、四燕、三秦、二趙、夏、蜀十六國，共成帝紀十、志二十、列傳七十、載記三十。例出於播。天文、律曆，淳風專之。喬以宣、武紀、陸機、王羲之傳論，上所自爲，故曰制旨，又總題「御撰」焉。按：歷代之史，唯晉叢冗最甚，可以無譏。至於取沈約誕誣之説，采語林、世説、幽明録、搜神記詭異謬妄之言，亦不可不辨。

夾漈鄭氏曰：古者修書，出於一人之手，成於一家之學，班、馬之徒是也。至唐始用衆手，晉、隋二書是矣。然亦隨其學術所長者而授之，未嘗奪人之所能而强人之所不及。如李淳風、于志寧之徒則授之以志，如顔師古、孔穎達之徒則授之以紀傳，以顔、孔博通古今，于、李明天文、地理、圖籍之學。所以晉、隋二志高於古今，而隋志尤詳明。

宋書一百卷

鼂氏曰：梁沈約撰。十本紀，三十志，六十列傳。齊永明中，約奉詔爲是書，以何承天書爲本，旁采徐爰之説，頗爲精詳。但本志兼載魏、晉，失於限斷。又王劭謂其喜造奇説，以誣前代，如琅琊王妃通小吏牛氏生中宗，孝武於路太后處寢息，時人多有異議之類是也。後梁武帝知而不以爲非。嘉祐中，以宋、齊、梁、陳、魏、北齊、周書舛謬亡缺，始詔館職讎校。曾鞏等以祕閣所藏多誤，不足憑以是正，請詔天下藏書之家悉上異本，久之始集。治平中，鞏校定南齊、梁、陳三書上之〔二〕，劉恕〔三〕等上後魏書，王安國上周書。政和中始皆畢。頒之學官，民間傳者尚少。未幾遭靖康丙午之亂，中原淪陷，此書幾亡。紹興十四年，井憲孟爲四川漕，始檄諸州學官，求當日所頒本。時四川五十餘州皆不被兵，書頗有在者，然往往亡缺不全。收合補綴，獨少後魏書十許卷〔四〕，最後得宇文季蒙家本，偶有所少者。於是七史遂全，因命眉山刊行焉。

陳氏曰：本何承天、山謙之、蘇寶生所撰，至徐爰勒爲一史。起義熙，迄大明，自永光以來，闕而不録。今新史始義熙，終昇明三年，獨缺到彦之傳。館閣書目謂其志兼載魏、晉，失於限斷，揆以班、馬史體，未足爲疵。至其所創符瑞一志，不經且無益，其贅甚矣。

崇文總目：其書雖諸志失於限斷，然有博洽多聞之益。今世所傳，文多舛失，參補未獲。趙倫之傳一卷，今闕；謝靈運傳，文注訛駮。

水心葉氏曰：遷、固爲書、志，論述前代舊章以經緯當世，而漢事自多闕略。蔡邕、胡廣始有纂輯，陳壽、范曄廢不復著。至沈約比次漢、魏以來，最爲詳悉。唐人取之，以補晉記，然後歷代故實，可得而推。雖去遷、固本意已遠，然古事既不能追，則所當存者，隨世有無而已。但其體煩雜，非復前比，殆成會要矣。學者立乎千載之後，考見始末，當使相承如一日，若姑競遷、固之華而不求其實，則失之遠矣。

南齊書五十九卷

鼂氏曰：梁蕭子顯撰。八紀，十一志，四十列傳。初，江淹已作十志，沈約又有紀，子顯自表別修。然天文但紀災祥，州郡不著户口，祥瑞多載圖讖。表云：天文事秘，户口不知，不敢私載。

陳氏曰：子顯，齊豫章王嶷之孫，本傳稱六十卷。

南豐曾氏序曰：子顯之於斯文，喜自馳騁，其更改破析、刻彫藻繢之變尤多，而其文益下，豈夫材固不可强而有邪〔五〕！

梁書五十六卷

鼂氏曰：唐姚思廉撰。六本紀，五十列傳。唐貞觀三年，詔思廉同魏徵撰。思廉，梁史官察之子，推其父意，又採謝吴等所記，以成此書。徵唯著總論而已，筆削次序，皆出思廉。思廉名簡，以字行。

陳書三十六卷

鼂氏曰：唐姚思廉撰。六本紀，三十列傳。其父察在陳嘗删撰梁、陳事，未成，陳亡。隋文帝問之，察以所論載每一篇成輒上之，未訖而没〔六〕。察且死，屬思廉繼其業。貞觀中與梁書同時上之。其書世亦罕傳〔七〕，多脱誤。

陳氏曰：思廉採謝旲〔八〕、顧野王等諸書，綜括爲二史，以卒父業。

南豐曾氏序曰：唐興，武德五年，高祖以自魏以來二百餘歲，世統數更，史氏放逸，乃詔論次。而思廉遂受詔爲陳書。久之，猶不就。貞觀三年，遂詔論撰於祕書内省。十年正月壬子，始上之。觀察等之爲此書，歷三世，傳父子，更數十歲而後乃成，蓋其難如此。然及其既成，與宋、魏、齊、梁等書，世亦傳之者少。故學者於其行事之迹，亦罕得而詳也。而其書亦以罕傳，則自祕府所藏，往往脱誤。嘉祐六年八月，始詔校讎，使可鏤板行之天下。而臣等言：「梁、陳等書缺，獨館閣所藏，恐不足以定著，願詔京師及州縣藏書之家，使悉上之。」先皇帝爲下其事，至七年冬稍稍始集。臣等以相校，至八年七月，陳書三十六篇者始校定，可傳之學者。其疑者亦不敢損益，特各疏於篇末〔九〕。其書舊無目録，列傳名氏多闕謬，因别爲目録一篇，使覽者得詳焉。夫陳之爲陳，蓋爲一切之計，非有先王經紀禮義風俗之美，制治之法，可章示後世。然而，兼權尚計，明於任使，恭儉愛人，則其始之所以興〔一〇〕；惑於邪臣，溺於嬖妾，忘患縱欲，則其終之所以亡。興亡之端，莫非己致者。至於有所因造，以爲號令、威刑、職官、州郡之制，雖其事已淺〔一一〕，然亦各施於一時，皆學者之所不可不考也〔一二〕。而當時之士〔一三〕，争奪詐僞，苟得偷合之徒，尚不得不列以爲世戒；而況於壞亂之中，倉皇之際，士之安貧樂義，取舍去就不爲患禍勢利動其心者，亦不絶於其間。若此人者，可謂篤於善矣〔一四〕。蓋古人之所思見而不可得，風雨之詩所爲作者也，安可使之泯泯不少概見於天下哉〔一五〕！則陳之史，其可廢乎？蓋此書成之既難，其後又久不顯。及宋興已百年，古文遺事，靡不畢講，而始得盛行於天下，列於學者〔一六〕，其傳之之難又如此，豈非遭遇固自有時也哉！

後魏書一百三十卷

魏收本傳：收修魏書不甚能平，修史諸人、宗祖姻戚，多被書録，飾以美言〔一七〕，夙有怨言，多没其善。每云：「何物小子，敢共魏收作色〔一八〕！舉之則使上天，按之則使入地。」初，收得陽休之助〔一九〕，因謝曰：「無以謝德，當爲卿作佳傳。」又納爾朱榮子金，故減其惡而增其善。時謂之「穢史」。

崇文總目：齊天保中，始詔收撰魏史。收博采諸家舊文，隨條甄舉，綴屬後事，成一代大典。追叙魏先祖二十八帝，下終孝静作十二紀、九十二列傳、十志，析之凡百三十篇，而史有三十五例、二十五序、九十四論，前後二表、一啓。然收諂於齊氏，言魏室多所不平。至隋開皇中，敕魏澹更作魏史；唐李延壽作北史，並行於世，與收史相亂，因而卷第殊舛，今所存僅九十餘篇。

鼂氏曰：北齊魏收撰〔二〇〕。初，魏史官崔浩既誅，太和後，始有李彪、崔鴻等書。魏末，山偉、綦儁更主國書〔二一〕，二十餘年，事迹蕩然，萬不紀一。文宣時，始詔收撰次，成十二紀、十志、九十二列傳上之。悉焚舊書。多諂諱不平，受爾朱榮子金，故減其惡；夙有怨者，多没其善；黨北朝，貶江左。時人疾之，號爲「穢史」。劉知幾謂其生絶允嗣，死逢剖斵，皆陰慝所致。後隋文帝命顔之推等别修，唐貞觀中，陳叔達亦作五代史，皆不傳，獨收書在。皇朝命劉恕等校正。

陳氏曰：始，魏初鄧彦海撰代記十餘卷，其後崔浩典史〔二二〕，爲編年體，李彪始分作紀、表、志、傳。收搜採遺亡，綴續後事，備一代史籍上之。時論言收著史不平，詔與諸家子孫共加論討〔二三〕。前後訴者百有餘人，衆口喧然，號爲「穢史」。僕射楊愔、高德正與收皆親，抑塞訴辭，遂不復論。今紀闕二卷，傳闕二十二卷，又三卷不全，志闕天象二卷。收既以史招怨，齊亡之歲，竟遭發冢棄骨之禍。隋文帝命魏澹等更撰魏書九十二卷，以西魏爲正，東爲僞，義例簡要。唐志又有張太素後魏書一百卷〔二四〕。今皆不傳，而收書獨行。中興書目謂所闕太宗紀以澹書補之〔二五〕，闕志以太素書補之。二書既亡，惟此紀、志獨存，不知何據也。

後魏書紀一卷

崇文總目：魏澹撰。初，高祖以魏收書褒貶失實，平繪中興事，叙事不倫，詔澹別成魏史。澹斷自道武，下迄恭帝，爲十二帝紀、七十八列傳，史論及例、目録一篇，合九十二篇，退東魏孝静帝稱傳，矯正收繪之失。收天子名則書，太子名則諱；澹諱皇帝名，書太子名。收諱太武、獻文之弑，使同善終天年；澹顯書之以懲逆。收書敵國皆曰死，澹書曰卒。體裁簡正，帝甚善之。然世以收史爲主，故澹書亡闕，今纔紀一卷存。

後魏書天文志二卷

崇文總目：唐張太素撰魏書凡百篇，今悉散亡，唯此二篇存焉。

北齊書五十卷

鼂氏曰：唐李百藥撰。本紀八，列傳四十二。百藥父德林在齊嘗撰著紀傳。貞觀初，詔分修諸史，百藥因父書續成以獻。諸史稱帝號，百藥避唐朝名諱，不書「世祖」、「世宗」之類，例既不一，議者少之。書今亡闕不完。

周書五十卷

鼂氏曰：唐令狐德棻等撰。本紀八，列傳四十二。初，周有柳虯，隋牛弘〔二六〕，各有撰次，率多牴牾。貞觀中，德棻請撰次，乃詔與陳叔達、唐儉共成之。先是蘇綽秉周政，軍國詞令，多準尚書，牛弘爲史，尤務清言，德棻因之以成是書，故多非實録。仁宗時，出太清樓本，合史館、祕閣本，又募天下書，而取夏竦、李巽家本，下館閣是正其文字〔二七〕，其後林希、王安國上之。

陳氏曰：初，德棻武德中建言近代無正史，詔德棻及諸臣論譔。歷年不能就，罷之。貞觀二年，復詔撰定。議者以魏有收、澹二家書爲已詳，惟五家史當立，德棻與岑文本、崔仁師次周史，李百藥次齊史，姚思廉次梁、陳史，魏徵次隋史，房玄齡總監而修撰之。原自德棻發之。

隋書八十五卷

鼂氏曰：唐魏徵等撰。紀五，列傳五十〔二八〕，長孫無忌等撰志三十。初，詔顔師古、孔穎達修述，徵總其事，序、論皆徵自作。後又詔于志寧〔二九〕、李淳風、韋安仁、李延壽同修五代史志。無忌上之，詔編第入隋書，人亦號「五代史志」。天文、律曆、五行三志，淳風獨作。

陳氏曰：十志高宗時始成上，總梁、陳、齊、周之事，俗號「五代志」。

夾漈鄭氏曰：按隋志極有倫理，而本末兼明，可以無憾，遷固以來皆不及也。正爲班、馬只事虛言，不求典故實迹，所以三代紀綱，至遷八書，固十志幾於絶緒。雖其文彩灑然可喜，求其實用則無有也。觀隋志所以該五代南、北兩朝，紛然淆亂，豈易貫穿？而讀其書，則了然如在目。良由當時區處各當其才。顔、孔通古今而不明天文地理之序，故只令修紀傳，而以十志付之志寧、淳風輩，所以粲然具舉。

南史八十卷　北史一百卷〔三〇〕

鼂氏曰：李延壽撰。延壽父太師〔三一〕，嘗謂宋、齊逮周、隋，分隔南北，南謂北爲「索虜」，北謂南爲「島夷」，欲改正，擬吴越春秋編年，未就而卒。延壽後預修晉、隋書，因究悉舊事，更依馬遷體，總序八代，北起魏盡隋，二百四十二年〔三二〕；南起宋盡陳百七十年，爲二史。删煩補闕，過本史遠甚。今學者止觀其書，沈約、魏收等所撰皆不行。獨闕本志，而隋書有之，故隋書亦行於世。

崇文總目：唐高宗善其書，自爲之序，序今闕。

遯齋陳氏曰：李延壽著南、北史，粗得作史之體。故唐書本傳亦謂其删略穠辭，過本書遠甚。然好述妖異兆祥謡讖，特爲繁猥。

司馬公曰：光少時惟得高氏小史讀之，自宋迄隋并南北史，或未嘗得見，或讀之不熟。今因修南北朝通鑑，方得細觀，乃知李延壽之書亦近世之佳史也。雖於禨祥詼嘲小事無所不載，然敍事簡徑，比於南、北正史，無煩冗蕪穢之辭。竊謂陳壽之後，惟延壽可以亞之也。

唐書一百三十卷

崇文總目：唐韋述撰。初，吴兢撰唐史，自創業訖於開元，凡一百一十卷。述因兢舊本，更加筆削，刊去酷吏傳，爲紀、志、列傳一百一十二卷。至德、乾元以後，史官于休烈又增肅宗紀二卷，而史官令狐峘等復於紀、志、傳後隨篇增緝，而不加卷帙。今書一百三十卷，其十六卷未詳撰人名氏。

唐書二百卷

鼂氏曰：石晉宰相劉昫等撰〔三三〕。因韋述舊史增損以成，爲帝紀二十、列傳一百五十。繁略不均，校之實録，多所闕漏；又是非失實，其甚至以韓愈文章爲大紕繆，故仁宗時刪改焉。

新唐書二百二十五卷

鼂氏曰：皇朝嘉祐中，曾公亮等被詔刪定，歐陽修撰紀、志，宋祁撰列傳。舊書約一百九十卷，新書約一百七十四卷〔三四〕，而其中增表。故書成上於朝，自言曰「其事則增於前，其文則省於舊」也。而議者頗謂永叔學春秋，每務褒貶，子京通小學，唯刻意文章，采雜説既多，往往抵牾，有失實之嘆焉。

陳氏曰：初，慶曆中詔王堯臣、張方平等刊修〔三五〕，久而未就。至和初，乃命修爲紀、志，祁爲列傳，范鎮、王疇、宋敏求、吕夏卿、劉羲叟同編修。嘉祐五年上之。凡廢傳六十一，增傳三百三十一、志三、表四，故其進書上表曰：「其事則增於前，其文則省於舊。」第賞增秩訓詞，劉敞原父所行〔三六〕，最爲古雅。曰：「古之爲國者法後王，爲其近於己，制度文物可觀故也。唐有天下且三百年，明君賢臣相與經營扶持之，其盛德顯功、美政善謀固已多矣。而史官非其人，記述失序，使興壞成敗之迹晦而不章〔三七〕，朕甚恨之。肆擇廷臣，筆削舊書，勒成一家。具官歐陽修、宋祁，創立統紀〔三八〕，裁成大體，范鎮等網羅遺逸〔三九〕，厥協異同。凡十有七年，大典乃立。閎富精覈，度越諸子矣。校讎有功。朕將據古鑑今，以立時治，爲朕得法，其勞不可忘也。皆增秩一等，布書於天下，使學者咸觀焉。」舊例，修書止著官高一人名銜。歐公曰：「宋公於我爲前輩，且於此書用力久且深，何可没也！」遂於紀、傳各著之，宋公感其退遜。今按舊書成於五代文氣卑陋之時，紀次無法，詳略失中，論贊多用儷語，固不足傳世。而新書不出一手，亦未得爲全善。本紀用春秋法，削去詔令，雖大略，猶不失簡古；至列傳用字多奇澀，殆類虯户銑谿體，識者病之。歐公嘗卧聽藩鎮傳序，曰：「使筆力皆如此，亦未易及也。」然其序全用杜牧罪言，實無宋公一語。然則歐公殆不滿於宋，名銜之著，固惡夫争名，抑亦以自表異邪？温公通鑑多據舊史，而唐庚子西直謂新唐書「敢亂道而不好」，雖過甚，亦不爲亡謂也。劉元城亦謂「事增文省，正新書之失處」云。

宋氏筆記曰：文有屬對平側用事者，供公家一時宣讀施行似快便，然不可施於史傳。余修唐書，未能得唐人一詔一令可載於傳者，惟拾對偶之文近高古者，乃可著於篇。大抵史近古，對偶非宜。今以對偶之文入史策，如黛粉飾壯士，笙匏佐鼓聲，非所宜云。

高氏緯略曰：仁宗詔重修唐書，十年而歐陽公至，分撰帝紀、表、志，七年書成。韓魏公素不悦宋景文公，以所上列傳文采太過，又一書出兩手，詔歐公看詳，改歸一體。公受命，嘆曰：「宋公於我前輩人，所見不同，詎能盡如己意？」竟不易一字。又故事，修書進御，惟書署官崇者。是時宋公守鄭州，歐公位在上，公曰：「宋公於此日久功深，吾可掩其長哉！」遂各列其姓名。宋公聞之曰：「自昔文人相凌掩，斯善古未有也！」然宋公却曾自撰紀、表、志，今其家猶有此本，世人固未嘗見之耳。

平園周氏曰：景文之於唐史，删煩爲簡，變今以古，用功既至，尤宜不苟也。如吴競一傳，具藁不知其幾。

五代史一百五十卷

鼂氏曰：皇朝開寳中，詔修梁、唐、晉、漢、周書，盧多遜、扈蒙、張澹、李昉、劉兼、李穆、李九齡同修，宰相薛居正監修。

新五代史記七十五卷〔四〇〕

鼂氏曰：皇朝歐陽修永叔以薛居正史繁猥失實，重加修定，藏於家。永叔没後，朝廷聞之，取以付國子監刊行。國史稱其可繼班固、劉向，人不以爲過，特恨其晉出帝論，以爲因濮園議而發云。

陳氏曰：歐陽子之説曰：「昔孔子作春秋，因亂世而立法；余爲本紀，以治法而正亂君。」發論必以「嗚呼」，曰：「此亂世之書也。」諸臣止事一朝曰「某臣傳」，其更事歷代者曰「雜傳」，尤足以爲世訓。然不爲韓瞠眼立傳，識者有以見作史之難。按韓通之死，太祖猶未踐極也，其當在周臣傳明矣〔四一〕。

李方叔師友談記：歐陽公五代史最得春秋之法。蓋文忠公學春秋於胡瑗、孫復，故褒貶謹嚴，雖司馬子長無以復加。不幸五十二年之間，皆戎狄亂華，君臣之際無赫赫可道之功業也。

三朝國史一百五十卷

鼂氏曰：皇朝國史。紀十卷，志六十卷，列傳八十卷，吕夷簡等撰。初，景德中，詔王旦、先文元〔四二〕、楊億等九人撰太祖、太宗兩朝史。至天聖五年，詔夷簡、宋綬、劉筠、陳堯佐、王舉正〔四三〕、李淑、黄鑑、謝絳、馮元加入真宗朝史，王曾監修。曾罷，夷簡代。八年書成，計七百餘傳。比之三朝實録〔四四〕，增者太半，事覈文贍，褒貶得宜，百世之所考信云。

兩朝國史一百二十卷

鼂氏曰：仁宗、英宗兩朝國史也，王珪等撰。元豐五年六月奏御，監修王珪，史官蒲宗孟、李清臣、王存、趙彦若、曾肇，賜銀絹有差；蘇頌、黄履、林希、蔡卞、劉奉世以他職罷去，吴充、宋敏求前死，皆有錫賚。紀五卷、志四十五卷，比之實録，事迹頗多。但非寇準而是丁謂，託之神宗詔旨。

四朝國史三百五十卷〔四五〕

陳氏曰：紹興二十八年，置修國史院，修三朝正史。三十一年，提舉陳康伯奏紀成，乞選日進呈。至乾道二年閏九月，始與太上聖政同上。淳熙五年，同修史李燾言修四朝正史開院已十七年，乞責以近限。七年十月，修史王希吕奏志成，十二月進呈。至十三年，修史洪邁奏：昨得旨，限一年内修成列傳，今已成書〔四六〕。十一月〔四七〕，與會要同進。蓋首尾三十年，所歷史官不知其幾矣。

中興藝文志：紹興末，始修神、哲、徽三朝正史，越三年紀成，乾道初進。時洪邁已出，李燾未入館，史官遷易無常，莫知誰筆。後又進欽宗本紀，詔通爲四朝國史。乃修諸志，未進而燾去國。淳熙初志成，熹之力爲多。召修列傳，垂成而熹卒，上命洪邁專典之。初，邁以孫覿熟宣靖事，乃奏令撰蔡京、王黼、童貫、蔡攸、梁師成、譚稹、朱勔、种師道、何㮚、劉延慶、聶昌、譚世勣等列傳。覿頗徇愛憎，邁多採之。邁又奏四朝諸臣有雖顯貴而無事迹可書者，用遷、固史劉舍、薛澤、許昌例，不爲立傳。踰年，書成，爲列傳八百七十。邁又嘗欲合九朝三史爲一書，而不及成。

容齋洪氏隨筆曰：本朝國史凡三書，太祖、太宗、真宗曰三朝，仁宗、英宗曰兩朝，神宗、哲宗、徽宗、欽宗曰四朝，各自記事。至於諸志，若天文、地理、五行之類，不免煩複。元豐中，三朝已就，兩朝且成，神宗專以付曾鞏，使合之。鞏奏言：「五朝舊史皆累世公卿、道德文學、朝廷宗工所共準裁，既已勒成大典，豈宜輒議損益？」詔不許。始謀纂成〔四八〕，會以憂去，不克成。其後神、哲各自爲一史，紹興初，以其是非褒貶皆失實，廢而不用。淳熙乙巳，邁承乏修史，丙午之冬，成書進御。遂請合九朝爲一，壽皇即以見屬。嘗奏云：「臣所爲區區有請者，蓋以二百年間典章文物之盛，分見三書，倉卒討究，不相貫屬。及累代臣僚，名聲相繼，當如前史以子係父之體，類聚歸一。若夫制作之事，則已經先正名臣之手，是非褒貶，皆有所據依，不容妄加筆削。」乞以此奏下之史院，俾後來史官知所以編纘之意，無或輒將成書擅行删改。」上曰：「如有未穩處，改削無害。」邁既奉詔開院，亦修成三十餘卷矣，而有永思攢宮之役，纔歸即去國，尤袤以高宗皇帝實録爲辭，請權罷史院，於是遂已。祥符中，王旦亦曾修撰兩朝史，今不傳。

校勘記

〔一〕李義府　原作「李義甫」，據郡齋讀書志卷五及新唐書卷五八藝文志、卷二二三上李義府傳、舊唐書卷八二李義府傳改。

〔二〕鞏校定南齊梁陳三書上之　「三書」原作「二書」，據馮本、局本及郡齋讀書志卷五改。

〔三〕劉恕　原作「劉如」，據元本、慎本、馮本、弘治本及郡齋讀書志卷五、宋史卷四四四劉恕傳改。

〔四〕獨少後魏書十許卷　「十許卷」原作「討十卷」，據慎本、馮本、弘治本及郡齋讀書志卷五改。

〔五〕豈夫材固不可强而有邪　「夫」原作「非」，據元本、慎本、馮本及南齊書附曾鞏南齊書目録序改。

〔六〕未訖而没　「没」原作「值」，連下爲句。按元本、慎本、馮本及郡齋讀書志卷五均作「没」，又曾鞏陳書目録序云：「察因以所論載每一篇，成輒奏之，……未就而察死。察之將死，屬思廉以繼其業。」故據改。

〔七〕其書世亦罕傳　「亦」原作「以」，據元本、慎本、馮本、弘治本、局本及郡齋讀書志卷五改。

〔八〕謝炅　各本同。直齋書録解題卷四作「謝炅」；隋書卷三三經籍二作「謝吴」，本書前梁書條亦云思廉「采謝吴等所記」；舊唐書卷四六經籍上、新唐書卷五八藝文二均作「謝昊」。諸書所載不一，未詳孰是。

〔九〕特各疏於篇末　「特」原作「時」，據曾鞏陳書目録序改。

〔一〇〕則其始之所以興　原無「其」字。按此句與下文「則其終之所以亡」爲並列句，故據曾鞏陳書目録序補「其」字。

〔一一〕雖其事已淺　「其」原作「有」，據元本、慎本、馮本、弘治本及曾鞏陳書目録序改。

〔一二〕皆學者之所不可不考也　後一「不」字原脱，據曾鞏陳書目録序改。

〔一三〕而當時之士　「士」原作「事」，據曾鞏陳書目録序改。

〔一四〕可謂篤於善矣　「謂」原作「爲」，據元本、慎本、馮本及曾鞏陳書目録序改。

〔一五〕安可使之泯泯不少概見於天下哉　「泯泯」原作「泯没」，據元本、慎本、馮本、弘治本及曾鞏陳書目録序改。

〔一六〕列於學者　元本、慎本及曾鞏陳書目録序同。馮本「者」作「宫」。殿本考證作「列於學官」，云：「刊本『官』訛『者』，據舊本改。」

〔一七〕飾以美言　原脱「飾」字，據馮本及北齊書卷三七魏收傳、北史卷五六魏收傳改。

〔一八〕敢共魏收作色　「色」原作「史」，據北齊書卷三七、北史卷五六魏收傳改。

〔一九〕收得陽休之助　「陽休之」原作「楊休之」。按北齊書卷三七、北史卷五六魏收傳均作「陽休之」，又北齊書、北史均有陽休之傳，故據改。

〔二〇〕北齊魏收撰　「撰」原作「傳」，據元本、慎本、馮本、弘治本及郡齋讀書志卷五改。

〔二一〕綦儁更主國書　按「綦儁」當作「綦儁」，魏書卷八一、北史卷五〇均有綦儁傳。

〔二二〕其後崔浩典史　「典」原作「興」，據直齋書録解題卷四改。

〔二三〕詔與諸家子孫共加論討　「論討」原作「討論」，據元本、慎本、馮本及直齋書録解題卷四乙正。

〔二四〕以西魏爲正東爲僞義例簡要唐志又有張太素後魏書一百卷　原脱上二十五字。按下文云「今皆不傳」者，共魏澹書張太素書並言之耳，故據直齋書録解題卷四補。

〔二五〕所闕太宗紀以澹書補之　「澹」下原無「書」字，據直齋書録解題卷四補。

〔二六〕隋牛弘　「牛弘」原作「牛洪」，係避宋太祖父弘殷諱改。今據隋書卷三三經籍二及隋書卷四九、周書卷三七牛弘本傳改回。

〔二七〕下館閣是正其文字　「是正」原作「正是」，據弘治本及郡齋讀書志卷五乙正。

〔二八〕列傳五十　「五十」下原有「五」字。按隋書八十五卷，紀五，志三十，列傳實五十卷。「五」爲衍字，今據删。

〔二九〕後又詔于志寧　「後」原作「復」，據郡齋讀書志卷五改。

〔三〇〕北史一百卷　「一百」原作「八十」，據郡齋讀書志卷六及北史序傳改。

〔三一〕延壽父太師　各本及郡齋讀書志同。按北史卷一〇〇序傳、新唐書卷一〇二李延壽傳及直齋書録解題卷四均作「大師」。

〔三二〕二百四十二年　北史卷一〇〇序傳李延壽上南北史表稱：北史叙事「起魏登國元年，盡隋義寧二年，凡三代二百四十四年」。按北魏登國元年即西元三八六年，隋義寧二年即西元六一八年，前後共二百三十三年，則倣二百四十二年或二百四十四年均誤。

〔三三〕石晉宰相劉昫等撰　郡齋讀書志卷五「劉昫」下有「張昭遠」三字。

〔三四〕舊書約一百九十卷新書約一百七十四卷　元本、慎本、馮本「九十卷」作「九十萬」；郡齋讀書志卷五兩「卷」字均作「萬」，王先謙案曰：「兩『萬』字下疑脱『言』字，通考『萬』作『卷』，誤。」按今兩唐書俱在，舊書二百卷，非一百九十卷；新書二百二十五卷，非一百七十四卷，作「卷」誤。

〔三五〕慶曆中詔王堯臣張方平等刊修　「刊」原作「别」，據馮本、弘治本及直齋書録解題卷四改。

〔三六〕劉敞原父所行　「原父」原作「原文」，據元本、慎本、馮本、弘治本及直齋書録解題卷四、宋史卷三一九劉敞傳改。

〔三七〕使興壞成敗之迹晦而不章　原作「興敗成壞」，據直齋書録解題卷四乙正。

〔三八〕創立統紀　「統紀」原作「紀統」，據直齋書録解題卷四乙正。

〔三九〕范鎮等網羅遺逸　直齋書録解題卷四「范鎮」下有「王疇宋敏求」五字。

〔四〇〕新五代史記七十五卷　郡齋讀書志卷五無「新」字；直齋書録解題卷四作「新五代史七十四卷」，無「記」字，卷數亦不同。按宋史卷三一九歐陽修傳倣「五代史記」，今本新五代史七十四卷。周中孚鄭堂讀書記卷十五以爲作七十五卷者，「蓋誤以目録充一卷也」。

〔四一〕其當在周臣傳明矣　「周臣」下原脱「傳」字，據直齋書録解題卷四補。

〔四二〕先文元　各本及郡齋讀書志卷五同，袁本郡齋讀書志卷二上作「先文元公」。按長编卷六六云：景德四年八月，丁巳，詔修太祖、太宗正史，令宰臣王旦監修國史，以知樞密院王欽若、陳堯叟，參政趙安仁並修國史，翰林鼂迥、楊億同修，直史館路振、崔遵度爲編修官。鼂迥乃鼂公武五世祖，謚文元。

〔四三〕王舉正　原作「王居正」，據元本、慎本、馮本、弘治本及郡齋讀書志卷五改。

〔四四〕比之三朝實録　「三」原作「二」，據馮本及郡齋讀書志卷五改。

〔四五〕四朝國史三百五十卷　「三百」原作「二百」，據馮本及直齋書録解題卷四、宋史卷二〇三藝文二改。

〔四六〕今已成書　「成書」原作「書成」，據直齋書録解題卷四乙正。

〔四七〕十一月　原作「十二月」，據直齋書録解題卷四改。按宋史卷三五孝宗紀十三年十一月甲子，有「王淮等上仁宗英宗玉牒、神宗哲宗徽宗欽宗四朝國史列傳、皇帝會要」之文，可證。

〔四八〕始謀纂成　容齋三筆卷四作「始謀纂定」。

卷一百九十三　經籍考二十

史編年

漢紀三十卷

鼂氏曰：漢荀悦撰。班固作漢書，起高祖，終孝平王莽之誅，十二世，二百四十二年，爲紀、表、志、傳，凡八十餘萬言。獻帝以其文繁，詔悦舉要撮總，通比其事，列繫年月，爲紀三十篇，凡八萬三千四百三十二字。辭約事該，時稱嘉史。

陳氏曰：獻帝詔悦依左氏傳體以爲漢紀，詔尚書給筆札。辭約事詳，論辨多美。其自序曰：立典有五志焉，曰達道義、章法式、通古今、著功勳、表賢能〔一〕。

巽岩李氏曰：某家有寫本一，印本一，寫本不記其時，而印本乃天聖間益州市所摹刻者。大抵皆差誤，而印本尤甚，衍文助語亂布錯置，往往不可句讀，或又增以子注音切，並非所當有。而近歲江、浙印本號爲曾經校讎，其實與天聖市刻相似，間用班固書竄改悦語，而又非固書本文。按悦爲此紀，固不出班書，然亦時有所删潤，而諫大夫王仁、侍中王閎諫疏，班書皆無之，不知悦何從得此也。如張騫傳贊以「所有放哉」爲「有所放焉」之類，顔師古亦嘗辨其誤，又不知悦何以云也。司馬光編集資治通鑑，書太上皇崩葬及五鳳郊泰畤之月，皆舍班而從荀。蓋以悦修紀時，固書猶未訛舛，而「君蘭」「君簡」、「端」「瑞」、「興」「譽」、「寬」「竟」等字猶兩存之，疑以傳疑，先儒蓋慎之也。由此觀之，古書雖殘缺不倫，非證驗明白，要未可妄下雌黃爾。然鄉所謂子注音切，可削去不疑，而演文助語，亦當參考班書句讀，略加是正。其他差誤，尚或有之，固不敢以胸臆定也。昔人謂校誤書猶風庭掃葉，隨掃隨有，詎不信邪？自司馬遷創改春秋記事之體爲本紀、世家、表、志、列傳，而班固因之，至悦始能復古，學者甚重其書，袁宏、干寶以下皆祖述焉。事日月年之相繫，在史家固良法也，而傳録歲久，卒未得其真，可爲太息者矣！

後漢紀三十卷

鼂氏曰：袁宏彦伯撰。宏在晉末爲一時文宗，以東京史籍不倫，謝承、司馬彪之徒錯謬同異，無所取正，唯張璠紀差詳〔二〕，因參摭記傳以損益之，比諸家號爲精密。

陳氏曰：宏以後漢書煩穢雜亂，撰集爲此記。

晉春秋略二十卷

陳氏曰〔三〕：唐祕書省正字杜延業撰。自王隱而下諸書及諸僭僞傳記，皆所詳究，而以蕭方等三十國春秋删緝爲此書。館閣書目作杜光業。按唐志亦曰延業。考新、舊史，他無所見，未詳何時人。

元經薛氏傳十五卷

鼂氏曰：隋王通撰，唐薛收傳，皇朝阮逸學。起晉惠帝太熙元年，終於陳亡。予從兄子逸仕安康，嘗得其本，歸而示四父，四父讀至「帝問蛙鳴」，哂其陋曰：「六籍奴婢之言不爲過。」按崇文無其目，疑逸依託爲之。

陳氏曰：稱王通撰，薛收傳，阮逸補并注。按河汾王氏諸書，自中説之外，皆唐藝文志所無。其傳出阮逸，或云皆逸僞作也。今考唐神堯諱淵，其祖景皇諱虎，故晉書戴淵、石虎皆以字行。薛收，唐人，於傳稱戴若思、石季龍，宜也。元經作於隋世大業四年〔四〕，亦書曰「若思」何哉？意逸之心勞日拙，自不能揜邪。此書始得於莆田，纔三卷，止晉成帝。後從石林葉氏得全本録成之。

唐曆四十卷

鼂氏曰：唐柳芳撰。初，肅宗詔芳綴緝吴兢書，其叙天寶後事不倫。上元中，芳謫黔中，會高力士同貶，因從力士質開元、天寶及禁中事，識其本末。時舊史送官〔五〕，不可追刊，乃推衍義類，倣編年法作此書。起隋義寧元年，迄大曆十三年。芳善叙事，或譏其不立褒貶義例，而詳於制度，然景迂生亟稱之，以爲通鑑多取焉。

巽岩李氏曰：肅宗詔芳與韋述同修吴兢所撰國史，述先死，芳獨奏篇〔六〕。興武德，訖乾元。而先天以來芳所筆削多失其當，史官病之，芳亦自悔。及上元中，坐事徙黔中，適與高力士會貶所，因從力士質開元、天寶及禁中事，具識本末。念國史已送官，不可追改，乃用編年法，別爲此書，意欲以晚蓋者也。本朝歐陽修、宋祁修唐紀、志及傳，司馬公修資治通鑑，掇取四十卷中事幾盡。然異聞嘉話，尚多遺棄，芳本書蓋不可少。祁傳指芳曆不立褒貶義例，被諸儒訕譏，然祁所贊房、杜、姚、宋等語，則皆因芳之舊云。按劉知謂芳始爲此書，未成而先傳，故世多異本。今此篇首注：「起隋義寧元年，訖建中三年，凡百八十五年。」而所載乃絶於大曆十四年。資治通鑑往往以唐曆辨證牴牾，見於考異者，無慮百十餘〔七〕，而此皆無之，其脱亡又不止此也。疑此即知所謂未成而先傳者，或後人抄略芳書，故不得其全，倘遂零落至此，亦可惜也。今以唐諸書參校謬誤，頗加是正，其文或不可知並事應有而無者，皆列卷末，更竢考求。

續唐曆二十二篇〔八〕

陳氏曰：唐監修國史崔龜從元吉撰。起大曆十三年春，盡元和十五年，以續柳芳之書也。藝文志載韋澳、蔣偕、李荀、張彦遠、崔瑄等撰〔九〕，實大中時。

大唐統紀四十卷

陳氏曰：唐江南西道觀察判官陳岳撰。用荀、袁體，起武德，盡長慶，爲一百卷。今止武后如意，非全書也。

唐紀四十卷

巽岩李氏曰：故參知政事陳彭年撰。彭年在真宗時以博學稱，凡朝廷大制作、大議論多出其手。彭年所撰唐紀，蓋用編年法，次劉明遠新書，最號疏略，故三百年治亂善惡之迹，彭年亦多所脱遺。其後歐陽脩、宋祁别修紀、志、表、傳，及司馬光編集資治通鑑行於世，則彭年此紀宜無足觀。

然彭年之用意亦勤矣，猶可與袁、干、裴、元等備一家言，而荀悦所謂參得失、廣視聽者，要不可廢也。第二卷武德三年闕十月以後事，四年闕四月以前事，京、蜀二本一同，採劉氏新書補足之，乃可讀。疑不敢增入，姑列於後云。

河洛行年記十卷

鼂氏曰：唐劉仁軌撰〔一〇〕。記唐初李密、王世充事。起大業十三年二月，迄武德四年七月秦王擒竇建德。第九卷述大業都城。第十卷載宫館園囿，且云煬帝遷都之詔稱務從節儉〔一一〕，觀其宫室窮極綺麗云。

陳氏曰：唐志作二十卷。

五運録十二卷

崇文總目：唐曹圭撰。起三皇，訖隋。年世之略。

通曆十卷

鼂氏曰：唐馬總撰。纂太古十七氏、中古五帝三王，及删取秦、漢、三國、晉、十六國、宋、齊、梁、陳、元魏、北齊、後周、隋世紀興滅，粗述其君賢否，取虞世南略論分繫於末，以見義焉。

陳氏曰：書本十卷，止於隋代。今書直至五代，增五卷者，後人所續也。

續通曆十卷

鼂氏曰：荆南孫光憲撰。輯唐洎五代事，以續馬總曆〔一二〕，參以黄巢、李茂貞、劉守光、阿保機、吴、唐、閩、廣、胡〔一三〕、越、兩蜀事迹。太祖詔毁其書，以所紀多非實也。

帝王鏡略一卷

鼂氏曰：唐劉軻撰。自開辟迄唐初帝王世次，綴爲四言，以訓童蒙。僞蜀馮鑑續之，至唐末。

陳氏曰：唐志及館閣書目有劉軻帝王曆數歌一卷〔一四〕，疑即此書也。

唐年補録六十五卷

陳氏曰：後晉起居郎史館修撰獲鹿賈緯撰〔一五〕。以武宗後無實録，故爲此書。終唐末，其實補實録之闕也。唯論次多闕誤，而事迹粗存，亦有補於史氏。

五代通録六十五卷

鼂氏曰：皇朝范質撰。五代實録計三百六十卷，質删其煩文，摭其要言〔一六〕，以成是書。自乾化壬申至梁亡十二年間，簡牘散亡，亦採當時制敕碑碣以補其闕。

運曆圖六卷

鼂氏曰：皇朝龔穎撰〔一七〕。起於秦昭王滅周之歲乙巳，止於國朝雍熙丁亥，以歷代興亡大事附見於下。四年獻於朝，優詔奬之。歐陽公嘗據之考正集古目録，稱其精博。按晉史，張軌世襲凉州，但稱愍帝建興年號，其間唯張祚篡竊，改建興四十二年爲和平元年，始奉穆帝升平之朔〔一八〕，始末不聞有改元事。唯穎書載張寔改元曰「永安」，張茂改元曰「永元」，張重華曰「永樂」、曰「和平」〔一九〕，張玄靚曰「太始」〔二〇〕，張天錫曰「太清」，張大豫曰「鳳凰」，不知穎何所據而言然。或云出崔鴻十六國春秋，鴻書久不傳於世，莫得而考焉。

紀年通譜十二卷

鼂氏曰：皇朝宋庠字公序撰。自漢文帝後元戊寅，止周恭帝顯德庚申，爲九篇，以本朝建隆之元至慶曆辛巳爲一篇，皆曰「統元」，以甲子貫之。有五號，曰正、閏、僞、賊、蠻夷。以王莽十九年繫孺子更始〔二二〕，以接建武；東魏十七年附西魏；豫王六年、天后十五年繫中宗，緒神龍〔二三〕；朱梁十六年通濟陰天祐〔二三〕，續同光；捃晉恭帝禪宋之歲，對魏明元泰常五年。尊北降南，始主正朔，乃通譜之斷意也。別二篇舉字爲類，各以部分，曰「類元」。慶曆中上之，優詔褒焉。公武按：三國志魏景初元年丁巳，當蜀建興十五年，次年戊午，蜀改元延熙，訖二十年歲次丁丑，明年改元景耀。今通譜載蜀建興之號止於丙辰，凡十四年，延熙改元在丁巳，且復增至二十一年，豈別有所據邪？歐陽公集古目録以東魏造石像記證通譜武定七年非戊辰。蓋自元象以後，遞差一歲。公序聞之，以爲宜易，遂著其事於譜前〔二四〕。意者編簡浩博，不免時有舛誤也〔二五〕。

陳氏曰：其書曰正、曰閏、曰僞、曰賊、曰蠻夷，以正爲主而附列其左，號「統元」，爲十卷。其二卷曰「類元」，因文之同，各以彙別。

編年通載十五卷

鼂氏曰：皇朝章衡撰〔二六〕。衡觀四部書至古今纂輯運曆書十餘家，皆淺陋揎釀，無足紬繹，乃編歷代年號，貫以甲子，始於帝堯，訖於國朝治平丁未。質之經史，資以傳記百家之書，聖賢勳德、姦雄篡竊及蠻夷盜賊，凡繫於存亡綱紀之大者，無不詳録。總三千四百年〔二七〕。且刊正謬誤，如史記載舜年，虞書不同；漢紀載魏受漢禪，與魏志、受禪壇碑各異之類。熙寧七年表獻之。

陳氏曰：其族父棐質夫爲之序〔二八〕。衡，嘉祐二年進士第一人，仕至集賢院學士〔二九〕。

稽古録二十卷

鼂氏曰：皇朝司馬光君實編。起自三皇，止皇朝英宗治平末。至周共和庚申始爲編年。

陳氏曰：其表云：「由三晉開國〔三〇〕，迄於顯德之末造，臣既具之於歷年圖；自六合爲宋，接於熙寧之元，臣又著之於百官表。乃威烈丁丑而上，伏羲書契以來，悉從論纂，皆有依憑。」蓋元祐初所上也。此書始刻於越，其後再刻於潭〔三一〕。越本歷年圖諸論聚見第十六卷〔三二〕，蓋因圖之舊也；潭本諸論各繫於國亡之時，故第十六卷惟存總論。

朱子語録曰：稽古録一書，可備講筵官僚進讀，小兒讀六經了，令讀之亦好。末後一表，其言如蓍龜，一一皆驗。又曰：温公之言如桑麻穀粟〔三三〕。且如稽古録，極好看。常思量教太子、諸王，恐通鑑難看，且看一部稽古録，有不備者，當以通鑑補之。温公作此書，想在忙裏做成，元無義例。

編年紀事十一卷

鼂氏曰：皇朝劉攽因司馬温公所撰編次。

資治通鑑二百九十四卷　目録三十卷　考異三十卷

鼂氏曰：皇朝治平中，司馬光奉詔編集歷代君臣事迹，許自辟官屬，借以館閣書籍，在外聽以書局自隨，至元豐七年，凡十七年始奏御〔三四〕。上起戰國，下終五代，凡一千三百六十二年。又略舉事目，年經國緯，以備檢閱，别爲目録；參考異同，俾歸一途，别爲考異，各一編。公自謂精力盡於此書。神宗賜名資治通鑑，御製序以冠其首，且以爲賢於荀悦云。公武心好是書，學之有年矣，見其大抵不采俊偉卓異之事，如屈原懷沙自沈、四皓羽翼儲君、嚴光足加帝腹、姚崇十事開説之類，皆削去不録，然後知公忠信有餘，蓋陋子長之愛奇也。

陳氏曰：初，光嘗約戰國至秦二世，如左氏體，爲通志八卷以進。英宗悦之，遂命論次歷代君臣事迹，起周威烈王，訖於五代。目録倣史記年表，年經國緯，用劉羲叟長曆氣朔，而撮新書精要，散於其中。考異參諸家異同，正其謬誤而歸於一。

公子康公休告其友鼂説之曰：此書成，蓋得人焉。史記、前後漢則劉貢父，三國歷九朝而隋則劉道原，唐迄五代則范純甫。其在正史外，楚漢事則司馬彪、荀悦、袁宏，南北則崔鴻十六國春秋〔三五〕、蕭方等三十國春秋、李延壽南北史、太清記亦足採，建康實録以下無譏焉。柳芳唐曆最可喜，唐以來稗官野史，暨百家譜録、正集、别集、墓誌、碑碣、行狀、别傳，亦不敢忽也。苟不先讀正史，則資治通鑑果何有邪？

武夷胡氏曰：昔聞贈諫大夫陳公言，因讀資治通鑑，然後知司馬文正公之有相業也。余自志學以來，涉獵史篇，文詞汗漫，莫知統紀，徒費精神而無所得。及讀此書，編年紀事，先後有倫。凡君臣治亂、成敗安危之迹，若登乎喬嶽，天宇澄清，周顧四方，悉來獻狀。雖調元宰物、輔相彌綸之業，未能窺測，亦信其爲典刑之總會矣。

致堂胡氏曰：司馬公六任冗官，皆以書局自隨，歲月既久，又數應詔上書，論新法之害。小人欲中傷之，而光行義，無可訾者，乃倡爲浮言，謂書之所以久不成，緣書局之人利尚方筆墨、絹帛及御府果餌、金錢之賜耳。既而承受中貴人陰行檢校，乃知初雖有此旨，而未嘗請也。光於是嚴課程，省人事，促修成書。其表有云：「日力不足，繼之以夜。簡牘盈積，浩如淵海，其間牴牾，不敢自保。」今讀其書，蓋自唐及五代，采取微冗，日月或差，良有由也。光以議論不合，辭執政而不居，舍大藩而不爲，甘就冗散，編集舊史，盡願忠之志。而憸險細夫，顧謂眷戀匪頒之入。孟子曰：「如使予欲富，何爲辭十萬而受萬乎？」小人以己臆度君子，類皆如是。夫編集舊史，欲人君學者便於觀覽，其功亦不細矣〔三六〕，以久之故，尚有讒口，又況矯世拂俗，興復先王之治者哉〔三七〕！嗚呼，悲夫！

高氏緯略曰：公與宋次道書曰：「某自到洛以來，專以修資治通鑑爲事，於今八年，僅了得晉、宋、齊、梁、陳、隋六代以來奏御。唐文字尤多，託范夢得將諸書依年月編次爲草卷，每四丈截爲一卷，自課三日删一卷，有事故妨廢則追補。自前秋始删，到今已二百餘卷，至大曆末年耳。向後卷數又須倍此，共計不減六七百卷，更須三年，方可粗成編，又須細删，所存不過數十卷而已。」其費工如此。温公居洛十五年，故能成此書。今學者觀通鑑，往往以爲編年之法，然則一事用三四處出處纂成，是其爲功大矣。不觀正史精熟，未易決通鑑之功績也。通鑑采正史之外，其用雜史諸書凡二百二十二家。

容齋洪氏隨筆曰：司馬公修資治通鑑，辟范夢得爲官屬，嘗以手帖論纘述之要，大抵欲如左傳叙事之體。又云：「凡年號皆以後來者爲定。如武德元年，則從正月，便爲唐高祖，更不稱隋義寧二年；梁開平元年正月，便不稱唐天祐四年。」故此書用以爲法。然究其所窮，頗有窒而不通之處。公意正以春秋定公爲例，於未即位，即書正月爲其元年。然昭公以去年十二月薨，則次年之事，不得復係於昭，故定雖未立，自當追書。然經文至簡〔三八〕，不過一二十字，一覽可以了解。若通鑑則不侔，隋煬帝大業十三年，便以爲恭皇帝上，直至下卷之末，恭帝立，始改義寧；後一卷則爲唐高祖。蓋凡涉歷三卷，而煬帝固存，方書其在江都時事。明皇後卷之首，標爲肅宗至德元載，至一卷之半，方書太子即位。代宗下卷云「上方勵精求治，不次用人」，乃是德宗也。莊宗同光四年便係於天成，以爲明宗；而卷内書命李嗣源討鄴，至次卷首，莊宗方殂。潞王清泰三年，便標爲晉高祖，而卷内書石敬瑭反，至卷末始爲晉天福。凡此之類，殊費分説。此外，如晉、宋諸胡僭國所封建王公，及除拜卿相，纖悉必書，有至二百字者。又如西秦丞相南川宣公出連乞都卒，魏都坐大官章安侯封懿、天部大人白馬文正公崔宏、宜都文成王穆觀、鎮遠將軍平舒侯燕鳳、平昌宣王和其奴卒，皆無關於社稷治亂。而周勃薨，乃不書。及書漢章帝行幸長安，進幸槐里、岐山，又幸長平，御池陽宮，東至高陵，十二月丁亥還宮；又乙未幸東阿，北登太行山，至天井關，夏四月乙卯還宮。又書魏主七月戊子如魚池，登青岡原，甲午還宮；八月己亥如彌澤，甲寅登牛頭山，甲子還宮。如此行役，無歲無之，皆可省也。

巽岩李氏曰：左丘明傳春秋，自隱至成八公，凡百五十年，爲十三卷；自襄至哀四公，凡百五年，爲十七卷。年近則事詳，遠則略，理勢固然，無足怪者。温公與范太史議修唐紀，初約爲八十卷，此帖云已及百卷，既而卒爲八十卷，删削之功盛矣。卷數細事，前輩相與平章猶嚴若此，則其他肯輕下筆哉？吁，可敬畏也！然今以唐紀視漢紀，其紙葉蓋多八九，視周紀滋益多，於斯文奚累焉！而或者弗察，强以繁省論文，晉張輔遽謂孟堅不及子長。孟堅不及子長固也，豈在文之繁省乎？此兒童之見耳！

先公曰：張新叟言洛陽有資治通鑑草藁，盈兩屋。黄魯直閲數百卷，訖無一字草書，見李巽岩集。此温公所謂平生精力盡於此書也。如人之不能讀何！公嘗謂：「吾此書惟王勝之嘗讀一遍，餘人不能數卷，已倦睡矣！」公此書歷英宗、神宗二世，凡十九年而書成。

通鑑舉要曆八十卷

鼂氏曰：皇朝司馬光撰。通鑑奏御之明日，輔臣亟請觀焉，神宗出而示之，每編始末識以「睿思殿」寶章，蓋尊寵其書如此。公尚患本書浩大，故著此。

陳氏曰：公患本書浩大難領略，而目録無首尾，晚著是書，以絶二累。其藁在鼂説之以道家〔三九〕，紹興初，謝克家任伯得而上之。

累代歷年二卷

陳氏曰：司馬光撰。即所謂歷年圖也，治平初所進。自威烈王至顯德，本爲圖五卷，歷代皆有論。今本陳輝晦叔刻於章貢，以便觀覽〔四〇〕，自漢高帝始。

温公記歷年圖後曰：光頃歲讀史，患其文繁事廣，不能得其綱要，又諸國分列，歲時先後參差不齊，乃上采共和以來〔四一〕，下訖五代，略記國家興衰大迹，集爲五圖。每圖爲五重，每重爲六十行，每行紀一年之事，其年取一國爲主，而以朱書他國元年綴於其下。蓋欲指其元年，以推二、三、四、五，則從可知矣。凡一千八百年，命曰歷年圖。其書雜亂無法，聊以私便於討論，不敢布於他人也。不意趙君摹刻於版，傳之蜀人，梁山令孟君得其一通以相示。始光率意爲此書，苟天下非一統，則漫以一國主其年，固不能辨其正閏。而趙君乃易其名曰「帝統」，非光志也。趙君頗有所增損，仍變其卷帙，又傳寫多脱誤〔四二〕。今此淺陋之書既不可掩，因刊正，使復其舊而歸之。

資治通鑑外紀十卷

鼂氏曰：皇朝劉恕撰。司馬公作通鑑，託始於周威烈王命韓、魏、趙爲諸侯，下訖五代。恕嘗語光：「曷不起上古或堯、舜？」光答以事包春秋，不可。又以經不可續，不敢始於獲麟。恕意謂闕漏，因撰此書。起三皇、五帝，止周共和，載其世次而已；起共和庚申，至威烈王二十二年丁丑，四百三十八年爲一編，號曰外紀，猶國語稱春秋外傳也。

陳氏曰：司馬公修通鑑〔四三〕，辟恕爲屬。恕嘗謂史記不及包犧、神農，今歷代書不及威烈之前，欲爲前紀，而本朝爲後紀，將俟書成請於公。會病廢絶意，後乃改前紀爲外紀云。通鑑書成，恕已亡，范淳父奏恕於此書用力最多，援黄鑑、梅堯臣例，官其子，且以書賜其家。道原父涣凝之，家廬山，歐公所爲賦廬山高者也。

疑年譜一卷　年略譜一卷雜年號附

陳氏曰：劉恕撰。謂春秋起周平、魯隱，史記本紀自軒轅，列傳首伯夷，年表起共和，共和至魯隱，其間七十一年，即與春秋相接矣。先儒叙包羲、女媧，下逮三代享國之歲，衆説不同。懼後人以疑事爲信書，穿鑿滋甚，故周厲王以前三千五百一十九年爲疑年譜，而共和以下至元祐壬申一千九百一十八年爲年略譜。大略不取正閏之説，而從實紀之。四夷及寇賊僭紀名號，附之於末。

寶曆歌一卷

鼂氏曰：未詳撰人。以開闢太古，迄於周世宗，正統帝王世次謚號，成七言韵語一通。

歷代紀元賦一卷

鼂氏曰：皇朝楊備撰次漢至五代正統年號，爲賦一首；又别爲宋頌四章。

通鑑節文六十卷

鼂氏曰：題云温公自抄纂通鑑之要，然實非也。

紹運圖一卷

陳氏曰：諸葛深通甫撰。元祐中人，亦未詳爵里，其書頗行於世俗。

歷代帝王年運詮要十卷

陳氏曰：左朝請大夫朱繪撰。紹興五年序，未詳何所人。

歷代紀年十卷

陳氏曰：濟北鼂公邁伯咎撰。詠之之子也，嘗爲提舉常平使者。其自爲序，當紹興七年。

皇王大紀八十卷

陳氏曰：胡宏仁仲撰。述三皇五帝至周赧王〔四四〕。前二卷自盤古至帝嚳，年不可考信，姑載其事而已。自堯以後，用皇極經世曆，起甲辰，始著年紀。博采經傳，時有論説，自成一家之言。然或取莊周寓言以爲實，及叙邃古之初，終於無徵不信云爾。

經世紀年二卷

陳氏曰：侍講廣漢張栻欽夫撰〔四五〕。用皇極經世譜編，有所發明則著之。其言邵氏以數推知去外丙、仲壬之年，乃合於尚書「成湯既没，太甲元年」之説。今按孔氏正義，正謂劉歆班固不見古文〔四六〕，謬從史記。而章衡通載乃云以紀年推之〔四七〕，外丙、仲壬合於歲次，尚書殘闕，而正義之説誤。蓋三代而上，帝王歷年遠而難考，類如此，劉道原所謂疑年者也。

南軒張氏自序曰：太史遷作十二國世表，始紀甲子，起於成周共和庚申之歲，庚申而上，則莫紀焉。歷世寖遠，其事雜見於諸書，靡適折衷，則亦傳疑而已。本朝嘉祐中，康節邵先生雍出於河南，窮往知來，精極於數，作皇極經世書，上稽唐堯受命甲辰之元，爲編年譜。如云外丙、仲壬之紀，康節以數知之，乃合於尚書「成湯既没，太甲元年」之説。成湯之後，蓋實傳孫，孟子所説，特以太丁未立而卒，方是時，外丙生二年，仲壬生四年耳。又正武王伐商之年，蓋武王嗣位十一年矣。故書序稱十有一年而復稱十有三年者，字之誤也。是類皆自史遷以來傳習之繆，一旦使學者曉然得其真，萬世不可改者也。某不自揆，輒因先生之曆，考自堯甲辰，至皇上乾道改元之歲，凡三千五百二十有二年，列爲六圖，命之曰經世紀年，以便觀覽。間有鄙見，則因而明之。其大節目有六。如孟子謂堯、舜三年之喪畢，舜、禹避堯、舜之子而天下歸之，然後踐天子位，此乃見帝王奉天命之大旨，其可闇而弗彰？故於甲申書服堯之喪，乙酉書踐位之實，丙戌書元載格於文祖。自乙酉至丁巳，是踐位三十有三載也，則書薦禹於天，與尚書命禹之辭合。自丁巳至癸酉，是薦禹十有七年也，與孟子之説合。於禹受命之際，書法亦然。然而書稱舜在位五十載，陟方乃死，則是史官自堯崩之明年通數之耳。夏后相二十有八載，寒浞弑相，明年少康始生於有仍氏，凡四十年而後祀夏配天，不失舊物。寒浞豈可使間有夏之統，故缺此四十載不書，獨書少康出處，而紀元載於復國之歲，以見少康四十年經營，宗祀絶而復續，足以爲萬代中興之冠冕。今按：張氏此序成於乾道間，所謂四十年經營中興者，蓋以少康之所歷如此其久，以諷時也，然而事情不同。於新莽之簒缺其年，亦足以表光武之中興也。漢呂太后稱制，既不得係年，而所立他人子名爲少帝者，又安得承統？故復缺此數年，獨書曰「呂太后臨朝稱制」，亦范太史祖禹係嗣聖紀年之意也。漢獻之末，曹丕雖稱帝，而昭烈以正義立於蜀，不改漢號，則漢統烏得爲絶？故獻帝之後，即係昭烈年號，書曰「蜀漢」，逮後主亡國，而始繫魏。凡此皆節目之大者，妄意明微扶正，不自知其愚也。其他如夏以上稱載，商稱祀，周始稱年，皆考之書可見。而周書、洪範獨稱祀者，是武王不欲臣箕子，尚存商立箕子之志也。由魏以降，南北分裂，如元魏、北齊、後周，皆夷狄也，故統獨係於江南。五代迭揉，則都中原者，不得不係之。

先公曰：愚按張氏本皇極經世書作經世紀年圖，愚之所述，蓋亦本此。然嘗疑堯之前，標甲子者六，而不載世代與事迹。意者黄帝命大撓作甲子，則甲子紀年自黄帝始，以前無有甲子，則亦不可得而書也。

通鑑紀事本末四十二卷

陳氏曰：工部侍郎袁樞機仲撰。樞自太學官分教嚴陵爲此書，楊誠齋爲之序。朱子曰：古史之體，其可見者，春秋而已〔四八〕。春秋編年通紀，以見事之先後。書則每事别記，以具事之首尾。意者當時史官既以編年紀事，至於事之大者，則又採合而别記之。若二典所紀，上下百有餘年，而武成、金縢諸篇，其所紀載，或經數月，或歷數年，其間豈無異事？蓋必已具於編年之史，而今不復見矣。故左氏於春秋，既依經以作傳，復爲國語二十餘篇。國别事殊，或越數十年而遂其事〔四九〕，蓋亦近書體以相錯綜云爾。然自漢以來，爲史者一用太史公紀傳之法，此意因不復講〔五〇〕。至司馬温公受詔纂述資治通鑑，然後千三百六十二年之事〔五一〕，編年繫目，如指諸掌。雖托始於三晉之侯，而追本其原，始於智伯，上繫左氏之卒章，實相授受。偉哉，書乎！自漢以來，未始有也。然一事之首尾，或散出於數十百年之間，不相綴屬，讀者病之。今建安袁機仲乃以暇日作爲此書，以便學者。其部居門目，始終離合之間，又皆曲有微意，於以錯綜温公之書，其亦國語之流矣。

通鑑綱目五十九卷

陳氏曰：侍講新安朱熹元晦撰。始，司馬公通鑑有目録、舉要。其後，胡給事安國康侯又脩爲舉要補遺。朱晦翁因別爲義例著此書，自爲之序，乾道壬辰也。大書者爲綱，分注者爲目，綱如經，目如傳。此書嘗刊於温陵，別其綱，謂之提要，今板在監中。廬陵所刊，則綱目並列，不復別也。

朱子自序曰：温公通鑑既成，又撮其精要之語，別爲目録三十卷，併上之。晚病本書太詳，目録太簡，更著舉要曆八十卷，以適厥中〔五二〕。紹興中，胡文定公因公遺藁，修成舉要曆補遺若干卷，則其文愈約，而事愈備矣。今輒與同志，因兩公四書，別爲義例，增損隱括，以就此篇。蓋表歲以首年，而因年以著統，大書以提要，而分注以備言，使夫歲月之久近，國統之離合，辭事之詳略，議論之同異，通貫曉析，如指諸掌，名曰資治通鑑綱目云。

建炎以來朝野雜記：昔人著書〔五三〕，首尾多不相照，雖資治通鑑亦或未免此病，大抵編集非出一手故也。姑以一事論之，漢景帝四年、中四年皆以冬十月日食，今通鑑並書於夏、秋之後，蓋編緝者自本志中摘出〔五四〕，而不思漢初以十月爲歲首，故誤係之歲末耳。近歲吕伯恭最爲知古，陳君舉最爲知今。伯恭親作大事記，君舉親作建隆編，世號精密。余嘗考之，皆不免差誤，亦隨事辨之矣。朱文公通鑑綱目條貫至善，今草本行於世者，於唐肅宗朝直脫二年之事，亦由門人綴緝，前後不相顧也；又自唐武德八年以後至於天祐之季，甲子並差。考求其故，蓋通鑑以歲名書之，而文公門人大抵多忽史學，不熟歲名〔五五〕，故有此誤。余因諸生有問，亦爲正之矣。然則該貫古今，亦非可薄之事，但不至於喪志可也。

國紀五十八卷

陳氏曰：吏部侍郎睢陽徐度敦立撰。丞相處仁擇之之子也〔五六〕。其書詳略頗得中，而不大行於世，鄭學有魏邸舊書傳得之。

續通鑑長編一百六十八卷

陳氏曰：禮部侍郎眉山李燾仁父撰。長編云者，司馬公之爲通鑑也，先命其屬叢目，叢目既成，乃修長編，然後删之以成書。唐長編六百卷，今通鑑惟八十卷耳。燾所上表，自言未可謂之「通鑑」，止可謂之「長編」。故其書雖繁蕪而不嫌也。其卷數雖如此，而册數至餘三百，蓋逐卷又自分子卷或至十餘。

續通鑑長編舉要六十八卷

陳氏曰：李燾撰，大略皆温公舊規也。

巽岩李氏進長編奏狀：隆興元年，知榮州李燾奏：「臣嘗盡力史學，於本朝故事，尤切欣慕，每恨學士大夫各信所傳，不考諸實録、正史，紛錯難信。如建隆、開寶之禪授，涪陵、岐魏之遷殁，景德、慶曆之盟誓，曩宵、諒祚之叛服，嘉祐之立子，治平之復辟，熙寧之更新，元祐之圖舊，此最大事，家自爲説。臣輒發憤討論，使衆説咸會於一，敢先具建隆迄開寶十有七年，爲十有七卷上進。」

乾道四年，禮部郎官李燾上言：臣准朝旨，取臣所著續資治通鑑，自建隆迄元符，令有司繕寫投進。今先次寫到建隆元年至治平四年閏三月，五朝事迹，共一百八卷投進。治平以後，文字增多，容臣更加整齊，節次投進。臣竊聞司馬光之作資治通鑑也，先使其寮採摭異聞，以年月日爲叢目，叢目既成，乃修長編。唐三百年，范祖禹實掌之。光謂祖禹：長編寧失於繁，無失於略。今唐紀取祖禹之六百卷删爲八十卷是也。臣今所纂集，義例悉用光所創立，錯綜銓次，皆有依憑。顧臣此書，詎可便謂續資治通鑑？姑謂續資治通鑑長編可也。旁采異聞，補實録、正史之闕略，參求真是，破巧説僞辨之紛紜，益以昭明祖宗之豐功盛德〔五七〕。區區小忠〔五八〕，或在可録〔五九〕。所有續資治通鑑長編一百八卷，隨表上進。

淳熙元年，知瀘州李燾上言：臣先次投進續資治通鑑長編自建隆迄治平，今欲纂輯治平以後至中興以前六十年事迹，庶幾一祖八宗之豐功盛德，粲然具存，無所闕遺。顧此六十年事，於實録、正史外，頗多所增益，首尾略究端緒，合爲長編。凡六十年，年爲一卷，以字之繁略，又均分之，總爲二百八十卷。然熙、豐、祐、聖、符、靖、崇、觀、和、康之大廢置、大征伐，關天下之大利害者，其事迹比治平以前特異。寧失之繁，無失之略，必須睿明稱制臨決，如兩漢宣、章故事，無使各自爲説，乃可傳信無窮。

淳熙九年，知遂寧府李燾上言：臣累次進所爲續資治通鑑長編，今重别寫進，共九百八十卷，計六百四册，其修换事，總爲目一十卷。又緣一百六十八年之事，分散爲九百八十卷之間，文字繁多，本末頗難立見，略存梗概，庶易檢尋。今創爲建隆至靖康舉要六十八卷，并卷總目共五卷〔六〇〕。已上四種，通計一千六十三卷，六百八十七册。投進者，紀一祖八宗之盛德至善，義寧止於百篇？聚九朝三世之各見殊聞，事或傳於兩説。惟折諸聖，迺得其真。臣網羅收拾垂四十年，綴葺穿聯踰一千卷，牴牾何敢自保？精力幾盡此書。非仰託大君之品題，懼難逃乎衆人之指目。漢孝宣稱制決疑，故事最高於甘露；我神考錫名冠序，治鑑莫毁於元符。豫席恩言，比迹先正，臣死且不朽。乾道六年，奉旨降付續資治通鑑長編一百七十六册祕書省，令依通鑑紙樣繕寫進納。

水心葉氏曰：李氏續通鑑，春秋之後，纔有此書。自史法壞，譜牒絶，百家異傳與詩、書、春秋並行。而漢至五季，事多在記後，史官常狼狽收拾，僅能成篇。嗚呼！其何以信天下也。通鑑雖幸復古，然由千有餘歲之後，追戰國、秦、漢之前則遠矣。疑詞誤説，流於人心久矣，方將鈎索質驗，貫殊析同，力誠勞而勢難一矣。及公據變復之會，乘歲月之存，斷自本朝，凡實録、正史、官文書，無不是正，就一律也；而又家録、野記，旁互參審，毫髮不使遁逸，邪正心迹，隨卷較然。夫孔子之所以正時月日必取於春秋者，近而其書具也，今惟續通鑑爲然爾。故余謂春秋之後，纔有此書，信之所聚也。雖然，公終不敢自成書，第使至約出於至詳，至簡成於至繁，以待後人而已。

先公曰：李文定公纂本朝長編，自紹興、隆興、乾道、淳熙，節次上進，收拾舊事，垂四十年。是長編一百六十八年之書，以四十年而成。

九朝通略一百六十八卷

陳氏曰：起居郎建安熊克子復撰。

中興小曆四十一卷

陳氏曰：熊克撰。克之爲書，往往疏略多牴牾，不稱良史。

中興遺史六十卷

陳氏曰：從義郎趙甡之撰，慶元中上進。其書大抵記軍中事爲詳，而朝政則甚略，意必當時游士往來邊陲出入幕府者之所爲。及觀其記張浚攻濠州一段，自稱姓名曰開封張鑑，然則此書鑑爲之，而甡之竊以爲己有也。或曰鑑即甡之婦翁，未知信否。

丁未録二百卷

陳氏曰：左修職郎昭武李丙撰。自治平丁未王安石初召用，迄於靖康童貫之誅，故以「丁未」名之。每事皆全載制詔章疏，甚詳。

思陵大事記三十六卷　阜陵大事記二卷

陳氏曰：李燾撰。

建炎以來繫年要録二百卷〔六二〕

陳氏曰：工部侍郎陵陽李心傳微之撰。蓋與李巽岩長編相續，亦嘗自隆興後相繼爲之，會蜀亂散失，不可復得。

大事記十二卷　解題十二卷　通釋一卷

陳氏曰：著作郎東萊吕祖謙伯恭撰。自敬王三十九年以下，采左氏傳、歷代史、皇極經世、通鑑、稽古録，輯而廣之，雖上接獲麟，而書法則視太史公所録，不盡用策書凡例。解題者，略具本末，或附以己意，多所發明。通釋者，經典綱要、孔孟格言，以及歷代名儒大議論。初意欲起春秋，接於五代，僅及漢武征和三年而止。東萊年方强仕，而得末疾，平生論著，大抵經始而未及成，如讀詩記、書説是已。是書之作，當淳熙七年。又二年而没。使天假之年，所傳於世者，寧止是哉！

朱子曰：伯恭大事記甚精密，古今蓋未有此書，若能續而成之，豈非美事？但讀書本自不多，加以衰老昏憊，豈復能辨此事？世間英俊如林，要必有能爲之者，但恐其所經世之意，未離乎功利術數之間，則非筆削之本意耳。答詹帥書。語録：伯恭大事記辨司馬遷、班固異同處最好，大抵謙不敢任作書之意，故左傳、通鑑已載者不復載，其載者皆左傳、通鑑所無者耳。有大纖巧處，如指公孫弘、張湯姦狡處，皆説得羞愧人。伯恭少時，被人説他不曉事，故其論事多指出人之情僞云。我亦知得他有此意。東萊大事記時已自感疾了，一日做一年，若不死，自漢武到五代只千年，三年自可了此文字。解題煞有工夫，只一句要包括一段意思。

建隆編一卷

陳氏曰：陳傅良撰。蓋長編太祖一朝節略也，隨事考訂，併及累朝之始末。慶元初在經筵所上〔六二〕。

止齋自序曰：本朝國書有日曆，有實録，有正史，有會要，有敕令，有御集；又有司專行指揮典故之類；三朝以上，又有寶訓；而百家小説、私史、與士大夫行狀誌銘之類〔六三〕，不可勝記。自李燾作續通鑑，起建隆元年，盡靖康元年，而一代之書萃見於此，可謂備矣。然篇帙浩繁，文字重併，未爲成書，難以觀覽。今略依漢司馬遷年表大事記、温公司馬光稽古録與燾舉要，撮取其要，繫以年月，其上譜將相大臣除罷，而記其政事因革於下方。夫學之爲王事，非若書生務多而求博，雖章句言語，皆不忍捨也。誠能考大臣之除罷，而識君子小人進退消長之際，考政事之因革，而識取士養民治軍理財之方，其後治亂成敗，效出於此，斯足以成孝敬廣聰明矣。故今所節略通鑑，如群臣奏疏，與其他年行與一時誥令，出於代言之臣，苟非關於當年治道之大端，即不抄録。或見於他書，實係治體，不可不聞，而通鑑偶遺，即據某書添入。至於通鑑登載，萬一有小小遺誤〔六四〕，亦略附著其説於下。若夫列聖深仁厚澤，垂裕後人，傳之萬世，尤當循守者，必爲之論。但存本指，不加文采，深有冀於省察也。

讀書譜一卷

陳氏曰：陳傅良撰。自伏羲迄春秋終。以書、詩、春秋諸經考世代而附著之〔六五〕。共和而下，始有年數。

紀年統論一卷　紀年備遺一百卷

陳氏曰：永嘉朱黼文昭撰。從陳止齋學，嘗著紀年備遺，起陶唐，終顯德，爲百卷，蓋亦本通鑑、稽古録，而擷其中論正統者爲統紀論。

水心葉氏序曰：平陽朱黼因通鑑、稽古録章别論者〔六六〕，始堯、舜，迄五代，三千餘篇。述吕、武、王莽、曹丕、朱温，皆削其紀年以從正統，曰：吾爲書之志也，書法無大於此矣。報讐明耻，貴夏賤夷，其次也。凡民人家國之用，制度等威之異，皆爲説以處之；衆言之淆亂，則折而一之；訛謬之相承，則釐而正之；南北華戎之離合，争奪之碎，人所厭簡，亦備論之。該括既多，而條目衆矣。所以存世次，觀興壞，本經訓，原事實，芟理蕪蔓，顯發精隱，扶樹正義，蒐舉墜逸，不以華爲辨，不以意爲覺，無偏駁之説，無新特之論。反而約之，知其能費而隱也；時而措之，知其能典而當也〔六七〕。嗚呼，此豈非學者之所當盡其心歟！

皇朝編年舉要三十卷　備要三十卷　中興編年舉要十四卷　備要十四卷

陳氏曰：太學生莆田陳均平甫撰。均，丞相俊卿之從孫，端平初，有言於朝者，下福州取其書，由是得初品官。大抵依倣朱氏通鑑綱目。舉要者，綱也；備要者，目也。然去取無法，詳略失中，未爲善書。

續稽古録一卷

陳氏曰：祕書丞歷陽龔頤正養正撰。以續司馬光前録，而序述繁釀。其記紹熙甲寅事，歸功於韓侂胄。頤正本名惇頤，避諱改焉。嘗撰元祐黨籍譜得官，韓氏用事時，賜出身入館。

歷代帝王纂要譜括二卷

陳氏曰：餘姚孫應符仲潛撰。蓋紹運圖之詳者也。

校勘記

〔一〕章法式通古今著功勳表賢能　「式」原作「或」，「賢」原作「質」，「功」字原脱，據直齋書録解題卷四及後漢書卷六二荀悦傳、荀悦前漢紀卷一高祖皇帝紀改補。

〔二〕唯張璠紀差詳　「張璠」原作「張繙」，據郡齋讀書志卷五及隋書卷三三經籍二改。

〔三〕陳氏曰　「陳」原作「黽」。按郡齋讀書志不載晉春秋略一書，未見「曰」下之文。其書其文見於陳振孫直齋書録解題，此「黽」顯爲「陳」之誤，故改。

〔四〕元經作於隋世大業四年　「大業」原作「太興」，直齋書録解題卷四同。按隋無太興年號，元經薛氏傳稱元經作於大業四年。又四庫全書總目提要卷四七録直齋書録解題語，亦作大業四年。故改。

〔五〕時舊史送官　郡齋讀書志卷五「史」下有「已」字。

〔六〕芳獨奏篇　「篇」原作「編」，據元本、慎本、馮本改。

〔七〕無慮百十餘　慎本、弘治本「百」均作「四」。

〔八〕續唐曆二十二篇　直齋書録解題卷四及新唐書卷五八藝文二「篇」均作「卷」。

〔九〕崔瑄等撰　「崔瑄」原作「崔瑲」，據直齋書録解題卷四及新唐書卷五八藝文二改。

〔一〇〕唐劉仁軌撰　原脱「撰」字，據郡齋讀書志卷五補。

〔一一〕且云煬帝遷都之詔稱務從節儉　「遷」原作「還」，據馮本及郡齋讀書志卷五、隋書卷三煬帝紀改。

〔一二〕以續馬總曆　「馬總」原作「爲總」，據馮本及郡齋讀書志卷五改。

〔一三〕胡　各本及郡齋讀書志卷五同。袁本郡齋讀書志卷二上作「湖」。按當作「湖」，蓋言湖南馬殷也。

〔一四〕劉軻帝王曆數歌　原脱「數」字，據直齋書録解題卷四及新唐書卷五八藝文二補。

〔一五〕後晉起居郎史館修撰獲鹿賈緯撰　「獲鹿」原作「鉅鹿」，「撰」字原脱，據直齋書録解題卷四改補。按賈緯傳見舊五代史卷一三一及新五代史卷五七，均作獲鹿人，撰唐年補録六十五卷。

〔一六〕摭其要言　「要」原作「妄」，據馮本及郡齋讀書志卷五改。

〔一七〕皇朝龔穎撰　「朝」原作「輔」，據元本、馮本、慎本、殿本考證及郡齋讀書志卷五改。

〔一八〕始奉穆帝升平之朔　按此句前有脱誤。據晉書，前涼張氏沿用西晉湣帝建興年號，至建興四十二年改和平元年，第二年張玄靚又改回爲建興四十三年，至四十九年方改奉東晉穆帝升平年號。疑此句前脱「至四十九年」五字。

〔一九〕張重華曰永樂曰和平　按此句有脱誤。前文云：「張祚篡竊，改建興四十二年爲和平元年。」又據魏書卷九九張寔傳及十六國春秋，張重華唯用永樂年號，和平爲張祚年號。疑「曰和平」前脱「張祚」二字。

〔二〇〕張玄靚曰太始　「張玄靚」原作「張元龍」，據郡齋讀書志卷五、晉書卷八六張軌傳及通鑑卷一〇〇晉紀二二改。又按魏書卷九九張寔傳及十六國春秋均作「張玄靖」。

〔二一〕以王莽十九年繫孺子更始　各本及郡齋讀書志卷五同。按更始爲淮陽王劉玄年號，孺子嬰年號爲初始，疑「更」當作「初」。

〔二二〕緒神龍　「緒」字疑誤。孫猛郡齋讀書志校證云：「原本所據底本『續』作『緒』，李富孫以爲誤而改正。按李録顧校本亦改『緒』作『續』。」按下文「朱梁十六年通濟陰天祐，續同光」與此句爲並列句，可證。

〔二三〕朱梁十六年通濟陰天祐　「天祐」原作「天祜」，據元本、慎本、馮本、弘治本及郡齋讀書志卷五改。

〔二四〕遂著其事於譜前　「譜」下原無「前」字，據馮本及郡齋讀書志卷五補。

〔二五〕不免時有舛誤也　原無「不免」二字，據元本、慎本、弘治本及郡齋讀書志卷五補。

〔二六〕皇朝章衡撰　「章衡」原作「張衡」，據殿本考證及直齋書録解題卷四，宋史卷三四七章衡傳、卷二〇三藝文二，盧文弨群書拾補文獻通考經籍三改。

〔二七〕總三千四百年　原無「總」字，據郡齋讀書志卷五補。

〔二八〕其族父寀質夫爲之序　「寀」原作「寀」，據直齋書録解題卷四及宋史卷三二八章寀傳改。

〔二九〕仕至集賢院學士　「院」原作「大」，據馮本及宋史卷三四七章衡傳、卷一六四職官四改。

〔三〇〕三晉開國　「國」原作「閏」，據直齋書録解題卷四及司馬光進稽古録表改。

〔三一〕其後再刻於潭　「再」原作「載」，據直齋書録解題卷四改。

〔三二〕越本歷年圖諸論聚見第十六卷　「諸論」原作「譜論」，據直齋書録解題卷四及下文「潭本諸論各繫於國亡之時」句改。

〔三三〕温公之言如桑麻穀粟　「如」字原脱，據朱子語類卷一三四補。

〔三四〕凡十七年始奏御　後文巽岩李氏曰「凡十九年而書成」，與此不同。按司馬光於治平三年四月始奉詔置局修書，至元豐七年十二月書成，實十八年又八月，作「十九年」是。神宗賜名「資治通鑑」則在治平四年十月，至書成凡十七年又二月，鼂氏之語或據此。

〔三五〕南北則崔鴻十六國春秋　原無「則」字，據元本、慎本、馮本、弘治本補。另：下句「方等三」三字原在本句「南北」下，據元本、慎本、馮本、弘治本乙正。

〔三六〕其功亦不細矣　原無「亦」字，據元本、慎本、馮本、弘治本補。

〔三七〕興復先王之治者哉　原無「者」字，據元本、慎本、馮本補。

〔三八〕然經文至簡　容齋續筆卷四「然」作「兼」。

〔三九〕其蘽在鼂説之以道家　「鼂説之」原作「姚説之」，據弘治本、殿本考證及直齋書録解題卷四改。

〔四〇〕以便觀覽　直齋書録解題卷四「以」上有「爲方策」三字。

〔四一〕乃上采共和以來　「上」原作「止」，據司馬文正公傳家集卷七一記歷年圖後改。

〔四二〕又傳寫多脱誤　司馬文正公傳家集卷七一記歷年圖後「傳寫」作「所爲」。

〔四三〕司馬公修通鑑　直齋書録解題卷四作「歷代君臣事蹟」。

〔四四〕述三皇五帝至周赧王　「帝」原作「代」，據元本、慎本、馮本及直齋書録解題卷四改。

〔四五〕侍講廣漢張栻欽夫撰　直齋書録解題卷四及宋史卷四二九張栻傳「欽夫」均作「敬夫」。按宋翼祖皇帝名敬，張栻避諱改。

〔四六〕正謂劉歆班固不見古文　原無「劉歆」二字。按元本、慎本、馮本、弘治本「班固」前均有「劉」字；直齋書録解題卷四及孔穎達尚書正義卷八伊訓第四疏語均有「劉歆」二字。故據補。

〔四七〕而章衡通載乃云以紀年推之　「章衡」原作「張衡」，據直齋書録解題卷四及宋史卷二〇三藝文二、卷三四七章衡傳改。

〔四八〕春秋而已　按下文於春秋云云後接載書云云，疑「春秋」上脱一「書」字。

〔四九〕或越數十年而遂其事　「事」原作「意」，據朱文公文集春秋古文改。

〔五〇〕此意因不復講　「因」原作「固」，據朱文公文集春秋古文改。

〔五一〕然後千三百六十二年之事　「千」上原有「二」字，據元本、慎本、馮本及弘治本删。按通鑑述戰國至五代事實一千三百六十二年。

〔五二〕以適厥中　朱文公文集卷七五資治通鑑綱目序「中」下有「而未成也」四字。

〔五三〕昔人著書　原作「自昔注書」，據建炎以來朝野雜記乙集卷十三昔人著書多或差誤改。

〔五四〕蓋编緝者自本志中摘出　各本及建炎以來朝野雜記乙集卷十三昔人著書多或差誤同。按漢景帝四年十月及中四年十月兩次日食，漢書五行志第七下之下均失載，兩次日食均見載於漢書卷五景帝本紀。此「本志」當作「本紀」。

〔五五〕不熟歲名　「名」原作「多」，據建炎以來朝野雜記乙集卷一三昔人著書多或差誤改。

〔五六〕丞相處仁擇之之子也　直齋書録解題卷四「丞」上有「度」字。

〔五七〕旁采異聞補實録正史之闕略參求真是破巧説僞辨之紛紜益以昭明祖宗之豐功盛德　按上三十五字疑有誤。盧文弨群書拾補云：「此一段語氣殊不類。求之本疏無此語，但云『更擇耆儒正直若光者，屬以删削之任，遂勒成我宋大典垂億萬年。臣之區區小忠，因是也獲自盡』。其下語尚多，絶無矜張如此者。」盧説是。

〔五八〕區區小忠　「忠」原作「惠」，據李燾進續資治通鑑長編表改。

〔五九〕或在可録　原無「在」字，據元本、慎本、馮本及弘治本補。

〔六〇〕并卷總目共五卷　按前一「卷」字似爲衍文。

〔六一〕建炎以來繫年要録二百卷　「録」原作「記」，據直齋書録解題卷四及宋史卷二〇三藝文二改。按今傳本均作「録」。

〔六二〕慶元初在經筵所上　原脱「所」字，據直齋書録解題卷四補。

〔六三〕與士大夫行狀誌銘之類　原脱「士」字，據元本、慎本、馮本、弘治本及建隆編陳氏自序補。

〔六四〕萬一有小小遺誤　元本、慎本、馮本、弘治本「遺」均作「違」。

〔六五〕以書詩春秋諸經考世代而附著之　「以」原作「於」，據元本、慎本、馮本及直齋書録解題卷四改。

〔六六〕稽古録章別論者　水心集卷一二紀年備遺序「者」作「著」，疑是。

〔六七〕知其能典而當也　水心集卷一二紀年備遺序「典」作「曲」，疑是。

卷一百九十四　經籍考二十一

史起居注

穆天子傳六卷

竃氏曰：晉太康二年汲縣民盜發古冢所得〔一〕，凡六卷，八千五百一十四字，詔荀勖、和嶠等以隸字寫之云。按春秋左氏傳：「穆王欲肆其心，周行天下，將皆有車轍馬迹焉。」此書所載，即其事也。穆王始巡狩〔二〕，得驊騮、緑耳之乘，造父爲御，以觀四荒，北絶流沙，西登崑崙，與太史公記同〔三〕。汲郡守書不謹，多毁缺。雖其言不典，皆古書，頗可觀覽〔四〕。郭璞注本謂之周王遊行記。勖之時，古文已不能盡識，時有缺者，又轉寫益誤，殆不可讀。

陳氏曰：其體制與起居注同。起居注者，自漢明德馬皇后始，漢、魏以來因之。

唐創業起居注三卷〔五〕

竃氏曰：唐温大雅撰。紀高祖建義至受隋禪，用師符讖受命典册事。

陳氏曰：所載起義至受禪，凡三百五十七日。其述神堯不受九錫，反復之語甚詳。愚嘗書其後曰：新史稱「除隋之亂，比迹湯、武」。湯、武未易比也，唐之受命，正與漢高帝等爾。其不受九錫，足以掃除魏、晉以來欺天罔人之態，而猶不免曰受隋禪者，乃以尊立代王之故，曾不若以子嬰屬吏之爲明白洞達也。

唐高祖實録二十卷

鼂氏曰：唐房玄齡等撰。太宗詔玄齡與許敬宗、敬播同脩，起創業，盡武德九年。貞觀十七年書成。

陳氏曰：唐給事中河東敬播撰。按志稱房玄齡監脩，許敬宗删改。今本首題「監脩國史許敬宗奉敕定」，第十一卷題「司空房玄齡奉敕撰」，不詳其故。

唐太宗實録四十卷

鼂氏曰：唐許敬宗等撰。起即位，盡貞觀二十三年〔六〕。初，貞觀十七年，房玄齡、許敬宗、敬播撰今上實録，止十四年，成二十卷；永徽五年，無忌與史官續十五年後盡昭陵事。合四十卷〔七〕，其後敬宗改定。

陳氏曰：按藝文志有今上實録二十卷，敬播等撰，房玄齡監脩；又有長孫無忌太宗實録四十卷。今本惟題「中書令許敬宗奉敕撰〔八〕」。蓋敬宗當高宗時用事〔九〕，以私意竄改國史，中興書目言之詳矣。但今本既云許敬宗撰〔一〇〕，而以爲恐止是玄齡、無忌所進，則不可考也。

唐高宗實録三十卷

鼂氏曰：唐劉知幾等撰。起即位，盡永淳二年，凡二十九年〔一一〕。初，令狐德棻、許敬宗等撰録，止顯慶三年，成二十卷上之，後知幾與吴兢續成。

陳氏曰：按志令狐德棻撰止乾封，知幾續成之，故號後脩。書本三十卷，今闕十一卷〔三〕。

唐則天實録二十卷

鼂氏曰：吴兢撰。初，神龍二年，詔武三思、魏元忠、祝欽明、徐彦伯、柳同、崔融〔三〕、岑羲、徐堅撰録，三十卷。開元四年，兢與劉知幾刊脩成此書，上之。起嗣聖改元甲申臨朝，止長安四年甲辰傳位，凡二十一年。

陳氏曰：按志魏元忠等撰，劉知幾、吴兢删正，今惟題兢撰。武氏罪大惡極，固不應復入唐廟，而題主猶有聖帝之稱，至開元中，禮官有言，乃去之。武氏不應有實録，猶正史之不應有本紀，皆沿襲史、漢吕后例，惟沈既濟之論爲正，而范氏唐鑑用之。

唐中宗實録二十卷

鼂氏曰：唐吴兢撰。起神龍元年復位，盡景龍四年，凡六年。

唐睿宗實録十卷

鼂氏曰：唐劉知幾撰。知幾與吴兢先脩太上皇實録，起初誕，止傳位，凡四年。後續脩益，止山陵。

陳氏曰：志有二録，五卷者爲兢。今此十卷，當是知幾也。館閣書目亦别有五卷者。

唐玄宗實録一百卷

鼂氏曰：唐元載等撰。起即位，盡上元三年，凡五十年。安史之亂，玄宗起居注亡。大曆中，史官令狐峘哀掇詔策，備一朝之遺闕。開元、天寶間君臣事多漏略。

陳氏曰：題元載撰，蓋左拾遺令狐峘所爲，而載以宰相監脩也。史稱事多漏略，拙於取棄，不稱良史。峘，德棻五世孫也。

唐肅宗實録三十卷

鼂氏曰：唐元載等撰。起即位，盡後元年，凡六年。

陳氏曰：亦元載監脩，不見史官姓名。

唐代宗實録四十卷

鼂氏曰：唐令狐峘撰。初，詔峘撰實録〔四〕，未成書，貶官卒。元和二年，子丕上之。當時名官如房琯〔五〕，不立傳，抗直如顏真卿，略而不載，時譏漏略。起寶應元年壬寅，止大曆十四年己未，凡十七年。

陳氏曰：尤爲漏略。

唐建中實録十卷

崇文總目：唐史館脩撰沈既濟撰。起大曆十四年德宗即位，盡建中二年十月既濟罷史官之日。自作五例，所以異於常者：舉終必見始；善惡必評；月必舉朔；史官雖卑，出入必書；太子曰薨。自謂「辭雖不足，而書法無隱」云。

唐德宗實録五十卷

鼂氏曰：裴垍等撰。起即位，盡貞元二十一年，凡二十五年。元和二年，詔蔣乂、樊紳、林寶、韋處厚、獨孤郁同脩。五年，垍上之。

唐順宗實録五卷

鼂氏曰：韓愈撰。起貞元二十一年乙酉正月，止永貞元年丙戌八月。初，愈撰録禁中事爲切直，閹宦不喜，訾其非實，文宗詔路隋刊正。隋建言「衆議以刊脩非是。李宗閔、牛僧孺謂史官李漢、蔣係皆愈之婿，不可參撰，俾臣下筆。臣謂不然。且愈之所書，非己自出，元和以來，相循逮今。漢等以嫌，無害公誼〔一六〕。請條其甚謬誤者，付史官刊定。」詔摘去元和、永貞間數事爲失實，餘不復改〔一七〕。

陳氏曰：按志稱韓愈、沈傳師、宇文籍撰，李吉父監脩。新史謂議者鬨然不息，卒竄定無完篇，以閹宦惡其書禁中事切直也。

唐憲宗實録四十卷

鼂氏曰：唐路隋等撰。起即位，盡元和十五年。初，穆宗長慶二年，詔監脩國史杜元潁與史官韋處厚、路隋、沈傳師、鄭澣、宇文籍等脩元和實録，未及成書。太和四年，隋與蘇景胤〔一八〕、陳夷行、李漢、蔣係續成上之。統例取捨，皆出處厚焉。

陳氏曰：按志稱沈傳師、鄭澣、宇文籍、蔣係、李漢、陳夷行、蘇景裔撰，蓋前後史官也；又稱杜元潁、韋處厚、路隋監脩，亦前後宰相也。

唐穆宗實録二十卷

鼂氏曰：唐路隋等撰。起即位，盡長慶四年。按文宗實録：太和四年，隋與蘇景裔等上憲宗實録，後有王彦威、楊漢公、蘇滌、裴休並爲史官云。

唐敬宗實録十卷

鼂氏曰：唐李讓夷等撰。起長慶四年甲辰即位，止寶曆二年丁未，凡三年。武宗會昌中，詔史官陳商、鄭亞同脩，讓夷監脩，書成上之。

唐文宗實録四十卷

鼂氏曰：魏謩等撰。起即位，盡開成五年，凡十四年。宣宗大中八年，史官蔣偕、牛叢、王渢、盧告同脩〔一九〕。

陳氏曰：謩監脩，偕等史官也。

唐武宗實録一卷

鼂氏曰：唐韋保衡撰。武宗以後，實録皆亡，今存止會昌元年正月二月〔二〇〕。

陳氏曰：按唐志惟有武宗實録三十卷，其後皆未嘗脩纂；更五代，武録亦不存，邯鄲書目惟有一卷而已。

唐宣宗實録三十卷　懿宗實録二十五卷　僖宗實録三十卷　昭宗實録三十卷　哀帝實録八卷〔二一〕

巽氏曰：國朝宋敏求次道所補。宣録三十卷，懿録三十卷，一作二十五卷。僖録三十卷，昭録三十卷，哀録八卷，通百二十八卷，世服其博聞。

陳氏曰：五録者，皆敏求追述爲書。按兩朝史志，初爲一百卷，其後增益爲一百四十八卷〔二二〕。今按懿録三十五卷〔二三〕，止有二十五卷，而始終皆備，非闕也，實一百四十三卷。館閣書目又言闕第九一卷，今亦不闕云。

建康實録二十卷

巽氏曰：唐許嵩撰。始自吴，起漢興平元年，終於陳末禎明三年，南朝六代四十帝，四百年間君臣行事，及土地山川、城池宫苑、制置興壞，用存古迹，其異事則注之，以益見聞。按南朝四百年，除西晉平吴之年并吴首事之年，三百三十一年而已〔二四〕。吴大帝在武昌七年，梁元帝都江陵三年〔二五〕，其實在建康宫，三百二十一年也。十乂按：嵩自叙此書云「使周覽而不繁，約而無失」。然自順帝以後，復爲紀傳而廢編年，其間重複一事牴牾者甚衆；至於名號稱謂，又絶無法，蓋亦煩而多失矣。

陳氏曰：載吴、晉、宋、齊、梁、陳六朝都建康者，編年附傳，大略用實録體。

後唐莊宗實録三十卷

陳氏曰：監脩趙鳳，史官張昭遠撰。天成四年上。

後唐明宗實録三十卷

陳氏曰：監脩姚顗，史官張昭遠撰。清泰三年上。

後唐廢帝實録十七卷

陳氏曰：張昭〔二六〕、尹拙、劉温叟撰。按昭本傳，撰梁均王郢王、後唐愍帝廢帝、漢隱帝實録，惟梁二王年祀寖遠〔二七〕，事皆遺失，遂不脩〔二八〕，餘三帝實録皆藏史閣，周世宗時也。蓋昭本撰周祖實録，以其歷試之迹多在漢隱帝時，故請先脩隱録，因併及前代云。

晉高祖實録三十卷　晉出帝實録二十卷

陳氏曰：監脩竇正固〔二九〕，史官賈緯〔三〇〕、王伸、竇儼等撰。周廣順元年上。正固字體仁，同州人。相漢，至周罷，歸洛陽，國初卒。

漢高祖實録十七卷

陳氏曰：監脩蘇逢吉，史官賈緯等撰。乾祐二年上。書本二十卷，今闕末三卷。中興書目作十卷。

漢隱帝實録十五卷

陳氏曰：張昭等撰。事已見前。

周太祖實録三十卷

陳氏曰：張昭等撰。顯德五年上。昭即昭遠，字潛夫，濮上人。避漢祖諱，止稱昭，逮事本朝，爲吏部尚書。開寶五年卒。

周世宗實録四十卷

陳氏曰：監脩官晉陽王溥齊物、修撰范陽扈蒙日用撰。

蜀高祖實録三十卷

鼂氏曰：僞蜀李昊撰。高祖者，孟知祥也。昊相知祥子昶時被命撰。起唐咸通甲午，終於僞明德元年甲午，凡六十一年。

太祖實録五十卷

鼂氏曰：皇朝沈倫撰。太平興國三年，詔李昉、扈蒙、李穆、郭贄、宋白、董淳、趙鄰幾同脩，倫總其事。更歷二載，書成。起創業，迄山陵，凡十七年。淳化中，王禹偁作篋中記，叙云：「太祖神聖文武，曠世無倫，自受命之後，功德日新，皆禹偁耳目所聞見。今爲史臣，多有諱忌而不書，又上近取實録入禁中，親筆削之，禹偁恐歲月寖久，遺落不傳，因編次十餘事。」按禹偁所言，雖未可盡信，然咸平、祥符間，亦以所書漏落，一再命儒臣重脩，多所增益，故有三本傳於世。

重脩太祖實録五十卷

鼂氏曰：皇朝李沆等撰。咸平中，真宗以前録漏略，詔錢若水、王禹偁、李宗諤、梁顥、趙安仁重加刊脩，吕端監脩。端罷，沆代。二年，書成奏御。沆表云：「前録天造之始，國姓之源，發揮無取，削平諸國〔三二〕，僭主僞臣，頗亡事迹。今之所正，率由典章，又益諸臣傳一百四人。」按書太宗不夯市〔三三〕，及杜太后遺言，與司馬温公所書不同，多類此。

陳氏曰：監脩國史肥鄉李沆太初、史官集賢院學士河南錢若水淡成等重脩。初，上命李至、張洎等脩太祖史，未成。及咸平元年，太宗實録成書，以太祖朝事多漏略，故再命若水脩撰。二年，書成上之。卷首有沆進書表，叙前録之失及新書刊脩條目甚詳。同脩者直館饒陽李宗諤昌武、東平梁顥太素、直集賢院河南趙安仁樂道。李燾云：「世傳太祖自陳橋推戴，馬上約束諸將，本太祖聖意，前録無太宗叩馬之語，乃後録所增也。」然則燾亦嘗見舊録也邪？近聞士大夫家亦多有之，求之未獲也。

太宗實録八十卷

鼂氏曰：皇朝錢若水等撰。至道三年，命若水專脩，不隸史局。若水即引柴成務、宋度、吳淑、楊億爲佐，咸平元年書成，上於朝。起即位，止至道三年丁酉三月，凡二十年。初，太宗有馴犬常在乘輿側，及崩，犬輒不食。李至嘗作歌紀其事以遺若水〔三〕，其斷章曰「白麟赤雁君勿書〔三四〕，勸君書此懲浮俗」。而若水不爲載。吕端雖爲監脩，而未嘗涖局，書成不署端名〔三五〕。至抉其事以爲專美，若水援唐朝故事若此者甚衆，時議不能奪。世又傳億子娶張洎女而不終，故洎傳多醜辭。嗚呼！若水及億，天下稱賢，尚不能免於流議如此。信乎執史筆者之難也！

陳氏曰：錢若水等以至道三年十一月受命，咸平元年八月上之，九月而畢，人難其速。按楊億傳，書凡八十篇，而億獨草五十六卷。

真宗實録一百五十卷

鼂氏曰：皇朝王欽若等撰。起藩邸，止乾興元年壬戌二月，凡二十六年。乾興元年，詔李維、晏殊、孫奭、宋綬、陳堯佐、王舉正〔三六〕、李淑同脩，馮拯監脩。拯卒，欽若代。天聖二年〔三七〕，書成奏御。

陳氏曰：學士承旨肥鄉李維仲方、學士臨川晏殊同叔撰。

容齋洪氏隨筆曰：司馬遷作史記，於封禪書中述武帝神仙鬼竈方士之事甚備，故王允謂之「謗書」。國朝景德、祥符之間，王文穆、陳文忠、陳文僖、丁晉公諸人造作天書符瑞，以爲固寵容悦之計。及真宗上仙，王沂公懼貽譏後世，故請藏天書於梓宮以滅迹。而實録之成，乃文穆監脩，其載崇奉宮廟，祥雲芝鶴，惟恐不詳，遂爲信史之累，與太史公「謗書」意異而實同也。

仁宗實録二百卷

鼂氏曰：皇朝韓琦等撰。起藩邸，盡嘉祐八年三月，凡四十二年。嘉祐八年十二月，詔琦提舉，王珪、賈黯、范鎮脩撰，宋敏求、呂夏卿、韓維檢討。治平中，又命陳薦、陳繹同編脩。熙寧二年奏御。

英宗實録三十卷

鼂氏曰：皇朝曾公亮等撰。起藩邸，盡治平四年正月，凡四年。熙寧元年正月，詔公亮提舉，呂公著、韓維脩撰，孫覺、曾鞏檢討，三月又以錢藻檢討，四月又以王安石、吴充爲脩撰，二年七月書成。

王氏揮麈録曰：英宗實録，熙寧元年曾宣靖提舉。王荆公時已入翰林，宣靖自爲之，兼實録脩撰，不置官屬，成書三十卷，出於一手。東坡先生嘗語劉莊輿羲仲云：「此書詞簡而事備，文古而意明。爲國朝諸史之冠。」

神宗實録二百卷

鼂氏曰：皇朝曾布等撰。起藩邸，止元豐八年三月，凡十九年。

神宗朱墨史二百卷

鼂氏曰：元祐元年，詔脩神宗實録，鄧温伯、陸佃脩撰，林希、曾肇檢討，蔡確提舉。確罷，司馬光代。光薨〔三八〕，吕公著代。公著薨，大防代。六年奏御。趙彦若、范祖禹、黄庭堅後亦與編脩，書成賞勞，皆遷官一等。紹聖中，諫官翟思言：元祐間，吕大防提舉實録，祖禹、庭堅等編脩，刊落事迹，變亂美惡，外應姦人詆誣之説。命曾布重行脩定。其後奏書，以舊録爲本，用墨書，添入者用朱書，其删去者用黄抹，已而將舊録焚毁。宣和中，或得其本於禁中，遂傳於民間，號「朱墨史」云。

陳氏曰：紹聖中，蔡卞、林希等重脩，前史官由是得罪。其書大抵以安石日録爲主，陳瓘所謂「尊私史而壓宗廟」者也。

神宗實録考異二百卷

陳氏曰：監脩解梁趙鼎元鎮、史官成都范冲元長等撰進。建炎初〔三九〕，有詔重脩，紹興六年，先進呈五十卷，六年正月書成。「考異」者，備朱墨黄三書而明著其去取之意也。闕百六十一至百七十一卷。初，蔡卞既改舊録〔四〇〕，每一卷成，納之禁中，蓋將泯其迹，而使新録獨行，所謂朱墨本者不可得而見也。及梁師成用事，自謂蘇氏遺體，頗招延元祐諸家子孫若范温、秦湛之流。師成在禁中見其書，爲諸家人道之，諸人幸其書之出，因曰：「此不可不録也。」師成如其言。及敗，没入。有得其書者攜以渡江，遂傳於世。嗚呼，此可謂非天乎！

哲宗前録一百卷　後録九十四卷

鼂氏曰：蔡京撰。前録起藩邸，盡元祐七年十二月；後録起紹聖元年正月〔四一〕，盡元符三年正月，共十三年。京之意以宣仁垂簾時政非出於上，故分前、後録，蓋厚誣也。

重修哲宗實録一百五十卷

鼂氏曰：紹興四年三月壬子〔四二〕，太上皇帝顧謂宰臣朱勝非等曰：「神宗、哲宗兩朝史録，事多失實，非所以傳信後世，當重别修定。著唐鑑范祖禹有子名冲者，有召命，可促來，令兼史臣〔四三〕。」勝非奏曰：「神宗史緣添入王安石日録，哲宗史經蔡京、蔡卞之手，議論多不公。今蒙聖諭，命官删定，以昭彰二帝盛美，天下幸甚。」十八日丙申，新除宗正少卿兼直史館范冲辭免恩命。勝非奏曰：「冲謂史館專脩神宗、哲宗史録，而其父祖禹元祐間任諫官，後坐章疏議論，責死嶺表，而神宗實録又經祖禹之手，今既重脩，則凡出京、卞之意及其增添者，不無删改。儻使冲預其事，恐其黨未能厭服。」上曰：「以私意增添，不知當否？」勝非曰：「皆非公論。」上曰：「然則删之何害？紛紛浮議，不足恤也。」臣勝非曰：「范冲不得不以此爲辭。今聖斷不私，冲亦安敢有請？」上復愀然謂勝非等曰：「此事豈朕敢私？頃歲昭慈聖獻皇后誕辰，因置酒宮中，從容語及前朝事。昭慈謂朕曰：『吾老矣，幸相聚於此，他時身後，吾復何患？然有一事，當爲官家言之。吾逮事宣仁聖烈皇后，求之古今母后之賢，未見其比。因姦臣快其私憤，肆加誣謗，有玷盛德。建炎初，雖嘗下詔辨明，而史録所載，未經删改，豈足傳信後世？吾意在天之靈，不無望於官家也！』朕每念此，惕然於懷，朝夕欲降一詔書〔四四〕，明載昭慈遺旨，庶使中外知朕之本意。」臣勝非進曰：「聖諭及此，天下幸甚！臣等仰惟神宗、哲宗兩朝實録，以太上皇帝聖意先定，爰命宰臣，悉令删修，故具載聖語於篇末」云。

王氏揮麈録曰：徐敦立云：「在館中時，見重脩哲宗實録。其舊書，崇寧間率多貴游子弟以預討論，於一時名臣行事，既多疏略，而新書復因之，於時急於成書，不復廣加搜討，有一傳而僅載歷官先後，且據逐人碑誌，有傳中合書名猶云『公』者。讀之使人不能無恨。」

徽宗實録二百卷

鼂氏曰：皇朝程俱撰。先是汪藻編庚辰以來詔旨，頗繁雜，俱删輯成此書，且附以靖康、建炎時事。

陳氏曰：徽宗實録一百五十卷，監修宰相湯思退等上〔四五〕。自紹興七年詔修〔四六〕，十一年先上六十卷，至二十八年書成。修撰官歷年既久，前後非一人。至乾道五年，祕書少監李燾言此書疏舛特甚，請重脩。淳熙四年成。凡二百卷，考異百五十卷，目録二十五卷。今百五十卷者，前本也。

欽宗實録四十卷

陳氏曰：乾道四年，脩撰洪邁等進。

高宗實録五百卷

陳氏曰：慶元三年，脩撰濟源傅伯壽景仁撰。初進二百八十卷，止紹興十六年。嘉泰二年，脩撰建安袁説友起岩等又進二百二十卷，止三十二年。

孝宗實録五百卷

陳氏曰：嘉泰二年，脩撰傅伯壽等撰進。中興以來兩朝五十餘載事迹，置院既久，不以時成，涉筆之臣，乍遷忽徙，不可殫紀。及有詔趣進，則忽遽抄録〔四七〕，甚者一委吏手。卷帙猥多，而記載無法，疏略牴牾，不復可稽。故二録比之前世，最爲闕典，觀者爲之太息。

中興國史志：高宗命范冲重脩神録，已進而冲去國。尹焞繼之，又進哲録〔四八〕。徽宗實録，紹興末嘗成書，建炎後，史牘不存，皆仰搜討，故猶多脱略，孝宗命李燾增脩之。欽宗實録，洪邁用龔茂良所補日曆，文直事核。高宗實録，慶元、嘉泰間所上，時史無專官，莫知誰筆。孝宗、光宗實録，初以付龔敦頤，卒專委傅伯壽、陸游。孝録比諸録爲疏。

高宗日曆一千卷

國史日曆所李燾等脩進。自爲序略曰：日曆起初潛，訖内禪，用春秋四繫之法，雜取左右史起居注、三省密院、時政記及百司移報，綜錯成章，凡關於時，靡不畢載。前後所論著，共成一千卷，卷爲一册，總一千册，謹繕進呈。顧惟紀述聖神之言動，事大體重，臣愚豈能獨任？加之歲周三紀，史非一官，掇緝穿聯，簡策繁夥，其間脱略牴牾，違失本真，安敢自保？在昔英主，往往指授，重加刊正。房玄齡等進武德、貞觀事迹，太宗更令紀實。如臣妄庸於玄齡，無能爲役，姑自罄竭，强附於唐虞氏史臣之義爾。

中興藝文志：高宗日曆初年者多爲秦檜改棄，專政以後紀録尤不足信。韓侂胄當國，寧宗日曆亦多誣。後皆命刊脩。然高宗日曆、時政記亡失，多不復可考。

西漢詔令十二卷

陳氏曰：吴郡林虙德祖編。採括志傳，參之本紀，以示信安程俱致道。俱以世次先後，各爲一卷，差比歲月，纂而成書〔四九〕，且爲之序。虙中詞學，爲開封府掾。

東漢詔令十一卷

陳氏曰：宗正寺主簿鄞樓昉暘叔編。大抵用林舊體，自爲之序。帝王之制，具在百篇，後世不可及矣。兩漢猶爲近古。愚未冠時，無書可觀，雖二史亦從人借。嘗於班書志、傳録出諸詔，與紀中相附，以便覽閲。既仕於越，及得見林氏書。而樓書近出，其爲好古博雅，斯以勤矣。惟平、獻二朝，莽、操用事，如錫莽及廢伏后之類，皆當削去，而莽時尤多也。

本朝大詔令二百四十卷

陳氏曰：寶謨閣直學士豫章李大異伯珍刻於建寧，云紹興間宋宣獻公家子孫所編纂也〔五〇〕。

而不著其名。始自國初，迄於宣政，分門別類，凡目至爲詳悉。

玉堂制草十卷

陳氏曰：參政鉅野李邴漢老編。承平以前制詔。

元符庚辰以來詔旨三卷

鼂氏曰：汪藻編徽宗即位後詔旨，未全。

中興玉堂制草六十四卷

陳氏曰：同知樞密鄱陽洪遵景嚴編。起建炎，迄紹興末。

中興續玉堂制草三十卷

陳氏曰：丞相益文忠公周必大子充爲學士院時編進。始嘗建言，加上「德壽」尊號，不以表而以議，且稱嗣皇帝爲非是，遂革之。今書以尊號表爲卷首，而增附館職筆問於後〔五一〕，起隆興，迄淳熙改元。自後未有續者。

綸言集三十一卷

陳氏曰：宇文粹中、虛中兄弟所編集。

中興綸言集二十八卷

陳氏曰：左司郎中莆田鄭寅子敬編。寅，知樞密院僑之子，靖重博洽〔五二〕，藏書數萬卷，於本朝典故尤熟。

校勘記

〔一〕晉太康二年　「二」原作「六」，據郡齋讀書志卷九改。
〔二〕穆王始巡狩　郡齋讀書志卷九「始」作「好」，疑是。
〔三〕與太史公記同　「記」原作「既」，據郡齋讀書志卷九改。
〔四〕頗可觀覽　原無「可」字，據郡齋讀書志卷九補。
〔五〕唐創業起居注三卷　「三」原作「五」，據郡齋讀書志卷五改。按此書新唐書卷五八藝文二、舊唐書卷四六經籍上、宋史卷二〇三藝文二及今本均作三卷。
〔六〕盡貞觀二十三年　「三」字原脱，據郡齋讀書志卷六補。
〔七〕合四十卷　「合」原作「令」，據郡齋讀書志卷六改。
〔八〕今本惟題中書令許敬宗奉敕撰　「令」下原無「本」字，據直齋書録解題卷四補。
〔九〕蓋敬宗當高宗時用事　原脱「用事」二字，據直齋書録解題卷四補。
〔一〇〕但今本既云許敬宗撰　「本」原作「來」，據直齋書録解題卷四改。
〔一一〕凡二十九年　原脱「年」字，據郡齋讀書志卷六補。
〔一二〕今闕十一卷　原脱「今」字，據直齋書録解題卷四補。
〔一三〕柳同崔融　原脱「柳」字，「崔」作「應」，據郡齋讀書志卷六補改。按唐會要卷六三：神龍二年五月九日，左散騎常侍武三思、中書令魏元忠、禮部尚書祝欽明及史官太常少卿徐彦伯、祕書少監柳冲、國子司業崔融、中書舍人岑羲、徐堅等修則天實録二十卷。又新唐書卷五八藝文二則天皇后實録條撰者中，亦有柳冲、崔融二人名。郡齋讀書志改「冲」爲「同」，鼂公武避父諱也。

〔一四〕詔峘撰實録 原脱「實」字，據郡齋讀書志卷六補。

〔一五〕當時名官如房琯 郡齋讀書志卷六「官」作「臣」。

〔一六〕無害公誼 郡齋讀書志卷六「誼」作「議」。

〔一七〕餘不復改 「餘」原作「録」，據郡齋讀書志卷六改。

〔一八〕隋與蘇景胤 「蘇景胤」原作「蘇景裔」，宋人避太祖諱改。今據新唐書卷五八藝文二及唐郎官石柱題名考卷五改回。後文同。

〔一九〕王渢盧告同脩 原作「王諷盧吉」，郡齋讀書志卷六作「王諷盧告」。按新唐書卷五八藝文二及直齋書録解題卷四、唐會要卷六三均作「王渢盧告」。今據改。

〔二〇〕今存止會昌元年正月二月 「今存止」原作「今止有」，據郡齋讀書志卷六改。按元本、慎本、弘治本作「今有止」。

〔二一〕哀帝實録八卷 「哀帝」原作「哀宗」，據讀書記卷六改。按唐李柷于梁開平二年二月遇弑，追謚爲哀皇帝，無廟號。

〔二二〕其後增益爲一百四十八卷 按數字似有誤。五録卷數合計爲一百二十八卷（此以懿録作三十卷計，若作二十五卷，則合計爲一百二十三卷）。又後文「實一百四十三卷」疑爲「一百二十三卷」之訛。

〔二三〕今按懿録三十五卷 按「五」字似爲衍文。據郡齋讀書志卷六及宋史卷二〇三藝文二，懿宗實録一爲三十卷，一爲二十五卷，無作三十五卷者。此録直齋書録解題語，稱五録本一百四十八卷，因懿録現止有二十五卷，故爲一百四十三卷，則懿録原三十卷，不當作「三十五卷」。

〔二四〕三百三十一年而已　原脱「三百三十一年」六字，據郡齋讀書志卷六補。

〔二五〕梁元帝都江陵三年　「梁元帝」原作「梁元年」，據元本、慎本、馮本、弘治本及郡齋讀書志卷六改。

〔二六〕張昭　即張昭遠，避漢祖諱，止稱昭。説見下文周太祖實録條。

〔二七〕惟梁二王年祀寖遠　原脱「年」字，據直齋書録解題卷四、宋史卷二六三張昭傳補。

〔二八〕遂不脩　宋史卷二六三張昭傳「脩」上有「克」字。

〔二九〕監脩竇正固　「竇正固」本作「竇貞固」，宋人避仁宗諱改。

〔三〇〕史官賈緯　「賈緯」原作「賈偉」，據直齋書録解題卷四及五代會要卷一八前代史、新五代史卷五七賈緯傳改。下文漢高祖實録條史官「賈緯」原亦作「賈偉」，亦據改。

〔三一〕削平諸國　「國」原作「臣」，據郡齋讀書志卷六改。

〔三二〕按書太宗不夯市　「夯」原作「榷」，據元本、慎本、馮本及郡齋讀書志卷六改。

〔三三〕李至嘗作歌紀其事以遺若水　「嘗」原作「常」，據郡齋讀書志卷六及宋史卷二六六錢若水傳改。

〔三四〕白鱗赤雁君勿書　「雁」原作「馬」，據郡齋讀書志卷六改。

〔三五〕書成不署端名　原脱「不」字，據郡齋讀書志卷六及宋史卷二六六錢若水傳補。

〔三六〕王舉正　原脱「王」字，據郡齋讀書志卷六補。

〔三七〕天聖二年　「二」原作「三」，據袁本郡齋讀書志卷二上、直齋書録解題卷四及玉海卷四八改。

〔三八〕光薨　原脱「光」字，據馮本及郡齋讀書志卷六補。

〔三九〕建炎初　「炎」下原有「之」字，據元本、慎本、馮本及直齋書録解題卷四删。

〔四〇〕蔡卞既改舊録　「改」原作「敗」，據直齋書録解題卷四改。

〔四一〕後録起紹聖元年正月　「起」字原脱，據郡齋讀書志卷六補。

〔四二〕紹興四年三月壬子　「三」疑爲「五」之訛。按宋史卷二七高宗紀、建炎以來繫年要録卷七六均作「五月」。

〔四三〕令兼史臣　郡齋讀書志卷六「臣」作「事」，疑是。

〔四四〕朝夕欲降一詔書　原脱「欲」字，據郡齋讀書志卷六補。

〔四五〕監修宰相湯思退等上　「上」字原脱，據直齋書録解題卷四補。

〔四六〕自紹興七年詔修　「自」字原脱，據直齋書録解題卷四補。

〔四七〕則忽遽抄録　「忽」原作「怱」，據直齋書録解題卷四改。

〔四八〕又進哲録　「録」原作「宗」，據元本改。

〔四九〕纂而成書　「纂」原作「摹」，據直齋書録解題卷五改。

〔五〇〕云紹興間宋宣獻公家子孫所編纂也　「纂」原作「摹」，據直齋書録解題卷五改。

〔五一〕而增附館職筆問於後　直齋書録解題卷五作「館職策問」。

〔五二〕靖重博洽　「靖」原作「端」，據元本、慎本、馮本及直齋書録解題卷五改。

卷一百九十五　經籍考二十二

史　雜史各門總　雜史

隋經籍志〔一〕曰：自秦撥去古文〔二〕，篇籍遺散。漢初，得戰國策，蓋戰國游士記其策謀。其後，陸賈作楚漢春秋，以述誅鋤秦、項之事。又有越絶，相承以爲子貢所作。後漢趙曄又爲吴越春秋。其屬辭比事，皆不與春秋、史記、漢書相似，蓋率爾而作，非史策之正也。靈、獻之世，天下大亂，史官失其常守，博達之士，愍其廢絶，各記聞見，以備遺亡。是後群才景慕，作者甚衆。又自後漢以來，學者多抄撮舊史，自爲一書。或起自人皇，或斷之近代，亦各其志，而體制不經。又有委巷之説，迂怪妄誕，真虚莫測，然其大抵皆帝王之事。通人君子，必博采廣覽，以酌其要，故備而存之，謂之雜史。

宋三朝志曰：雜史者，正史、編年之外，别爲一家。體制不純，事多異聞，言或過實。然籍以質正疑謬，補緝闕遺，後之爲史者，有以取資，如司馬遷採戰國策、楚漢春秋，不爲無益也。

隋志：七十二部，九百一十七卷〔三〕。通計亡書，七十三部，九百三十九卷。

唐志：雜史八十八家，一百七部，一千八百二十八卷。失姓名八家，元行冲以下不著録六十八家〔四〕，八百六十一卷。

宋三朝志：雜史九十一部，九百六十八卷。

宋兩朝志：三十一部，六百三十卷。

宋四朝志：二十四部，一千七十三卷。內唐武宗實録以下六部入實録門，不重具。

宋中興志：別史三十一家，三十六部，一千三十四卷。

右雜史。

隋經籍志曰：古之史官，必廣其所記，非獨人君之舉。周官外史，掌四方之志，則諸侯史記兼而有之〔五〕。春秋傳曰：「虢仲虢叔，王季之穆，勳在王室，藏於盟府。」臧紇之叛，季孫命太史召掌惡臣而盟之。周官司寇，凡大盟約，涖其盟書，登於天府。大史、内史、司會、六官，皆受其貳而藏之。是則王者誅賞，具録其事，昭告神明，百官史臣，皆藏其書。故自公卿諸侯，至於群士，善惡之迹，畢集史職。而又閭胥之政，凡聚衆庶，書其敬敏任恤者；族師每月書其孝弟睦婣有學者；黨正歲書其德行道藝者，而入之於鄉大夫。鄉大夫三年大比，考其德行道藝，舉其賢者能者，而獻其書。王再拜受之，登於天府，内史貳之。是以窮居側陋之士，言行必達，皆有史傳。自史官曠絶，其道廢壞，漢初，始有丹書之約、白馬之盟。武帝從董仲舒之言，始舉賢良文學。天下計書，先上太史，善惡之事，靡不畢集。司馬遷、班固撰而成之。股肱輔弼之臣、扶義俶儻之士，皆有記録。而操行高潔不涉於世者，史記獨傳夷、齊，漢書但述楊王孫之儔，其餘皆略而不説。又漢時阮倉作列僊圖，劉向典校經籍，始作列僊、列士、列女之傳。皆因其志尚，率爾而作，不在正史。後漢光武始詔南陽撰作風俗，故沛、三輔有耆舊節士之序，魯廬江有名德先賢之贊。郡國之書，由是而作。魏文帝又作列異，以序鬼神奇怪之事，嵇康作高士傳，以叙聖賢之風。因其事類，相繼而作者甚衆，名目轉廣，而又雜以虚誕怪妄之説。推其本原，蓋亦史官之末事也。載筆之士，删採其要焉。魯、沛、三輔，序贊並亡，後之作者，亦多零失，今取其見存，部而類之，謂之雜傳。

宋三朝藝文志曰：傳記之作，蓋史筆之所不及者，方聞之士，得以紀述而爲勸戒。隋志曰雜傳，唐志曰雜傳類，有先賢、耆舊、孝友、忠節、列藩、良吏、高逸、科録、家傳、文士、僊靈、高僧、鬼神、列女之别。今總爲傳記，事涉道、釋者，各具於其事。

宋兩朝藝文志曰：傳記之作，近世尤盛，其爲家者，亦多可稱，采獲削稿，爲史所傳。然根據膚淺，好尚偏駁，滯泥一隅，寡通方之用，至孫冲、胡訥，收摭益細，而通之於小説。

按：雜史、雜傳，皆野史之流，出於正史之外者。蓋雜史，紀、志、編年之屬也，所紀者一代或一時之事；雜傳者，列傳之屬也，所紀者一人之事。然固有名爲一人之事，而實關係一代一時之事者，又有參錯互見者。前史多以雜史第四，雜傳第八，相去懸隔，難以參照，今以二類相附近，庶便檢討云。

隋志：二百一十七部，一千二百八十六卷。

唐志：一百二十五家，一百四十六部，一千六百五十六卷。

宋三朝志：一百三十九部，四百三十七卷。

宋兩朝志：一十六部，八十一卷。

宋四朝志：五十三部，五百二十二卷。

宋中興志：三百一十三家，三百三十九部，一千三百七十九卷。

右雜傳。

隋經籍志曰：自永嘉之亂，皇綱失馭，九州君長，據有中原者甚衆。而當時臣子，亦各記録。後魏克平諸國，據有嵩、華，始命司徒崔浩博採舊聞，綴述國史。諸國記注，盡集祕閣。爾朱之亂，並皆散亡。今舉其見在，謂之霸史。

隋志：二十七部〔六〕，三百三十五卷。

唐志：一十七家，二十七部，五百四十二卷。

宋三朝志：二十七部，三百七十二卷。

宋兩朝志：五部，五十四卷。

宋中興志：四十家，四十三部，四百三十七卷。

夾漈鄭氏曰：古今編書所不能分者五：一曰傳記，二曰雜家，三曰小説，四曰雜史，五曰故事。凡此五類之書，足相紊亂。又如文史與詩話，亦能相濫。編書之家，多是苟且，有見名不見書者，有看前不看後者，尉繚子，兵書也，班固以爲諸子類，寘於雜家，此之謂見名不見書。隋、唐因之，至崇文目，始入兵書類，顔師古作匡謬正俗〔七〕，乃雜記經史，惟第一篇説論語，而崇文目以爲論語類，此之謂看前不看後。應知崇文所釋，不看全書，多只看帙前數行，率意以釋之耳。按匡謬正俗當入經解類。

按：夾漈言古今編書所不能分者五，可以訂歷代藝文志之失。所謂「見名不見書，看前不看後」者，尤足以究其所失之源。然愚嘗考之，經録猶無此患，而莫謬亂於史。蓋有實故事而以爲雜史者，實雜史而以爲小説者。又有隋志以爲故事，唐志以爲傳記〔八〕，宋志以爲雜史者。若一一考訂，改而正之，則既不欲以臆見改前史之舊文，且所録諸書，蓋有前史僅存其名，晚學實未嘗見其書者，則亦無由知其編類之得失，是以姑仍其舊。而於所録先儒議論諸書本末，則必詳加考訂〔九〕，俾以類相從，而不盡仍前史之舊云。

右霸史，僞史。

宋三朝志：二十六部，六百一十二卷。

宋兩朝志：四部，一百三十八卷。

宋四朝志：三部，三十三卷。

宋中興志：四十家，四十六部，六百八十一卷。

右史鈔。隋、唐志史部皆無此門，附在雜史。宋志方別立史抄門〔一〇〕。

汲冢周書十卷

鼂氏曰：晉太康中汲郡與穆天子傳同得，晉孔鼂注。蓋孔子删采之餘，凡七十篇。古者天子諸侯皆有史官，唯書法信實者行於世。秦、漢罷黜封建，獨天子之史存。然史官或怯而阿世，貪而曲筆，虛美隱惡，不足考信。則儒學處士，必私有記述，以伸其志，將來賴之以證史官之失，其弘益大矣〔一一〕。以司馬遷之博聞，猶采數家之言以成其言，況其下者乎！亦有聞見單淺、記録失實、胸臆偏私、褒貶弗公以誤後世者，在觀者慎擇之而已矣。

陳氏曰：晉太康中〔一二〕，汲郡發魏安釐王冢，所得竹簡書，此其一也。凡七十篇，敘一篇，在其末。今京口刊本以敘散在諸篇，蓋以倣孔安國尚書。相傳以爲孔子刪書所餘者，未必然也。文體與古文不類，似戰國後人放傚爲之者。

巽岩李氏曰：隋、唐經籍、藝文志皆稱此書得之晉太康中汲郡魏安釐王冢，孔鼂注解，或稱十卷，或八卷，大抵不殊。按此，則晉以前初未有此也。然劉向、班固所録，並著周書七十一篇，且謂孔子刪削之餘。而司馬遷記武王克殷事，蓋與此合。豈西漢世已得入中秘，其後稍隱，學者不道，及盜發冢乃幸復出邪？篇目比漢但闕一耳，必班、劉、司馬所見者也，繫之汲冢，失其本矣。書多駁辭，宜孔子所不取。抑戰國處士私相綴緝，託周爲名，孔子亦未必見章句，或脱爛難讀，更須考求，別加是正云。

容齋洪氏隨筆曰：周書今七十篇，殊與尚書體不相類，所載事物亦多過實。其克商解云〔一三〕：武王先入，適紂所在，射之三發，而後下車，擊之以輕呂，劍名。斬之以黄鉞。縣諸大白。商二女既縊。又射之三發。擊之以輕呂。斬之以元鉞。縣諸小白。越六日。朝至於周，以三首先馘，入燎於周廟，又用紂於南郊。夫武王之伐紂，應天順人，不過殺之而已。紂既死，何至梟戮俘馘，且用之以祭乎？其必不然者也。又言武王狩事，尤爲淫侈，至於擒虎二十有二、貓二、麋五千二百三十五、犀十有二、氂七百二十有一、熊百五十一、羆百十八、豕三百五十有二、貉十有八、鹿十有六、麝五十、鹿三千五百有二。遂征四方，凡憝國九十有九國，馘磨億有十萬七千七百七十有九，其多如是。雖注家亦云武王以不殺爲仁，無緣所馘如此，蓋大言也。王會篇皆大會諸侯及四夷事，云：唐叔、荀叔、周公在左，太公在右；堂下之右，唐公、虞公南面立焉，堂下之左，商公、夏公立焉。四公者，堯、舜、禹、湯後，商、夏即杞、宋也。又言俘商寶玉億有百萬。所紀四夷國名頗古奥，獸畜亦奇崛，以「肅慎」爲「稷慎」，「獩人」爲「穢人」，樂浪之夷爲「良夷」，「姑蔑」爲「姑妹」，「東甌」爲「且甌」，「渠搜」爲「渠叟」，「高句麗」爲「高夷」。所叙穢人前兒若彌猴，立行，聲似小兒。良夷在子，獸名。鼈身人首，脂其腹，炙之藿則鳴。揚州禺禺魚、人鹿。青邱狐九尾。東南夷白民乘黄〔一四〕，乘黄者似騏，背有兩角。東越海蛤、海陽盈車大蟹。西南戎曰央林，以酋耳，酋耳者，身若虎豹。渠叟以鼩犬，鼩犬者，露犬也，能飛，食虎豹。區陽戎以鼈封，鼈封者，若彘，前後有首。蜀人以文翰，文翰者，若皋鷄。康民以桴苡，其實如李，食之宜子。北狄州糜費費〔一五〕，其形人身枝踵〔一六〕，自笑，笑則上脣翕其目，食人。都郭亦北狄。生生，若黄狗，人面能言。奇幹亦北狄。善芳，頭若雄鷄，佩之令人不眯。正東高夷嗛羊，嗛羊者〔一七〕，羊而四角〔一八〕。西方之戎曰獨鹿，邛邛距虚。犬戎文馬，而赤鬣縞身〔一九〕，目若黄金，名古皇之乘。白州北閭，北閭者〔二〇〕，其華若羽，以其木爲車，終行不敗。篇末引伊尹朝獻商書云：湯問伊尹，使爲四方獻令。伊尹請令正東以魚皮之鞞、鰂醬、蛟瞂、利劍，正南以珠璣、瑇瑁、象齒、文犀，正西以丹青、白旄、江歷，珠名。龍角，正北以橐駝、騊駼、駃騠、良弓爲獻。湯曰善。凡此皆無所質信，姑録之以貽博雅者。唐太宗時，遠方諸國來朝貢者甚衆，服裝詭異，顔師古請圖以示後，作王會圖蓋取諸此。漢書所引「天予不取，反受其咎，毋爲權首，將受其咎。」以爲逸周書，此亦無之，然則非全書也。

後村劉氏曰：汲冢書十卷，七十篇，與藝文志「周書七十一篇」合，但少一篇。鼂子止謂其記録失實，李仁父謂書多駁詞。按中間所載武王征四方，馘億有十萬七千七百七十有九，俘三億萬二百三十，暴於秦皇、漢武矣。狩擒虎二十有二。云云見前段。紂囿雖大，安得能羆如是其衆？又謂俘商寶玉億有百萬。皆荒唐誇誕，不近人情，非止於駁而已。百篇聖筆所定，孟子猶疑「漂杵」之語。前輩云「吾欲忘言」，觀道妙六經，俱不是全書，况汲冢之類乎！

吴越春秋十二卷

鼂氏曰：後漢趙曄撰。吴起太伯，盡夫差；越起無餘，盡勾踐。内吴外越，本末咸備。

吴越春秋傳十卷

崇文總目：唐皇甫遵注。初，趙曄爲吴越春秋十二卷，其後有楊方者，以曄所撰爲煩，又刊削之爲五卷。遵乃合二家之書，考定而注之。

越絶書十五卷〔二〕

崇文總目：子貢撰，或曰子胥。舊有内紀八、外傳十七，今文題闕舛，載二十篇，又載春申君，疑後人竄定。世或傳二十篇者，非是。

陳氏曰：無撰人名氏，相傳以爲子貢者，非也。其書雜記吴、越事，下及秦、漢〔二三〕，直至建武二十八年。蓋戰國後人所爲，而漢人又附益之耳。「越絶」之義，曰「聖人發一隅，辯士宣其辭；聖文越於彼〔二三〕，辯士絶於此」。故曰「越絶」。雖則云然，終未可曉也。

西京雜記二卷一作六卷

鼂氏曰：晉葛洪撰。初，序言：洪家有劉子駿漢書百卷，乃當時欲撰史録事，而未得締思，無前後之次，雜記而已。後學者始甲乙之，終癸爲十卷，以其書校班史，殆全取劉書耳。所餘二萬言，乃抄撮之。析二篇以裨漢書之闕，猶存甲乙哀次。江左人或以爲吴均依託爲之。

陳氏曰：其卷末言〔二四〕：洪家有劉子駿書百卷，先父傳之。歆欲撰漢書，雜録漢事，未及而亡。試以此記考校班固所作，殆是全取劉書，有少異同耳。固所遺不過二萬餘言〔二五〕，今抄出爲二卷，以裨漢書之闕。所謂先父者，歆之於向也。而館閣書目以爲洪父傳之，非是。唐藝文志亦只二卷。今六卷者，後人分之也。

按：洪博聞深學，江左絶倫，著書幾五百卷，本傳具載其目，不聞有此書。而向、歆父子，亦不聞其嘗作史傳於世〔二六〕。使班固有所因述，亦不應全没不著也。殆有可疑者。豈惟非向、歆所傳，亦未必洪之作也。

東觀漢記十卷

陳氏曰：漢謁者僕射劉珍、校書郎劉騊駼等撰。初，班固在顯宗朝嘗撰世祖本紀、功臣列傳、載記二十八篇。至永初中，珍、騊駼等著作東觀，撰集漢記。其後盧植〔二七〕、蔡邕、馬日磾等〔二八〕，皆嘗補續。唐藝文志著録者一百二十卷〔二九〕。今所存者，惟吴漢、賈復、耿弇、寇恂、馮異、祭遵及景丹、蓋延八人列傳而已〔三〇〕。其卷第凡十，而闕第七、八二卷，未知果當時之遺否也。

羅鄂州序曰：頃聞之上蔡任淵文源曰：「淵家舊有東觀漢記四十三卷，丙子渡江亡去，後得蜀本，錯誤殆不可讀，用祕閣本讎校，删著爲八篇，洎見唐諸儒所引，參之以袁宏後漢紀、范曄後漢書，粗爲全具，其疑以待博洽君子。」按顯宗命班固爲蘭臺令史，遷爲郎，撰光武功臣、平林新市、公孫述事，作列傳、載記二十八篇。永寧元年，太后又詔劉珍與劉騊駼作建武以來名臣傳。今此記所存皆建武事，豈固及珍、騊駼所述邪？其文間類前漢書，又傳後所題有「太史官曰」有序目者，此班、劉之所爲分也。然固與珍傳不載成書卷目，隋書經籍志稱劉珍所撰漢記百四十三卷，新、舊唐書、經籍、藝文志皆百二十七卷，吴兢所藏與官書卷同，劉知幾所有僅百十四篇。本朝歐陽公嘗欲求於海外，後復散亡，今所存纔此耳，豈不惜哉！然後漢成書，自劉珍、謝承、薛瑩、司馬彪、華嶠、謝忱、袁崧、劉義慶、蕭子顯，凡九家，唯華嶠專述漢記。逮范曄總載諸家而成書，亦以華嶠爲主。後之欲考漢記者，於范氏之書猶有取焉。文源之言既然，顧以爲此書乃漢世史臣親記見聞。而袁、范出魏、晉後，以世揆之，不得爲此〔三一〕，觀高密侯一傳，而綱領見矣。書雖不全，當共存録。因刻板於江夏郡，篇中往往有唐武后時字，不欲輒改。

高氏小史一百二十卷

鼂氏曰：唐高峻撰。以司馬遷史至陳、隋書，附以唐實録，纂其要，分十例，爲六十卷，後其子迥析而倍之〔三一〕。陳氏曰：蓋鈔節歷代史也。司馬温公嘗稱其書，使學者觀之。今按國史志，凡一百九卷，目録一卷；中興書目一百二十卷，止於文宗；今本多十卷，直至唐末。峻，元和中人，則其書當止於德、順之間，迥之所序，但云分六十卷爲百二十，取其便易而已，初未嘗有所增加也。其止於文宗及唐末者，殆皆後人傳益之，非高氏本書。此書舊有杭本，今本用厚紙裝褙夾面，寫多錯誤，俟求杭本校之。

五代新説二卷

鼂氏曰：唐張詢古撰〔三二〕。以梁、陳、北齊、周、隋君臣雜事，分三十門纂次。

古史六十卷

鼂氏曰：皇朝蘇轍子由撰。其序曰：「太史公始易編年之法爲紀傳世家，記五帝以來，然不得聖人之意。余因遷之舊，始伏羲訖秦始皇，爲七本紀、十六世家、三十七列傳，謂之古史，追録聖賢之遺意，以示後世。」國史譏蘇氏之學皆權謀變詐，今觀此書蓋不然，則知子由晚節爲學益精深云。

朱子古史餘論曰：近世之言史者，惟此書爲近理。其序言古帝王爲善不爲不善之意，非近世論者所能及；而論史遷，以爲淺近而不學，疏略而輕信，亦中其病。顧其本末，乃有大不相應者。

其曰：「帝王之道，以無爲宗，萬物莫能嬰之。」此特以老子、浮屠之意論聖人，非能知聖人之所以爲聖也。故其爲言，虛空無實，而中外首尾不相爲用。其曰「管、晏、叔向之流，皆不足以知之。」與「孔子知之而有隱」、「孟子知之而未盡」者，皆何事邪？若但曰「以無爲宗，萬物莫能嬰之」而已，則數子之未知也不足恨，而孔、孟之所知，吾恐其非此之謂也。此皆義理之本原，而不可失者。秦、漢以來，史册之言近理而可觀者，莫如此書，而其所未合猶若此，豈其學之所從入者既已未得其正，而其所以講摩咏蹈者又有所未精？是以雖既其文而未既其實，雖聞其號而未燭厥理也。

蘇氏之學，大抵不知義理本原之正，而横邪曲直惟其意之所欲。其父子兄弟平日之言如此者，不可勝舉。少公資禀静厚，故此書於一時正見有暫明者，而本原綱領終未能了。若長公之志林，又不逮遠矣。

陳氏曰：其書因馬遷之舊，上觀詩、書，下考春秋及秦、漢雜録，爲本紀、世家、列傳。蓋漢世古文經未出，戰國諸子各自著書，或增損故事，以自信其説。遷一切信之，甚者或采世俗相傳之語，以易古文舊説，故爲此史以正之。然詆遷爲不學淺近，則過矣。雁湖李氏跋曰：士固有夙懷精識，自其少年便自超卓，至於終身不能以易。某觀黄門應制五十篇之文，首論夏、商、周，考其年，甫踰冠耳，而其辭已閎詣如此。逮晚謫官，續成古史，乃係以前論，止附益數言，豈非理之所到，初無老少之異乎？

太清記十卷

崇文總目：梁王韶撰。起太清元年，盡六年。初，侯景破建鄴，韶西奔江陵，士人多問城内事，韶不能人人爲説，乃疏爲一篇，問者即示之。元帝聞而取讀，曰：「昔王韶之爲隆安記，言晉末之亂離，今亦可以爲太清記矣。」韶因爲之。然其議論皆謝之矣。又韶希帝旨，撰述多非實録。

魏典三十卷〔三四〕

崇文總目：唐太常少卿元行冲撰。起道武帝，終宇文革命，凡三十篇。孝武入關，則書東魏爲東帝，並載兩國事。爲凡例微用編年之法，文約事詳，學者宗之。行冲以族出於魏，刻意論著。引魏明帝時西柳谷瑞石有牛繼馬後之象，舊史謂元帝本出牛氏，行冲以爲非，因言道武名犍，繼晉受命，此其應也。特爲論，載於篇。

陳氏曰：今本從莆田劉氏借録，卷帙多寡不同，歲月首尾不具，殆類抄節，似非全書。

三國典略二十卷

崇文總目：唐汾州司户參軍邱悦撰。以關中、鄴都、江南爲三國，起西魏，終後周，而東包魏、北齊，南總梁、陳，凡三十篇。今卷第多遺，自二十一以下卷闕。

南部烟花録一卷

鼂氏曰：唐顔師古撰。載隋煬帝時宫中秘事。僧志徹得之於瓦官閣筍筆中〔三五〕。一名大業拾遺記。

大業雜記十卷

鼂氏曰：唐杜寶撰。起隋仁壽四年煬帝嗣位，止越王侗皇泰三年王世充降唐事〔三六〕。

陳氏曰：序言貞觀修史未盡實録，故爲此書，以彌縫闕漏。

大唐新語十三卷

鼂氏曰：唐劉肅撰。輯故事，起武德，止大曆，分爲三十類。肅，元和時人。

大唐説纂四卷

陳氏曰：不著名氏。分門類事效世説，止有十二門，恐非全書。

容齋洪氏隨筆曰：藝文志有李繁大唐説纂四卷，今罕得其書，予家有之。凡所紀事，率不過數十字，極爲簡要。新史大抵採用之。其忠節一門曰：武后問石泉令王方慶曰：「朕夜夢雙陸不勝，何也？」曰：「蓋謂宮中無子。意者恐有神靈儆夫陛下。」因陳人心在唐之意。后大悟，召廬陵王復儲位，新史載其説，通鑑去之，似爲可惜。

景龍文館記八卷

陳氏曰：唐修文館學士武甄平一撰。記中宗初置學士以後館中雜事，及諸學士應制倡和篇什雜文之屬，亦頗記中宗君臣宴褻無度以至暴崩。其後三卷，爲諸學士傳。今闕二卷。平一以字行。

唐年小録八卷

陳氏曰：唐户部尚書扶風馬總會元撰。記唐以來雜事，分爲七門，末卷爲雜録。舊有一本，略甚，後得程文簡本傳之〔三七〕，始爲全書。

開元天寶遺事四卷

鼂氏曰：漢王仁裕撰。仁裕事蜀至翰林學士。蜀亡，仁裕至鎬京，採摭民言，得開元、天寶遺事一百五十九條。後分爲四卷。

容齋洪氏隨筆曰：俗間所傳淺妄之書，所謂雲仙散録、開元天寶遺事之屬，皆絶可笑。遺事託云王仁裕所著。仁裕，五代時人，雖文章乏氣骨，恐不至此。姑析其數端以爲笑。其一云姚崇開元初作翰林學士〔三八〕，有步輦之召。按崇自武后時已爲宰相，及開元初，三入輔矣。其二云郭元振少時美風姿，宰相張嘉貞欲納爲婿，遂牽紅絲綫，得第三女，果隨夫貴達。按元振爲睿宗宰相，明皇初年即貶死，後十年嘉貞方作相。其三云楊國忠盛時，朝之文武争附之以求富貴，惟張九齡未嘗及門。按九齡去相位十年，國忠方得官耳。其四云張九齡覽蘇頲文卷，謂爲文陣之雄師。按頲爲相時，九齡元未達也。此皆顯顯可言者，固鄙淺不足攻，然頗能疑誤後生也。惟張彖指楊國忠爲冰山事，資治通鑑亦取之，不知别有何據？近歲興化軍學刊遺事，南劍州學刊散録，皆可毁。

明皇雜録二卷

鼂氏曰：唐鄭處誨撰〔三九〕。記孝明時雜事。别録一卷，題「補闕」，所載十二事。

陳氏曰：其書大中九年序。處誨，太和八年進士也。

開天傳信記一卷〔四〇〕

鼂氏曰：唐鄭棨撰。紀開元、天寶傳聞之事，故曰「傳信」。

開元昇平源記一卷

陳氏曰：唐史官吳兢撰。敘姚崇十事。

廬陵王傳一卷

陳氏曰：唐彭王傳會稽徐浩季海撰。敘狄仁傑、五王事。

河洛春秋二卷

陳氏曰：唐洋州司功包諝撰〔四二〕。記安史之亂。

右雜史。

校勘記

〔一〕隋經籍志　原作「藝文志」。因隋書無藝文志，有經籍志，故改。

〔二〕自秦撥去古文　「撥」原作「廢」，據元本、慎本、馮本、弘治本及隋書卷三三經籍二改。

〔三〕九百一十七卷　「一十七」原作「七十一」，據隋書卷三三經籍二改。

〔四〕元行冲以下不著録六十八家　「元行冲」原作「元行中」，據新唐書卷五八藝文二改。

〔五〕則諸侯史記兼而有之　「則」原作「別」，據元本、慎本、馮本、弘治本、殿本考證及隋書卷三三經籍志改。

〔六〕隋志二十七部　「二」原作「三」，據隋書卷三二經籍志改。

〔七〕顔師古作匡謬正俗　「匡」原作「刊」，係宋人避太祖諱改。今據新唐書卷五七藝文一、舊唐書卷四六經籍上改回。下同。

〔八〕唐志以爲傳記　「傳記」原作「傳志」，據元本、慎本、馮本改。按新唐書卷五八藝文二，史部無傳志類而有雜傳記類，此作「傳記」，尚省一「雜」字。

〔九〕則必詳加考訂　「必」原作「不」，據元本、慎本、馮本及殿本考證改。

〔一〇〕隋唐志史部皆無此門附在雜史宋志方别立史抄門　原脱「無此門」三字，又「隋唐志」至「别立史抄門」十八字在前「右霸史僞史」後。今據元本、慎本、馮本及弘治本補並乙正。

〔一一〕其弘益大矣　「弘」原作「私」，據元本、慎本、馮本、弘治本改。

〔一二〕晉太康中　原脱「中」字，據直齋書録解題卷二補。

〔一三〕其克商解云　汲冢周書卷七作「克殷解」。按「商」本作「殷」，宋人避宣祖弘殷諱改。後文「商二女」、「商公」同。

〔一四〕東南夷白民乘黄　「白民」原作「曰氏」，「氏」字亦誤。

〔一五〕北狄州靡費費　「靡」，元本、慎本、馮本均作「麋」，容齋續筆卷一三及汲冢周書卷七均作「靡」。

〔一六〕其形人身枝踵　「踵」原作「腫」，據元本、慎本、馮本、殿本考證及容齋續筆卷一三、汲冢周書卷七改。

〔一七〕正東高夷嗛羊嗛羊者　二「嗛」原均作「嫌」，據殿本考證及容齋續筆卷一三、汲冢周書卷七改。

〔一八〕羊而四角　「而」原作「面」，據元本、慎本、馮本、殿本考證及容齋續筆卷一三、汲冢周書卷七改。

〔一九〕犬戎文馬而赤鬣縞身　「而」原作「面」，據元本、慎本、馮本、殿本考證及容齋續筆卷一三、汲冢周書卷七改。

〔二〇〕白州北閭北閭者　二「北」原均作「比」，據容齋續筆卷一三、汲冢周書卷七改。

〔二一〕越絶書十五卷　「十五卷」，直齋書録解題卷五及隋書卷三三經籍二、舊唐書卷四六經籍上、新唐書卷五八藝文二載越絶書均爲十六卷。

〔二二〕下及秦漢　「下」原作「不」，據殿本考證及直齋書録解題卷五、越絶書改。

〔二三〕聖文越於彼　「越」原作「絶」，據直齋書録解題卷五改。

〔二四〕其卷末言　原脱「其」字，據元本、慎本、馮本、弘治本及直齋書録解題卷七補。

〔二五〕固所遺不過二萬餘言　直齋書録解題卷七及西京雜記卷末「所遺」均作「所不取」。

〔二六〕亦不聞其嘗作史傳於世　「其」原作「洪」，據元本、慎本、馮本、弘治本及直齋書録解題卷七改。

〔二七〕盧植　原作「蔡植」，據直齋書録解題卷七及後漢書卷六四盧植傳改。

〔二八〕馬日磾等　「馬日磾」原作「馬日碑」，據元本、慎本、馮本、弘治本及直齋書録解題卷七改。

〔二九〕唐藝文志著録者一百二十卷　按新唐書卷五八藝文二作「一百二十六卷又録一卷」，疑原刊「二十」下脱「七」字。

〔三〇〕今所存者惟吴漢賈復耿弇寇恂馮異祭遵及景丹蓋延八人列傳而已　元本、慎本、馮本、弘治本及直齋書録解題卷七「八人」均作「九人」，按其所列人名計，亦只有八人。考四庫全書總目提要卷五〇東觀漢記條云：「南宋中興書目則止存鄧禹、吴漢、賈復、耿弇、寇恂、馮異、祭遵、景丹、蓋延九傳，共八卷。」然則作「九人」是，各本均於「吴漢」前脱漏「鄧禹」二字。

〔三一〕不得爲此　殿本考證改「此」爲「比」，云：「刊本比訛此，據舊本改。」

〔三二〕後其子迴析而倍之　「迴」原作「回」，據郡齋讀書志卷六、直齋書録解題卷四及新唐書卷五八藝文二、卷七一下宰相世系表改。下同改。又「而」字原無，據元本、慎本、馮本、弘治本及郡齋讀書志卷六補。

〔三三〕唐張詢古撰　各本及郡齋讀書志卷六、宋史卷二〇三藝文二同，新唐書卷五八藝文二、通志藝文略卷三及崇文總目卷二「張詢古」均作「張絢古」。

〔三四〕魏典三十卷　宋史卷二〇三藝文二作「後魏典略」，直齋書録解題卷五作「後魏國典」。

〔三五〕得之於瓦官閣笥筆中　原脱「瓦」字，據袁本郡齋讀書志卷二上補。按瓦官蓋言瓦棺寺耳。唐宋傳奇集卷六有隋遺録二卷，唐顔師古撰，卷末有闕名題識，謂書藏瓦棺寺閣南隅雙閣笥筆中，會昌中得之。即此書也。

〔三六〕止越王侗皇泰三年王世充降唐事　「王世充」原作「王世克」，據元本及郡齋讀書志卷六改。

〔三七〕後得程文簡本傳之　「傳」原作「傅」，據元本、慎本、馮本及直齋書録解題卷七改。

〔三八〕姚崇開元初作翰林學士　「姚崇」，元本、慎本、馮本、弘治本及容齋隨筆卷一均作「姚元崇」。按姚崇即姚元崇，舊唐書卷九六云：姚崇，本名元崇，因突厥叱利元崇構逆，則天不欲與之同名，乃改爲元之。先天二年，避開元尊號，又改名崇。故從原刊。

〔三九〕唐鄭處誨撰　「鄭處誨」原作「鄭處晦」，據郡齋讀書志卷六、直齋書録解題卷五及新唐書卷一六五、舊唐書卷一五八鄭處誨本傳改。下同改。

〔四〇〕開天傳信記一卷　「天」原作「元」，據新唐書卷五八藝文二、宋史卷二〇六藝文五及直齋書録解題卷五、崇文總目卷二改。

〔四一〕唐洋州司功包諝撰　「洋州」原作「揚州」，據元本、慎本、馮本及直齋書録解題卷五改。

卷一百九十六　經籍考二十三

史傳記

國史補三卷〔一〕

鼂氏曰：唐李肇撰。起開元，止長慶間事。初，劉餗記元魏迄唐開元事，名曰國朝傳記，故肇續之。

幸蜀記三卷

鼂氏曰：唐李匡文、宋巨周〔二〕、宋居白撰。初，匡文記盡孝明崩，巨周記止於歸長安，叙事互有詳略〔三〕。居白合二記，以宋爲本，析李爲注，取二序冠篇，復掇遺事增廣焉。

次柳氏舊聞一卷

鼂氏曰：唐李德裕撰。上元中〔四〕，史臣柳芳與高力士同竄黔中，爲芳言開元天寶禁中事，乃論次，號「問高力士」〔五〕。李吉甫與芳子冕，貞元初俱爲尚書郎，嘗道力士之説，吉甫每爲其子德裕言。歲祀既久，遺藁不傳，但記十七事。後文宗訪力士事於德裕，德裕編次上之。多同明皇雜録。

奉天録四卷

陳氏曰：唐趙元一撰。起建中四年涇原叛命，終興元元年克復神都。

燕南記三卷

陳氏曰：唐恒州司户谷況撰。專記成德一鎮事，自建中二年，至大和七年，起張孝忠〔六〕，終王承元。古語有「燕南垂，趙北際」，今以其在燕之南，故名。然河北諸鎮連叛事迹，亦大略具矣〔七〕。

建中河朔記六卷

陳氏曰：唐李公佐撰。序言與從弟正封讀國史，至建中、貞元之際，序述河朔故事，未甚詳備，以舊聞於老僧智融及谷況燕南記所説略同，參錯會要，以補史闕。

邠志三卷

陳氏曰：唐殿中侍御史凌準宗一撰。邠軍即朔方軍也。此本從盱江黽氏借録〔八〕，其末題曰：「文忠修唐史，求此書不獲，今得於忠憲范公之孫伯高。其中尚多誤〔九〕，當訪求正之。紹興乙丑黽公鄷。」

涼國公平蔡録一卷〔一〇〕

陳氏曰：唐山南東道掌書記鄭澥撰。涼國公者，李愬也。

開成承詔録二卷

鼂氏曰：唐李石撰。石與鄭覃、李固言相文宗，録當時延英奏對事。開成，年號〔二〕。

太和野史三卷

陳氏曰：不著名氏，但稱大中戊辰陳郡袁濤序。自鄭注而下十七人，本共爲一軸，濤分之爲三卷。

太和摧兇記一卷

陳氏曰：文與上同，而不分卷，豈其初本邪？

野史甘露記二卷

陳氏曰：不著名氏。上卷記甘露之禍，下卷記諸臣本末。

乙卯記一卷

陳氏曰：唐布衣李潛用撰。末又有吴郡李實者述訓、注本謀附益之。乙卯，太和九年也。

兩朝獻替記三卷

鼂氏曰：唐李德裕撰。德裕相文宗、武宗，録當時奏對議論。

元和朋黨録一卷

鼂氏曰：唐馬永易記牛、李朋黨始末。自牛僧孺試賢良，迄令狐綯去位。

陳氏曰：池州石埭縣尉維揚馬永易明叟撰。自元和三年牛、李對策，以至大中十三年令狐綯罷相，唐朋黨本末具矣。永易嘗著唐職林、實賓録等書，崇、觀、政和間人也。又有馬永卿大年者，從劉元城游，大觀三年進士，當是其群從。館閣書目以永易爲唐人〔一三〕，大誤也。

會昌伐叛記一卷

陳氏曰：李德裕撰。記平澤潞事。

四夷朝貢録十卷

陳氏曰：唐給事中渤海高少逸撰。會昌中，宰相李德裕以黠戛斯朝貢，莫知其國本原，詔爲此書。凡二百一十國，本二十卷，合之爲十卷。

東觀奏記三卷

鼂氏曰：唐裴廷裕撰。昭宗時，長安寇亂相仍，自武宗以後日曆、起居注散軼不存，詔史臣撰宣懿僖三朝實録。廷裕次宣宗録，特采大中以來耳目聞見，撰次此書，奏記於監修杜讓能，以備史閣討論云。

陳氏曰：記宣宗朝事，凡八十九條。

貞陵遺事二卷　續一卷

陳氏曰：唐中書舍人令狐澄撰，吏部侍郎柳玭續之。澄所記十七事，玭所續十四事。

咸通庚寅解圍録一卷

陳氏曰：唐成都少尹張雲景之撰。言南詔圍城扞禦事。

金鑾密記一卷一作三卷

鼂氏曰：唐韓偓撰。偓天復元年爲翰林學士，從昭宗西幸。朱温圍岐三年〔一三〕，偓因密記其謀議及所聞見事，止於貶濮州司馬。予嘗謂偓有君子之道四焉。唐之末，南北分朋而忘其君，偓，崔允門生，獨能棄家從上，一也。其時搢紳無不交通内外，以躐取爵禄，偓獨能力辭相位，二也。不肯草韋貽範起復麻，三也。不肯致拜於朱温，四也。詩曰：「風雨如晦，鷄鳴不已。」偓之謂矣。而宋子京薄之，奈何？一本鼇天復二年、三年各爲一卷，首尾詳略頗不同，互相讐校，凡改正千有餘字云。

陳氏曰：具述在翰苑時事，危疑艱險甚矣！昭宗屢欲相之，卒不果而貶，竟終於閩。非不幸也。不然，與崔垂休輩駢首就戮於朱温之手矣！

大唐補記三卷

陳氏曰：南唐程匡柔撰。序言懿宗朝有焦璐者撰年代紀，述神堯止宣宗。匡柔襲摭三百年曆，補足十九朝。起咸通戊子止癸巳，附璐書中；乾符已後，備存補記。末有後論一篇，文詞雖拙，議論亦正。

南部新書五卷

鼂氏曰：皇朝錢希白撰。記唐故事。

桂苑叢談一卷

鼂氏曰：題云馮翊子子休撰。雜記唐朝僖、昭時雜事，當是五代人。李邯鄲云姓嚴。

中朝故事二卷

鼂氏曰：僞唐尉遲偓撰。記唐懿、昭、哀三朝故事，故曰中朝。

三朝見聞録八卷

陳氏曰：不知作者。起乾符戊戌，至天祐末年，及莊宗中興後唐河東事迹〔一四〕。三朝者，僖、昭、莊也。其文直述，多鄙俚。

廣陵妖亂志三卷

陳氏曰：唐晉陽鄭廷誨撰〔一五〕。言高駢、吕用之、畢師鐸等事。

汴水滔天録一卷

陳氏曰：唐左拾遺王振撰。言朱温篡逆事。

吕夏卿兵志三卷

鼂氏曰：皇朝吕夏卿撰。公武得之於宇文時中。季蒙題其後云：「夏卿修唐史，别著兵志三篇，秘之〔一六〕，戒其子弟勿妄傳。鮑欽止吏部好藏書，苦求得之。其子無爲太守恭孫偶言及，因懇借抄録於吴興。」

耳目記二卷

鼂氏曰：題云劉氏，未詳何時人。雜記唐末五代事〔一七〕。

朱梁興創遺編二十卷

陳氏曰：梁宰相敬翔子振撰。自廣明巢賊之亂，朱温事迹，訖於天祐弑逆。大書特書，不以爲愧也。其辭亦鄙俚。

莊宗召禍記一卷〔一八〕

陳氏曰：後唐中書舍人黄彬撰。

入洛記一卷

鼂氏曰：蜀王仁裕撰。仁裕隨王衍降，入洛陽，記往返塗中事并其所著詩賦〔一九〕。

賈氏備史六卷

陳氏曰：漢諫議大夫賈緯撰〔二〇〕。叙石晉禍亂，每一事爲一詩係之。

晉朝陷蕃記四卷

鼂氏曰：皇朝范質撰。質，石晉末在翰林，爲出帝草降虜表，知其事爲詳。記少主初遷於黄龍府，後居於建州，凡十八年而卒。按契丹丙午歲入汴，順數至甲子歲爲十八年，實國朝太祖乾德二年也。

陳氏曰：據莆田鄭氏書目云范質撰。本傳不載，故館閣書目云不知作者。未悉鄭氏何所據也。

晉太康平吴記三卷

陳氏曰〔二一〕：周兵部尚書張昭撰〔二二〕。世宗將討江南，昭采晉武平孫皓事迹爲書，上之。

唐餘録六十卷

鼂氏曰：皇朝王皞奉詔撰。皞芟五代舊史繁雜之文，採諸家之説，倣裴松之體附注之。以本朝當承漢唐之盛，五代則閏也，故名曰唐餘録。寶元二年上之。温公修通鑑，間亦取之。皞，曾之弟。

陳氏曰：是時惟有薛居正五代舊史，歐陽修書未出。此書有紀有志有傳，又博採諸家小説，倣裴松之三國志注附其下方，蓋五代別史也。館閣書目以入雜傳類，非是。

唐末汎聞録一卷

鼂氏曰：皇朝閻自若纂。乾德中，王普五代史成，自若之父觀之，謂自若曰：「唐末之事，皆吾耳目所及，與史册異者多矣。」因話見聞故事，命自若志之。

陳氏曰：題常山閻自若撰。記五代及諸僭僞事。其序自言乾德中，得於先人及舅氏聞見。且曰：「傳者難驗，見者易憑。考之史策，不若詢之耆舊也。」然所記亦時有不同者，如李濤納命事，本謂張彦澤，今乃云謁周高祖，未詳孰是。

五代補録五卷

鼂氏曰：皇朝陶岳撰。祥符壬子，岳以五季史書闕略〔三〕，因書所聞，得一百七事。

陳氏曰：每代爲一卷，凡一百七條。岳，雍熙二年進士。

五代史闕文一卷

晁氏曰：皇朝王禹偁撰。録五代史筆避嫌漏略者，以備闕文，凡一十七事。

巽岩李氏曰：皇朝王禹偁記太祖事。按太祖崩時，趙普已罷爲河陽節度使〔二四〕，盧多遜亦是太宗太平興國元年始除平章事，今云「上將晏駕前一日，召趙、盧入宫」，其謬甚矣。世多以其所記爲然，不足信也。

建隆遺事一卷

王氏揮麈録曰：建隆遺事，世稱王元之所述，其間率多誣謗之詞。至於稱趙普、盧多遜受遺詔昌陵，尤爲舛繆。案國史，韓王以開寶六年八月免相，至太平興國六年九月，始再秉衡鈞。當太祖升遐時，普政在外，何緣前一日與盧丞相同見於寢邪？稱太祖長子德昭爲南陽王，又誤矣，初未嘗有此事。元之當時近臣，又秉史筆，豈不詳知？且載秦王傳中云云，安有淳化三年而見三朝國史秦王傳邪〔二五〕？可謂亂道。此特人託名爲之。又案元之自有小畜集，序及三黜賦與國史本傳俱云：「淳化二年，自知制誥舍人貶商州。至道二年，自翰林學士黜守滁上。咸平二年，守本官知齊安郡。」而此序年月次序悉皆顛錯，其僞也明矣！

巽岩李氏曰：世傳王禹偁所記建隆遺事十三章，考其章句，大抵不類禹偁平日之文。其七章、十三章，鄙悖益可駭，幸而史官弗信，然學士大夫不習朝廷之故者，猶以禹偁所作私信之。余常反復證驗，力排其誣，決知其不出於禹偁矣。蓋禹偁，世所謂名賢者，而數以直道廢，故群不逞輒假借竄寄，謂世可欺。殊不知普實愛重禹偁，而禹偁於普尤拳拳也。普遺藁四六表狀，往往見禹偁集，蓋禹偁代作也。彼小人烏得識之！

陳氏曰：其記陳橋驛前戒誓諸將事，元出熙陵。而序文云：「近取實録，入禁中親自筆削。」然則此書之作，誠有謂也〔二六〕。邵氏聞見録亦嘗表而出之，而或者亦辯此書之僞，當考。

祖宗獨斷一卷

鼂氏曰〔二七〕：皇朝陸經記祖宗獨斷事十事。

龍飛日曆一卷

鼂氏曰：皇朝趙普撰。記顯德七年正月藝祖受禪事。是年改元建隆〔二八〕，二月〔二九〕，普撰此書。普時爲樞密學士。

景命萬年録一卷　藝祖受禪録一卷

鼂氏曰：未詳撰人。記趙氏世次、藝祖歷試，迄受禪事。

聖宋掇遺一卷

鼂氏曰：皇朝歐陽靖撰。記國初至仁宗君臣美事，以備史闕。

晉公談録三卷

鼂氏曰：皇朝丁謂撰。多本朝事，每章之首，皆稱「晉公言」，不知何人爲潤益。初，董識志彥得之於洪州潘延之家。延之，晉公甥，疑延之所爲。

涑水記聞十卷

鼂氏曰：皇朝司馬光撰。記賓客所談祖宗朝及當時雜事。

陳氏曰：此書行於世久矣。其間記吕文靖數事，吕氏子孫頗以爲諱，蓋嘗辨之，以爲非温公全書，而公之曾孫侍郎伋季思遂從而實之，上章乞毁板。識者以爲譏。

嘉祐時政記一卷

鼂氏曰：吴奎、趙槩、歐陽修記立英宗事，并賈易論韓琦定册疏附於後。

甘陵伐叛記一卷

陳氏曰：題文升撰，不知何人。末有論，稱「甘陵人蘇朔爲余言，其大父慶曆中陷賊，親見則初叛時事」〔三〇〕。按中興書目有甘陵誅叛録，稱殿中丞王起撰。起時爲文彦博幕客，然則別自一書也。

隆平集二十卷

鼂氏曰：皇朝曾鞏撰。記五朝君臣事迹。其間記事多誤，如以太平御覽與總類爲兩書之類〔三一〕。或疑非鞏書。

濮王中陳一卷〔三二〕

鼂氏曰：記治平中封濮安懿王時宰相奏狀及臺諫言章。

歐陽濮議四卷

鼂氏曰：皇朝歐陽修永叔撰。其序云：「武王之作，人皆謂君可伐〔三三〕，濮議之興，人皆謂父可絶。

孟津之會，獨夷齊不食周粟而餓死，世未之知也，後五百年得孔子而後顯。然則濮議其可與庸人以口舌爭一日邪〔三四〕？」熙寧初，永叔知亳州日，書成上之。蘇子瞻，永叔客也，亦以臺諫之論爲直云。

書壬戌事一卷

陳氏曰〔三五〕：不知何人作。記永樂之敗甚詳。

校勘記

〔一〕國史補三卷　「三」原作「二」，據直齋書録解題卷五、崇文總目卷二及新唐書卷五八藝文二、宋史卷二〇三藝文二改。

〔二〕宋巨周　「周」疑爲衍文，新唐書卷五八藝文二、宋史卷二〇三藝文二、通志藝文略卷三及袁本郡齋讀書志卷二下均載宋巨明皇幸蜀記一書可證。

〔三〕叙事互有詳略　「有」原作「相」，據郡齋讀書志卷六改。

〔四〕上元中　「上」原作「中」。按唐無「中元」年號，原刊誤，據郡齋讀書志卷六、直齋書録解題及李德裕次柳氏舊聞序改。

〔五〕爲芳言開元天寶禁中事乃論次號問高力士　「號問」原作「舊聞」，「高力士」三字在「爲芳言」上。據元本、慎本、馮本及郡齋讀書志卷六改並乙正。按李德裕次柳氏舊聞序云：爲芳言先時禁中事，……芳默識之。及還，編次其事，號曰「問高力士」。則柳芳本書號「問高力士」。

〔六〕起張孝忠　「張孝忠」原作「張志忠」。據直齋書録解題卷五夾注及兩唐書德宗紀及通鑑卷二二七改。

〔七〕亦大略具矣　原脱「大」、「具」二字，據直齋書録解題卷五補。

〔八〕此本從盱江鼂氏借録　「盱江」原作「旴江」，按史無旴江，據直齋書録解題卷五盧文弨校本改。後卷二〇五旴江志改同。

〔九〕其中尚多誤　「多」原作「夘」，據直齋書録解題卷五改。

〔一〇〕涼國公平蔡録一卷　原脱「國」字，據直齋書録解題卷五、新唐書卷五八藝文二、宋史卷二〇三藝文二及本條解題「涼國公者李愬也」補。

〔一一〕開成年號　郡齋讀書志卷六「年號」上有「乃其時」三字。

〔一二〕館閣書目以永易為唐人　原脱「目」字，據直齋書録解題卷五補。

〔一三〕朱温圍岐三年　元本、慎本及郡齋讀書志卷六同，惟馮本「三」作「二」。按通鑑卷二六三：天復元年十月朱温兵發大梁，十一月入關，昭宗西幸；天復二年六月朱温進軍鳳翔城下，爲五寨環之；天復三年春正月甲子，車駕出鳳翔。則朱温兵圍鳳翔，實半年之久，首尾跨天復二年、三年，似當以馮本爲是。

〔一四〕及莊宗中興後唐河東事迹　原脱「唐」字，據直齋書録解題卷五補。

〔一五〕唐晉陽鄭廷誨撰　「鄭廷誨」，直齋書録解題卷五作「鄭延晦」。按新唐書卷五八藝文二、宋史卷二〇三藝文二及崇文總目卷二作「郭廷誨」。

〔一六〕秘之　郡齋讀書志卷六作「自秘之」。

〔一七〕雜記唐末五代事　「末」原作「及」，據元本、慎本、馮本、弘治本及郡齋讀書志卷六改。
〔一八〕莊宗召禍記　「召」原作「台」，據直齋書録解題卷五及宋史卷二〇三藝文二改。
〔一九〕記往返塗中事並其所著詩賦　原脱「賦」字，據郡齋讀書志卷六補。
〔二〇〕漢諫議大夫賈緯撰　「賈緯」原作「賈譚」，據直齋書録解題卷五改。
〔二一〕陳氏曰　「陳」原作「隋」。因「曰」後文字均輯自直齋書録解題卷五，故據改。
〔二二〕周兵部尚書張昭撰　「兵」原作「吏」，據直齋書録解題卷五及宋史本傳改。
〔二三〕岳以五季史書闕略　原脱「岳」字，據郡齋讀書志卷六補。
〔二四〕趙普已罷爲河陽節度使　「河陽」原作「河南」，據宋史卷三太祖紀三、卷二五六趙普傳及李燾續資治通鑑長編卷一四改。
〔二五〕安有淳化三年而見三朝國史秦王傳邪　「邪」原作「稱」，據元本、慎本、馮本、弘治本及揮麈録改。
〔二六〕誠有謂也　「有」原作「何」，據直齋書録解題卷五改。
〔二七〕鼂氏曰　「鼂」原作「陳」，據元本、慎本、馮本、弘治本改。
〔二八〕是年改元建隆　原脱「元」字，據郡齋讀書志卷六補。
〔二九〕二月　郡齋讀書志卷六作「三月」。
〔三〇〕親見則初叛時事　「則」原作「賊」，據元本、慎本、馮本及直齋書録解題卷五改。
〔三一〕如以太平御覽與總類爲兩書之類　原脱「爲」字，據郡齋讀書志卷六補。
〔三二〕濮王申陳一卷　「申」原作「中」，據郡齋讀書志卷六改。

〔三三〕人皆謂君可伐　「伐」原作「代」，據郡齋讀書志卷六及歐陽文忠公文集卷一二〇濮議序改。

〔三四〕然則濮議其可與庸人以口舌争一日邪　「争一日」原作「一日争」，據郡齋讀書志卷六及歐陽文忠公文集卷一二〇濮議序乙正。

〔三五〕陳氏曰　「陳」原作「隋」。因「曰」後文字均輯自直齋書録解題卷五，故據改。

卷一百九十七　經籍考二十四

史傳記

温公日記一卷

陳氏曰：司馬光熙寧在朝所記。凡朝廷政事、臣僚差除，及前後奏對、上所宣諭之語，以及聞見雜事，皆記之。起熙寧元年正月，至三年十月出知永興軍而止〔一〕。

巽岩李氏曰：文正公初與劉道原共議，取實録、正史，旁采異聞，作資治通鑑後紀。屬道原早死，文正起相，元祐後終，卒不果成。今世所傳記聞及日記并朔記，皆後紀之具也。自嘉祐以前，甲子不詳，則號記聞；嘉祐以後，乃名日記；若朔記，則書略成編矣。始文正子孫藏其書祖廟，謹甚，黨禍既解，乃稍出之。旋經離亂，多所亡逸。此八九紙草藳，或非全幅，間用故牘，又十數行別書，牘背往往剪開黏綴，事亦有與正史、實録不同者。蓋所見所聞所傳聞之異，必兼存以求是，此文正長編法也。

王氏日録八十卷

晁氏曰：皇朝王安石介甫撰。紹聖間，蔡卞合曾布獻於朝，添入神宗實録。陳瑩中謂安石既罷相，悔其執政日無善狀，乃撰此〔二〕，歸過於上，掠美於己，且歷詆平生不悦者〔三〕，欲以欺後世，於是著尊堯集及日録不合神道論等十數書。此書起熙寧元年四月，終七年三月，再起於八年三月，終於九年六月，安石兩執國柄日也。然無八年九月以後至九年四月事，蓋安石攻呂惠卿時。瑩中謂蔡卞除去安石罵惠卿之語〔四〕，其事當在此際也。

陳氏曰：本朝禍亂，萌於此書，陳瓘所謂「尊私史而壓宗廟者」。其彊愎堅辯，足以熒惑主聽，鉗制人言。當其垂殁時，欲以此書秉畀炎火〔五〕，豈非其心有所愧悔歟？既不克焚，流毒遺禍，至今爲梗，悲夫！書本八十卷，今止有其半。

四明尊堯集一卷

陳氏曰：司諫延平陳瓘瑩中撰。專辯王安石日録之誣僭不孫，與配食坐像之爲不恭。瓘初在諫省，未以安石爲非，合浦所著尊堯集猶回隱不直，末乃悔之，復爲此書。以謂蔡卞專用日録以修神宗實録，薄神考而厚安石，尊私史而壓宗廟。於是編類其語，得六十五條，總而論之。坐此羈管台州。

朱子讀兩陳諫議遺墨跋：日録固爲邪説，然諸賢攻之亦未得其要領，是以言者瀆而聽者疑，用力多而見功寡也。蓋嘗即其書而考之，則凡安石之所以惑亂神祖之聰明，而變移其心術，使不得遂其大有爲之志，而反爲一世禍敗之原者，其隱微深切，皆聚此書。而其詞鋒筆勢，縱横捭闔，煒燁譎誑，又非安石之口不能言，非安石之手不能書也。以爲蔡卞撰造之言，固無是理。況其見諸行事深切著明者，又已相爲表裏，亦不待晚年懟筆有所增加，而後爲可罪也。然使當時用其垂絶之智，舉而焚之，則後來載筆之士，於其帷幄之間，深謀密計，雖欲畢力搜訪，極意形容，勢必不能得之如此之悉；而傳聞間異詞虚實相半，亦不能使人無溢惡之疑。且如「勿令上知」之語，世所共傳，終以手筆不存，故使陸佃得爲隱諱，雖以元祐衆賢之力，争辯之苦，而不能有以正也。此見陸佃供答史院取問狀。何幸其徒自爲失計，出此真蹟，以暴其惡於天下。便當摭其肆情反理之實，正其迷國誤朝之罪，而直以安石爲誅首。是乃所謂自然不易之公論，不唯可以訂已往之謬，而又足以開後來之惑。奈何乃以畏避嫌疑之故，反爲迂曲回互之言，指爲撰造增加誣僞謗詆之書，而欲加刊削以滅其迹乎？此書之作，實在建中、崇寧之間。且其言猶以日録爲蔡卞之所記〔六〕。而其後了翁合浦尊堯之書，亦未直攻安石也，至於大觀初年而後，四明之論始作。雖謂天使安石自寫誣悖之心，然猶有懟筆增加，歸過神考之云，則終未免於有所回互避就而失之者也。朱子語録：問四明尊堯集，曰：只似討鬧，却不於道理上理會，只於利害上見得，於道理全疏。如介甫心術隱微處，他都不曾攻得〔七〕，却只是把持。如云謂太祖濫殺有罪，謂真宗矯誣上天，皆把持語也。龜山集中有攻日録數段却好，蓋龜山長於攻王氏。

曾相手記三卷

鼂氏曰：紹聖初，元祐黨禍起，曾布知公論所在，故對上之語多持兩端，又輒增損，以著此書云。

紹聖甲戌日録一卷　元符庚辰日録一卷

陳氏曰：丞相南豐曾布子宣撰。記在政府奏對施行及宮禁朝廷事。

林氏野史八卷

陳氏曰：同知樞密院長樂林希子中撰。希不得志於元祐，起從章惇，甘心下遷西掖，草諸賢謫詞者也。而此書記熙寧、元豐以來事頗平直，不類其所爲。或言此書作於元祐之前〔八〕，其後時事既變，希亦隨之，書藏不毁。久而時事復變，其孫懋於紹興中始序而行之耳。

王氏揮麈録曰：林子中野史世多傳之。其間議論，與平日所爲極爲背馳，殊不可曉。豈非知公論之不可揜，欲蓋其迹於天下後世邪？

邵氏辯誣一卷〔九〕

鼂氏曰：邵伯温撰。辯蔡卞、章惇、邢恕誣罔宣仁欲廢哲宗立徐邸事。

邵氏聞見録二十卷

鼂氏曰：邵伯温子文撰。記國朝雜事，迄紹興之初。序言早以其父之故，親接前輩，得前言往行爲多，類之成書。其父雍也。

陳氏曰：又有後録三十卷，其子傳所作〔一〇〕，不專記事，在子録小説類。

傳信録十卷

鼂氏曰：皇朝鮮于綽大受撰。言國朝雜事，多元豐後朝廷政事得失、人物賢否也。

國史後補五卷

陳氏曰：蔡絛撰。絛，京之愛子，京末年事皆出於絛。絛兄攸既叛父〔二〕，亦與絛不咸。此書大略爲其父自解，而滔天之惡，終有不可隱蓋者。其間所載宫闈禁密，非臣庶所得知，亦非臣庶所宜言，既出絛筆，事遂傳世，殆非人力也。

北征紀實二卷

陳氏曰：蔡絛撰。叙伐燕本末，歸罪童貫、蔡攸，亦欲爲京文飾。然京罪不可掩也。

金人背盟録七卷　圍城雜記一卷　避戎夜話一卷　金國行程十卷　南歸録一卷　朝野僉言一卷

鼂氏曰：皇朝汪藻編。記金人叛契丹，迄於宣和乙巳犯京城。圍城雜記等五書，皆記靖康時事也。

陳氏曰：朝野僉言，不著名氏，有序，建炎元年八月。繫年録稱夏少曾，未詳何人。南歸録，直祕閣沈琯撰，亦記燕山事。避戎夜話，吴興石茂良太初撰。

靖康要録五卷

陳氏曰：不知誰撰。自欽廟潛邸，迄靖康元年十二月事。

靖康傳信録一卷

陳氏曰：丞相李綱伯紀撰。丁未二月。

靖康奉使録一卷

陳氏曰：鄭望之撰。

靖康拾遺録一卷

陳氏曰：何烈撰。又名靖康小史〔三〕，又名草史。

孤臣泣血録三卷　拾遺一卷

陳氏曰：丁特起撰。

裔夷謀夏録七卷

陳氏曰：汪藻撰。

陷燕記一卷

陳氏曰：賈子莊撰。記燕山初陷事。子莊，不知其名，蔡靖客也。

靖康録一卷　靖康遺録一卷

陳氏曰：録太學生朱邦基撰。遺録爲太學生沈良撰。

金人犯闕記一卷

陳氏曰：草茅方冠撰。

汴都記一卷　靖康野録一卷　痛定録一卷

陳氏曰：並不著撰人名氏。

悲喜記一卷

陳氏曰：圍城中人作書與所親，曰「中美知府」者，具述喪亂本末〔三〕，自稱名曰暘，皆不知何人也。

東都事略一百五十卷

陳氏曰：承議郎知龍州眉山王偁季平撰。其書紀、傳、附録略具體，但無志耳。附録用五代史例也。淳熙中上其書，得直祕閣。其所紀太簡略，未得爲全善〔一四〕。

建炎中興記一卷

陳氏曰：耿延禧撰。

建炎日曆五卷

鼂氏曰：宰相汪伯彦撰。記太上皇帝登極時事。

陳氏曰：叙元帥開府，至南都踐極。

吕忠穆答客問一卷

陳氏曰：宰相濟南吕頤浩元直撰。

吕忠穆勤王記一卷〔一五〕

陳氏曰：左宣教郎臧梓撰。記建炎復辟事。

渡江遭變録一卷

陳氏曰〔一六〕：丞相上蔡朱勝非藏一撰。記苗、劉作難，至復辟事。

建炎復辟記一卷

陳氏曰：無名氏。

建炎通問録一卷

陳氏曰：宣教郎傅雱撰。建炎初，李丞相綱所進。

北狩聞見録一卷

陳氏曰：幹當龍德宫曹勳功顯撰。勳扈從北狩〔一七〕，以徽廟御劄間道走行在所，以建炎二年七月至南京。

北狩行録一卷

陳氏曰：蔡絛〔一八〕、王若沖撰。

戊申維揚録一卷

陳氏曰：無名氏。

維揚過江録一卷

陳氏曰：尚書左丞葉夢得少藴撰。

己酉航海記一卷

陳氏曰：中書舍人李正民撰。又名建炎居邠記。

建炎假道高麗録一卷

陳氏曰：楊應誠撰。取道遼東，奉使金虜，不達而還。

紹興講和録二卷

陳氏曰：無名氏。

亂華編三十三卷

陳氏曰：知盱眙軍東平劉荀子卿編。其前有小序數語，云：「方石敬塘割幽燕遺契丹之日，孰知爲本朝造禍之原哉？逮王安石創新法爲辟國之謀，又孰知紹述者召禍之酷哉？」所集雜史、傳記近三十種。荀，忠肅丞相諸孫也。

元祐黨籍列傳譜述一百卷

陳氏曰：龔頤正撰。以諸臣本傳及誌狀、家傳、遺事之類集成之。其事迹微晦，史不可見者，則采拾諸書爲之補傳。凡三百九人，其闕者四人而已。淳熙中，史院取其書以脩四朝國史〔一九〕。洪邁奏乞甄録〔二〇〕，補和州文學〔二一〕，後賜出身〔二二〕。詳見編年類。頤正，給事中原之曾孫也。

紹興正論二卷

陳氏曰：序稱瀟湘野夫，不著名氏。録文武官不附和議及忤秦檜得罪者。

紹興正論小傳二十卷

陳氏曰：宗正寺主簿鄞樓昉暘叔撰。以正論中姓名，仿元祐黨傳爲之。

三朝北盟會編二百五十卷

陳氏曰：直祕閣清江徐夢莘商老撰。輯諸書二百餘家，分上中下。上爲政、宣，二十五卷；中爲靖康，七十五卷；下爲炎、興，一百五十卷。

北盟集補五十卷

陳氏曰：夢莘以前書詮載不盡者五家〔三〕，續編次於中、下二帙，以補其闕。靖康、炎、興各爲二十五卷。

中興十三處戰功録一卷

陳氏曰：參政眉山李壁季章撰。中興以來，禦寇立功，惟此十三處，編爲一書，所謂「司勳藏其貳」者也。開禧乙丑，北事將作，其書成。

順昌録一卷

鼂氏曰：紹興十年，劉錡破女真於順昌城下，其徒記其功云。

建炎以來朝野雜記甲乙集共四十卷

陳氏曰：李心傳撰。上自帝系、帝德、朝政、國典，下及見聞瑣碎，皆録之。蓋南渡以來野史之最詳者。

西陲泰定録九十卷

陳氏曰：李心傳撰。記吴曦叛逆，以及削平本末。起嘉泰辛酉，迄嘉定辛未，爲三十七卷；其後蜀事益多，又增脩至辛巳之冬，通爲九十卷。仍頗用太史公年表例〔四〕，并記國家大政令、防邊大節目。首尾二十年。

紹運圖一卷

黽氏曰：未詳何人撰。自伏羲至皇朝神廟，五德之傳及記事，皆著於篇。

漢史二十卷〔二五〕

陳氏曰：丞相陽羨蔣芾子禮撰。其曾祖魏公之奇穎叔所記遺事〔二六〕，殆數百册，兵火散失。捃摭遺藳，得六百六十事，爲十九門。淳熙改元，書成，爲之序。

國史編年政要四十卷　國朝實録列傳舉要十二卷　皇朝宰輔拜罷録一卷　續百官公卿表二十卷

質疑十卷

中興藝文志：蔡幼學撰。幼學採國史、實録等書，爲國朝編年政要以擬紀，起建隆訖靖康。又爲國朝實録列傳以擬傳，起國初止神宗朝。又爲宰輔拜罷録，起建隆盡紹熙，年經而官緯之〔二七〕，又以司馬光百官公卿表起建隆訖治平，乃爲續表，終紹熙，經緯如宰輔圖，上方書年，記大事，下列官，詳記除、罷、遷、卒月日，而大事止及靖康，後未及録，以擬表。又爲備志以擬志，而未成。

校勘記

〔一〕永興軍　原脱「軍」字，據直齋書録解題卷七補。

〔二〕乃撰此　郡齋讀書志卷六「此」下有「書」字。

〔三〕且歷詆平生不悦者　郡齋讀書志卷六「平生」下有「所」字。

〔四〕蔡卞除去安石罵惠卿之語　「除去」原作「除之」，據郡齋讀書志卷六改。

〔五〕當其垂殁時欲以此書秉畀炎火　上十三字元本、慎本、馮本、弘治本均作「當其垂死秉畀炎火」；直齋書録解題卷七作「當其垂死欲秉畀炎火」。

〔六〕且其言猶以日録爲蔡卞之所記　「日」原作「目」，據馮本改。

〔七〕他都不曾攻得　「攻」原作「改」，據朱子語類卷一三〇伯豐問四明尊堯集改。

〔八〕或言此書作於元祐之前　原脱「於」字，據直齋書録解題卷五補。

〔九〕邵氏辯誣一卷　直齋書録解題卷五及宋史卷二〇三藝文志均作三卷。

〔一〇〕其子傳所作　「傳」，直齋書録解題卷五作「溥」。據宋史卷四三三邵伯温傳，邵伯温有子三人：溥、博、傳。今傳本聞見後録均作邵博撰。

〔一一〕絛兄攸既叛父　「兄」原作「見」，據直齋書録解題卷五改。

〔一二〕又名靖康小史　直齋書録解題卷五靖康拾遺録條解題無以上六字，另有靖康小史一卷，不著名氏。其末稱名曰烈，即何烈草史也。

〔一三〕具述喪亂本末　「喪」原作「晉」，據直齋書録解題卷五改。

〔一四〕未得爲全善　「善」原作「書」，據元本、慎本、馮本、弘治本及直齋書録解題卷四改。

〔一五〕吕忠穆勤王記一卷　「勤」原作「勒」，據元本、慎本、馮本及直齋書録解題卷五改。

〔一六〕陳氏曰　三字原脱。按「曰」後之文見於直齋書録解題卷五，故依本書之例補。以下建炎復辟記起至中興十三處戰功録十六條之題解文均脱「陳氏曰」三字，均據補不另説明。

〔一七〕勳扈從北狩　原作「按曹勳時扈從北狩」，據元本、直齋書録解題卷五改。又：慎本、馮本、弘治本均無「曹」「時」二字。

〔一八〕蔡絛　直齋書録解題卷五作「蔡鞗」。按宋史卷四七二蔡京傳：京子八人，儵先死，攸、翛伏誅，絛流白州死，鞗以尚帝姬免竄，餘子及諸孫皆分徙遠惡郡。則靖康間隨二帝同爲金兵所俘者非蔡絛，絛無北狩事，撰是書當爲蔡鞗。

〔一九〕史院取其書以脩四朝國史　「脩」原作「備編輯」，據元本、慎本、馮本、弘治本及直齋書録解題卷五改。

〔二〇〕洪邁奏乞甄録　原作「采擇時，洪邁奏請，乞將龔頤正甄録」，元本、慎本、馮本、弘治本及直齋書録解題卷五删「采擇時」「請」「將龔頤正」八字。

〔二一〕補和州文學　「補」原作「授」，據元本、慎本、馮本、弘治本及直齋書録解題卷五改。

〔二二〕後賜出身　「後」上原有「侂胄用事」四字，據元本、慎本、馮本、弘治本及直齋書録解題卷五删。

〔二三〕夢華以前書詮載不盡者五家　「詮」原作「銓」，據元本、慎本、馮本及直齋書録解題卷五改。

〔二四〕仍頗用太史公年表例　原脱「公」字，據直齋書録解題卷五補。

〔二五〕漢史二十卷　「漢史」直齋書録解題卷五作「逸史」。

〔二六〕其曾祖魏公之奇穎叔所記遺事　「遺事」直齋書録解題卷五作「逸史」。

〔二七〕年經而官緯之　「而」原作「兩」，據殿本考證改。

卷一百九十八　經籍考二十五

史傳記

黄帝内傳一卷

鼂氏曰：序云：「昔錢鏗得之於衡山石室中〔一〕，後至漢，劉向於東觀校書見之，遂傳於世。」藝文志以書之記國政得失、人事美惡，其大者類爲雜史，其餘則屬之小説，然其間或論一事著一人者〔二〕，附於雜史、小説皆未安，故又爲傳記類。今從之。如神仙、高僧不附其類，而繫於此者，亦以其記一事，猶列女、名士也。

陳氏曰：誕妄不經，方士輩所託也。

漢武内傳二卷

鼂氏曰：不題撰人，記王母降。

漢武故事二卷

鼂氏曰：世言班固撰。唐張柬之書洞冥記後云：漢武故事，王儉造。

飛燕外傳一卷

鼂氏曰：伶玄撰。茂陵卞理藏之於金縢漆櫃〔三〕，王莽之亂，劉恭得之，傳於世。晉荀勖校上。

陳氏曰：稱漢河東都尉伶玄子于撰。自言與揚雄同時，而史無所見。或云僞書也。然通德擁髻等事，文士多用之，而「禍水滅火」一語，司馬公載之通鑑矣。

古列女傳八卷　續列女傳一卷

南豐曾氏序：劉向所叙列女傳，凡八篇，事具漢書向列傳。而隋書及崇文總目皆稱向列女傳十五篇，曹大家注。以頌義考之，蓋大家所注，離其七篇爲十四，與頌義凡十五篇。而益以陳嬰母及東漢以來凡十六事，非向書本然也。蓋向舊書之亡久矣。嘉祐中，集賢校理蘇頌始以頌義編次，復定其書爲八篇，與十五篇者並藏於館閣。而隋書以頌義爲劉歆作，與向列傳不合。今驗頌義之文，蓋向之自叙，又藝文志有向列女傳頌圖，明非歆作也。自唐之亂，古書之在者少矣，而唐志録列女傳凡十六家，至大家注十五篇者亦無録，然其書今在，則古書之或有録而亡，或無録而在者亦衆矣。非可惜哉〔四〕！今校讎其八篇及十五篇已定，可繕寫。初，漢承秦之敝，風俗已大壞矣，而成帝後宫趙、衛之屬尤自放。向以謂王政必自内始，故列古女善惡所以興亡者，以戒天子。此向述作之大意也。

鼂氏曰：漢劉向撰。向睹趙、衛之屬起微賤〔五〕，踰禮制，以爲王教由内及外，乃采詩、書所載賢妃貞女及嬖孽亂亡者，序次爲列女傳，凡八篇，以戒天子。前有王回序，其略曰：此書有母儀、賢明，仁智、貞慎、節義、辨通、嬖孽等篇，而各頌其義，圖其狀，總爲卒篇。傳如太史公記，頌如詩之四言，而圖爲屏風。然世所行向書，乃分傳每篇上下，并頌爲十五卷。其十二傳無頌，三傳同時人，五傳其後人，通題曰「向譔」，題其頌曰「向子歆譔」，與漢史不合。故崇文總目以「陳嬰母」等十六傳爲後人所附。予以頌考之，每篇皆十五傳耳，則凡無頌者，宜皆非向所奏書，不特自陳嬰母爲斷也〔六〕。頌云畫之屏風，而史有頌圖在八篇中，莫得而考。以向所序書多散亡，獨此幸存而完，復爲他手竄疑於其真，故并録其目，而以頌證之，删爲八篇，號古列女傳。餘二十傳，其文亦奥雅可喜，故又以時次之，别爲一篇，號續列女傳。公武按：隋經籍志有劉向列女傳十五卷，又有劉歆列女傳頌，又有項原列女後傳。今回删此書爲八篇，以合漢史，得之矣。至於疑頌非歆作，蓋因顔籀之言爾，則未必然也。二十傳豈項原所作邪？

陳氏曰：其七篇，篇十五人，爲一百五人，第八篇爲頌義。隋、唐志及崇文總目皆十五卷，蓋以七篇分爲上下，而自陳嬰母以下十六人附入。其中或與向同時〔七〕，或在向後者，皆好事者所益也。王回、曾鞏二序，辯訂詳矣。鞏之言曰：「後世自學問之士多徇於物而不安其守〔八〕，其室家既不見可法，故競於邪侈，豈獨無相成之道哉！士之苟於自恣〔九〕，顧利冒耻而不知反已者，往往以家自累故也。故曰身不行道，不行於妻子，况於南鄉天下之主哉！」愚嘗三復其言而志之。向書傳於世鮮矣，惟此書獨全。其稱詩芣苢、柏舟、大車之類，與今説詩者乖異，蓋齊、魯、韓之學固不盡與毛氏同也。

高士傳十卷

鼂氏曰：晉皇甫謐撰。纂自陶唐至魏，八代二千四百餘載世士高節者。其或以身徇名，雖如夷、齊、兩龔皆不録。凡九十六人，而東漢之士居三之一。自古名節之盛，議者獨推焉。

陳氏曰：序稱自堯至魏咸熙，二千四百餘載，得九十餘人。今自被衣至管寧，惟八十七人。

襄陽耆舊記五卷

鼂氏曰：晉習鑿齒撰。前載襄陽人物，中載其山川城邑，後載其牧守。隋經籍志曰耆舊記，唐藝文志曰耆舊傳，觀其書，紀録叢脞，非傳體也，名當從經籍志云。

談藪二卷

陳氏曰：北齊祕書省正字北平陽玠松撰。事綜南北，時更八代，隋開皇中所述。

梁四公記一卷

陳氏曰：唐張説撰。按館閣書目稱梁載言纂；唐志作盧詵〔一〇〕，注云〔一一〕「一作梁載言」；邯鄲書目云載言得之臨菑田通，又云別本題張説，或爲盧詵。今按此書卷末所云田通事迹信然，而首題張説，不可曉也。其所記多妄誕，而四公名姓怪異無稽，不足深辯。

閩川名士傳三卷〔一二〕

鼂氏曰：唐黄璞撰。録唐神龍以來閩人知名於世者，效楚國先賢傳爲之。

陳氏曰：所記人物，自薛令之而下，凡五十四人。

楊貴妃外傳二卷

鼂氏曰：皇朝樂史撰。叙唐楊妃事迹，迄孝明之崩。

緑珠傳一卷

鼂氏曰：樂史撰。

補江總白猿傳一卷

鼂氏曰：不詳何人撰。述梁大同末，歐陽紇妻爲猿所竊〔一三〕，後生子詢。崇文總目以爲唐人惡詢者爲之。後村劉氏曰：歐陽率更貌寢，長孫無忌嘲之曰：「誰令麟閣上畫此一獼猴？」好事者遂造白猿之説，謗及其親。

陳氏曰：託言江總，必無名子所爲也。

狄梁公家傳三卷

陳氏曰：唐海州刺史江都李邕撰。

高力士外傳一卷〔一四〕

陳氏曰：唐大理司直郭湜撰〔一五〕。

鳳池曆二卷

陳氏曰：不著名氏，記長孫無忌歷官本末及家世子孫。按唐志，馮宇鳳池録五十卷〔一六〕，李淑書目惟存五卷，記宰相名次事迹，非此書。

安禄山事迹三卷

陳氏曰：唐華陰尉姚汝能撰。

相國鄴侯家傳十卷

鼂氏曰：唐亳州刺史李繁撰。繁，鄴侯泌之子也。太和中以罪係獄，當死，恐先人功業不傳，乞廢紙拙筆於獄吏，以成傳藁。戒其家求世間人潤色之，後竟不果。宋子京謂其詞浮侈云。

陳氏曰：按中興書目有柳玭後序，今無之。繁嘗爲通州，韓退之送諸葛覺詩所謂「鄴侯家多書，插架三萬軸」者也。其曰：「行年餘五十，出守數以六〔一七〕」。「屢爲丞相言，雖懇不見録。」則韓公於繁亦拳拳矣。新、舊史本傳稱繁無行，漏言裴延齡以誤陽城，師事梁肅而烝其室，殆非人類。然則韓公無乃溢美，而所述其父事，庸可盡信乎？

汾陽王家傳十卷

鼂氏曰：唐陳雄撰〔一八〕。雄本汾陽王郭子儀僚吏，後又從事渾瑊幕府，故傳不名。第九卷録行狀，第十卷録副佐三十三人、大將二十七人，曰忠武將佐略。

北征雜記一卷

陳氏曰：唐宰相趙憬撰。貞元四年，咸安公主下降回紇，憬副關播爲册禮使，作此書紀行。

柳氏序訓一卷

鼂氏曰：唐柳玭叙其祖公綽已下内外事迹，以訓其子孫。

吴湘事迹録一卷

鼂氏曰：唐大中中，李紳鎮揚州，陷湘州以罪抵死〔一九〕。後其兄汝納辨訢其枉狀，録總載焉。

陵園記一卷

陳氏曰：唐宗正丞李失其名。撰。光化元年序。

牛羊日曆一卷

陳氏曰：唐劉軻撰。牛指僧儒，羊謂虞卿、漢公也。

西南備邊録一卷

陳氏曰：唐宰相李德裕文饒撰。太和中鎮蜀所作，内州縣城鎮兵食之數，大略具焉。

異域歸忠傳二卷

陳氏曰：李德裕撰。會昌二年，嗢没斯内附，德裕奉詔采秦、漢以來由絶域歸中國，以名節自著，功業始終者，凡三十人，爲之傳。

蠻書十卷〔二〇〕

陳氏曰：唐安南宣慰使樊綽撰〔二一〕。記南詔事，咸通五年奏之。

崔氏日録一卷

陳氏曰：不著名字〔二二〕，殘闕無始末。末有跋尾，亦不知何人，言此書出宋敏求家。考訂年月及所載人名姓甚詳。蓋廣明元年崔沆爲相，非其子弟，即其門人爲之。字畫清麗，而其所記不過蒲飲、交通、評議，有以見唐末風俗之弊云。

登科記三十卷

鼂氏曰：皇朝樂史撰。記進士及諸科登名者，起唐武德，訖天祐末。

唐制舉科目圖一卷

鼂氏曰：不題撰人。凡七十六科，任至宰相者七十二人〔二三〕，唯劉蕡名最高，而宦最不達。

巽岩李氏曰：寶元間，蔡元翰編集。某家有制科登第録一卷，不著撰人氏字，止用年代次序，登第者姓名，或不暇遍舉，且自敬宗以後，闕不復録。而元翰所記科目以類相從，姓名具列，又間出其更歷始終，比某家本爲優。然而尚多脱遺，如天授中祝欽明中英才傑出業奥大經科，而此無之。蓋元翰獨據舊唐書，故所見有不盡。博採別條，乃可備一家言耳。

唐登科記十五卷

陳氏曰：丞相鄱陽洪适景伯編集。按唐藝文志，有崔氏顯慶登科記五卷〔二四〕，姚康科第録十六卷，李奕登科記二卷。崔氏書有趙儋序，而失崔名，所載至周顯德，固非崔氏本書。而李奕書亦不存。洪忠宣得姚康書五卷於北方，而丞相又得別本起武德終太和於毗陵錢仲氏〔二五〕，乃以三本輯爲一書，而用姚氏爲正。三書皆有序。姚字汝諧〔二六〕，南仲孫也，元和十五年進士。本書録武德至長慶，爲十一卷。其曰十六卷者，亦後人所續。

五代登科記一卷

陳氏曰：不著名氏。前所謂崔氏書至周顯德止者，殆即此邪？館中有此書，洪丞相以國初卿相多在其中，故併傳之。

燉煌新録一卷

陳氏曰：有序，稱天成四年沙州傳舍集，而不著名氏，蓋當時奉使者。叙張義潮本末，及彼土風物甚詳。凉武昭王時，有劉昞者著燉煌實録二十卷〔二七〕，故此號新録。

渚宫故事五卷〔二八〕

陳氏曰：後周太子校書郎余知古撰〔二九〕。載荆楚事，自鬻熊至唐末。本十卷，今止晉代，闕後五卷。

錦里耆舊傳八卷　續傳十卷〔三〇〕

陳氏曰：前應靈縣令平陽句延慶昌裔撰〔三一〕。開寶三年，祕書丞劉蔚知榮州，得此傳。其詞蕪穢，請延慶脩之，改曰成都理亂記。天成之後，别加編次。起咸通九載，迄乾德四年，百餘年蜀事，大略具矣。續傳蜀人張緒所撰。起乾德乙丑〔三二〕，迄祥符己酉，自平蜀之後，朝廷命令、官僚姓名，及政事因革，以至李順、王均、劉旰作亂之迹，皆略載之。知新繁縣太常博士張約爲之序。

平蜀實録一卷

陳氏曰：左藏庫副使康延澤撰。平蜀之後，延澤以内染院使爲鳳州路馬軍都監，王全斌等既得罪，延澤亦貶唐州團練使。按本傳載：蜀軍二萬七千人，諸將慮其爲全師雄内應，欲盡殺之，延澤請簡老弱疾病七千人釋之，餘以兵衛浮江而下，諸將不能用。此書叙述甚詳。邯鄲書目云不知作者，館閣書目亦然。考王元之所撰延澤墓誌，知其所爲也。

秦王貢奉録二卷

陳氏曰：樞密使吴越錢惟演希聖撰。記其父俶貢獻及錫賚之物。

家王故事一卷

陳氏曰：錢惟演撰。記其父遺事二十二事，上之，以送史院。

戊申英政録一卷

陳氏曰：婺州刺史錢儼撰。記其兄俶事迹。俶以戊申正月嗣位。

玉堂逢辰録二卷

陳氏曰：錢惟演撰。其載祥符八年四月榮王宫火，一日二夜，所焚屋宇二千餘間，左藏、内藏、香藥諸庫及祕閣史館，香聞數十里，三館圖籍一時俱盡，大風或飄至汴水之南，惟演獻禮賢宅以處諸王。以此觀之，唐末、五代書籍之僅存者，又厄於此火，可爲太息也！

西李文正公談録一卷

鼂氏曰：西李文正公，昉也，相太宗。其子宗諤録其平生所談十七事。

陳氏曰：所記凡三十七事。

張忠定公語録四卷

鼂氏曰：皇朝張忠定公詠守蜀有善政，其門人李畋紀其語論可以垂世者。

曹武惠別傳一卷

陳氏曰：知石州曹偃撰。武惠曾孫也。

賈公談録一卷

陳氏曰：序言庚午銜命宋都，聞於補闕賈黄中。凡二十六條，而不著其名。別本題「清輝殿學士張洎」，蓋洎，江南奉使也。庚午實開寶三年。黄中，晉開運中以七歲爲童子闢闢頭，十六歲進士及第第三人。

王沂公筆録一卷

陳氏曰：丞相沂公青社王曾孝先撰〔三三〕。記開國以來雜事，凡三十六條。

王沂公言行録一卷一作三卷。

鼂氏曰：沂公弟天章閣待制皞録公平生言行，凡三十七事〔三四〕。

陳氏曰：前有葉清臣序文〔三五〕，後有晏殊、杜杞答書〔三六〕。

王魏公遺事四卷

鼂氏曰：魏公旦相真宗，其子素録事凡五百條。

陳氏曰：家録一卷，即素所録遺事也。

寇萊公遺事一卷

陳氏曰：不知何人作。

萊公勳烈一卷

鼂氏曰：寇宗奭編。宗奭，準曾孫也，編集仁宗祭準文及贈誥、墓碑、傳誌、贊詩等爲此書。

民表録三卷

鼂氏曰：皇朝胡訥撰〔三七〕。録國朝循吏善政。李淑以爲雖淺俗，亦可備廣記云。天聖中偕賢惠録上之。

賢惠録三卷

鼂氏曰：胡訥撰。録國朝賢惠之女〔三八〕。後一卷瑗嗣成之。

安定先生言行録二卷〔三九〕

陳氏曰：雜録胡瑗翼之事，及告詞、誌表、祭文等。其間有賢惠録、孝行録，蓋其父訥所爲也。

韓魏公家傳二卷

鼂氏曰：皇朝韓忠彦撰。録其父琦平生行事。近世著史者，喜采小説以爲異聞逸事，如李繁録其父泌、崔允記其父慎由事，悉鑿空妄言。前世謂此等無異莊周鮒魚之辭、賈生鵩鳥之對者也。而唐書皆取之，以亂正史。由是近時多有家傳、語録之類行於世〔四〇〕。陳瑩中所以發憤而著書，謂魏公名德在人耳目如此，豈假門生子侄之間區區自列乎持史筆其慎焉〔四一〕。

陳氏曰：不著名氏，當是其家所傳也。

韓忠獻遺事一卷

陳氏曰：群牧判官錢塘强至幾聖撰。至，魏公之客也。

校勘記

〔一〕昔錢鏗得之於衡山石室中　原作「錢籛」，據郡齋讀書志卷九及直齋書録解題卷七改。

〔二〕然其間或論一事著一人者　「著」原作「若」，據郡齋讀書志卷九改。

〔三〕茂陵卞理藏之於金縢漆櫝　「櫝」原作「樞」，據郡齋讀書志卷九改。

〔四〕非可惜哉　「非」原作「蓋」，據元本、慎本、馮本、弘治本及曾鞏南豐類稿卷一一古列女傳目録序改。

〔五〕向睹趙衛之屬起微賤　原脱「向」字，據郡齋讀書志卷九補。

〔六〕不特自陳嬰母爲斷也　「爲」原作「所」，據郡齋讀書志卷九及古列女傳王回序改。

〔七〕其中或與向同時　原脱「或與向同時」五字，據直齋書録解題卷七補。

〔八〕後世自學問之士多徇於物而不安其守　直齋書録解題卷七及曾鞏南豐類稿卷一一古列女傳目録序「物」上均有「外」字。疑此脱漏。

〔九〕士之苟於自恣　曾鞏南豐類稿卷一一古列女傳目録序「恣」作「恕」。

〔一〇〕唐志作盧詵　「盧詵」原作「盧説」，據直齋書録解題卷七及新唐書卷五八藝文二改。下同。

〔一一〕注云　「云」原作「六」，據直齋書録解題卷七及新唐書卷五八藝文二改。

〔一二〕閩川名士傳三卷　三卷，郡齋讀書志卷九作二卷，直齋書録解題卷七、新唐書卷五八藝文二、宋史卷二〇三藝文二、崇文總目卷二均作一卷，唯玉海卷三八引中興書目同此作三卷。

〔一三〕歐陽紇妻爲猿所竊　「紇」原作「訖」，據郡齋讀書志卷九、直齋書録解題卷一一及陳書卷九、南史卷六六歐陽紇傳改。

〔一四〕高力士外傳一卷　原脱「力」字，據直齋書録解題卷七補。

〔一五〕唐大理司直郭湜撰　「郭湜」原作「鄭湜」。按直齋書録解題卷七同，四庫館臣改「郭」，注云：「唐書藝文志作郭湜撰。大曆中大理司直。原本作鄭湜，誤。今改正。」新唐書卷五八藝文二作「郭湜」。今存本高力士外傳亦作郭湜撰。故改。

〔一六〕馮宇鳳池録五十卷　新唐書卷五八藝文二「馮宇」作「馬宇」。

〔一七〕出守數以六　「六」原作「大」，據弘治本、殿本考證及直齋書録解題卷七改。

〔一八〕唐陳雄撰　新唐書卷五八藝文二、宋史卷二〇三藝文二及崇文總目卷二、玉海卷一三四均作「陳翃」，疑「雄」與「翃」形近而誤。

〔一九〕唐大中中李紳鎮揚州陷湘州以罪抵死　據兩唐書李紳傳、吴汝納傳及資治通鑑唐紀，「大中」當作「會昌」，「湘州」當作「吴湘」。

〔二〇〕鑾書十卷　「鑾書」原作「晉書」，據直齋書録解題卷七及新唐書卷五八藝文二改。按今傳本亦作鑾書，樊綽撰。

〔二一〕唐安南宣慰使樊綽撰　「樊綽」原作「懋綽」，「撰」字原脱，據直齋書録解題卷七、新唐書卷五八藝文二改補。

〔二二〕不著名字　直齋書録解題卷七「名字」作「名氏」。

〔二三〕任至宰相者七十二人　郡齋讀書志卷九「任」作「仕」。

〔二四〕有崔氏顯慶登科記五卷　原脱「登」字，據直齋書録解題卷七及新唐書卷五八藝文二補。

〔二五〕而丞相又得別本起武德終太和於毗陵錢仲氏　元本、馮本「仲」作「伸」，直齋書録解題卷七無「仲」字，徑作「毗陵錢氏」。

〔二六〕姚字汝諧　「字」原作「氏」，據直齋書録解題卷七及新唐書卷五八藝文二姚康科第録注文改。

〔二七〕有劉昞者著燉煌實録二十卷　「劉昞」原作「劉炳」，據直齋書録解題卷七及新唐書卷五八藝文二改。

〔二八〕渚宫故事五卷　按此與卷二〇五「渚宫舊事」爲同一書，因鼂氏、陳氏所言有異，故通考重複著録。

〔二九〕後周太子校書郎余知古撰　新唐書卷五八藝文二注文、郡齋讀書志卷八及直齋書録解題卷一五漢上題襟集條均言余知古爲唐人，疑此有誤。

〔三〇〕續傳十卷　四字原脱，據直齋書録解題卷七補。

〔三一〕前應靈縣令平陽句延慶昌裔撰　原脱「撰」字，據慎本、馮本及直齋書録解題卷七補。

〔三二〕迄乾德四年百餘年蜀事大略具矣續傳蜀人張緒所撰起乾德乙丑　「迄」下「乾德四年」至「張緒所撰起」二十二字原脱，據直齋書録解題卷七補。

〔三三〕丞相沂公青社王曾孝先撰　「沂公」原作「清公」，據直齋書録解題卷七及宋史卷三一〇王曾傳改。又王曾傳云：王曾青州益都人。疑「青社」當作「青州」。

〔三四〕凡三十七事　郡齋讀書志卷九「三」作「六」。

〔三五〕前有葉清臣序文　「葉清臣」原作「李清臣」，據直齋書録解題卷七改。

〔三六〕後有晏殊杜杞答書　「答」原作「㕘」，據直齋書録解題卷七改。

〔三七〕皇朝胡訥撰　「胡訥」原作「胡納」，據殿本考證及宋史卷二〇三藝文志、宋元學案卷一安定學案附録改。下賢惠録、安定先生言行録中「納」同。

〔三八〕録國朝賢惠之女　原脱「録」字，據郡齋讀書志卷九補。

〔三九〕安定先生言行録二卷　「生」原作「王」，據直齋書録解題卷七改。

〔四〇〕由是近時多有家傳語録之類行於世　「由」原作「曰」，據郡齋讀書志卷九改。

〔四一〕豈假門生子侄之間區區自列乎　「子侄」原作「子姓」，據郡齋讀書志卷九改。

卷一百九十九　經籍考二十六

史傳記

魏公語録一卷

陳氏曰：與別録小異而實同。別録分四卷，此總爲一篇。先後次第亦不同，而末一則別録所無，姑並存之。

魏公別録四卷

鼂氏曰：其門人王嵓叟記其言論事實。然以國史考之，其歲月往往抵牾，蓋失之誣也。

杜祁公語録一卷

陳氏曰：不知何人作。

文潞公私記一卷

鼂氏曰：皇朝文彦博所撰。元豐初，王堯臣之子同老，以其父至和中所撰立英宗爲皇子詔草上之，且曰：「時宰相文彦博、富弼知狀。」神宗以問彦博，彦博具以實對。至元祐中，賈易爲言官，爲韓忠彦争辨其事，彦博乃著此。其後云：自古惟霍禹云「縣官非我家將軍不得至此」，楊復恭自稱「定策國老」，謂昭宗爲「門生天子」，軼軼不道之言，卒被夷滅。

陳氏曰：記至和請建儲及元豐褒賞事。

潛德録一卷

鼂氏曰：皇朝呂誨獻可之孫撰。記其祖乞立英宗言章。

嘉祐名臣傳五卷

鼂氏曰：張唐英傳仁宗朝賢臣五十餘人。

王氏揮麈録曰：唐英，天覺同胞兄，仕至殿中侍御史，嘗述仁宗政要上於朝。所謂嘉祐名臣傳，特政要中一門耳。

孔子編年三卷

鼂氏曰：皇朝孔傳取左氏、國語、公羊、史記及他書所載孔子事，以年次之，自生至卒。

東家雜記二卷

鼂氏曰：亦孔傳撰。孔子四十七代孫也，纂其家舊聞軼事於此書。

陳氏曰：歷代追崇先聖故事，及孔林古迹。

鼂以道揚雄別傳一卷

鼂氏曰：從父詹事公撰。雜取諸書所載雄逸事爲一編，係之以贊。

唐質肅遺事一卷

陳氏曰：無名氏所記唐介子方事也。

韓莊敏遺事一卷

陳氏曰：祕書丞韓宗武文若撰。記其父丞相縝玉汝事，末亦雜載他事。宗武即少年遇洋客者也，年八十二乃卒。此編亦載其詩，云熙寧間得異疾，與神物遇。

范忠宣言行録二十卷

范太史遺事一卷

陳氏曰：不著名氏，其家所録也。

陳氏曰：翰林學士范冲元長記其父事。

傅獻簡佳語一卷〔一〕

陳氏曰：不知何人所作，記傅堯俞所談。

杜公談録一卷

陳氏曰：雷澤杜師益等録其父務滋之言〔二〕。王廣淵作序。

豐清敏遺事一卷

陳氏曰：給事中章貢李朴先之撰。記豐稷相之事。朱熹爲之後序。

宗忠簡公遺事三卷

陳氏曰：不著名氏，録留守開封宗澤汝霖事〔三〕。亦其家子孫所爲。

後村劉氏序曰：公遺事行世已久，今連帥寶謨王公鎔，公之外孫，復稍採摭舊聞，以傅翼之。

吕忠穆家傳一卷　逢辰記一卷　遺事一卷

陳氏曰：記建炎丞相吕頤浩元直事。孫昭問刻之廣德軍〔四〕。

褒德集二卷　易學辨惑一卷

陳氏曰：邵伯温撰。録其父告命、謚議、行狀、墓誌之屬。辯惑述傳授源流，辯鄭夬之妄。

吕氏家塾記一卷

陳氏曰：侍講吕希哲原明撰。

桐陰舊話十卷

陳氏曰：吏部尚書潁川韓元吉無咎撰。記其家世舊事。以京師第門有桐木，故云。元吉，門下侍郎維之四世孫也。

趙康靖日記一卷

陳氏曰：參政睢陽趙概叔平所記治平乙巳丙午間在政路初事〔五〕。

劉忠肅公行年記一卷

陳氏曰：丞相東平劉摯莘老撰。

文昌雜録六卷

陳氏曰：主客郎中南京龐元英懋賢撰。官制初行，元英爲郎，在省四年，記一時見聞及古今典故可觀覽。元英，丞相莊敏公籍之子。

聞見近録一卷

陳氏曰：宗正丞三槐王鞏定國撰。

辯欺録一卷

陳氏曰：韓忠彦記其父嘉祐末命事，與文、富諸公辯。

回天録一卷

陳氏曰：宣教郎秦湛處度撰。記吕好問圍城中事。好問除右丞，誥詞有「回天之力」語〔六〕，故以名録。後有好問謝其祖公著復官表及遺表。

盡忠補過録一卷

陳氏曰：修職郎穆伯芻撰。記張孝純在僞齊時所上本朝書。

吴丞相手録一卷

陳氏曰：吴敏元忠撰。記靖康初元事。

岳飛事實六卷　辯誣五卷

陳氏曰：飛之孫珂撰。

丁卯實編一卷

陳氏曰：成忠郎李珙撰。誅曦之功，楊巨源爲多，安丙忌而殺之。珙爲作傳，上之於朝，以昭其功而申其冤。

孔子編年五卷

陳氏曰：新安胡仔元任撰。其父待制舜陟命仔采摭經傳爲之。

諸葛武侯傳一卷

陳氏曰：侍講張栻撰。以陳壽作史私且陋，裒集他傳及裴松之所注爲此傳，而削去管、樂自許一則。朱晦翁以爲不然，又爲後論以達其意。謂其體正大而學未至，使得游洙、泗之門，所就不止此。

韓文公歷官記一卷

陳氏曰：新安張敦頤撰。頗疏略。其最誤者，序言擒吴元濟、出牛元翼爲一事，此大謬也。爲裴度行軍司馬，在憲宗元和時；奉使鎮州王庭凑，在穆宗長慶時。

歐公本末四卷

陳氏曰：吕祖謙編。蓋因觀歐陽公集，考其歷仕歲月、同官同朝之人，略著其事迹，而集中詩文亦隨事附見。非獨歐公本末，而時事時賢之本末，亦大略可觀矣。故以入傳記類。

皇祐平蠻記二卷

陳氏曰：殿中丞馮炳撰。記儂智高事。

孫威敏征南録一卷

陳氏曰：學士睢陽滕甫元發撰。言平南之功皆本孫沔元規。「狄青之至，莫能出其右者」。余靖歸美於青，非實也。甫時通判潮州。

唃廝囉傳一卷

陳氏曰：不著作者。

陝西聚米圖經五卷

陳氏曰：閤門通事舍人雄州趙珣撰。珣父振，博州防禦使，久在西邊。珣訪得五路徼外山川道里，康定二年爲此書。韓魏公經略言於朝，詔取其書，召見。執政吕許公、宋莒公言用兵以來，策士之言以千數，無如珣者。擢涇原都監。定川之敗，死焉。珣勁特好學，恂恂類儒者，人皆惜之。

元豐平蠻録三卷

陳氏曰：金部員外郎知鳳翔府家安國撰。記乞弟、韓存寶事。

元祐分疆録三卷

陳氏曰：直龍圖閣京兆游師雄景叔撰。元祐初，議棄西邊四寨，執政召師雄問之。對曰：「先帝棄之可也，主上棄之則不可。且示弱夷狄，反益邊患。」争之甚力，不聽，卒棄之。四寨者，葭蘆、米脂、浮屠、安疆也。夏人以事出望外，萌侵侮之心，連年犯順，皆如師雄所料。此書前三卷記當時論辨本末，後一卷行實，不知何人作也。是歲師雄被命行邊，請以便宜行事。夏人與鬼章謀寇熙河，師雄説劉舜卿出師，种誼遂破洮州，擒鬼章以獻。其功偉矣。元祐諸老固欲休兵息民，師雄言既不行，功復不賞，殆以專反熙、豐，失於偏滯，終成紹述之禍，亦有以也。師雄，治平二年進士。

青唐録一卷

陳氏曰：右班殿直李遠撰。元符中取邈川、青唐，已而皆棄之。遠，紹聖武舉人，官鎮洮，奉檄軍前，記其經歷見聞之實，燦然可觀。

交趾事迹十卷

陳氏曰：知新州趙勰撰。

占城國録一卷

陳氏曰：不著名氏。

鷄林類事三卷

陳氏曰：不著名氏。

政和大理入貢録一卷

陳氏曰：右迪功郎錢塘周邦撰。其祖穜爲集賢修撰知桂州時，歸明人黄璘招來大理國入貢，詔穜考究其真僞。穜言僞妄不可憑，乞依熙寧故事支馬價發還。璘至京師，力主其事，穜落職奉祠。久而覺其詐，乃改正，復職知廣州。

安南表狀一卷

陳氏曰：紹興二十五年，李天祚進貢，自靖康二年以後，至是始通也。

邊和録五卷

陳氏曰：承議郎河東陳伯疆撰。載胡世將承公宣撫川、陝事。

建炎德安守禦録三卷

陳氏曰：郡丞東平劉荀子卿編次〔七〕。建炎初高密陳規元則守德安，禦群盜事迹功狀。規，後守順昌，與劉錡共成却敵之功者也，以樞密直學士知廬州而卒。

淮西從軍記一卷

陳氏曰：不著名氏。記紹興十年金虜敗盟，淮西諸帥守禦事。

順昌破敵録一卷

陳氏曰：不著名氏。記劉錡信叔守禦戰勝本末。

滕公守台録一卷

陳氏曰：不著名氏。睢陽滕膺子勤爲台州户曹〔八〕，方臘之亂，仙居人吕師囊應之，攻城甚急，膺佐太守備禦，卒全一城。郡人德之，至今廟食。行狀事實聚見此篇。膺後至直祕閣京西漕而終。

二楊歸朝録一卷

陳氏曰〔九〕：楊堯弼、楊載紹興八年所與撻辣、兀朮書，時僞齊初廢也。末有探報虜事數十條。

逆臣劉豫傳一卷

陳氏曰：楊堯弼等撰。二楊事迹當考。前録題銜稱宣義郎、迪功郎，並爲大總管府官屬。此傳堯弼爲右從事郎，載爲右迪功郎。

許右丞行狀一卷

陳氏曰：吏部員外郎許忻撰。許公翰字崧老，襄邑人，爲尚書右丞。忻，其弟也。

李忠定行狀一卷

陳氏曰：通判洪州李綸撰。其兄丞相綱伯紀事狀。葉適正則所作謚議附於後。

翟忠惠家傳一卷

陳氏曰：翟耆年伯壽述其父汝文公巽事實。忠惠者，私謚也。耆年實邢恕外孫。

艾軒家傳一卷

陳氏曰：莆田林成季述其季父工部侍郎光朝謙之事實。

夾漈家傳一卷所著書目附

陳氏曰：莆田鄭翁歸述其父樵漁仲事迹。翁歸年八十歲，老貧不競。頃佐莆郡時猶識之。

葉丞相行狀一卷

陳氏曰：閣學廬陵楊萬里廷秀撰。丞相莆田葉顒子昂，乾道丁亥以冬雷罷相，至建寧而薨。

謝脩撰行狀墓誌一卷

陳氏曰：昭武謝師稷務本奉使閩部，有惠愛，没而民祠之。行狀，里人黄遹景聲撰。墓誌，永嘉陳謙益之撰。其廟曰「昭應」。

朱侍講行狀一卷

陳氏曰：奉議郎三山黄榦直卿撰。其高第弟子，且子婿也。

紫陽年譜三卷

陳氏曰：朱侍講門人通判辰州昭武李方子公晦撰。

篤行事實一卷

陳氏曰：丞相趙汝愚子直編其父善應彦遠事〔一〇〕。而羅願、朱熹所撰行狀、墓銘，及諸賢哀詞、題跋之屬，萃爲一編。「篤行」者，陳福公題其墓云爾。吕太史跋語有云：「處者易持，出者難工」。朱侍講取其意以爲銘，所以勉其子之意深矣。

趙丞相行實一卷　附録二卷

陳氏曰：知静江府趙崇憲履常編集。忠定長子也。其一時諸賢祭文、挽歌，與嘉定更化之後，昭雪誣枉，改正史牒本末，皆見附録。

趙忠定行狀一卷　謚議一卷〔一一〕

陳氏曰：知光州鄱陽柴中行與之撰。其謚議，劉允濟全之〔一二〕、楊方子直所爲也。

倪文節言行録三卷　遺奏誌狀碑銘謚議一卷

陳氏曰：户部郎中倪祖常子武輯其父尚書遺事。行狀，錫山蔣重珍良貴撰；碑銘，臨邛魏了翁華甫撰〔一三〕。

趙華文行狀一卷

陳氏曰：文林郎趙山李燔敬子撰。忠定之子，吏部崇憲履常也〔一四〕。

八朝名臣言行録二十四卷

陳氏曰：侍講朱熹撰。以近代文集及傳記載本朝名臣言行，掇取其要，輯爲此録。前五朝五十五人，後三朝四十二人。

中興志議忠録三卷〔一五〕

陳氏曰：龔頤正撰。自建炎至紹興辛巳，上自李若水、劉韐貴臣、名士，下及一婦人、卒伍之微，皆録之。

孝史五十卷

陳氏曰〔一六〕：太學博士新喻謝諤昌國撰集。曰君紀五〔一七〕，后德一，宗表五，臣傳三十五，文類二，夷附一。諤後至御史中丞〔一八〕，淳熙名臣，樂易君子也。

孝行録三卷

陳氏曰：京兆胡訥撰。始得此書，不知訥何人也。所記多國初人。已而知其爲安定先生翼之之父，仕爲寧海節度推官。

古今孝悌録二十四卷

陳氏曰：廬陵王紹圭唐卿撰。

廉吏傳十卷

陳氏曰：成都費樞伯樞撰。自秦至唐〔一九〕，凡百十有四人。宣和乙巳爲序。

南陽先民傳二十卷

陳氏曰：題南陽王襄元祐癸酉歲序。所記鄧州人物，自百里奚、直不疑而下，至唐范傳正、韓翃，凡一百六十人。

典刑録十二卷

陳氏曰：苕溪吴宏編。凡五十二門，大略於言行録中抄出。

近世厚德録四卷

陳氏曰：題百鍊真隱李元綱國紀編。沈瀋道原爲作序。

救荒活民書三卷

陳氏曰：從政郎鄱陽董煟編進。煟，紹熙五年進士，嘗知瑞安縣。

仁政活民書二卷

陳氏曰：秀州司户會稽丁鋭集。

好還集一卷

陳氏曰：秀水婁伯高元龍編報應之事，爲十門。

先賢施仁濟世録一卷

陳氏曰：奉化丞山陰諸葛興編。凡十門，皆本朝諸賢事實也。

莆陽人物志三卷

陳氏曰：知興化軍永嘉林紘文伯撰。以圖志不叙人物，故特爲是編。莆壤地褊小，而人物特盛。

卧遊録一卷

陳氏曰：吕祖謙撰。晚歲病廢卧家，取史傳所載古今人境勝處録之，而以宗少文「卧遊」之語，置諸卷首〔二〇〕。

上庠録十卷

陳氏曰：光州助教吕榮義撰。雜記京師太學故事。

上庠後録十二卷

陳氏曰：三山周士貴撰。記中興太學事，頗疏略。

昭明太子事實二卷

陳氏曰：知池州趙彦博富文編。昭明廟食於池，頗著靈響。元祐始賜額曰「文孝」。

祠山家世編一卷

陳氏曰：詹仁澤、曾樵編。輯廣德横山神張王事迹。

海神靈應録一卷

陳氏曰：永嘉貢士陸維則撰。太守韓彦直子温爲之序。初，元祐中，太守直龍圖閣范峋夢海神曰〔二〕：「吾唐李德裕也」。郡城東北隅海仙壇之上有廟，初不知其爲何代人，峋明日往謁其像，即夢中所見。自是多響應。然封爵訓詞惟曰「海神」而已。

鄂國金佗稡編二十八卷　續編三十卷

陳氏曰：岳珂撰。

宋登科記三卷

鼂氏曰：皇朝登科人名氏，未詳何人所撰。

唐宋科名分定録三卷

鼂氏曰：不題撰人，元符間所著書也。序云：己卯歲得張君房所誌唐朝科場故事，今續添五代及本朝科名分定事，迄於李常寧云。

大宋登科記三十二卷〔三〕

陳氏曰：洪适編。始，吴興郡學有鋟板，不分卷第，止述進士一科。适始倣姚康録制舉詞科，自建隆庚申，迄紹興庚辰，二萬三千六百人有奇，爲二十一卷〔三〕，自後皆續書之。

中興登科小録三卷　姓類一卷

陳氏曰：通判徽州江都李椿撰。新安舊有登科記，但逐榜全録姓名而已。椿家藏小録，自建炎戊申，至嘉熙戊戌，節次取名字、鄉貫、三代諱刊之，後以韵類其姓，凡一萬五千八百人有奇。太守吴興倪祖常子武刻之，以備前記之闕文。

乘軺録一卷

陳氏曰：知制誥祁陽路振子發撰。祥符中，使契丹歸，進此録。事見其傳。

奉使別録一卷

陳氏曰：河南富弼彦國撰〔二四〕。慶曆使契丹，歸爲語録以進，機宜事節。則具於此録。又一本有兩朝往來書附於末。

劉氏西行録一卷

陳氏曰：直昭文館保塞劉涣仲章撰〔二五〕。按康定二年，朝廷議遣使通河西唃氏，涣以屯田郎知晉州請行。以十月十九日出界，慶曆元年三月十日回秦州〔二六〕。此其行紀也。唃氏自此與中國通，而元昊始病於牽制矣。涣後擢刺史，歷典數州，至留後，以工部尚書致仕。

契丹講和記一卷

陳氏曰：不著名氏。載契丹初講和本末，末有慶曆增幣後北虜誓書〔二七〕。

慶曆正旦國信語録一卷

陳氏曰：余靖慶曆三年使虜所記。

熙寧正旦國信録一卷

陳氏曰：天章閣待制竇卞熙寧八年使虜所記。

接伴送語録一卷

陳氏曰：集賢校理沈季長熙寧九年接伴送虜使耶律運所記。

使遼見聞録二卷

陳氏曰：尚書膳部郎中李罕撰。

宣和使金録一卷

陳氏曰：太常少卿安陸連南夫鵬舉弔祭阿骨打奉使所記，時宣和六年。

奉使雜録一卷

陳氏曰：紹興十二年，何鑄使虜所録禮物、各銜、表章之屬。

館伴日録一卷〔二八〕

陳氏曰：無名氏。紹興二十四年。

隆興奉使審議録一卷

陳氏曰：左奉議郎雍希稷堯佐撰。隆興二年，編脩官胡昉、閤門袛候楊由義使金虜軍前，審議海、泗、唐、鄧等事，不屈而歸。希稷，其禮物官也。所記抗辯應對之語，多出由義〔二九〕。

攬轡録一卷

陳氏曰：吴郡范成大至能乾道六年使虜所記聞見〔三〇〕。

北行日録一卷

陳氏曰：參政四明樓鑰大防乾道己丑待次温州教授，以書狀官從其舅汪大猷仲嘉使虜紀行。

乾道奉使録一卷

陳氏曰：參政諸暨姚憲令則乾道壬辰使虜日記。

奉使執禮録一卷

陳氏曰：進士鄭僑撰。淳熙己酉，中書舍人莆田鄭僑惠叔使虜賀正，會其雍主病篤〔三〕，欲令於閤門進國書，僑不可。已而雍殂〔三〕，遂回。

使燕録一卷

陳氏曰：尚書户部郎龍游余嶸景瞻撰。嘉定辛未，嶸使虜賀生辰，會有北師，行至涿州定興縣而回。

校勘記

〔一〕傅獻簡佳語一卷　直齋書録解題卷七作「傅獻簡佳話」。

〔二〕雷澤杜師益等録其父務滋之言　「雷澤」原作「雷繹」，據直齋書録解題卷七改。

〔三〕録留守開封宗澤汝霖事　原脱「宗澤汝霖」四字，據直齋書録解題卷七補。

〔四〕孫昭問刻之廣德軍　慎本、孫本「之」下均有「於」字，慎本「廣德軍」下又有「之官舍」三字。

〔五〕參政睢陽趙槪叔平所記治平乙巳丙午間在政路初事　上一「平」字原作「手」，據直齋書録解題卷七及宋史卷三一八趙概傳改。又「在政路初事」，直齋書録解題卷七作「在政府事」。

〔六〕誥詞有回天之力語　「誥詞」原作「訓詞」，據直齋書録解題卷七改。

〔七〕郡丞東平劉荀子卿編次　原脱「卿」字，據直齋書録解題卷七補。

〔八〕睢陽滕膺子勤爲台州户曹　「台州」原作「台川」，據元本、慎本、馮本、弘治本及直齋書録解題卷七改。

〔九〕陳氏曰　三字原脱。按下文見載於直齋書録解題卷七，故依例補。

〔一〇〕丞相趙汝愚子直編其父善應彦遠事　直齋書録解題卷七「事」下有「狀」字。

〔一一〕謚議一卷　「謚」原作「續」，據直齋書録解題卷七改。按下文云「謚議，劉允濟全之、楊方子直所爲」可證。

〔一二〕劉允濟全之　原脱「劉」字，據直齋書録解題卷七補。

〔一三〕臨邛魏了翁華甫撰　「臨邛」原作「臨印」，據元本、慎本、馮本及直齋書録解題卷七改。

〔一四〕吏部崇憲履常也　「崇憲」原作「宗憲」，據元本、直齋書録解題卷七及宋史卷三九二趙汝愚傳改。

〔一五〕中興志議忠録三卷　元本、慎本、馮本「志」均作「忠」，直齋書録解題卷七作「中興忠義録」。

〔一六〕陳氏曰　三字原脱。按下文見載於直齋書録解題卷七，故依例補。

〔一七〕君紀五　「紀」原作「紹」，據直齋書録解題卷七改。

〔一八〕諤後至御史中丞　原脱「中」字，據直齋書録解題卷七及宋史卷三八九謝諤傳補。

〔一九〕自秦至唐　直齋書録解題卷七作「自春秋至唐」。

〔二〇〕而以宗少文卧遊之語置諸卷首　「而」原作「時」，「置」原作「實」，均據直齋書録解題卷七改。

〔二一〕太守直龍圖閣范峋夢海神曰　原脱「太」字，據直齋書録解題卷七補。

〔二二〕大宋登科記三十二卷　直齋書録解題卷七同，然有注文云：「案題解云二十一卷，宋史藝文志同。此蓋誤作三十二卷。」

〔二三〕爲二十一卷　原脱「一」字，據直齋書録解題卷七及宋史卷二〇三藝文二補。

〔二四〕河南富弼彦國撰　直齋書録解題卷七河南上有「丞相」二字。

〔二五〕直昭文館保塞劉涣仲章撰　「仲章」原作「中章」，據直齋書録解題卷七及宋史卷三二四劉涣傳改。

〔二六〕慶曆元年三月十日回秦州　「秦州」原作「泰州」，據直齋書録解題卷七改。

〔二七〕末有慶曆增幣後北虜誓書　「末」原作「未」，據直齋書録解題卷七改。

〔二八〕館伴日録　「日」原作「目」，據直齋書録解題卷七改。

〔二九〕所記抗辯應對之語多出由義　原脱「記」字，據直齋書録解題卷七補。

〔三〇〕吴郡范成大至能乾道六年使虜所記聞見　直齋書録解題卷七「吴郡」上有「參政」二字。

〔三一〕會其雍主病篤　「雍」字原脱，據直齋書録解題卷七補。

〔三二〕已而雍殂　「雍」字原脱，據元本、慎本、馮本及直齋書録解題卷七補。

卷二百　經籍考二十七

史偽史霸史　史評史抄

華陽國志十二卷一百二十卷

常氏曰：晉常璩撰〔一〕。華陽，梁州地也。記漢以來巴蜀人物。呂微仲跋云：「漢至晉初，四百載間，士女可書四百人〔二〕，亦可謂盛矣。」復自晉至周顯德，僅七百載，而史所紀者無幾人，忠魂義骨，與塵埃同殁，何可勝數，豈不重可嘆哉！

陳氏曰：志巴蜀地理、風俗、人物及公孫述、劉焉、劉璋、先後主以及李特等事迹。末卷爲序志，云肇自開闢，終乎永和三年。

九州春秋九卷

陳氏曰：晉司馬彪紹統撰。記漢末州部之亂〔三〕，司、冀、徐、兖、青、荆、揚、凉、益、幽，凡盜賊僭叛皆紀之。

淝上英雄小録二卷

陳氏曰：信都鎬撰。所録楊行密將吏有勳名者四十人，其二十四人皆淝人，餘諸道人，又有僧、道、漁、樵之屬十人。録其小事，故名小録。

江淮異人録二卷

陳氏曰：吴淑撰。所記道流、俠客、術士之類，凡二十五人。

南唐烈祖開基誌十卷

陳氏曰：南唐滁州刺史王顔撰。起天祐乙丑，止昇元癸卯，合三十九年。

南唐烈祖實録十三卷

陳氏曰：南唐史館修撰高遠撰。闕第八、第十二卷。遠又嘗爲吴録二十卷。而徐鉉、鄭文寶皆云，開寶中，遠始緝昇元以來事，書未成而疾，焚其草〔四〕，故事多遺落。

江南録十卷

鼂氏曰：皇朝徐鉉等撰。鉉等自江南歸朝，奉詔集李氏時事〔五〕。王介甫嘗謂「鉉書至亡國之際，不言其君之過，但以歷數存亡論之，於春秋箕子之義爲得也。雖然，潘佑以直見殺，而鉉書佑死以妖妄，殆與佑争名，且耻其善不及佑〔六〕，故匿其忠，污之以罪耳。若然，豈唯厚誣忠臣，其欺吾君不亦甚乎！」世多以介甫之言爲然，獨劉道原得佑子華所上其父事迹，略與江南録所書同，乃知鉉等非欺誣也。

陳氏曰：徐鉉、湯悦撰。二人皆唐舊臣，故太宗命之撰〔七〕。湯悦即殷崇義，避宣祖諱及太宗舊名〔八〕，并姓改焉。

南唐近事二卷

鼂氏曰：皇朝鄭文寶編。記李氏三主四十年間雜事。

陳氏曰：起天福丁酉〔九〕，終開寶乙亥。然泛記雜事，實小説傳記之流耳〔一〇〕。

江南別録四卷

鼂氏曰：皇朝陳彭年撰。僞吴、僞唐四主傳也。

江表志三卷

陳氏曰〔一一〕：鄭文寶撰。序言徐鉉、湯悦所録事多遺落，無年可編。然前録固爲簡略〔一二〕，而猶以年月記事〔一三〕；今此書亦止雜記，如事實之類耳。近事稱太平興國二年丁丑，今稱庚戌者，大中祥符三年〔一四〕。

江南野史二十卷

鼂氏曰：皇朝龍兖撰。凡八十四傳。

江南餘載二卷〔一五〕

陳氏曰：不著姓名。序言徐鉉始奉詔爲江南録，其後王舉、路振、陳彭年、楊億皆有書。大概六家，皆不足以史稱，而龍兖爲尤甚。熙寧八年得鄭君所述於楚州，其事迹有六家所遺或小異者，删落是正〔一六〕，取百九十五段，以類相從。鄭君者，莫知何人。

南唐書三十卷

陳氏曰：陽羨馬令撰。序言其祖太傅元康，世家金陵，多知南唐故事，未及撰次。今纂先志而成之，實崇寧乙酉。其書略備記傳體，亦言徐、湯之疏略云〔一七〕。

新修南唐書十五卷

陳氏曰：寶謨閣待制山陰陸游務觀撰。采獲諸書，頗有史法。

蜀桂堂編事二十卷

鼂氏曰：僞蜀楊九齡撰。雜記孟氏廣政中舉試事，載詩、賦、策題及知舉登科人姓氏。且云：「科舉起於隋開皇前，陋者謂唐太宗時，非也。」

外史檮杌十卷

鼂氏曰：皇朝張唐英次公撰〔一八〕。序稱王建、孟知祥父子四世八十年〔一九〕，比之公孫述輩最爲久遠。其間善惡有可爲世戒者，路振之書未備，治平中成此書〔二〇〕，以補其遺。凡五代史及皇朝日曆所書皆略之。温公修通鑑，搜羅小説殆遍，未嘗取此書。蓋多差舛，如光天至二年之類是也〔二一〕。

陳氏曰：唐英自號黄松子，商英之兄也。

前蜀記事二卷

陳氏曰：僞蜀學士毛文錫平珪撰。起廣明庚子〔二二〕，盡天復甲子〔二三〕，凡二十五年。文錫，唐太僕卿龜範之子，十四登進士第。入蜀仕建，至判樞密院，隨衍入洛而卒。

後蜀記事十卷

陳氏曰：直史館太常博士董淳撰。惟記孟昶事。

吴越備史九卷

陳氏曰：吴越掌書記范坰、巡官林禹撰。按中興書目，其初十二卷，盡開寶三年。後又增三卷，至雍熙四年。今書止石晉開運，比初闕三卷。

吴越備史遺事五卷

陳氏曰：全州觀察使錢儼撰〔二四〕。俶之弟也。其序云備史亦其所作，託名林、范而遺名墜迹，殊聞異見，闕漏未盡者，復爲是編，時皇宋平南海之二年。吴興西齋序。蓋開寶五年也。儼以三年代其兄偡刺湖州。

閩中實録十卷

陳氏曰：周顯德中，揚州永貞縣令蔣文懌記閩王審知父子及將吏〔二五〕、儒士、僧道事迹，末亦略及山川土物。

閩王列傳一卷

陳氏曰：祕書監晉江陳致雍撰。二世七主，通六十年。

閩王事迹一卷

陳氏曰：不知何人作。末稱光啓二年至天聖元年，一百三十八年。所記頗詳。

三楚新録三卷

陳氏曰：知桂州修仁縣周羽沖撰。上卷爲湖南馬殷，中卷爲武陵周行逢，下卷爲荆南高季興。文辭鄙甚。

湖南故事十卷

陳氏曰：不知作者。記馬氏至周行逢事。館閣書目作十三卷，蓋爲列傳十三篇，其實十卷也。

五國故事二卷

陳氏曰：不知作者。記吴、蜀、閩、漢諸國事。

九國志五十一卷

鼂氏曰：皇朝路振子發撰。雜記吴越、唐、前後蜀、東漢、南漢、閩、楚〔二六〕，凡九國〔二七〕。

陳氏曰：各爲世家、列傳，凡四十九卷。末二卷爲北楚，言高季興事，張唐英所補撰。

十國紀年四十二卷

鼂氏曰：皇朝劉恕道原撰。温公序云：涣之子也。博學强記。同修通鑑，史事之紛錯難治者以諉恕。宋次道知亳州，家多書，恕往借觀之，目爲之昏。性剛介。初與王安石善，及改新法，言其非，遂與之絶。卒年四十九〔二八〕。所謂十國者，一王蜀，二孟蜀，三吴，四唐，五吴越，六閩，七楚，八南漢，九荆南，十北漢。温公又題其後云：世稱路氏九國志在五代之史中最佳，此書又過之。以予考之，長於考異同，而拙於屬文。其書國朝事皆曰「宋」，而無所隱諱，意者各以其國爲主耳。

天下大定録一卷

陳氏曰：殿中丞、通判桂州王舉撰。景祐間人。始高季興，終劉繼元。其所記疏略，獨江南稍詳。本十卷，今但爲一卷，恐非全書也。

虜廷雜記十卷

鼂氏曰：契丹降人趙志忠撰。記虜廷雜事，始於阿保謹，迄邪律宗真。李清臣云：志忠仕虜爲中書舍人，得罪來歸，上此書及契丹地圖，言虜中甚詳。

陰山雜録十六卷　契丹録一卷

陳氏曰：不著名氏。莆田鄭氏書目云趙志忠撰。歐公歸田録云：志忠本華人，自幼陷虜，爲人明敏，在虜中舉進士，至顯官。歸國，能述虜中君臣世次、山川風物甚詳。今觀此書，可以概見矣。其首一卷名契丹録。

契丹疆宇圖一卷〔二九〕

陳氏曰：不著名氏。録契丹諸夷地及中國所失地。

遼四京記

陳氏曰：亦無名氏。曰東京、中京、上京、燕京。

燕北雜録五卷西征寨地圖附

陳氏曰：思卿武珪記。嘉祐六年，宮苑使知雄州趙某進於朝。珪亦自契丹逃歸，事見國史傳。

匈奴須知一册

鼂氏曰：契丹歸明人田緯編次。録契丹地理官制。

辨鴂録一卷

陳氏曰：不著名氏。契丹譯語也，凡八篇。

虜庭須知一卷

陳氏曰：左藏庫副使、知安肅軍陳昉撰。熙寧元年，集賢校理鄭穆爲之序〔三〇〕。凡二十一條目。

戴斗奉使録二卷

鼂氏曰：皇朝王曙撰。景德三年爲契丹主生辰使、祥符二年爲弔慰使所録也。

生辰國信語録一卷

鼂氏曰：皇朝寇瑊與康德輿天聖六年使契丹，賀其主生辰，往返語録，并景德二年至天聖八年使副姓名及雜議附於後〔三一〕。

張浮休使遼録二卷

鼂氏曰：皇朝元祐甲戌春，張舜民被命爲回謝大遼弔祭使，鄭介爲副，録其往返地理及話言也〔三二〕。舜民字芝叟，自號浮休居士。

北遼遺事二卷

鼂氏曰：不題撰人，蓋遼人也。記女真滅遼事。序云：遼國自阿保機創業於其初，德光恢廓於其後，吞滅諸蕃，割據漢界，南北開疆五千里，東西四千里，戎器之備，戰馬之多，前古未有。子孫繼統二百三十餘年。迨至天祚失御，女真稱兵〔三三〕，十二年間，舉國土崩。古人謂「得之難而失之易」，非虚言耳。

金虜節要一卷一作三卷

陳氏曰：燕山史愿撰。一名金人亡遼録。

鼂氏曰：陷虜人所上也。記金人初内侮，止紹興十年，共十六年事。頗詳實。

陳氏曰：右從事郎兖人張匯東卿撰。宣和中隨父官保州，陷虜十五年，至紹興十年歸朝。

金虜志二卷　又一卷

陳氏曰：承奉郎張棣撰。淳熙中歸明人，記虜中事頗詳。又一卷不著名氏，似節略張棣書，其末又雜録虜界事宜，及逆亮以後事。

松漠記聞二卷

陳氏曰：徽猷閣直學士番陽洪皓光弼撰〔三四〕。皓奉使留虜中，録所聞雜事。

征蒙記一卷

陳氏曰：金人明威將軍登州刺史李大諒撰。建炎鉅寇之子，隨其父成降虜者也。

僞楚録二卷　僞齊録二卷

陳氏曰：並不著名氏。

金人南遷録一卷

陳氏曰：稱僞著作郎張師顔撰。初見此書，疑非北人語，其間有曉然傅會者，或曰華岳所爲也。近扣之汴人張總翼〔三五〕，則云歲月皆抵牾不合，益證其妄。

西夏須知一卷

鼂氏曰：皇朝劉温潤守延州日，編録僞境雜事。

陳氏曰：凡十五條目。

蕃爾雅一卷

鼂氏曰：不載著人姓名〔三六〕，以夏人語依爾雅體，譯以華言。

夏國樞要二卷

鼂氏曰：皇朝孫巽纂。記夏虜兵屯會要、土地肥磽、井泉涌涸、穀粟窖藏、酋豪姓氏、名位司存，與夫城池之完缺〔三七〕、風俗之所向，編爲兩帙，上之朝〔三八〕。

西域志十二卷〔三九〕

鼂氏曰：唐僧玄奘撰。玄奘西遊天竺求佛書〔四〇〕，既歸，記其所歷諸國風俗。其自序云：自黑領以西，皆土著，尚東左衽，務田畜，重財賄，嫁娶無禮，獨天竺則異，别記於後云。或云玄奘譯，大總持寺僧辯機撰〔四一〕。

鷄林志三十卷

鼂氏曰：皇朝崇寧中王雲編次。崇寧中，劉逵、吳拭使高麗，雲爲書記官。既歸，捃輯其會見之禮、聘問之辭，類分爲八門。

陳氏曰：自元豐創通高麗以後事實，皆詳載之。

海外使程廣記三卷

陳氏曰：南唐如京使章僚撰。使高麗所記海道及其國山川、事迹、物産甚詳。史虚白爲作序，稱己未十月，蓋本朝開國前一歲也。

高麗圖經四十卷

陳氏曰：奉議郎徐兢明叔撰。宣和六年，路允迪、傅墨卿使高麗，兢爲之屬，歸上此書。物圖其形〔四二〕，事爲之説。今所刊不復有圖矣。兢，鉉之後。

南詔録三卷

陳氏曰：唐嶺南節度巡官徐雲虔撰。乾符中，邕中遣雲虔使南詔所作。上卷計山川風俗〔四三〕，後二卷紀行及使事。

雲南行記二卷

鼂氏曰：唐韋齊休撰。齊休，長慶三年從韋審規使雲南，記其往來道里及其見聞。序謂：雲南所以能爲唐患者，以開道越巂耳。若自黎州之南，清溪關外，盡斥棄之，疆場可以無虞〔四四〕。不然，憂未艾也。

及唐之亡，禍果由此。本朝棄嶲州不守，而遂無邊患〔四五〕。以此論之，則齊休之言可不謂善哉！

雲南志十卷

鼂氏曰：唐樊綽撰。咸通中，南詔數寇邊，綽爲安南宣慰使，纂八詔始末〔四六〕、名號種族、風俗物產、山川險易、疆境接聯，聞於朝。

至道雲南録三卷

鼂氏曰：皇朝辛怡顯撰。蜀賊李順既平，餘黨竄入雲南，雷有終募怡顯招出之。至道初歸，因書其所歷，成此書。

陳氏曰：怡顯入雲南招李順餘黨，因賜蠻酋告敕，而遂爲此録。天禧四年自序稱「左侍禁知興化軍」。或云此書妄也。余在莆田，視壁記無怡顯名字，恐或然。

皇祐平蠻記一卷

鼂氏曰：皇朝馮炳撰。記儂智高叛，朝廷遣狄青平之。

南蠻録十卷

鼂氏曰：未詳撰人。熙寧間，交趾叛，朝廷議討之，或纂歷代南蠻事迹及便宜上之。

諸蕃志二卷

陳氏曰：福建提舉市舶趙汝适記諸蕃國及物貨所出。

右僞史霸史。

劉氏史通二十卷

鼂氏曰：唐劉知幾撰。知幾，長安、神龍間三爲史官，頗不得志。乃以前代書史，序其體法，因習廢置，掇其得失，述作曲直〔四七〕，分內、外篇，著爲評議，備載史策之要。當時徐堅深重之，云：「居史職者，宜置坐右。」玄宗朝，詔其家録進，上讀而善之。宋子京稱唐舊史之文猥釀不綱，謂知幾工訶古人，而拙於用己。觀此書，知子京之論不誣。前世史部中有史鈔類，而集部中有文史類，今世抄節之學不行，而論説者爲多，故自文史類内摘出論史者爲史評，附史部，而廢史鈔云。

陳氏曰：其著書亦博矣。「史通」者，漢封司馬遷後爲史通子，亦兼白虎通之義也。

史通析微十卷

鼂氏曰：唐柳璨炤之撰。璨以劉子元史通妄詆聖哲，評湯之德爲僞迹，論桀之惡爲厚誣，謗周公云不臣，褒武庚以徇節，其甚至於彈劾仲尼，因討論其舛謬，共成五十篇。蕭統云：「論則析理精微。」故以爲名。乾寧四年書成。唐史云：璨，公綽族孫。少孤貧，好學，著史通析微，時或稱之。起布衣，至於相，不四歲。按唐紀，相璨在天祐改元，則書成猶未仕也。

史例三卷

陳氏曰：唐右補闕劉餗鼎卿撰。知幾次子也。

歷代史贊論五十四卷

鼂氏曰：未詳撰人。纂史記迄五代史臣贊論。

歷代史辯志五卷

鼂氏曰：未詳撰人。亦有可觀者，凡百許篇。序謂人之志有甚微者，不可不辯，故以名書。

通鑑釋文二十卷

陳氏曰：司諫司馬康公休撰〔四八〕。温公之子。

通鑑釋文三十卷

陳氏曰：左宣義郎眉山史炤見可撰。馮時行爲之序。今考之公休之書，大略同而加詳焉，蓋因其舊而附益之也。

通鑑前例一卷　修書帖一卷　三十六條四圖共一卷

陳氏曰：司馬光記集修書凡例。諸帖則與書局官屬劉恕、范祖禹往來書簡也，其曾孫侍郎伋季思哀於一篇。又以前例分爲三十六條，而考其離合，稽其授受，推其甲子，括其卷帙，分爲四圖。

通鑑問疑一卷

陳氏曰：高安劉羲仲壯輿纂集其父道原與温公往復相難者〔四九〕，亦附修書帖後。

讀史管見三十卷

陳氏曰：禮部侍郎建安胡寅明仲以通鑑事備而義少，故爲此書。議論宏偉嚴正，間有感於時事。其於熙、豐以後接於紹興權姦之禍，尤拳拳寓意焉。晦庵綱目亦多取之。

朱子語録：胡致堂議論英發，人物偉然。讀史管見乃嶺表所作，當時並無一册文字隨行，只是記憶，所以其間有牴牾處。

南軒言管見專爲秦檜設。豈有言天下之事，而專於一人者？先生曰：儘有好處，但好惡不相掩耳。又曰：致堂管見方是議論。唐鑑議論弱，又有不相應處，前面說一項事，末又說別處去。

通鑑論篤三卷

陳氏曰：侍講廣漢張栻欽夫撰〔五〇〕。取通鑑中言論之精確者，表而出之。多或全篇，少至一二語，去取甚嚴，可以見前輩讀書眼力之高。

南北邊籌十八卷〔五一〕

臨江曾三英無愧撰。周平園序略曰：南渡初，士大夫日夜防守江、淮計。時右正言吕祉帥金陵，與其屬吴若、陳克著東南防守利便三卷上之。事既詳實，文亦條暢。其後有尚書郎臨川吴曾著南北征伐編年二十三卷，起三國，終五代，凡古今形勢師旅勝負，該貫無遺；仍集當時君臣議論，爲分門事類一十二卷，其相謀相應、攻守通好，可指諸掌，視祉之書益加詳焉。今臨江曾君三英復爲南北邊籌十八篇。南之攻北，其事有九：諸葛亮、紀瞻、褚裒、桓温〔五二〕、劉裕、宋文帝、陳顯達、沈慶之、吴明徹是也。北之圖南，其事亦九：曹操、魏明帝、羊祜、苻堅、拓跋太武、孝文、元英、邢巒、北齊是也。人爲一論，論指一事，皆援昔以證今，因迹以求心，即成而究敗，考古可謂勤，而用志可謂切矣。

史記音義二十卷

陳氏曰：唐崇賢館學士劉伯莊撰。貞觀初，奉敕講授，采鄒誕生、徐廣〔五三〕，及隋柳顧言音義而爲此書〔五四〕。

史記索隱三十卷

鼂氏曰：唐司馬貞撰。據徐、裴注糾正牴牾，援據密致。如東坡辯宰我未嘗從田常爲亂，蓋本諸貞也。

陳氏曰：採摭異聞，釋文演注。末二卷爲述贊、爲三皇本紀，世號「小司馬史記」。

附索隱史記一百三十卷

陳氏曰：淳熙中，廣漢張材介仲刊於桐川郡齋，削去褚少孫所續，而附以司馬貞索隱。其後江陰耿秉直之復取所削者别刊之。

史記正義二十卷〔五五〕

陳氏曰：唐諸王侍讀張守節撰。開元二十四年作序。

崇文總目：爲漢書學者，此最精博。

陳伯宣注史記八十七卷

崇文總目：唐陳伯宣撰。因裴駰説有所未悉，頗增損焉。然多取司馬氏索隱以爲己説。今篇殘缺。

遷史删改古書異辭十二卷

陳氏曰：倪思撰。以遷史多易經語，更簡嚴爲平異〔五六〕，體當然也，然易辭而失其義、書事而與經易者多〔五七〕，不可以無考，故爲是編。經之外與他書異者，亦并載焉。

班馬異同三十五卷

陳氏曰：倪思撰。以班史仍史記之舊而多删改，大抵務趨簡嚴，然或删而遺其事實，或改而失其本意，因其異則可以知其筆力之優劣，而又知作史述史之法矣。

新校史記一百三十卷　新校前漢書一百卷　新校後漢書九十卷　三史刊誤四十五卷

崇文總目：皇朝張觀等校定。初，祕書丞余靖上言，國子監所收史記、漢書誤，請行校正。詔翰林學士張觀、知制誥李淑、宋祁與靖，洎直講王洙，於崇文院讐對。靖等悉取三館諸本，及先儒注解、訓傳、六經、小説、字林、説文之類數百家之書，以相參校。凡所是正增損數千言，尤爲精備，逾年而上之。靖等又自録其讐校之説，别爲刊誤四十五卷。

漢書問答五卷

崇文總目：唐沈遵行撰〔五八〕。採諸儒爲漢書説者，申釋其義，有博聞之益。然篇第頗差，討求未獲，闕劉傳以下諸篇〔五九〕。

三劉漢書標注六卷一作一卷〔六〇〕

鼂氏曰：皇朝劉敞原父、弟攽貢父、子奉世仲馮撰。劉跂嘗跋其書尾云：余爲學官亳州，故中書劉舍人實爲守〔六一〕，從容出所讀漢書示余，曰欲作補注，未能也。然卷中題識已多，公之子方山亞夫録以相示也。

陳氏曰：又本題公非先生刊誤，其實一書。公非，貢父自號。漢書自顔監之後，舉世宗之，未有能異其説者〔六二〕。至劉氏兄弟，始爲此書，多所辯正發明。

吕氏前漢論三十卷

鼂氏曰：皇朝吕大忠晉伯撰。予得其本於銅梁令吕肇修〔六三〕，汲公諸孫也〔六四〕。

西漢發揮十卷

鼂氏曰：皇朝劉涇巨濟撰。涇，蜀人。

西漢決疑五卷

陳氏曰：國子司業宛邱王述致君撰〔六五〕。一曰失實，二曰引古，三曰異言，四曰雜證，五曰注釋。

西漢史抄十七卷　兩漢博議十四卷

中興藝文志：陳傅良撰。指摘精要，裨正闕誤。如制度始末因革，則條其大意，遺其煩碎，而一代之興衰、治體、人才、紀綱、風俗亦略矣〔六六〕。博議，陳季雅所撰。關涉尤大。

東漢刊誤一卷

鼂氏曰：劉攽貢父撰。攽序〔六七〕：英宗讀後漢書，見「墾田」字皆作「懇」字，命國子監刊正。攽爲直講，校正其謬誤不可勝算，然此書世無善本，率以己意定之，治平三年奏御。攽號有史學，温公修通鑑，以兩漢事付之。

兩漢博聞十二卷

鼂氏曰：皇朝楊侃纂。景德中，侃讀兩漢書，取其名數前儒解釋爲此書，以資涉獵者。侃嘗編職林，此亦其類也。

兩漢刊誤補遺十七卷

陳氏曰：國子博士吴仁傑斗南撰。補三劉之遺也。

三國人物論三卷

鼂氏曰：皇朝楊祐甫撰〔六八〕。蜀人。

晉書指掌十二卷

鼂氏曰：皇朝劉蒉編。以晉書事實以類分爲六十五門。

唐書直筆新例四卷

鼂氏曰：皇朝吕夏卿撰。夏卿强記絶人，預修新史，此其在書局時所建明，歐、宋間有取焉。如增入高祖字叔德之類是也〔六九〕。

陳氏曰：紀、傳、志各一卷，末一卷摘舊史繁闕。又爲新例須知附於後，略舉名數，如目録之類，記新書比舊增減志傳及總類。

唐書音訓四卷

鼂氏曰：皇朝竇苹撰〔七〇〕。新書多奇字，觀者必資訓釋，苹問學精博，發揮良多。而其書時有攻芉者〔七一〕，不知何人附益之也。

唐書音義三十卷

鼂氏曰：未詳撰人。比竇氏書大略同而稍簡，乃析爲三十卷。

唐書辯證二十卷一名糾謬

鼂氏曰：皇朝吴縝撰。縝字廷珍，成都人，仕至郡守。數新書初修之時，其失有八類，其外誤二十門，凡四百餘事。縝不能屬文，多誤有詆訶。如新書張九齡傳云：武惠妃陷太子瑛，遣官奴告之曰：「廢必有興，公爲援，宰相可常處。」九齡奏之，故卒九齡相而太子無患。縝以爲時九齡已相，而太子竟以廢死，以爲新書似實而虚。按史之文謂終九齡在相位日，太子得不廢也。豈謂卒以九齡爲相，太子終無患乎？初名糾謬，其後改云辯證，實一書也。

王氏揮麈録曰：嘉祐中，詔宋景文、歐陽文忠諸公重修唐書。時有蜀人吴縝者初登第，因范景仁而請於文忠，願預官屬之末，上書文忠，言甚懇切。文忠以其年少輕佻拒之，縝鞅鞅而去。逮夫新書之成，迺從其間指摘瑕疵，爲糾謬一書。至元祐中，縝遊宦蹉跎，老爲郡守，與五代史纂誤俱刊行之。紹興中，福唐吴仲實元美爲湖州教授，復刻於郡庠，且作後序，以謂「鍼膏肓，起廢疾，杜預實爲左氏之忠臣」，然不知縝著書之本意也。

陳氏曰：其父師孟，顯於熙、豐。此書紹聖初上之。

注唐記十卷

鼂氏曰：題曰樊先生，而不詳其名。近代人所注新書紀也〔七二〕。

唐書列傳辯證二十卷

陳氏曰：端明殿學士玉山汪應辰聖錫撰。專攻列傳，不及紀、志，以元祐名賢謂列傳記事，毁於鐫削，暗於藻繪，故隨事辯證之。

新唐書略三十五卷

陳氏曰：吕祖謙授徒，患新史難閲，摘要抹出，而門人抄之。蓋節本之有倫理者也。

唐史要論十卷一作論斷二卷

鼂氏曰：皇朝孫甫之翰撰。歐陽永叔、司馬温公、蘇子瞻稱其書議論精覈，以爲舊史所不及。終於天章閣待制。

朱子語録：司馬温公書孫公唐史後云：孫公之翰昔著此書，甚自重惜。嘗别緘其藁於笥，必盥手然後啓之。謂家人曰：「萬一有水火兵甲之急，他貨財盡棄之，此笥不可失也。」公私少間，則增損改易，未嘗去手。其在江東爲轉運使，出行部亦以自隨，過亭休止，輒取修之。會宣州有急變，乘馹遽往，不暇挈以俱。既行之後，金陵大火，延及轉運廨舍，弟子察親負其笥，避於沼中島上。公在宣州聞之，亟還，入門問曰：「唐書在乎？」察對曰：「在。」乃悦，餘無所問。自壯年至於白首乃成，亦未以示人。文潞公執政，嘗從公借之。

又曰：伯恭晚年謂人曰：「孫之翰唐論勝唐鑑。」要之，也是切於事情，只是大綱却不正了。

陳氏曰：甫以唐書煩冗遺略，多失體法，乃修爲唐史，用編年體。自康定元年逮嘉祐元年，成書七十五卷，爲論九十二首。甫没，朝廷取其書留禁中，其從子察録以遺温公，而世亦罕見。蜀有刻本，未有之〔七三〕。今惟諸論存焉。

唐鑑二十卷〔七四〕

鼂氏曰：皇朝范祖禹醇夫撰。醇夫爲温公通鑑局編修官十五年，分掌唐史，以其所自得，著成此書。取武后臨朝二十一年繫之中宗，其言曰：此春秋「公在乾侯」之義也，雖得罪於君子，有所不辭。觀此則知醇夫之從公，決非苟同者。凡三百六篇。

朱子語録曰：范太史唐鑑第一段論守臣節處不圓。要做一書補之，不曾做得。范氏此文字草草之甚〔七五〕。其人資質渾厚，説得都如此平正。只是疏，多不入理，終守臣節處，於此亦須有些處置，豈可便如此休了？如此議論，豈不爲英雄所笑！又曰：唐鑑有疏處，孫之翰唐論精細，説得利害〔七六〕，如身親歷之，但理不及唐鑑耳。又曰：唐鑑多説得散開，無收殺，如姚崇論擇十道使，患未得人，他自説得意〔七七〕，不知范氏何故却貶其説？又曰：唐鑑白馬之禍，歐公論不及此。

又曰：唐鑑有緩而不精確處，如言租庸調及楊炎二税之法，説得都無收殺，只云在於得人，不在乎法，有這般苟且處。他是見熙寧間詳於制度，故有激而言。只那有激〔七八〕，便不平直。

唐史評三卷

陳氏曰：元祐初上此書。

鼂氏曰：題曰「適適先生」，不詳何人。門人譙孝寧爲編次。

五代史纂誤五卷　雜録一卷

鼂氏曰：皇朝吴縝撰。凡二百餘事，皆歐陽永叔新五代史牴牾舛訛也。按通鑑考異證歐陽史差誤，如莊宗還三矢事之類甚衆，今此書皆不及之，特證其字之脱錯而已。又善本未必皆然。

陳氏曰：宇文時中守吴興，郡庠有二史板，遂取二書刻之〔七九〕，後皆取入國子監〔八〇〕。初，郡人思溪王氏刻藏經，有餘板，以刊二史寘郡庠。中興，監書多闕，遂取其板以往。今監本是也。

典故辯疑二十卷

儒林郎主管尚書吏部架閣文字李大性撰。淳熙十三年投進。自爲序略曰：仰惟皇朝，聖明相紹，明良之懿，著在青史，坦然明白，信以傳信。而纓紳相屬，佔畢益繁，私史薦興，説令蜂午，朱紫苗莠，混爲一區。熙朝盛美，未免蒙翳。請略舉數端言之：如梅堯臣碧雲騢，非堯臣所撰；孔平仲雜録非平仲所述。建隆遺事以王禹偁名，而實非禹偁；志怪集、括異志、倦遊録以張師正名，而實非師正。涑水記聞雖出於司馬光，而多所增益；談叢雖出於陳師道，而多所誤盭。以至王安石日録、蔡絛國史後補，又皆不足以取信。儒者俱嘗言之，而未之詳辯也。矧其言者乎？蓋嘗推其疇品，爲説滋夥，數其差舛，不見殫述。雖云爝火之衆於大明何傷，而微塵纖埃，非全鏡所宜有也。然則丹鉛點勘，寤疑辯惑，匪書生職歟？臣大懼私史踳駁，或爲正史之蠹，輒摭其事而正之。伏自忖念：衡茅之下，多未見之書，樸樕之材，無奇特之見，固不當自寘於五不韙之域。以奸嚴誅，而孤忠拳拳，所欲辯明，懷不能已，非敢遠慕昔人，作指瑕糾謬之書，以詒攻訶之誚。獨取熙朝美事，及名卿才大夫之卓卓可稱，而其事爲野史語録所翳者，辯而明之，參其歲月，質其名氏、爵位，而考證焉。其或傳聞異詞，難以示信，以意逆志，雖知其非而未有曉然依據，則姑置弗辯。其所辯者，必得所證而後爲之説焉。所辯凡二百條，釐爲二十卷，名之曰「典故辯疑」。

右史評史鈔。

校勘記

〔一〕晉常璩撰　「常璩」原作「常據」，據馮本及郡齋讀書志卷七、直齋書録解題卷五、隋書卷三三經籍二、舊唐書卷四六經籍上、新唐書卷五八藝文二、宋史卷二〇三藝文二改。

〔二〕士女可書四百人　郡齋讀書志卷七「書」下有「者」字。

〔三〕記漢末州部之亂　「末」原作「永」，據元本、慎本、馮本、弘治本及直齋書録解題卷七改。

〔四〕焚其草　直齋書録解題卷五「焚」上有「悉」字。

〔五〕奉詔集李氏時事　袁本郡齋讀書志卷二下「集」上有「撰」字。

〔六〕且耻其善不及佑　「耻」原作「取」，據袁本郡齋讀書志卷二下集王文公文集卷三三讀江南録改。

〔七〕故太宗命之撰　直齋書録解題卷五「撰」下有「次」字。

〔八〕避宣祖諱及太宗舊名　原脱「及太宗舊名」五字，據直齋書録解題卷五補。

〔九〕起天福丁酉　「丁酉」原作「乙酉」，又元本、慎本、馮本、弘治本及直齋書録解題卷五均作「己酉」，均誤，據南唐近事鄭文寶序改。

〔一〇〕實小説傳記之流耳　直齋書録解題卷五「流」作「類」。

〔一一〕陳氏曰　「陳」原作「鼂」。按「曰」後之文見於直齋書録解題卷五，故改。

〔一二〕然前録固爲簡略　原脱「簡」字，據直齋書録解題卷五補。

〔一三〕而猶以年月記事　「猶」原作「尤」，據直齋書録解題卷五改。

〔一四〕大中祥符三年　「大」原作「太」，據直齋書録解題卷五改。

〔一五〕江南餘載二卷　「餘」原作「館」，據宋史卷二〇四藝文三改。

〔一六〕删落是正　「是正」原作「正是」，據元本、慎本、馮本、弘治本及直齋書録解題卷五乙正。

〔一七〕亦言徐湯之疏略云　直齋書録解題卷五「徐」下有「鉉」字，「湯」下有「悦」字。

〔一八〕張唐英次公　按宋史卷三五一張唐英傳：「張唐英字次功。」直齋書録解題卷五蜀檮杌條亦作「次功」。

〔一九〕序稱王建孟知祥父子四世八十年　原脱「序」字，據袁本郡齋讀書志卷二下補。

〔二〇〕治平中成此書　原脱「中」字，據郡齋讀書志卷七補。

〔二一〕如光天至二年之類　「天」原作「大」，據郡齋讀書志卷七改。

〔二二〕起廣明庚子　「廣明」原作「唐明」，據直齋書録解題卷五改。

〔二三〕盡天復甲子　「天復」原作「天福」，元本、慎本、馮本、弘治本及直齋書録解題卷五同。按天福爲晉高祖年號，且無甲子年，其去廣明庚子亦非二十五年。天復爲唐昭宗年號，天復甲子即天復四年，是年閏四月乙巳改天祐，八月昭宗被弑。自廣明庚子至天復甲子，正二十五年。故改。

〔二四〕全州觀察使錢儼撰　「使」原作「史」，據元本、慎本、馮本及直齋書録解題卷五改。

〔二五〕揚州永貞縣令蔣文懌記閩王審知父子及將吏　「蔣文懌」宋史卷二〇四藝文三、崇文總目卷二均作「蔣文懌」。

〔二六〕雜記吴越唐前後蜀東漢南漢閩楚　元本、慎本、馮本、弘治本同，直齋書録解題卷七「前」下另有「蜀」字。按此所記爲八國，似有誤。直齋書録解題卷五云：「九國者，謂吴、唐、二蜀、東南二漢、閩、楚、吴越。」今傳十二卷本九國志其九國次第爲：吴、南唐、吴越、前蜀、後蜀、東漢、南漢、閩、楚。疑「吴」字本重。

〔二七〕凡九國　元本、慎本、馮本均作「凡十國」。按其書名九國志。當以「九國」爲是；然直齋書録解題卷五云，九國凡四十九卷，末二卷爲北楚，然則其書五十一卷，當以「十國」爲然。

〔二八〕卒年四十九　按「四十九」誤。據宋史卷四四四劉恕傳及司馬光温國文正公文集卷六五劉道原十國紀年序載，劉恕卒于元豐元年九月，年四十七。

〔二九〕契丹疆宇圖一卷　按此條及下文遼四京記、西域志、海外使程廣記、高麗圖經、南詔録、至道云南録、諸蕃志等，重複見載於卷二〇六地理類。

〔三〇〕集賢校理鄭穆爲之序　「鄭穆」原作「胡穆」，據直齋書録解題卷五改。

〔三一〕並景德二年至天聖八年使副姓名及雜議附於後　原脱「附」字，據直齋書録解題卷七補。

〔三二〕録其往返地理及話言也　元本、慎本、馮本、弘治本及郡齋讀書志卷七「理」均作「里」。

〔三三〕女真稱兵　「兵」原作「名」，據元本、慎本、馮本及郡齋讀書志卷七改。

〔三四〕徽猷閣直學士番陽洪皓光弼撰　「番陽」原作「番禺」，據元本、慎本、馮本及宋史卷三七三洪皓傳改。

〔三五〕張總翼　直齋書録解題卷五作「張總、管翼」。疑是。

〔三六〕不載著人姓名　郡齋讀書志卷七「著」作「撰」。

〔三七〕與夫城池之完缺　「城」原作「咸」，據弘治本及郡齋讀書志卷七改。

〔三八〕上之朝　郡齋讀書志卷七作「上之於朝」。

〔三九〕西域志十二卷　郡齋讀書志卷七同。按新唐書卷五九藝文三、宋史卷二〇四藝文三、直齋書録解題卷八及本書卷二〇六「志」均作「記」。

〔四〇〕玄奘西遊天竺求佛書　原脱「玄」字，據郡齋讀書志卷七補。

〔四一〕大總持寺僧辯機撰　「辯機」原作「辮機」，據本書卷二〇六大唐西域記條及直齋書録解題卷八、新唐書卷五八藝文二改。

〔四二〕物圖其形　原脱「物」字，據本書卷二〇六高麗圖經條及直齋書録解題卷八補。

〔四三〕上卷計山川風俗　直齋書録解題卷八「計」作「記」。

〔四四〕疆埸可以無虞　「埸」原作「場」，據郡齋讀書志卷七改。

〔四五〕而遂無邊患　郡齋讀書志卷七「遂」上有「蜀」字。

〔四六〕纂八詔始末　「八」原作「入」，據郡齋讀書志卷七改。

〔四七〕述作曲直　「作」原作「所」，據元本、慎本、馮本、弘治本及郡齋讀書志卷七改。

〔四八〕司諫司馬康公休撰　「諫」原作「課」，據直齋書録解題卷四改。

〔四九〕高安劉羲仲壯輿纂集其父道原與温公往復相難者　「難」原作「繼」，據郡齋讀書志卷四改。

〔五〇〕侍講廣漢張栻欽夫撰　「張栻」原作「張拭」，據直齋書録解題卷四改。按宋史卷四二九張栻傳、朱文公文集卷八九張栻神道碑均作「栻」，又張栻字敬夫，此作「欽夫」者，避宋太祖光祖諱改。

〔五一〕南北邊籌十八卷　「邊籌」二字原倒，據下文「三英複爲南北邊籌十八篇」句乙正。

〔五二〕桓温　原作「桓元」，宋人避欽宗諱改。今據晉書卷九八桓温傳改回。

〔五三〕徐廣　原作「徐唐」，據元本、慎本、馮本、弘治本及直齋書録解題卷四改。

〔五四〕及隋柳顧言音義而爲此書　「柳顧言」原作「柳願言」，據直齋書録解題卷四改。

〔五五〕史記正義二十卷　元本、慎本、馮本、弘治本及直齋書録解題卷四同。按新唐書卷五八藝文二、宋史卷二〇三藝文二及崇文總目卷二著録張守節史記正義均爲三十卷。

〔五六〕更簡嚴爲平異　直齋書録解題卷十四原脱此句及以後文字，四庫館臣據文獻通考補，所補「平異」作「平易」。

〔五七〕書事而與經易者多　弘治本及直齋書録解題卷一四四庫館臣所補文字「易」作「異」。

〔五八〕唐沈遵行撰　新唐書卷五八藝文二、通志卷六五藝文略三均作「沈遵」。

〔五九〕闕劉傳以下諸篇　按「劉傳」疑誤，唐以前説漢書者劉姓有後漢劉德、晉劉寶、梁劉顯、隋劉臻，未見作劉傳者。崇文總目卷二引文獻通考此條「劉傳」作「列傳」。

〔六〇〕一作一卷　四字原脱，據元本、慎本、馮本、弘治本補。按郡齋讀書志卷七作三劉漢書一卷。

〔六一〕故中書劉舍人實爲守　郡齋讀書志卷七「劉舍人」下有「貢父」二字。

〔六二〕未有能異其説者　直齋書録解題卷四無「能」字。

〔六三〕予得其本于銅梁令呂肇修　「修」下原有「撰」字，據郡齋讀書志卷七删。

〔六四〕汲公諸孫也　「汲公」原作「汲陵」，據郡齋讀書志卷七改。按宋史卷三四〇呂大防傳，大忠弟大防元祐元年封汲郡公。

〔六五〕國子司業宛邱王述致君撰　「王述」直齋書録解題卷四作「王涑」。

〔六六〕而一代之興衰治體人才紀綱風俗亦略矣　元本、慎本、馮本、弘治本同。按據文義「略」下似脱一「具」或「備」字。

〔六七〕攽序　郡齋讀書志卷七「序」下有「稱」字。

〔六八〕皇朝楊祐甫撰　「楊祐甫」原作「楊祜甫」，據元本、慎本、馮本、弘治本及郡齋讀書志卷七改。

〔六九〕如增入高祖字叔德之類是也　「字」原作「宇」，據郡齋讀書志卷七及新唐書卷一高祖本紀改。

〔七〇〕皇朝竇苹撰　「竇苹」原作「竇蛩」，據直齋書録解題卷四及玉海卷四九改。下文「苹」同。按本書卷二一八子部農家類：酒譜一卷　陳氏曰：汶上竇苹叔野撰。

〔七一〕而其書時有攻苹者　「攻」原作「改」，據元本、慎本、馮本、弘治本及郡齋讀書志卷七改。

〔七二〕近代人所注新書紀也　「注」原作「著」，據郡齋讀書志卷七改。

〔七三〕未有之　「未」原作「末」，據元本、慎本、馮本、弘治本改。

〔七四〕唐鑑二十卷　直齋書録解題卷四、宋史卷二〇三藝文二及范祖禹自序「二十」均作「十二」。

〔七五〕范氏此文字草草之甚　朱子語類卷一三四論唐鑑無「字」字。

〔七六〕説得利害　朱子語類卷一三四論唐鑑無「得」字。

〔七七〕他自説得意　朱子語類卷一三四論唐鑑「意」下有「好」字。

〔七八〕只那有激　朱子語類卷一三四論唐鑑「只」上有「要之」二字。

〔七九〕遂取二書刻之　原脱「取」字，據直齋書録解題卷四補。

〔八〇〕後皆取入國子監　原脱「取」字，據元本、慎本、馮本、弘治本及直齋書録解題卷四補。

卷二百一　經籍考二十八

史故事各門總　故事

隋經籍志曰：古者朝廷之政，發號施令，百司奉之，藏於官府，各脩其職，守而弗忘。春秋傳曰：「吾視諸故府」，則其事也。周官：御史掌治朝之法，太史掌萬民之約契與質劑，以逆邦國之治。然則百司庶府，各藏其事，太史之職，又總而掌之。漢時，蕭何定律令，張蒼制章程，叔孫通定儀法，條流派别，制度漸廣。晉初，甲令已下，至九百餘卷。晉武帝命車騎將軍賈充博引群儒，删采其要，增律十篇。其餘不足經遠者爲法令，施行制度者爲令，品式章程者爲故事，各還其官府。縉紳之士，撰而録之，遂成篇卷，然亦隨代遺失〔一〕。今據其見存，謂之舊事篇。

宋三朝藝文志曰：西漢有掌故之吏，以主故事，則名之所起不其遠乎？魏相爲丞相，務在奉行故事，孔光領樞機，亦守法度修故事耳。然則師古之學，當世之要務。隋、唐載故事數十家，皆臺閣府署舊制及諸遺風曩迹之事。今所存惟二三書，又取後之纂類附近者著之。

隋志二十五部，四百四卷。

唐志十七家，四十三部，四百九十六卷。失名姓二十五家，裴矩以下不著録十六家，九十卷。

宋三朝志十六部，八十六卷。

宋兩朝志六部，六十三卷。

宋四朝志六十四部，九百二十卷。

宋中興志一百七十家，一百八十九部，一千九百九卷。

右故事。

隋經籍志曰：古之仕者，名書於所臣之策，各有分職，以相統治。周官：冢宰掌建邦之六典，而御史數凡從政者。然則冢宰總六卿之屬，以治其政，御史掌其在位名數，先後之次焉。今漢書百官表列衆職之事，記在位之次，蓋亦古之制也。漢末，王隆、應劭等以百官表不具，乃作漢官解詁、漢官儀等書。是後相因，正史表、志，無復百僚在官之名矣。搢紳之徒，或取官曹名品之書，撰而録之，别行於世。宋、齊已後，其書益繁，而篇卷零疊，易爲亡散；又多瑣細，不足可紀，故删。其見存可觀者，編爲職官篇。

隋志二十七部，三百三十六卷。通計亡書，三十六部，四百三十三卷。

唐志十九家，二十六部，二百六十二卷。失姓名十家，六典以下不著録二十九家，二百八十卷。

宋三朝志三十四部，二百一十三卷。

宋兩朝志八部，三十二卷。

宋四朝志十二部，一百三十二卷。

宋中興志三十六家，四十二部，四百一十三卷。

右職官。

隋經籍志曰：刑法者，先王所以懲罪惡，齊不軌者也。書述唐、虞之世，五刑有服，而夏后氏正刑有五，科條三千。周官：司寇掌三典，以刑邦國；司刑掌五刑之法，麗萬民之罪；太史又以典法逆於邦國；内史執國法以考政事。春秋傳曰：「在九刑不忘。」然則刑書之作久矣。蓋藏於官府，懼人之知争端，而輕於犯。及其末也，肆情越法，刑罰僭濫。至秦，重之以苛虐，先王之正刑滅矣。漢初，蕭何定律九章，其後漸更增益，令甲已下，盈溢架藏。晉初，賈充、杜預删而定之，有律，有令，有故事。梁時，又取故事之宜於時者爲梁科。後齊武帝時，又於麟趾殿删正刑典，謂之麟趾格〔二〕。後周太祖又命蘇綽撰大統式。隋則律令格式並行，自律以下，世有改作，事在刑法志。漢律久亡，故事駁議，又多零失。今録其見存可觀者，編爲刑法篇。

隋志三十五部，七百一十二卷。通計亡書，合三十八部，七百十六卷〔三〕。

唐志二十八家，六十一部，一千四卷。失姓名九家，自開元新格以下不著録十三家，三百二十三卷。

宋三朝志四十三部，六百九十四卷。

宋兩朝志三十四部，三百七十七卷。

宋四朝志一百一十二部，一萬七千三百卷。

宋中興志八十七家，九十四部，三千九百三十卷。

右刑法。

隋經籍志曰：昔者先王之化民也，以五方土地，風氣所生，剛柔輕重，飲食衣服，各有其性，不可遷變，是故疆理天下，物其土宜，知其利害，達其志而通其欲，齊其政而脩其教。故曰廣谷大川異制，人居其間異俗。書録禹别九州，定其山川，分其圻界，條其物産，辨其貢賦，斯之謂也。周則夏官司險，掌建九州之圖，周知山林川澤之阻，達其道路；地官誦訓，掌方志以詔觀事，以知地俗；春官保章，以星土辨九州之地，所封之域，以觀妖祥；夏官職方〔四〕，掌天下之圖地，辨四夷、八蠻、九貉、五戎、六狄之人，與其財用，九穀、六畜之數，周知利害，辨九州之國，使同其貫；司徒掌邦之土地之圖，與其人民之教，以佐王擾邦國，周知九州之域，廣輪之數，辨其山林、川澤、丘陵、墳衍、原隰之名物，及土會之法。然則其事分在衆職，而冢宰掌建邦之六典，實總其事。太史以典逆冢宰之治，其書蓋亦總爲史官之職。漢初，蕭何得秦圖書，故知天下要害。後又得山海經，相傳以爲夏禹所記。武帝時，計書既上太史，郡國地志固亦在焉。而史遷所記，但述河渠而已。其後劉向略言地域，丞相張禹使屬朱貢條記風俗，班固因之作地理志。其州國郡縣，山川夷險，時俗之異，經星之分，風氣所生，區域之廣，户口之數，各有攸叙，與古禹貢、周官所記相埒。是後，載筆之士，管窺末學，不能及遠，但記州郡之名而已。晉世，摯虞依禹貢、周官，作畿服經。其州郡及縣分野封略事業，國邑山陵水泉，鄉亭道里土田〔五〕，民物風俗，先賢舊好，靡不具悉。凡一百七十卷，今亡。而學者因其經歷，並有紀載，然不能成一家之體。齊時，陸澄聚一百六十家之説，依其前後遠近，編而爲部，謂之地理書。任昉又增陸澄之書八十四家，謂之地記。陳時，顧野王鈔撰衆家之言，作輿地志。隋大業中，普詔天下諸郡，條其風俗、物産、地圖上於尚書。故隋代有諸郡物産土俗記一百五十一卷，區宇圖志一百二十九卷，諸州圖經集一百卷。其餘記注甚衆。今任、陸二家所記之内而又別行者，各録在其書之上，自餘次之於下，以備地理之記焉。

隋志一百三十九部，一千四百三十二卷。通計亡書，合一百四十部，一千四百三十四卷〔六〕。

唐志六十三家，一百六部，一千二百九十二卷。失姓名三十一家，李播以下不著録五十三家，九百八十九卷。

宋三朝志九十五部，二千三百二十九卷〔七〕。

宋兩朝志二十八部，一百八十三卷。

宋四朝志四十二部，六百七十七卷。

宋中興志三百二十二家，三百三十六部，三千四百七十一卷。

右地理。

宋中興藝文志：前史時令皆入子部農家類，惟中興館閣書目別爲一類，列之史部，以諸家之所載〔八〕，不專爲農事故也。今從之，凡十七家，十八部，一百九十九卷。

右時令。

隋經籍志曰：氏姓之書，其所由來遠矣。書稱：「別生分類。」傳曰：「天子建德，因生以賜姓。」周家小史定系世，辨昭穆，則亦史之職也。秦兼天下，剗除舊迹，公侯子孫，失其本系。漢初，得世本，叙黄帝以來祖世所出。而漢又有帝王年譜。後漢有鄧氏官譜。晉世，摯虞作族姓昭穆記十卷。齊、梁之間，其書轉廣。後魏遷洛，有八氏十姓，咸出帝族。又有三十六族，則諸國之從魏者，九十二姓，世爲部落大人者，並爲河南洛陽人。其中國士人，則第其門閥，有四海大姓、郡姓、州姓、縣姓。及周太祖入關，諸姓子孫有功者，並令爲其宗長，仍撰譜録，紀其所承，又以關内諸州爲其本望。其鄧氏官譜及族姓昭穆記，晉亂已亡，自餘亦多遺失。今録其見存者，以爲譜系篇。

隋志四十一部，三百六十卷。通計亡書，合五十三部，一千二百八十卷。

唐志十七家，三十九部，一千六百一十七卷。王元感以下不著録二十二家，三百三十三卷〔九〕。

宋三朝志五十三部，一百五十四卷。

宋兩朝志九部，六十二卷。

宋四朝志十六部，七十九卷。

宋中興志五十三家，五十九部，二百二十三卷。

右譜系。

隋經籍志曰：古者史官既司典籍，蓋有目録，以爲綱紀，體制湮滅，不可復知。孔子删書，別爲之序，各陳作者所由。韓、毛二詩，亦皆相類。漢時劉向別録、劉歆七略，剖析條流，各有其部，推尋事迹，疑即古之制也。自是之後，不能辨其流別，但記書名而已。博覽之士，疾其渾漫，故王儉作七志、阮孝緒作七録，並皆別行。大體雖準向、歆，而遠不逮矣。其先代目録，亦多散亡。今總其見存，編爲薄録篇〔一〇〕。

隋志三十部，二百一十四卷。

唐志十九家，二十二部，四百六十卷。失姓名二家，毋煚以下不著録十二家〔一一〕，一百一十四卷〔一二〕。

宋三朝志目録十六部，一百四十一卷。

宋兩朝志十一部，九十二卷。

宋四朝志六部，三十卷。

宋中興志四十六家，五十一部，五百二十一卷。

右目録。

貞觀政要十卷

鼂氏曰：唐吴兢撰。以唐之極治〔一三〕，貞觀爲最，故采時政之可備勸戒者，上之於朝。凡四十篇。

陳氏曰：前題衛尉少卿兼修國史。按新、舊書列傳，兢未嘗爲此官，而書亦不記歲月。但其首稱良相侍中安陽公〔一四〕、中書令河東公，亦未詳爲何人。館閣書目云神龍中所進當考。

翰林盛事一卷〔一五〕

陳氏曰：唐剡尉常山張著處晦撰。記儒臣盛事〔一六〕，自武德中，迄於天寶。首載張文成七登科者，即著之祖也。

衣冠盛事一卷

陳氏曰：唐武功蘇特撰。

太和辯謗略三卷

鼂氏曰：唐李德裕撰。先是，唐次録周、秦迄隋忠賢罹讒謗事，德宗覽之不悦。後憲宗以爲善，命令狐楚等廣之，成十卷。太和中文成上之〔一七〕。

陳氏曰：李德裕以令狐楚所著删其繁蕪，益以唐事，裁成三卷。集賢裴潾爲之序〔一八〕。元和書今不存，邯鄲書目亦止有前五卷。

秦傳玉璽譜一卷

陳氏曰：題博陵崔逢脩，協律郎嚴士元重脩，河東少尹魏德謨潤色〔一九〕。

國璽傳一卷　傳國璽記一卷

陳氏曰：傳無名氏所記，止唐肅宗。記稱嚴士元，與前大同小異。

玉璽雜記一卷

陳氏曰：徐景撰。乾元元年七月記。唐志有徐景玉璽正録，即此書也。

楚寶傳一卷

陳氏曰：杜確撰。肅宗乾元二年楚州尼真如獻寶事。

八寶記一卷

陳氏曰：無名氏。大觀二年。

唐文宗朝備問一卷

陳氏曰：不著名氏。雜録唐朝典故。

通典二百卷

鼂氏曰：唐宰相杜佑撰。先是，劉秩采經史自黄帝迄天寶末制度沿革廢置，論議得失，倣周禮六官法，爲政典三十五篇。房琯稱才過劉向。佑以爲未盡，因廣之，參以新禮，爲二百篇。以食貨、選舉、職官、禮、樂、刑法、州郡、邊防八門分類叙載，世推該洽。三十六年成書，德宗時上之。

續通典二百卷

陳氏曰：翰林學士承旨大名宋白太素等撰。咸平三年奉詔，四年九月書成。起唐至德初，迄周顯德末。王欽若言杜佑通典上下數千載，爲二百卷，而其中四十卷爲開元禮。今之所載二百餘年，亦如前書卷數，時論非其重複。

國朝通典二百卷

陳氏曰：不著名氏。或言魏鶴山所爲，似方草創，未成書也。凡通典、會要，前書及館閣書目皆列之類書〔二〇〕。按通典載古今制度沿革，會要專述典故，非類書也。

唐會要一百卷

鼂氏曰：皇朝王溥撰。初，唐蘇冕叙高祖至德宗九朝沿革損益之制。大中七年，詔崔鉉等撰次德宗以來事，至宣宗大中六年〔二一〕，以續冕書。溥又采宣宗以後事〔二二〕，共成百卷，建隆二年正月奏御〔二三〕。詞簡禮備，太祖覽而嘉之，詔藏於史閣。

陳氏曰：按唐志：蘇冕會要四十卷；續會要四十卷，楊紹復等撰，崔鉉監脩。而會要稱杭州刺史蘇弁與兄冕纘國朝故事爲是書〔二四〕，弁聚書至二萬卷，次於集賢、芸閣。

五代會要三十卷

鼂氏曰：皇朝王溥等撰。采梁至周典故纂次〔二五〕，建隆初上之。

三朝國朝會要一百五十卷

鼂氏曰：皇朝章得象，天聖中，被詔以國朝故事因革制度編次。宋綬、馮元、李淑、王舉正、王洙同脩，得象監總。慶曆四年，書成上之。

六朝國朝會要三百卷

鼂氏曰：神宗朝以會要止於慶曆，命王珪續之。起於建隆之元，迄於熙寧十年，通舊書增損成是書。總二十一類，八百五十八門〔二六〕。其間禮樂政令之大綱，儀物事爲之細目，有關討論，顧無不載。文簡事詳，一代之典備矣。

節國朝會要十二卷

鼂氏曰：皇朝范師道以章得象書繁多，節其要以備檢閱〔二七〕。

續會要三百卷

陳氏曰：監修仙井虞允文并甫等上。自紹興十年編脩，起元豐元年，迄靖康之末，乾道六年書成。

巽岩李氏序略曰：徽宗初詔王覿、曾肇續編元豐至元符，尋復詔起治平四年，止崇寧五年，凡四十年。二書皆弗克成。政和末，有司獨上帝系、后妃、吉禮三類，總一百一十卷。其書則通章得象、王珪所編，稍益以熙寧後事。而此三類外，皆未皇暇。運遭百六，史記放絶。光堯壽聖太上皇帝甚憫焉，紹興九年詔館職續編，三十一年又降趣旨。然闕簡破牘，掇落匪易。皇帝陛下纂修洪緒，敷時繹思，更命宰臣提舉，閱再歲乃克成書。斷自神宗之初，迄於靖康之末，凡六十年。總三百卷，分二十一類，六百六十六門。竊惟五朝大政，前書備載，類仍舊章，鮮有開創〔二八〕。逮神、哲、徽、欽之御世，因時適變，道與前異。大抵革於熙寧，復於元祐，旋革於紹聖，又復於元符，再革，遂臻崇、觀、政、宣之豐豫，以及靖康。六十年間，業廣事詳，方策所記，視前倍蓰。今兹綴集於零落散亡之餘，十僅得其六、七，誠不足允符神旨。然科條粗舉，部類各分，禮、樂、兵、財之大原，儒術、刑法之要指，取賢斂才之品式，設官分職之制度，九州之别合，四夷之服叛，概見於斯。凡厥討論，尚或有取。

容齋洪氏隨筆曰：國朝會要，自元豐三百卷之後，至崇寧、政和間，復置局脩纂。宣和初，王黼秉政，罷脩書五十八所。時會要已進一百十卷，餘四百卷亦成，但局中欲節次覬賞，故未及上。既有是命，局官以謂若朝廷許立限了畢，不過三兩月可以投進。而黼務悉矯蔡京所爲，故一切罷之。

官吏既散，文書皆爲棄物矣。建炎三年，外舅張淵道爲太常博士，時禮寺典籍散佚亡幾，而京師未陷。公爲宰相言：宜遣官往訪故府，取見存圖籍，悉輦而來，以備掌故，此若緩而甚急者也。宰相不能用，其後逆豫竊據，鞠爲煨燼。吁，可惜哉！

中興會要二百卷

陳氏曰：監修晉江梁克家叔子等上。乾道六年，既進續會要，有旨自建炎元年續修，止紹興三十二年。九月成書〔二九〕。

國朝會要總類五百八十八卷

陳氏曰：李心傳所編，合三書爲一。刻於蜀中，其板今在國子監。

三朝聖政録十卷〔三〇〕

鼂氏曰：皇朝富弼上言，乞選官置局，將三朝典故編成一書。即命王洙、余靖、孫甫〔三一〕、歐陽修編修，分別事類，成九十六門。

陳氏曰：其書初名太平故事，凡九十六。門每事之後，各釋其意。至紹興八年，右朝議大夫呂源得舊印本，刊正增廣，名政要釋明策備，上之於朝。館閣書目指政要爲寶訓，非也。

三朝寶訓三十卷

陳氏曰：翰林學士李淑等撰。天聖五年，監修國史青社王曾奏，乞用唐吴兢貞觀政要故事，取三朝聖語、政事及臣僚奏對不入正史者，别爲一書，與國史、實録並行〔三二〕。至十年，書成，詔以「寶訓」爲名。其後進讀於邇英〔三三〕。今館閣書目以爲二十卷，富弼所上者，非也，乃政要耳。

王氏揮麈録曰：仁宗即位方十歲，章獻明肅太后臨朝。章獻素多知謀，分命儒臣馮章靖元、孫宣公奭、宋宣獻綬等，采摭歷代君臣事迹爲觀文覽古一書，祖宗故事爲三朝寶訓十卷，每卷十事。又纂郊祀儀仗爲鹵簿書三十卷，詔翰林待詔高克明等繪畫之，極爲精妙。叙事於左。令傅母輩日夕侍上展玩之，解釋誘進。鏤板於禁中。元豐末，哲宗以九歲登極，或有以其事啓於宣仁聖烈皇后者，亦命取板摹印，倣此爲帝學之權輿，分錫近臣及館殿。時大父亦預其賜，明清家因有之。紹興中爲秦伯陽所取。

三朝訓鑒圖十卷

陳氏曰：學士李淑、楊偉等修纂。慶曆八年，偉初奉旨檢討三朝事迹，乞與淑共編，且乞製序。皇祐元年書成。頃在莆田〔三四〕，有售此書者，亟求觀之，則已爲好事者所得，蓋當時御府刻本也。卷爲一册，凡十事，事爲一圖，飾以青赤。亟命工傳録，凡字大小、行廣狹、設色規模，一切從其舊。斂衽鋪觀，如生慶曆、皇祐間，目睹聖作明述之盛也。按館閣書目載此書云繪采皆闕，至續書目乃云得其全。未知果當時刻本乎，抑亦摹傳也？

按三朝寶訓一書，直齋書録解題以爲宰相王曾奏請編修，成於天聖十年，凡三十卷。揮麈録以爲章獻命儒臣所修，成於天聖初年，凡十卷。殊不相脗合。然揮麈録所言禁中刻本，且有繪圖，則似即此三朝訓鑒圖十卷之書。然直齋以此書爲慶曆、皇祐時所修纂，則又與揮麈録所謂仁皇初年傳母輩侍上展玩之語，深不合矣！當俟考訂精者質之。

仁宗政要四十卷

鼂氏曰：皇朝張唐英撰。

仁皇訓典六卷

陳氏曰：翰林侍講范祖禹撰。元祐八年經筵所上。凡三百十七條，大略亦用寶訓體。

兩朝寶訓二十卷

陳氏曰：禮部郎中長樂林希子中編進。用天聖故事也。元豐六年表上。

神宗寶訓二十卷

鼂氏曰：皇朝林虙撰。虙，希之侄也。剽聞神宗聖政，輒稱記録〔三五〕，分一百門，以續五朝寶訓。崇寧上於朝。

歷代年號并宮殿等名一卷

陳氏曰：丞相饒陽李昉明叔在翰苑時所纂。

朝制要覽五十卷

陳氏曰：屯田郎中宋咸撰。此書傳於陸放翁氏〔三六〕，書其後曰：「先君會稽公晚歲喜觀，間爲子弟講論因革，率至夜分。」會稽公者，宰元鈞也〔三七〕。其書作於嘉祐中，皆國初故實，觀之使人有感焉。

景德會計録六卷

鼂氏曰：皇朝丁謂謂之撰。謂景德中纂三司户口税賦之入，及兵食吏禄之費，會計天下每歲出納贏虧之數，書成奏御。

陳氏曰：謂時爲三司使。序言歲收兩京十七路帳籍四萬四百有七，日入疾徐事一千五百，文移倍之。以李吉甫國計簿〔三八〕、賈耽國要圖，總其目得四十，列爲六卷，一户賦，二郡縣，三課入，四歲用，五禄食，六雜記。大抵取景德中一年爲准。

皇祐會計録六卷

鼂氏曰：皇朝田況元鈞撰〔三九〕。況兩爲三司使，謂夏戎阻命之後〔四〇〕，增兵比之景德幾一倍，加之吏員益繁，經費日侈，民力日疲〔四一〕。乃約丁謂會計録以皇祐財賦所入多於景德，而其出又多於所入，著成此書上之。庶幾朝廷稽祖宗之舊，省浮費以裕斯民云。

陳氏曰：元鈞倣景德之舊，取一歲最中者爲准。又爲儲運一篇，以補其闕。

春明退朝録三卷

陳氏曰：龍圖閣學士常山宋敏求次道撰〔四二〕。所記多故實。其父宣獻公綬居第在春明坊，如鼂氏稱昭德也。

先朝政範一卷

陳氏曰：直集賢院徂徠石介守道編進。自任將至悔過，凡十二篇。

尊號録一卷

陳氏曰〔四三〕：丞相安陸宋庠公序撰。大意以爲徽號夸詡非古，而我祖宗往往謙遜不居，猶願超然遠覽，盡屏前號。其愛君以德者歟？至神宗，遂却不受，至於今行之。

輔弼名對四十卷

陳氏曰：天禧中前進士劉顔編。自漢迄五代，爲四十門。

青社賑濟録一卷

陳氏曰：丞相富文忠公弼青州救荒施行文牘也。

元豐問事録二卷

陳氏曰：光禄寺丞李德芻撰。德芻，邯鄲李淑之子，元豐中爲詳定官制檢討文字，詔旨所問奏藁，録爲此書。

官制局紀事一卷

陳氏曰：李德芻奉旨編。録置局以來命官等事。

中書備對十卷

晁氏曰：皇朝元豐三年畢仲衍承詔編次。序曰〔四四〕：周官所謂要會者，正今日中書所宜有，自漢至唐，莫知議此。今編成十卷，凡一百二十五門，附五十八事。李清臣嘗與許將書云：備對乃吴正憲公居宰路，以聖問多出意表，故令中書掾畢君爲之，其時預有畫旨，諸司遇取會，不許濡滯。如此尚歷數年乃就。後多有改革〔四五〕，然事亦可概見也。

蔣魏公逸史二十卷

容齋洪氏隨筆曰：蔣魏公逸史，潁叔所著也。多記當時典章文物。云舊有數百册〔四六〕，兵火間盡失之。其曾孫芾始捃摭遺藁，而成此書，將以奏御，以其副上之太史，且板行之，傳之天下後世，既而不果。蔣公在熙寧、元祐、崇寧時，名爲博聞强識〔四七〕，然閲其論述，頗有可議，恨不及丞相在日與之言。大概辨訂官制之訛誤也〔四八〕。

吕申公掌記一卷

陳氏曰：丞相申國吕公著晦叔撰。在相位所記人材已用、未用名姓，及事當行、已行條目。

元祐榮觀集五卷

陳氏曰：左朝奉大夫權太學正汪浹撰。記元祐六年視學本末，并群臣所上詩、賦、頌、表之類。張舜民芸叟爲之序。

泰陵故事二十卷

陳氏曰：不著名氏。皆叙宣仁臨朝九年中制誥、表章、奏議之屬。

尊堯録八卷

陳氏曰：延平羅從彦仲素撰。從彦師事楊時，而李侗又師從彦，所謂南劍三先生也。從彦當靖康初，以爲本朝之禍，起於熙、豐不遵祖宗故實，故采四朝事爲此録，又李沆、寇準、王旦、王曾、杜衍、韓琦、范仲淹、富弼、司馬光、程顥名輔巨儒十人言行，附於其後。末有别録一卷專載司馬光論王安石、陳瓘論蔡京奏疏。欲上之朝，不果。嘉定中，太守劉元濟得其書奏之〔四九〕，且爲板行。

本朝事實三十卷

陳氏曰：右承議郎李攸撰〔五〇〕。雜録故事，不成條貫統紀。

皇朝治迹統類七十三卷

陳氏曰：眉山彭百川叔融撰。略用袁樞通鑑本末條例，爲前集四十卷，中興後事爲後集三十三卷。

皇朝事類樞要二百五十卷

陳氏曰：蜀人張和卿編集。爲一百五十門。蓋舉子答策之具也。

長樂財賦志十六卷

陳氏曰：知漳州長樂何萬一之撰。往在鄞學，訪同官薛師雍子然，几案間有書一編，大略述三山一郡財計，而累朝詔令申明沿革甚詳。其書雖爲一郡設，於天下實關通。問所從得，薛曰：「外舅陳止齋修圖經，欲以爲財賦一門，後緣卷帙多，不果入。」因借録之。書無標目，以意命之曰三山財計本末。及來莆田，謂鄭寅子敬道之，鄭曰：「家有何一之長樂財賦志，豈此邪？」復借觀之，良是。其間亦微有增損，末又有安撫司一卷，併抄録附益爲全書。

内治聖鑑二十卷

陳氏曰：起居舍人兼嘉王府贊讀清江彭龜年子壽撰。取列聖修身齊家教子、訓齊宗室、防制外戚宦官暬御等事，以紹熙五年表上之。光宗稱善，且曰：「祖宗家法最善，漢、唐不及也。」

高宗聖政草一卷

陳氏曰：陸游在隆興初奉詔修高宗聖政，草創凡例，多出其手。未成而去，私篋不敢留藁。他日追記得此，録之而書其後，凡二十條。

高宗孝宗聖政編要二十卷

陳氏曰：高宗聖政五十卷，孝宗聖政五十卷，乾道、淳熙中所修，皆有御製序。此二帙，書坊抄節，以備舉子應用之儲也。

孝宗聖政十二卷

陳氏曰：亦書坊抄節，比前爲稍詳。

按：孝宗聖政，係陳止齋奉詔擬，御製序言。起初潛至内禪，掇其最，凡得六百四十一條，爲五十卷。紹興三年序。

會稽和買事宜七卷

陳氏曰：浙東帥鄱陽洪邁景盧〔五二〕、提舉常平三山鄭湜補之集。初，承平時，預買令下，守越者無遠慮，凡一路州縣所不受之數悉受之，故越之額特重，以疋計者十四萬六千九百，居浙東之半。人户百計規免，皆詭爲第五等户，而四等以上户之害日益甚。於是有爲畝頭均科之説者，帥鄭丙少嘉〔五二〕、憲丘密宗卿、張詔君卿頗主之，由淳熙十一年以後略施行。而議者多以創科五等户爲不便，參政李彦穎秀叔、尚書王希、吕仲行先後帥越，皆言之，而王晝八事尤力。會光廟亦以爲貽窮貧之害，户部尚書葉翥叔羽奏乞先減四萬四千餘匹，止以十萬爲額，而後均敷。詔從之。仍令侍從集議，皆乞闕併詭挾〔五三〕。遂詔邁、湜措置。既畢，以施行次第類成此書，時紹熙元年也。

劉忠肅救荒録五卷

陳氏曰：王居仁撰。淳熙乙未樞密劉珙共父帥江東救荒本末。嘉定乙亥，真景元刻之漕司，以配富鄭公青社之編〔五四〕，而以劉公行狀諡議附於後。

西漢會要七十卷　東漢會要四十卷

陳氏曰〔五五〕：武學博士清江徐天麟仲祥撰。以二史所載漢家制度典章，散於紀、傳、表、志者〔五六〕，倣唐以來會要體，分門編纂，其用力勤矣。其言范曄志藁爲謝儼蠟以覆車，劉昭因曄遺緒註而補之。夫既曰「蠟以覆車」，安得復有遺緒？蓋未考昭之所著，實司馬紹統續漢書志也。仲祥，乙丑進士，世有史學。其世父夢莘商老著北盟會編，父得之思叔爲左氏國紀，兄筠孟堅作漢官考，皆行於世。

漢制叢録三十三卷

陳氏曰：袁夢麟應祥撰。以二漢所紀典故，分門編類，凡二十五門。

平陽會四卷

陳氏曰：通直郎知平陽縣汪季良子駟撰。平陽號難治，爲浙東「三陽」之冠。季良治有聲。乃以一邑財計，自兩税而下爲二十一篇，終於歲會，旁通沿革，本末大略備矣。又爲外篇五條，如砧基副本、催科檢放及書手除科敷之類，以爲此財用所從出也。季良，端明應辰之孫，佳士且能吏也。得年不永，士論惜之。

唐昌記二卷〔五七〕

陳氏曰：知昌化縣趙希坙克家撰〔五八〕。

錢譜十卷

鼂氏曰：右梁顧烜嘗撰錢譜一卷，唐張台亦有錢録兩卷，皇朝紹聖間李孝美以兩人所纂舛錯〔五九〕，增廣成十卷，分八品云。

貨泉録一卷

鼂氏曰：右皇朝陶岳撰。記五代諸侯擅改錢幣之由，幽州、嶺南、福建、湖南、江南五國。

續錢譜十卷

鼂氏曰：右皇朝董逌撰。逌之祖嘗得古錢百，令逌考次其文譜之，以前世帝王世次爲序。且言梁顧烜、唐封演之譜，漫汗蔽固〔六〇〕，不可用。其譜自太昊、葛天氏至堯、舜、夏、商，皆有錢幣，其穿鑿誕妄至此。

泉志十五卷

陳氏曰：洪遵景伯撰〔六一〕。記歷代錢寶。

浸銅要略一卷

陳氏曰：張甲撰。稱「德興草澤」。紹聖元年序，蓋膽水浸鐵成銅之始。甲，參政子公之祖。

治金録一卷

陳氏曰：泉司吏所爲也。

鄭夾漈通志略

莆田鄭樵漁仲撰。淳熙間經進。自序略曰：江淹有言，修史之難，無出於志。誠以志者，憲章之所係，非老於典故者不能爲也。不比紀、傳，紀以年包事，傳以事繫年，儒學之士皆能爲之。惟有志難，其次莫如表。所以范曄、陳壽之徒能爲紀、傳，而不敢作表、志。志之大原，起於爾雅。司馬遷曰書，班固曰志，蔡邕曰意，華嶠曰典，張勃曰録，何法盛曰説，餘史並承班固，謂之志。皆詳於浮言，略於事實，不足以盡爾雅之義。臣今總天下之大學術，而條其綱目，名之曰略。凡二十略，百代之憲章，學者之能事，盡於此矣。其五略，漢、唐諸儒所得而聞，其十五略，漢、唐諸儒所不得而聞也。曰氏族略、六書略、七音略、天文略、地理略、都邑略、謚略、器服略、樂略、藝文略、校讎略、圖譜、金石略、災祥略、昆蟲草木略，凡十五略，出臣胸臆，不涉漢、唐諸儒議論。曰禮略、職官略、選舉略、刑罰略、食貨略，凡前五略，雖本諸前人之典，亦非諸史之文也。

按鄭氏此書，名之曰通志，其該括甚大。卷首序論譏詆前人，高自稱許，蓋自以爲無復遺憾矣。

然夷考其書，則氏族、六書、七音等略，考訂詳明，議論精到，所謂出臣胸臆，非諸儒所得聞者，誠是也。至於天文、地理、器服，則失之太簡，如古人器服之制度至詳，今止鐏罍一二，而謂之器服略可乎？若禮及職官、選舉、刑罰、食貨五者，則古今經制甚繁，沿革不一，故杜岐公通典之書五者居十之八。然杜公生貞元間，故其所記述止於唐天寶。今通志既自爲一書，則天寶而後，宋中興以前，皆合陸續銓次，如班固漢書續史記武帝以後可也。今通志此五略，天寶以前則盡寫通典全文，略無增損，天寶以後則竟不復陸續。又以通典細注稱爲己意，附其旁，而亦無所發明。通志此五略中所謂「臣按」云云，低一字寫者，皆通典細注耳。疏略如此，乃自謂「雖本前人之典，而亦非諸史之文」，不亦誣乎！夾漈譏司馬子長全用舊文，間以里俗，采摭未備，筆削不遑。又譏班孟堅全無學識，專事剽竊，自高祖至武帝七世，盡竊遷書，不以爲慚。至其所自爲，書則不堪檢點如此，然則著述豈易言哉！

又按：此書刊本元無卷數，止是逐略分爲一二耳。中興四朝藝文志別史類載通志二百卷，其後叙述云：中興初，鄭樵采歷代史及他書，自三皇迄隋，爲書曰通志，倣遷、固爲記、傳，而改表爲譜，志爲略。則其爲書似是節抄刪正歷代之正史，如高峻之小史、蘇子由之古史，而非此二十略之書也。但二十略序文後言：於紀傳，即其舊文從而損益，制誥書疏，寘之別録。唐書、五代史，本朝大臣所修，非微臣敢議，故紀、傳及隋。若禮樂刑政，務存因革，故引而至唐云。則亦略言其作書之意。豈彼二百卷者自爲一書，亦名之曰通志，而於此序附言其意邪？或併二十略共爲一書邪？當俟續考。

右故事。

校勘記

〔一〕然亦隨代遺失　「隨」原作「隋」，據元本、慎本、馮本、弘治本及隋書卷三三經籍二改。

〔二〕後齊武帝時又於麟趾殿删正刑典謂之麟趾格　元本、慎本、馮本、弘治本同，隋書卷三三經籍二「武帝」作「武成帝」。按此似有誤。魏書卷一二孝静帝紀：興和三年十月。齊文襄王自晉陽來朝，先是，詔文襄與群臣於麟趾閣議定新制。甲寅，班於天下。新唐書卷五八藝文二：北齊麟趾格四卷，文襄帝時撰。而隋書卷二五刑法志、通典卷一六四刑制中、通志卷六〇刑法一、本書卷一六五刑考四均謂北齊文宣帝受禪後命群官刊定魏朝麟趾格。則麟趾格原魏孝静帝時所撰，齊文宣帝時又重加刊定。魏孝静帝時齊神武帝當政，故亦可謂齊神武帝時。疑原刊「武」字前脱一「神」字。

〔三〕隋志三十五部七百一十二卷　原脱上十二字及以下夾注「通計亡書合三十八部七百一十六卷」十五小字。依例據隋書卷三三經籍二補。

〔四〕夏官職方　「夏」原作「秋」，據周禮改。

〔五〕鄉亭道里土田　隋書卷三三經籍二「亭」下有「城」字。

〔六〕通計亡書合一百四十部一千四百三十四卷　「一千四百三十四卷」原作「一千四百二十四卷」，據元本、慎本、馮本、弘治本及隋書卷三三經籍二改。

〔七〕二千三百二十九卷　元本、慎本、馮本「九」均作「八」。

〔八〕以諸家之所載　元本、慎本、馮本均無「之」字。

〔九〕王元感以下不著録二十二家三百三十三卷　原脱上十八字，依例據新唐書卷五八藝文二補。

〔一〇〕編爲薄録篇　「薄」原作「目」，據元本、慎本、馮本、弘治本及隋書卷三三經籍二改。

〔一一〕毋煚以下不著録十二家　「毋煚」原作「毋昊」，據新唐書卷五八藝文二改。

〔一二〕一百一十四卷　原作「一百五十四卷」，據新唐書卷五八藝文二改。按新唐書藝文志目録類自毋煚古今書録以下各書卷數累計，正一百一十四卷。

〔一三〕以唐之極治　郡齋讀書志卷六「以」上有「兢」字。

〔一四〕但其首稱良相侍中安陽公　「侍」原作「傳」，據直齋書録解題卷五及吴兢貞觀政要序改。

〔一五〕翰林盛事一卷　按此書又見録於卷二〇二職官類，然作「二卷」。

〔一六〕記儒臣盛事　「臣」原作「人」，據直齋書録解題卷五及本書卷二〇二職官類改。

〔一七〕太和中文成上之　「成」原作「盛」，據郡齋讀書志卷六改。

〔一八〕集賢裴潾爲之序　直齋書録解題卷五「賢」下有「學士」二字。

〔一九〕河東少尹魏德謨潤色　直齋書録解題卷五「河東」作「河中」。

〔二〇〕前書及館閣書目皆列之類書　直齋書録解題卷五「前書」作「前志」。

〔二一〕至宣宗大中六年　「六」原作「之」，據袁本郡齋讀書志後志二類書類改。按玉海卷五一唐會要條引中興書目：「續會要『記德宗以後至大中六年事蹟，補蘇冕前録之缺。』」

〔二二〕溥又采宣宗以後事　「溥」原作「傳」，據郡齋讀書志卷一四及直齋書録解題卷五改。

〔二三〕建隆二年正月奏御　「正」原作「二」，據郡齋讀書志卷一四及直齋書録解題卷五改。按續資治通鑑長編卷二亦云：「建隆二年正月甲子，王溥等上唐會要一百卷。」

〔二四〕而會要稱杭州刺史蘇弁與兄冕纘國朝故事爲是書　「纘」原作「續」，據元本、慎本、馮本及唐會要卷三六修撰改。

〔二五〕釆梁至周典故纂次　郡齋讀書志卷一四「次」下有「成秩」二字。

〔二六〕總二十一類八百五十八門　原作「總二十一類八百五十五門」，據郡齋讀書志卷一四、直齋書録解題卷五、玉海卷五一慶曆國朝會要元豐增修條改。

〔二七〕節其要以備檢閲　原脱「閲」字，據郡齋讀書志卷一四補。

〔二八〕鮮有開創　「有」原作「所」，據馮本改。

〔二九〕九月成書　元本、慎本、馮本、弘治本及直齋書録解題卷五同。按玉海卷五一乾道中興會要云，書成於乾道九年七月，八月梁克家等上之。

〔三〇〕三朝聖政録十卷　元本、慎本、馮本、弘治本及郡齋讀書志卷六同。按袁本郡齋讀書志卷二上作「三朝政録二十卷」；直齋書録解題卷五作「三朝政録二十卷」；玉海卷四九慶曆三朝太平寶訓引中興書目作「三朝太平寶訓二十卷」，稱該書又名「祖宗故事」、「太平故事」；宋史卷二〇三藝文二有王洙祖宗故事二十卷；通志卷六五藝文略三有太平故事二十卷。則是書雖有異名，而均作二十卷。

〔三一〕孫甫　原作「孫復」，據郡齋讀書志卷六、直齋書録解題卷五及宋史卷二九五孫甫傳改。

〔三二〕與國史實録並行　「實」原作「寶」，據元本、慎本、馮本、弘治本及直齋書録解題卷五改。

〔三三〕其後進讀於邇英　直齋書録解題卷五「英」下有「延義」二字。

〔三四〕頃在莆田　「莆田」原作「莆日」，據直齋書録解題卷五改。

〔三五〕輒稱記録　郡齋讀書志卷六「稱」作「私」。

〔三六〕此書傳於陸放翁氏　原脱「放翁氏」三字，據直齋書録解題卷五補。

〔三七〕會稽公者宰元鈞也　直齋書録解題卷五「者」下有「其父」二字。

〔三八〕以李吉甫國計簿　直齋書録解題卷五「以」作「仿」。

〔三九〕皇朝田況元鈞撰　各本及郡齋讀書志卷八同。按宋史卷二九二田況傳，田況字元均。直齋書録解題卷五亦作「元均」。

〔四〇〕謂夏戎阻命之後　「夏戎阻命」，元本、慎本、馮本均作「夏竦佐命」。

〔四一〕民力日疲　郡齋讀書志卷八「日」作「甚」。

〔四二〕龍圖閣學士常山宋敏求次道撰　直齋書録解題卷五「龍圖閣」下有「直」字。按宋史卷二九一宋敏求傳亦作「直學士」。

〔四三〕陳氏曰　原脱此三字。按下文見録于陳振孫直齋書録解題卷五，故依例補。下輔弼名對、青社賑濟録、元豐問事録、官制局紀事四條原均無「陳氏曰」三字，亦依例據補。

〔四四〕序曰　原脱「序」字，據郡齋讀書志卷七補。

〔四五〕後多有改革　郡齋讀書志卷七「多」作「雖」。

〔四六〕云舊有數百册　「云」原作「之」，據容齋四筆卷九蔣魏公逸史條改。

〔四七〕名爲博聞强識　原無「名」字，據容齋四筆卷九蔣魏公逸史條補。

〔四八〕大概辨訂官制之訛誤也　元本、愼本、馮本上十字均作爲小字夾注。按容齋四筆卷九蔣魏公逸史條無此十字。

〔四九〕太守劉元濟得其書奏之　「劉元濟」，直齋書録解題卷五作「劉允濟」。

〔五〇〕右承議郎李攸撰　「李攸」原作「李伋」，據直齋書録解題卷五及宋史卷二〇三藝文二改。按今傳本亦作李攸。

〔五一〕鄱陽洪邁景盧　「鄱陽」原作「番易」。據直齋書録解題卷五改。

〔五二〕帥鄭丙少嘉　元本、愼本、馮本、弘治本及直齋書録解題卷五同。按宋史卷三九四鄭丙傳云：「鄭丙字少融。」宋史新編卷一四七、南宋館閣續録卷七、南宋書卷四三亦均作「少融」。

〔五三〕皆乞闕併詭挾　「闕」原作「闞」，據直齋書録解題卷五改。

〔五四〕以配富鄭公青社之編　「富鄭公」原作「韓富公」，據直齋書録解題卷五改。按青社之編即本卷前載之青社賑濟録，富弼録。

〔五五〕陳氏曰　原脱此三字。按下文見録于陳振孫直齋書録解題卷五，故依例補。下漢制叢録、平陽會、唐昌記三條原均無「陳氏曰」三字，亦依例據補。

〔五六〕散于紀傳表志者　原脱「志」字，據直齋書録解題卷五補。

〔五七〕唐昌記二卷　直齋書録解題卷五「記」作「計」。

〔五八〕知昌化縣趙希𦍒克家撰　原脱「𦍒」字。據直齋書録解題卷五補。按元本、愼本、馮本「希」下均脱一字。

〔五九〕皇朝紹聖間李孝美以兩人所纂舛錯　原脱「李」字，據郡齋讀書志卷一四補。按遂初堂書目譜録類有李孝美錢譜。

〔六〇〕唐封演之譜漫汗蔽固　「漫汗」原作「浸汙」，據元本、愼本、馮本及郡齋讀書志卷一四改「汙」爲「汗」，據郡齋讀書志卷一四改「浸」爲「漫」。

〔六一〕洪遵景伯撰　元本、愼本、馮本、弘治本及直齋書録解題卷一四同。按宋史卷三七三洪遵傳：「遵字景嚴。」「景伯」乃洪适字，此處有誤。

卷二百一　經籍考二十九

史職官

漢官儀一卷　續補一卷

陳氏曰：後漢軍謀校尉汝南應劭仲遠撰〔一〕。按唐志有漢官五卷，漢官儀十卷。今惟存此一卷，載三公官名及名姓州里而已，其全書亡矣，李埴季允嘗續補一卷。

漢官典儀一卷　續補一卷

陳氏曰：漢衞尉蔡質撰。雜記官制及上書謁見禮式，隋志有漢官典職儀式二卷，今存一卷。李埴亦補一卷，其續者皆出於史中採拾。

漢官舊儀三卷

陳氏曰：漢議郎東海衞宏敬仲撰。或云胡廣。按宏本傳，作漢舊儀四篇，以載西京雜事，不名漢官。今此惟三卷，而又有漢官之目，未知果當時本書否？唐志亦無「官」字，舊在儀注類，以其載官制爲多，故著於此。

唐六典三十卷

鼂氏曰：唐元宗撰，李林甫、張説等注。以三公、三師、三省、九寺、五監、十二衛等，列其職司官佐，叙其秩品，以擬周禮。雖不能悉行於世，而諸司遵用，殆將過半。觀唐會要，請事者往往援據以爲實。韋述以爲書雖成而竟不行，過矣。然識者謂自唐、虞至周，有六官而無寺監，自秦迄陳，有寺監而無六官，獨此書兼之，故官皆複重也。

陳氏曰：題御撰，李林甫等奉敕注。按韋述集賢記注，開元十年，起居舍人陸堅被旨修六典，上手寫白麻紙凡六條，曰理、教、禮、政、刑、事典，令以類相從，撰録以進。張説以其事委徐堅，思之歷年，未知所適。又委毋煚〔二〕、余欽、韋述，始以令式入六司，象周禮六官之制，其沿革並入注。然用功艱難。其後張九齡又以委苑咸〔三〕，二十六年，奏草上。至今在書院，亦不行用。今按新書百官志皆取此書，即太宗貞觀六年所定官令也。周官六職視周禮六典，已有邦土、邦事之殊，不可考證。唐制内外官與周制迥然不同，而强名「六典」可乎？善乎范太史祖禹之言曰：「既有太尉、司徒、司空，而又有尚書省，是政出於二也；既有尚書省，而又有九寺，是政出於三也。」本朝裕陵好觀六典，元豐官制盡用之。中書造命，門下審覆，尚書奉行，機事往往留滯，上意亦頗以爲悔云。

中台志十卷

鼂氏曰：唐李筌撰〔四〕。起殷、周，迄隋、唐，纂輔相邪正之迹，分皇、王、霸、亂、亡五類，以爲鑒戒。唐相以李林甫、陳希烈附皇道。筌上元中自表，天寶初，追以綴名云〔五〕。

元和百司舉要二卷

陳氏曰：唐宰相趙郡李吉甫弘憲撰。首稱文班八十四司，四百六十員，武班二十六司，一百八十員，都計六百四十員。末稱京文武官及府縣總三千七百九十九員〔六〕。意者當時實數也。

具員故事十卷

陳氏曰：唐鳳閣舍人梁載言撰。以唐官具員附之歷代事迹，蓋後人職林、職官分紀之類所從始也。或稱職祖連珠〔七〕，崇文總目又作具員事迹。中興書目惟有七卷，三卷缺。

官品纂要十卷

陳氏曰：唐樂安任戩撰。以官品令爲主，而階職、勳爵隨品具列，歷代沿革頗著其要。戩舉進士不第，爲此書當太和之丁未。

御史臺記十二卷

鼂氏曰：唐韓琬撰。載唐初至開元御史臺中制度故事，以大夫、中丞、侍御史、殿中、監察、主簿、録事，分門載次名氏行事。著論一篇，叙御史正邪得失、進擢誅滅之狀，附卷末，以爲世戒。

陳氏曰：自唐初迄開元五年，御史姓、名行事及官制沿革，皆詳著之。第八卷爲琬著傳，九卷以後爲右臺。右臺創於武后，廢於中宗，歲月蓋不久也。末有雜説五十七條。

御史臺故事三卷

陳氏曰：唐朝集使、洺州録事參軍李構撰。

集賢注記二卷

鼂氏曰：唐集賢學士韋述撰。述在集賢四十年，天寶丙申，摭置院始末及院中故事、修撰書史之次及孝明時學士名氏。頗善叙事。

南宫故事一卷

鼂氏曰：不題撰人。韋述云開元中劉鄭蘭撰。劉，儒者，無著述才〔八〕。

翰林志一卷

鼂氏曰：唐李肇撰。纂唐世翰林院中供奉、儀則、制誥、書詔之式。其後云「睿聖文武皇帝裂海、岱十二州爲三道之歲」，蓋憲宗元和十四年也。

承旨學士院記一卷

陳氏曰：唐承旨河南元稹微之撰。載承旨姓名〔九〕，自貞元二十一年鄭絪，至元和十五年杜元穎，并稹爲十二人。末又有李德裕、李紳、韋處厚三人，蓋後人所益也。

翰林學士記一卷

陳氏曰：唐侍講學士萬年韋處厚德載撰。

翰林院故事一卷

陳氏曰：唐學士京兆韋執誼撰。

翰林學士院舊規一卷

陳氏曰：唐學士馮翊楊鉅文碩撰。雜記院中事例及文書格式。其祠祭、祝版、社稷、宗廟，上至天地，用「伏惟尚享」，岳瀆而降只曰「尚享」。此例今人皆莫之知，則施之尊卑無別矣。鉅，宰相收之子，其爲學士在昭宗時。

重修翰林壁記一卷

陳氏曰：唐學士丁居晦撰。開元二年也。所記姓名迄於咸通，而獨無天寶、大曆學士，爲不可曉。

翰林盛事一卷〔一〇〕

鼂氏曰〔一一〕：唐張著撰。記唐朝儒臣美事，凡三十八人。

史館故事録三卷

鼂氏曰：不題撰人姓名。記史館雜事〔一二〕，分六門，迄於五代。李獻臣以爲後周史官所著。

陳氏曰：六門曰敘事、史例、編修、直筆、曲筆，而終之以雜録。末稱皇朝廣順〔一三〕，則是周朝史官也。

翰林續志二卷

鼂氏曰：皇朝蘇易簡撰。易簡在北門，最承太宗睠遇，録元和以後至國朝翰林故事，以續李肇之書〔一四〕。

金坡遺事三卷

鼂氏曰：皇朝錢惟演撰〔一五〕。載國朝禁林儀式事迹，并學士名氏。文元公述真宗禮待儒臣三事，附於卷末。

陳氏曰：題名自建隆至天聖四年，凡四十七人，自開元而下合三百一十五人。其他典故，視前記詳矣。

翰林雜志一卷

鼂氏曰：不題撰人。輯唐韋執誼故事〔一六〕、元稹承旨壁記、韋來微新樓記〔一七〕、杜元穎監院使記、鄭璘視草亭記并詩、李宗諤題名記爲一篇。或云蘇易簡子耆采其父翰林續志所遺，附益之。

陳氏曰：蘇耆以其父遭遇恩禮之盛，續於其後，名次續志。

別書金坡遺事一卷

陳氏曰：學士澶淵鼂迥昭遠撰。因錢惟演寄示遺事，別書真宗待遇恩禮三則於其後。

翰苑雜記一卷

陳氏曰：學士饒陽李宗諤昌武撰。

掖垣叢志二卷〔一八〕

鼂氏曰：皇朝宋庠撰。景祐中，李宗諤始取國初掌誥名氏，刻之於石，自爲紀序，庠因之成此書。王禹玉頗譏其疏略。裴庭裕載舍人上事，知印宰相壓角，至今傳之爲故事，而庠書闕焉。時爲三字〔一九〕。

掖垣續志一卷

鼂氏曰：不詳撰人。續宋庠書，迄元祐六年十一月陳軒試中書舍人。

御史臺記五卷

陳氏曰：不知何人作。記本朝御史臺事，至崇、觀間。

嘉祐御史臺記五十卷

鼂氏曰：右皇朝馮潔己撰。御史臺有記，始於武后時姚庭筠，其後韓琬、韋述嗣有紀著。嘉祐中，王疇命潔己續之，乃上自太祖建隆之元，迄於嘉祐之末，凡一百四年，分門載其名氏行事，凡三百餘人。潔己，拯之子也。爲叙傳兩篇，述其父事，且自叙立朝本末云。與吕獻可、傅欽之、趙閱道相善，而鄙韓玉汝、周孟陽，亦可概見其爲人也。

新御史臺記

鼂氏曰：右皇朝宋聖寵編。崇寧中，聖寵爲察官，續韓琬書。咸用其規式，所異者不爲諸人立傳，於儀制、敕、令、格、式爲詳。後人續至紹興九年。

御史臺彈奏格一卷

鼂氏曰：右政和中，御史中丞蔣猷奏，乞委屬官李彌大將本臺制、敕、令、格、式、彈奏事件，編成格目。六月，書成上之。

陳氏宰相拜罷録一卷

鼂氏曰：皇朝陳繹奉詔編。起范質，止曾公亮，所載拜罷之由與實録不同。元祐史臣謂繹多出己意。

陳氏樞府拜罷録一卷

鼂氏曰：陳繹編。起魏仁浦，止宋綬。

宰輔拜罷録二十四卷〔二〇〕

陳氏曰：史館修撰范冲元長等撰。起建隆元年，止紹興六年。宰相自范質至張浚，執政自趙普至折彦質，各記除授年月、訓詞〔二一〕，亦略叙在位本末於後。

執政拜罷録十卷

鼂氏曰：不題撰人。自建隆元年，止紹興九年。按國朝以樞密院及參知政事爲執政，改官制後，以左右丞、兩省侍郎幷密院爲執政，建炎三年後復用舊制云。

國朝輔相年表一卷〔二二〕　續一卷

陳氏曰：同知太常禮院開封陳繹和叔撰。自建隆庚申迄治平丙午。續自丁未迄紹興十四年，稱臣易記，而不著姓，當是李易也。時方自給事中奉祠，其曰私題臣易之次者，其書蓋未必上，而私續之耳。自後接於嘉定，則後人所益也。

百官公卿表一百四十五卷〔二三〕書録解題作十五卷。

鼂氏曰：皇朝司馬光君實等撰。熙寧中，光以翰林學士兼史館修撰，建議欲據國史，旁采異聞，叙宋興以來百官除拜，效漢書作表，以便御覽，詔許之。光請宋敏求同修。及敏求卒，又請趙彦若繼之。歷十二年書成。

公自序曰：唐初職事官有六省、一臺、九寺、三監、十六衛、十率府之屬〔二四〕，其外又有勳官、散官。勳官以賞戰功〔二五〕，散官以褒勳舊〔二六〕，故必折馘執俘，然後賜勳，積資累考，然後進階。以其不可妄得，故當時以爲榮〔二七〕。及高宗東封，武后預政，欲求媚於衆，始有汎階。自是品秩浸訛，朱紫日繁矣。肅宗之後，四方糜沸，兵革不息，財力屈竭，勳官不足以勸武功，府庫不足以募戰士，遂幷職事官通用爲賞，不復選材，無所愛吝。將帥出征者，皆給空名告身。自開府至郎將聽臨事注名。後又聽以信牒授人，有至異姓王者。於是金帛重而官爵輕矣。或以大將軍告身纔易一醉，其濫如此。重以藩方跋扈，朝廷畏之，窮極褒寵，苟求姑息，遂有朝編卒伍，暮擁節旄，夕解緹衣〔二八〕，旦紆公袞者矣。流及五代，等第益紊〔二九〕，三公端揆之貴，施於軍校；衣紫執象之榮，被於胥史。名器之亂，無此爲甚。大宋受命，承其餘弊，方綱紀大基，未暇釐正，故臺、省、寺、監、衛、率之官，止以辨班列之崇卑，制廩禄之厚薄，多無職業。其所謂官者，乃古之爵也，所謂差遣者，乃古之官也〔三〇〕。自餘功臣、檢校官、散官、階勳爵邑，徒爲繁文，人不復貴。凡朝廷所以鼓舞群倫，緝熙庶績者，曰官、曰差遣、曰職而已。於三者之中，復有名同實異，交錯難知，又遷徙去來，常無虚日。欲觀其大略，故自建隆以來，文官知雜御史以上，武官閤門使以上，内臣押班以上，遷除黜免，刪其繁冗，存其要實，以倫類相從，以先後相次，爲百官公卿表云。

陳氏曰：此書本入職官類。以稽古録序所謂「建隆接熙寧，臣又著之於百官表」，即此書。蓋與通鑑相與表裏，故著之編年類。晁志有一百四十二卷，未詳。

巽岩李氏序曰：司馬光以熙寧二年建議，請撰宋興以來百官公卿表，元豐四年表成。凡十卷。詔送編修院，世莫知其書何如也。按光集有百官公卿表總序，文官知雜御史以上，武臣閤門使以上，内臣押班以上，其遷出咸表見之。初不紀其卷第，某家藏舊書有所謂百官公卿表者七卷：宰相參知政事、樞密使副爲一卷，三師三公、左右僕射、東宫三師、三少、賓客爲一卷，使相、宣徽、節度、留後、觀察爲一卷，尚書、丞、郎、給、諫、常侍爲一卷，知開封府、三司使、學士、舍人、御史、中丞爲一卷，觀文、資政、端明、樞密侍講讀學士爲一卷，十二衛、上將軍、六軍統軍爲一卷。他官皆止天禧，惟宰相執政盡熙寧，疑此表則光等所修也。然卷第比實録所載尚缺其三，倫類往往顛倒紛錯，而總序所稱閤門使及押班以上皆絶不見，豈三卷所缺，即此表者而傳寫偶失之歟？若然，則他官除拜俱當以元豐爲限矣，不應自天禧以來遽絶筆，但詳於宰相執政也。且當時修此表，歷十二年乃成，其久如是，其疏略顧如是，是必不然，當某家舊藏不得其純全耳。某能薄，不堪世用，頗願盡力於史學，而本朝故事，尤切欣慕。某既不自料，故追繼光作，將以昭明祖宗之盛德大業，使衆説咸會於一，不敢鑿空架虚，熒惑視聽。固當事事謹其月日，如古春秋，乃可傳信。彼百官沿革，公卿除拜，皆事之最大者也，年表又安可缺？因取舊七卷，亟整治之，續編其年，至宣和止。元符以前皆從實録，治平而上又參諸正史，元符以後不免憑所傳聞。國書既非人間通有，辛苦求得之，脱簡誤字，絶無他本可校，於先後次序，諒多牴牾。但憑所傳聞，則宣和距元符二十五六年，兹不詳，此皆某之罪也。改而正諸，必有所待。年表舊止七卷，卷第不均，今釐析之，與某所續編者總一百四十二卷。凡所增益倫類，具之目録，其故事則當别見續紀，此不重列。

按此序，則温公本書止十卷，巽岩續編推而廣之，爲一百四十二卷。鼂氏所言乃巽岩續書，非温公本書也。陳氏以爲未詳者，是未見巽岩之書，然又以温公之書爲十五卷，則不知其何所本也。鼂氏在巽岩之前，安得見其書？所謂一百四十五卷者，決非巽岩之書也。

職林二十卷

陳氏曰：集賢院學士錢唐楊侃撰。咸平二年所序。有胡昉者，明道二年作後序，增益事實七百四十五條，而以新續標之。侃，端拱進士，晚爲知制誥，避真宗舊諱，更名大雅。歐陽公其婿也，集中有墓誌。

輔弼名對四十卷　目録一卷

鼂氏曰：皇朝劉顔撰。纂西漢迄五代群臣應對之名者。汲黯有「天子置公卿輔弼之臣，寧令從諛承意，陷主不誼」之言，顔取以名其書。天聖初，馮元爲侍講，上之。顔嘗爲令〔三〕，坐事免，由是詔復其官。

職官分紀五十卷

陳氏曰：富春孫逢吉彦同撰。大抵本職林而增廣之，條例精密，事實詳備矣。秦少游序之，元祐七年也。

官制學制各一卷〔三二〕

陳氏曰：司馬光撰。

唐職林三十卷

陳氏曰：石埭尉維揚馬永錫明叟撰〔三三〕。以唐六典爲主，而附以新史所載事實，頗采傳記歌詩之屬。政和乙未天台左譽序。

朝集院須知一卷

陳氏曰：無名氏。録承平時京朝官得替回朝見禮式。

皇宋館閣録五卷〔三四〕

陳氏曰：不著名氏。所記止於元祐。中興館閣書目云祕閣校理宋匪躬撰，又云共八門，元十五卷，存十一卷。今本止五卷，不見門類，前三卷又混而爲一，意未必全書也。

蓬山志五卷

陳氏曰：祕書少監劒川羅疇疇老撰。凡十五門，崇寧四年序。

麟臺故事五卷

鼂氏曰：皇朝程俱撰。紹興初復館職，俱首入館〔三五〕，纂集舊聞，成十二篇。予所藏書，斷自南渡之前，獨此書以載官制後事爲詳，故録之。

陳氏曰：俱在承平時，凡三入省，故其見聞爲詳。

中興館閣録十卷　續十卷

陳氏曰：祕書監天台陳騤叔進撰。淳熙中，騤長蓬山，與同僚録建炎以來事爲此書。李燾仁父爲序。續録者，後人因舊文增附之耳。

巽岩李氏序曰：上世官修其方，故物不坻伏，後世弗安厥官，其方莫修，職業因以放失。夫方云者，書也。究其本原事迹及朝夕所當思營者，悉書之，法術具焉。使居是官者奉以周旋，雖百世可考爾。周官三百六十，官各有書，小行人適四方，則物爲一書，多至五書。蓋古之人將有行也。舉必及三，惟始衷終，依據審諦，則其設施斯可傳久。六龍駐蹕臨安逾四十年，三省樞密院制度尚稽復，舊惟三館祕閣巋然傑出，非百司比。自唐開元韋述所集記注，元祐間，宋宣獻之孫匪躬作館閣録，紹興改元，程俱致道作麟臺故事。朱氏皆祖韋氏〔三六〕，而程氏故事并國初，他則多闕，蓋未知其有宋録也。惜最後四卷俄空焉。余屢蒐采弗獲，欲補又弗暇，每每太息。今所編集，第斷自建炎以來，凡物巨細，靡有脱遺，視程氏誠當且密。官修其方，行古道者不當如是耶？昏忘倦游，喜見此書，乃援筆爲之序。

翰林群書三卷　翰林遺事一卷

陳氏曰：學士承旨鄱陽洪遵景嚴撰〔三七〕。自李肇而下十一家，及年表、中興後題名，共爲一書，而以其所録遺事附其末，總爲三卷。遺事録諸書所未及者。洪氏父子兄弟四人入翰苑。

續史館故事一卷

陳氏曰：著作佐郎曲阿洪興祖慶善撰。記國朝史館事迹，以續舊編。

祖宗官制舊典三卷

陳氏曰：直龍圖閣東萊蔡惇元道撰。大略以爲元豐用官階寄禄，雖號正名，而流品混淆，爵位輕濫，故以祖宗舊典，與新制參稽互考，而論其得失。元道，文忠公參政齊之侄孫，而翰林學士延慶之子，渡江，卒於涪陵。尹和靖焞嘗題其墓。

官制舊典正誤一卷

陳氏曰：無名氏。

國朝官制沿革一卷

陳氏曰：黄琮元禮撰。

職官記一卷

陳氏曰：大理少卿蜀人張縯季長撰。專載新舊遷轉之異，亦以寄禄爲未然也。以上三家皆附蔡氏書後。

官制新典十卷

陳氏曰：熊克撰。其書以元豐新制爲主，而元祐之略加通變，崇、政之恣爲紛更，皆具列焉。

聖朝職略二十卷

陳氏曰：熊克撰。倣馬永錫唐職林，考其廢置因革，亦頗采故事，摘舊制誥中語附焉。其書猶草創未成，蓋應用之具也。

續百官公卿表二十卷　質疑十卷

陳氏曰：兵部尚書永嘉蔡幼學行之撰。續温公舊書，起熙寧，至靖康。質疑者，考異也。

職源五十卷

陳氏曰：大理司直金華王益之行甫撰。亦簡牘應用之書也，而專以今日見行官制爲主〔三八〕。蓋中興以後，於舊制多所併省故也。

元輔表一卷

陳氏曰：龔頤正撰。專録宰相，不及執政。

漢官考六卷

陳氏曰：知金州清江徐筠孟堅撰。以百官表官制爲主，而紀傳及注家所載，皆輯而録之。

漢官總録十卷

陳氏曰：王益之撰。大較亦如前書。

縣法一卷

陳氏曰：北京留守温陵呂惠卿吉甫撰。曰法令、詞訟刑獄、簿歷、催科、給納、災傷、盜賊、勸課、教化，凡十門。爲縣之法，備於此矣，雖古今事殊，而大體不能越也。惠卿，小人之雄，於才術固優，然法令居首，而教化乃居其末，不曰俗吏而謂之何哉！

縣務綱目二十卷

陳氏曰：贛陽劉鵬撰。凡四十四門，四百七十餘事。其説不止於作縣，而事關縣務者爲多焉。元符庚辰序。

作邑自箴十卷

陳氏曰：李元弼持國撰。政和丁酉序。

中興百官題名五十卷

陳氏曰：監察御史臨川何異同叔撰。首卷爲宰輔拜罷録，餘以次列之，刻浙漕司〔三九〕。其後以時增附。渡江之初，庶務草創，諸司間有不可考者多缺之。

齊齋臺諫論二卷

陳氏曰：尚書霅川倪思正父撰。嘉定初更化，矯韓氏用事之弊，於是爲論三篇，言爲之鷹犬者，罪在臺諫。已而其弊自若也，則又爲續論六篇〔四〇〕，言其情狀益精詳。凡爲臺諫之所以得所以失者，至矣，盡矣。

金國官制一卷

陳氏曰：虜雍僞大定年所攽。竊取唐及本朝舊制，以文其腥膻之俗。馬非馬，驢非驢，龜兹王所謂嬴者邪？

校勘記

〔一〕後漢軍謀校尉汝南應劭仲遠撰　「應劭」原作「應邵」，據元本、慎本、馮本及隋書卷三三經籍二、新唐書卷五八藝文二改。按後漢書卷四八有應劭傳。

〔二〕又委毋煚　「毋煚」原作「毋㷔」，據直齋書録解題卷六及新唐書卷五八藝文二六典條注文改。

〔三〕其後張九齡又以委苑咸　原脱「苑」字，據直齋書録解題卷六補。按新唐書卷五八藝文二六典條注云：張九齡知院，加陸善經；李林甫代九齡，加苑咸。又同書卷二二三李林甫傳云：林甫無學術，而非張九齡。疑原刊及直齋書録解題均于「張九齡」下有脱漏。

〔四〕唐李筌撰　元本、慎本、馮本、弘治本及郡齋讀書志卷七同。孫猛郡齋讀書志校證據王重民考證，以爲中台志作者爲李荃。

〔五〕天寶初追以綴名云　郡齋讀書志卷七「追」作「迫」。

〔六〕末稱京文武官及府縣總三千七百九十九員　直齋書録解題卷六「稱」下有「在」字。

〔七〕或稱職祖連珠　直齋書録解題卷六「祖」作「總」。

〔八〕無著述才　「才」原作「方」，據郡齋讀書志卷七改。

〔九〕載承旨姓名　直齋書録解題卷六「載」上有「專」字。

〔一〇〕翰林盛事一卷　按此書見録於前卷二〇一故事類。

〔一一〕鼂氏曰　「鼂」原作「陳」。按翰林盛事本書凡兩載，一入故事類，以陳振孫直齋書録解題語；一即此職官類，下有郡齋讀書志語，原刊誤作「陳氏」，今據改。

〔一二〕記史館雜事　「事」字原脱，據郡齋讀書志卷七補。

〔一三〕末稱皇朝廣順　「廣順」原作「廣訓」，據直齋書録解題卷六改。　按郡齋讀書志卷七亦云：「其書以廣順年事爲皇朝。」

〔一四〕以續李肇之書　郡齋讀書志卷七作「以續肇志」。

〔一五〕皇朝錢惟演撰　原脱「撰」字，據郡齋讀書志卷七補。

〔一六〕輯唐韋執誼故事　「唐」下原有「書」字，據郡齋讀書志卷七删。

〔一七〕韋來微新樓記　按新樓記即翰林學士院新樓記，文苑英華卷八〇九及全唐文卷六三三，撰者均作韋表微。

〔一八〕掖垣叢志二卷　按元本、愼本、馮本、弘治本及郡齋讀書志同。　然直齋書録解題卷六、宋史卷二〇三藝文二故事類及宋史卷二八四宋庠傳均作三卷。

〔一九〕時爲三字　按此有誤，郡齋讀書志卷七該條末無此四字，陳振孫直齋書録解題卷六：「掖垣叢志三卷，丞相安陸宋庠公序撰。時爲正字。」疑馬端臨誤以陳氏語竄入，「正」又訛爲「三」，故然。

〔二〇〕宰輔拜罷録二十四卷　「輔」原作「相」，據元本、愼本、馮本及直齋書録解題卷六、宋史卷二〇三藝文二改。

〔二一〕各記除授年月訓詞　「各」原作「名」，據直齋書録解題卷六改。

〔二二〕國朝輔相年表一卷　按直齋書録解題卷六「輔相」二字乙。

〔二三〕百官公卿表一百四十五卷　郡齋讀書志卷七作一百四十二卷。　按馬端臨據李燾序，以司馬光原表僅十卷，李燾續編而成一百四十二卷；然直齋書録解題卷四及宋史卷二〇三藝文二、玉海卷一一九熙寧百官公卿表均以爲司馬光原書十五卷。

〔二四〕十率府　「率」原作「六」，據司馬光百官公卿表總序改。

〔二五〕勳官以賞戰功　「功」原作「多」，據司馬光百官公卿表總序改。

〔二六〕散官以褒勳舊　「勳」原作「勤」，據司馬光百官公卿表總序改。

〔二七〕故當時以爲榮　司馬光百官公卿表總序「時」下有一「人」字。

〔二八〕夕解緹衣　「緹」原作「提」，據司馬光百官公卿表總序改。

〔二九〕等第益紊　「等第」原作「等衰」，據司馬光百官公卿表總序改。

〔三〇〕所謂差遣者乃古之官也　司馬光百官公卿表總序於此後有「所謂職者乃古之加官也」十字。

〔三一〕顔嘗爲令　「嘗」原作「常」，據弘治本及郡齋讀書志卷七改。

〔三二〕官制學制各一卷　「各」原作「名」，據直齋書録解題卷六改。

〔三三〕石埭尉維陽馬永錫明叟撰　本書卷一九六元和録條「馬永錫」作「馬永易」。按直齋書録解題卷六同；卷五元和録條亦作「馬永錫」，又云：「永錫嘗著唐職林、實賓録等書，崇觀政和間人也。」然宋史作「馬永易」，藝文志著録馬永易撰著有元和録、壽春雜誌、實賓録，無唐職林，亦未見馬永錫者。

〔三四〕皇宋館閣録五卷　原脱「録」字，據直齋書録解題卷六及宋史卷二〇三藝文二補。按下文中興館閣條巽岩李氏序云：「元祐間，宋宣宗之孫匪躬作館閣録。

〔三五〕俱首入館　原脱「俱」字，據郡齋讀書志卷七補。

〔三六〕朱氏皆祖韋氏　元本、慎本、馮本、弘治本同。按此言宋匪躬所撰館閣録蓋仿效唐韋述之集賢記注一書，下文又云：「程氏故事並國初，他則多闕，蓋未知其有宋録也。」故原刊「朱」實爲「宋」字之誤。

〔三七〕學士承旨鄱陽洪遵景嚴撰　原脱「撰」字，據直齋書録解題卷六補。

〔三八〕而專以今日見行官制爲主　「專」原作「専」，據元本、慎本、馮本、弘治本及直齋書録解題卷六改。

〔三九〕刻浙漕司　直齋書録解題卷六作「刻板浙漕」。

〔四〇〕則又爲續論六篇　「續」原作「牘」，據元本、慎本、馮本、弘治本及直齋書録解題卷六改。

卷二百三　經籍考三十

史 職官　刑法

歷代宰相年表三十四卷

李燾仁甫撰。其自序略曰：古之所謂相者，一而已，初未嘗使他人參貳乎其間。堯相舜，舜相禹，禹相皋陶，皋陶既没，乃相益，湯相伊尹，傳所謂仲虺爲湯左相者，不足信也。周家並建三公，而一公實兼冢宰。故旦、奭夾輔成王，而誕保文武受命者，專屬之旦，旦歸於豐，奭乃專政。蓋其名三公，其實一相耳。自秦以降，名實浸以兩失，間有瓌偉絶特，負賢相之稱，功烈赫然，著見於一時者，亦必得君之專，歷年之久，而莫或參貳之故也。權出於一而莫或參貳之，雖姦雄或得以肆其惡，攘竊天下，傾國敗家，不可禁遏，然而一相之任終不可分者，唐、虞、夏、商之成法也。彼徒見趙高、王莽、曹操、司馬懿其禍如此之酷也，而不察夫帝王之所以隆盛，其爲利蓋亦博哉。不能還治其本，而反疑其末，並列兼制，使相牽引，而相遂失其職矣。夫任相不獲其利而蒙其禍，是君之不明，非相之權果不可使出於一也。既奪其職，分其權，則所謂相者，特一大有司耳，其何以總百官治萬事而亮天工邪？凡相，取其德耳，故曰：「惟尹躬暨湯，咸有一德。」而舜、禹、皋陶之胥命，必孜孜以德爲言，彼誠知所本者歟！本之不知，則其選用益雜而多端矣。選用雜而多端，故其稱號亦顛倒錯亂，無有定制。或居其位而不得聞其政，或當軸秉鈞而身乃爲他官，名實糾紛，賢不肖溷淆，其多或至十三四人，而其少猶不下四五輩，古所謂相，寧若此乎？然而治亂安危所係，今猶古也。其所以得相及所以失相者，要不可不知。按諸舊史，惟前漢及唐頗有譜牒，其他率皆不具，脱略牴牾，迷失本真。乃旁搜遠取，推究前後，悉用司馬遷經緯之法，追爲年表。起漢元，訖周顯德，昔之參機務、執樞要者，莫不咸在。事有本末，附見於下，否則略之，使其人與其官皆相傳而不絶。觀宰相之出處進退何如，而天下安危治亂在目中矣。其足以補前代之缺文，揭當今之遠鑑乎？合一千五百三十四年，離爲三十四卷。

天禧以來御史年表

李燾仁甫撰。其自序曰：御史，法官也，其責不專於言，而天禧選用則與諫官俱任言責。臺雖有等級也，而義所當擊，則卑者亦得徑行，其權勢氣力又出諫官上。祖宗之聖算神術備矣。今亦斷自天聖以來，取丞雜三院姓名，悉列之表。若其人必天子自擇而宰相優容之，乃能有濟，猶諫官也。

天禧以來諫官年表

李燾仁甫撰。其自序略曰：古者自公卿、大夫、士，至於工商，莫不皆有言責，輻輳並進，而天子斟酌焉，未嘗以言責專付一官。以言責專付一官，則由漢武帝失之。武帝誠不喜諫者，初置諫大夫，猶未限員。東京循舊弗改，後乃寖微。晉泊江表，絶不復置。拓跋魏復置，其員亦不可知。高齊緣孝經之文，始有七人之限。夫以天下之衆，而敢言者才七人，尚足謂治邪？恭惟祖宗明目達聰，協於虞舜，任言責者不一，天禧别置諫院，禮秩優異，他官莫擬。崇廣言路，諫官御史權勢氣力乃與宰相等。蓋當時所用諫官御史，必取天下第一流，非學術才行俱備，爲一世所高者，莫在此位。或誤選試，旋加汰斥。言而當者，曾不十年，徑登宰輔，其名迹皆可考見。嗚呼，盛哉！今斷自天禧置院以來，作諫官年表，并列古今之變，爲二説以附著之。其一曰，諫官必天子自擇而宰相勿與；其二曰，宰相雖不得與擇諫官，必優容之，乃克有濟。

右職官。

律文十二卷　音義一卷

陳氏曰：自魏李悝、漢蕭何以來，更三國、六朝、隋、唐，因革損益備矣。本朝天聖中，孫奭等撰音義，自名例至斷獄，歷代異名皆著之。

唐令三十卷　式二十卷

陳氏曰：唐開元中〔一〕，宋璟、蘇頲、盧從愿等所删定。藝文志卷數同。更同光、天福校定，至本朝淳化中，右贊善大夫潘憲、著作郎王泗校勘。其篇目條例，頗與今見行令式有不同者。

南豐曾氏序曰：唐令三十篇，以常員定職官之任，以府衛設師徒之備，以口分永業爲授田之法，以租庸調爲斂財役民之制，雖未及三代之政，然亦庶幾乎先王之意矣。讀其書，嘉其制度有庶幾乎古者，而惜其不復行也。故綴其大要可記者，論之於此焉。

刑統三十卷

鼂氏曰：皇朝竇儀以尚書判大理寺，與法官蘇曉、奚嶼、張希護等修定〔二〕。古者議事以制，使民不知所争也。後世鑄刑書，使民知所避也。雖若不同，所以爲民之意則一。然議事以制者，委重於人；鑄刑書者，委重於法。委重於人，則上之人將輕重由心以虐其下；委重於法，則下之人將徼於書以慢其上。其爲失也亦均。要之以人行法，不使偏重，然後爲得耳。

陳氏曰：初，范質既相周，建議律條繁廣，輕重無據，特詔詳定，號大周刑統，凡二十一卷。至是重加詳定，建隆四年頒行。

金科易覽三卷

鼂氏曰：崇文總目有唐趙綽金科易覽一卷，田氏書目有蕭緒金科易覽三卷。當是綽初撰一卷，緒删改析之爲三爾。

疑獄三卷

鼂氏曰：晉和凝撰。纂史傳決疑獄事。其上卷凝書也，下、中卷凝子㠓所續。

天聖編敕三十卷〔三〕

鼂氏曰：天聖中，宋庠、龐籍受詔改修唐令，參以今制而成。凡二十一門：官品一，户二，祠三，選舉四，考課五，軍防六，衣服七，儀制八，鹵簿九，公式十〔四〕，田十一，賦十二，倉庫十三，厩牧十四，關市十五，補亡十六，疾醫十七，獄官十八，營繕十九，喪葬二十，雜二十一。

斷例四卷　元豐斷例六卷

鼂氏曰：皇朝王安石執政以後，士大夫頗垂意律令〔五〕，此熙、豐、紹聖中法寺決獄比例也〔六〕。其六卷則元豐中法寺所斷罪節文也。

刑名斷例十卷

陳氏曰：不著名氏。以刑統、敕令總爲一書，惜猶未備也。

嘉祐驛令三卷

陳氏曰：三司使梁國張方平安道等修定。前一卷爲條貫敕，後二卷爲則例令。官吏、幫支、驛券、衙官、傔從之類，皆據此也。

元豐廣案二百卷

鼂氏曰：皇朝元豐初，置新科明法，或類其所試成此書。

元豐刑部叙法通用一卷

陳氏曰：末載申明，至紹興、淳熙以後。

諸路將官通用敕二十卷

鼂氏曰：皇朝崇寧中修。

刑統賦兩卷

鼂氏曰：皇朝傅霖撰。或人爲之注。

決獄龜鑑二十卷

鼂氏曰：皇朝鄭克編次。五代和凝有疑獄集，近時趙仝有疑獄事類，皆未詳盡。因增廣之，依劉向晏子春秋，舉其綱要，爲之目録，分二十門。

陳氏曰：克因和氏之書分二十門推廣之，凡二百七十六條，三百九十五事。起鄭子産，迄本朝。

律心四卷

鼂氏曰：未詳撰人。纂刑統綱要也。

宣和軍馬司敕十三卷　令一卷

陳氏曰：宣和時所修。

紹興敕十三卷〔七〕　令五十卷　格三十卷　式三十卷　政和以後赦十五卷〔八〕

鼂氏曰：皇朝張守等紹興中被旨編修。

紹興刑統申明一卷

陳氏曰：開寶以來累朝訂正與刑統並行者。

慶元敕十二卷　令五十卷　格三十卷　式三十卷　目録一百二十二卷　隨敕申明十二卷

陳氏曰：丞相豫章京鏜仲遠等慶元四年表上。國朝自建隆以來，世有編敕，每脩定，號爲「新書」，中興至此，凡三脩矣。其有續降指揮，謂之「後敕」，以待他時脩入云。

紹興貢舉法五十卷

陳氏曰：丞相万俟卨等紹興二十六年表上。

紹興監學法二十六卷　目録二十五卷　申明七卷　對修釐正條法四卷　共六十二卷〔九〕

陳氏曰：宰相秦檜等紹興十三年表上。

嘉泰條法事類八十卷

陳氏曰：天台謝深甫子肅等嘉泰二年表上。初，吏部七司有條法總類，淳熙新書既成，孝宗詔倣七司體，分門脩纂，别爲一書，以「事類」爲名，至是以慶元新書脩定頒降。此書便於檢閲引用，惜乎不併及刑統也。

嘉定吏部條法總類五十卷

陳氏曰：嘉定中，以開禧重修七司法，并慶元海行法、在京通用法、大宗正司法參定。凡改正四百六十餘條，視淳熙總類增多十卷。七年二月頒行。

役法撮要一百八十九卷

陳氏曰：提舉編修宰相京鏜等慶元六年上〔一〇〕。自紹興十七年正月以後，至慶元五年七月以前，爲五十五門，又八十二小門，門爲一卷，外爲參詳目録等。卷雖多而文甚少。其書於州縣差役，極便於引用。

右刑法。

校勘記

〔一〕唐開元中　原脱「中」字，據直齋書録解題卷七補。

〔二〕張希護等修定　宋史卷二七〇蘇曉傳及宋會要輯稿刑法一均作「張希讓」。

〔三〕天聖編敕三十卷　元本、慎本、馮本、弘治本及郡齋讀書志卷八同。按孫猛郡齋讀書志校證云：「『編敕』當『令文』之訛。

〔四〕公式十　元本、慎本、馮本、弘治本及郡齋讀書志卷八同。按孫猛郡齋讀書志校證據瞿中溶藏鈔衢本讀書志及季錫疇録顧廣圻校鈔本讀書志改作「宫室」。

〔五〕士大夫頗垂意律令　「垂意」原作「重意」，據郡齋讀書志卷八改。

〔六〕此熙豐紹聖中法寺決獄比例也　原脱「例也」二字，據郡齋讀書志卷八補。

〔七〕紹興敕十三卷　元本、慎本、馮本、弘治本及郡齋讀書志卷八同。按袁本郡齋讀書志卷二下作十二卷，玉海卷六六紹興重修敕令格式條云：「元年八月四日戊辰，參政張守等上紹興新敕一十二卷、令五十卷、格三十卷、式三十卷、目録十六卷、申明刑統及隨敕申明三卷、政和二年以後赦書德音一十五卷及看詳六百四卷。」宋會要輯稿刑法一之三十五同玉海。

〔八〕政和以後赦十五卷　元本、慎本、馮本、弘治本及郡齋讀書志卷八同。按袁本郡齋讀書志卷二下作「政和二年以後敕十五卷」。玉海卷六六紹興重修敕令格式條及宋會要輯稿刑法一之三十五「政和」下均有「二年」二字。

〔九〕共六十二卷　「六十二」原作「二十六」，據元本、慎本、馮本、弘治本及直齋書録解題卷七改。

〔一〇〕提舉編修宰相京鏜等慶元六年上　「修」原作「條」，據直齋書録解題卷七改。

卷二百四　經籍考三十一

史 地理

山海經十八卷

鼂氏曰：大禹製，晉郭璞傳，漢侍中、奉車都尉劉秀校定。表言：「禹别九州，而益等類物善惡，著此書。皆聖賢之遺事，古文明著者也。」大父嘗考之於書〔一〕，有曰：「長沙、零陵、雁門，皆郡縣名，又自載禹、鯀，似後人因其名參益之。」

陳氏曰：漢侍中、奉車都尉臣秀所校祕書。秀即劉歆也。晉郭璞注。按唐志，二十三卷，音二卷。今本錫山尤袤延之校定。世傳禹、益所作，其事見吴越春秋，曰：「禹東巡，登南岳，得金簡玉字，通水之理，遂行四瀆，與益共謀，所至使益疏而記之，名山海經。」此其爲説，恢誕不典。司馬遷曰：「言九州山川，尚書近之矣，至禹本紀、山海經所書怪物，余不敢言之也。」可謂名言。孰曰多愛乎！故尤跋明其非禹、伯翳所作，而以爲先秦古書無疑。然莫能名其何人也。洪慶善補注楚辭，引山海經、淮南子以釋天問，而朱晦翁則曰：「古今説天問者，皆本此二書，今以文意考之，疑此二書本皆緣解天問而作。」此可以破千載之惑。古今相傳既久，姑以冠地理書之録。

山海圖經十卷

鼂氏曰：皇朝舒雅等撰。雅仕江南，韓熙載之門人也。後入朝，數預修書之選。閩中刊行本或題曰「張僧繇畫」，妄也。

水經四十卷

鼂氏曰：漢桑欽撰。欽，成帝時人。本經三卷，後魏酈道元注。史稱道元好學，歷覽奇書，撰注水經行於世。

陳氏曰：欽，邯鄲書目以爲漢人，鼂氏言成帝時人，當有所據。按唐志注，或云郭璞撰。又杜氏通典按，水經，晉郭璞注，二卷；後魏酈道元注，四十卷。皆不詳所撰者名氏，亦不知何代之書。佑謂二子博贍，解釋固應精當。然其經云濟水過壽張，則前漢壽良縣，光武更名；又東北過臨濟，則前漢狄縣，安帝更名；又云菏水過湖陸，則前漢湖陵縣，章帝更名；又云汾水過河東郡永安，則前漢彘縣，順帝更名，故知順帝以後纂序也。詳水經所作，殊爲詭誕，全無憑據。按後漢郡國志，濟水，王莽末因旱渠塞，不復截河南過。統順帝時所撰，都不詳悉，其餘可知。景純注解又甚疏略，亦爲迂怪，以其僻書，人多不睹，謂其審正未之精也。

十道志十三卷

鼂氏曰：唐梁載言撰。唐分天下爲十道。所載頗詳博。其書多稱咸通中沿革，蓋唐末人也〔二〕。

陳氏曰：其書廣記備言，頗有可采。載言不見於史〔三〕，未定爲何朝人。此書有太和以後沿革，當是唐末人。

唐十道圖一卷

陳氏曰：唐宰相趙郡李吉甫弘憲撰。首載州縣總數、文武官員數、俸料。唐志云十卷，今不分卷。

元和郡縣志四十卷

陳氏曰：李吉甫撰。自京兆至隴右，凡四十七鎮。篇首皆有圖，今圖不存。

太平寰宇志二百卷〔四〕

鼂氏曰：皇朝樂史等撰。太平興國中，盡平諸國，天下一統，史悉取自古山經地志，考正訛謬，纂成此書上之。

陳氏曰：其書起自河南，周於海外。

圖經

鼂氏曰：皇朝李昉撰。

九域志十卷

鼂氏曰：皇朝王存被旨删定。總二十三路，京府四，次府十，州二百四十二，軍三十七，監四，縣一千一百三十五。

陳氏曰：存與曾肇、李德芻等共删定，名元豐九域志。

輿地廣記三十八卷

鼂氏曰：皇朝歐陽忞纂。自堯、舜以來，至於五代地理沿革離合，皆繫以今郡縣名。或云無所謂歐陽忞者，特假名以行其書耳。

陳氏曰：政和中作。其前三卷，以今之郡縣，繫於前代郡國之下。其序曰：「以今州縣求於漢，則爲郡；以漢郡縣求於三代，則爲州。三代之九州散而爲漢之六十餘郡，又分而爲今之三百餘州〔五〕。雖或離或合，不可討究，而吾胸中則已了然矣。」漢郡國一百三，今云六十餘郡，不可曉也。忞當是文忠族孫，行名皆連心字。

春秋地譜十二卷〔六〕

鼂氏曰：皇朝楊湜編。十三國地皆釋以今州縣名，并爲圖於其後。蓋常氏已嘗有此書〔七〕，而湜增廣焉。

洽聞記三卷

鼂氏曰：唐鄭常撰。記郡國舊事，故附之地理類。

職方機要四十卷

鼂氏曰：不題撰人姓名。序云：「本新、舊九域志，上據歷代史，旁取左氏、水經、通典，且采舊聞，參以小説，黜謬舉真，紬成此書。」其間載政和間事，蓋當時人也。

地理指掌圖一卷

陳氏曰：蜀人稅安禮撰。元符中欲上之朝，未及而卒。書肆所刊皆不著名氏，亦頗闕不備。此蜀本有涪右任慥序，言之頗詳。

歷代疆域志十卷

陳氏曰：臨川布衣吴澥撰。

輿地紀勝二百卷

陳氏曰：知江寧縣金華王象之撰。蓋以諸郡圖經節要略〔八〕，而山川景物、碑刻詩咏，初無所遺〔九〕，行在、宫闕、官寺寔冠其首〔一〇〕，關河版圖之未復者，猶不與焉。眉山李説齋季允爲之序。

輿地圖十六卷

陳氏曰：王象之撰。紀勝逐州爲卷，圖逐路爲卷，其搜求亦勤。至西蜀諸郡尤詳，其兄觀之漕夔門時所得也。

皇朝方域志二百卷

陳氏曰：東陽布衣王希先撰。凡前代謂之「譜」，十六譜爲八十卷；本朝謂之「志」，爲一百二十卷。譜叙當時事實，而注以今之郡縣；志述今日疆理，而繫於古之州國。古今參考，譜、志互見，地理學之詳明者，無以過此矣。嘉熙二年上於朝，得永免文解。其父玲，本建寧人，已未進士，試詞科不中，頗該洽。希先述其遺藁，以成此書。

六合掌運圖一卷

陳氏曰〔一二〕：不著名氏〔一三〕。凡爲四十四圖〔一三〕，首列禹迹，次爲中興後南北二境，其後則諸邊關險要以及虜地疆界亦著之。

燕吴行役記二卷〔一四〕

陳氏曰：不著名氏。大中九年，崔鉉鎮淮南，諸鎮畢賀，爲此記者，燕帥張允伸所遣僚佐〔一五〕，道中記所經行郡縣道里及事迹也。

南行記三卷

鼂氏曰：王仁裕撰〔一六〕。晉天福二年，仁裕被命使高季興〔一七〕，記自汴至荆南道塗賦咏，及飲宴、倡酬，殆百餘篇。

江行録一卷

陳氏曰：真州教授勾穎紹聖三年所序云，太守張公所修也。張不著名。自真而上，直抵荆南，自岳而分，旁徹衡、永，自湖口而别，則東入鄱陽，南至廬陵。程期岸次、風雲占候、時日吉凶，與夫港派灘磧磯洑，莫不具載。江行者賴焉〔一八〕。

三輔黄圖三卷

鼂氏曰：按經籍志，有黄圖一卷，記三輔宫觀、陵廟、明堂、辟雍、郊畤等，即此書也。不著撰人姓名，其間頗引劉昭漢志，然則出於梁、陳間也。

陳氏曰：按唐志一卷，今分上下卷。載秦、漢間宮室、苑囿甚詳。多引用應劭漢書解，而如淳、顔師古復引此書爲據，意漢、魏間人所作。然中興書目以爲崇文總目及國史志不載，疑非本書也。程氏雍録辯之尤悉。

長安志十卷

鼂氏曰：皇朝宋敏求撰。敏求因韋氏所記，搜采群書，罔有遺軼，二紀而成。凡府縣之政，官尹之職，河渠關塞之類，至於風俗物産、宮室道弄〔一九〕，無不詳備，世稱其博。趙彦若爲之序〔二〇〕。

陳氏曰：與河南志二書凡例微不同，然漢、唐舊都遺事詳矣。

河南志二十卷

鼂氏曰：宋敏求撰。以韋述兩京記爲未備〔二一〕，演之爲長安、河南志。司馬光爲之序，以爲「考之韋記，其詳不啻十餘倍，開編粲然，如指諸掌，真博物之書。」

關中記一卷

陳氏曰：晉葛洪稚川撰。所載殊簡略。

長安圖記一卷

陳氏曰：丞相汲公呂大防知永興軍，以爲正長安故圖，著其説於上。今信安郡有此圖，而別録其説爲一篇。

雍録十卷

陳氏曰：吏部尚書新安程大昌泰之撰。周、秦、漢、隋、唐、五代皆都雍，故以名録。前史及黄圖、宋志異同，往往辯訂。其辯黄圖有唐縣名，且晉灼所引黄圖皆今書所無，蓋唐人續成之，非見漢事者。

游城南記一卷

鼂氏曰：皇朝張禮撰。禮，秦人，元祐中與陳明微自長安城南探奇訪古，以抵樊川，因次之爲記。

洛陽伽藍記三卷〔三〕

鼂氏曰：元魏羊衒之撰。後魏遷都洛陽，一時王公大夫多造佛寺，或捨其私第爲之，故僧舍多〔三〕，爲天下最。衒之載其本末及事迹甚備。

陳氏曰：衒之以爾朱之亂，城郭丘墟，追述斯記。

洛陽名園記一卷

鼂氏曰：皇朝李格非撰。記洛中園圃，自富鄭公以下十九所。其論以爲洛陽之盛衰爲天下治亂之候，園圃之興廢爲洛陽盛衰之候，則名園記之作〔云〕，豈徒然哉！公卿大夫忘天下之治忽，而欲退享此樂〔三五〕，得乎？唐之末路是也。

陳氏曰：格非，禮部員外郎，以不肯與編元祐奏章，入黨籍。國史文苑有傳。世所謂李易安居士清照者，其女也〔三六〕。格非苦心爲文，而集不傳，館中亦無有，惟錫山尤氏有之。文鑑僅存此跋，蓋未嘗見其全集也。

東京記三卷〔二七〕

鼂氏曰：皇朝宋敏求編開封坊巷、寺觀、官廨、私第所在及諸故實，極精博。

陳氏曰：上卷爲宮城，周五里，唐宣武節度使治所〔二八〕，建隆三年廣城之北隅，用洛陽宫殿之制修之。中卷爲舊城，周二十一里一百五十步，唐汴州城也，號「闕城」，亦曰「裏城」。下卷爲新城，周四十八里二百三十三步，周世宗所築羅城也，號曰「國城」，又曰「外城」。三城之内，宫殿、官府、坊巷、第宅、寺觀、營房，次第記之。

東京夢華録一卷

陳氏曰〔二九〕：稱幽蘭居士孟元老撰。元老不知何人，少游京師，晚值喪亂之後，追述舊事，兼及國家典祀、里巷風俗。以其首載京城宫闕、橋道、坊曲尤詳，故繫之地理類。

鄴中記一卷

陳氏曰：不著名氏。記自魏而下，及僭僞都鄴者六家宫殿事迹。按唐志有鄴都故事二卷，肅、代時馬温所作，今書多引之。

相臺志十二卷

鼂氏曰：皇朝韓琦欲編次未成，郡守李琮命郡文學掾陳申之效宋敏求河南志成此書。

晉陽事迹雜記十卷

陳氏曰：唐河東節度李璋纂。序言十四卷，唐志亦同，今删爲十卷。蓋治平中太原府所刻本也，從莆田李氏借録。自南渡以來，關河阻絶，圖志泯亡，得見一二僅存者，猶足以發傷今思古之嘆。然唐并州治晉陽、太原二縣，國初克復，徙治陽曲，而虚其故城。二縣後皆并省，則唐之故迹皆不復存矣。

臨安志十五卷

陳氏曰：府帥吴興周淙彦廣撰。首卷爲行在所，於宫闕殿閣，全不記載。籍曰禁省嚴秘，不敢明著。其視宋次道東京記，何其大不侔。其他沿革，亦多疏略。然淙有才具，其尹京，開湖濬河，皆有成緒。今城中河道通利，民户爲脚船以濟行旅者，蓋自此始。

吴興雜録七卷

陳氏曰：唐湖州刺史張文規撰。末載義興造茶及風物雜占甚詳。文規，張薦之後，彦遠之子，其爲郡當會昌二年。

吴興統紀十卷〔三〇〕

陳氏曰：攝湖州長史左文質撰。分門別類，古事頗詳。序稱甲辰歲者，本朝景德元年也。

吴興志二十卷

陳氏曰：樞密院編脩郡人談鑰元時撰。嘉泰元年也。其爲書草率，未得爲盡善。

蘇州圖經六卷

陳氏曰：翰林學士饒陽李宗諤昌武等撰。景德四年，詔以四方郡縣所上圖經刊脩校定，爲一千五百六十六卷，以大中祥符四年頒下。今皆散亡，館中僅存九十八卷。余家所有，惟蘇、越、黄三州刻本耳。

吴郡圖經續記三卷

陳氏曰：祕書省正字郡人朱長文伯原撰。記祥符以後事，亦頗補前志之缺遺。長文，吴中名士，病廢不仕，自號樂圃，卒於元符元年。

吴地記一卷

陳氏曰：唐陸廣微撰。郡人也。多記古吴國事。唐末有秀州，天禧中始割嘉興縣置，故此記合二郡爲一。

吴郡志五十卷

陳氏曰：參政郡人范成大至能撰。書始成，未行而石湖没。有求附見某事而弗得者，嘩曰：「此非石湖筆也。」太守不能決，藏其書學官。然周益公爲范墓碑，述所著書目有焉。及紹定初，桐川李壽朋儔老爲守，始取而刻之。而書止於紹熙〔三一〕。其後事實俾僚屬用褚少孫史記例補成之。趙南塘履常作序，訂其爲石湖書不疑，且謂郡士龔頤正〔三二〕、滕宬〔三三〕、周南皆常薦所聞於公者，而龔尤多。

鎮江志三十卷

陳氏曰：教授天台盧憲子章撰。

新定志八卷

陳氏曰：郡守東平董弅令升撰。紹興己未也。淳熙甲辰，武義陳公亮重脩。

嘉禾志五卷　故事一卷

陳氏曰：郡守毘陵張元成撰。爲書極草草。

毘陵志十二卷

陳氏曰：教授三山鄒補之撰。

越州圖經九卷

陳氏曰：李宗諤祥符所上也。末有祕閣校理李垂、邵焕脩及覆脩名銜。然則書成於衆手，而宗諤特提總其凡耳。

會稽志二十卷

陳氏曰：通判吴興施宿武子、郡人馮景中、陸子虡〔三四〕、朱鼐、王度等撰。陸放翁爲之序。首稱禹會諸侯，而以思陵巡守，陸府配之。氣壯文雅，蓋奇作也。嘉泰辛酉，陸年已七十七矣〔三五〕。未幾，始落致仕爲史官，至八十五歲乃終。其筆力老而不衰，於此序見之。

會稽續志八卷

陳氏曰：梁國張淏撰。續記辛酉後事，而亦補前志之遺。前志無進士題名，此其尤不可遺者也。

赤城志四十卷

陳氏曰：國子司業郡人陳耆卿壽老撰。其前爲圖十有三。

赤城續志八卷

陳氏曰：郡人吴子良拾其所遺，續載之。

赤城三志四卷

陳氏曰：郡人林表民逢吉撰。紹定己丑，水壞城，脩治興築，本末詳焉。

四明志二十一卷

陳氏曰：贛州録事參軍廬陵羅璿脩。時胡榘仲方尚書爲守，璿其鄉人也。

明越風物志七卷

鼂氏曰：皇朝姜嶼撰。以明州本越地，故曰「明越」。又以郭璞注爾雅多引江東，故詳載其風物云。

永嘉譜二十四卷

陳氏曰：禮部侍郎郡人曹叔遠器遠撰。曰年譜、地譜、名譜、人譜。時紹熙三年，太守宛陵孫楙屬器遠裒集，創爲義例如此。器遠，庚戌進士，蓋初第時也。

永寧編十五卷

陳氏曰：待制郡人陳謙益之撰。漢分章安之東甌鄉爲永寧，今永嘉四邑是也，故以名編。時嘉定九年，留元剛茂潛爲太守。

東陽志十卷

陳氏曰：樞密鄱陽洪遵景嚴撰。紹興二十四年爲通判時所作。

括蒼志七卷

陳氏曰：教授曾賁撰。乾道六年，太守四明樓璩叔韞序。

括蒼續志一卷

陳氏曰：郡人陳百朋撰。

信安志十六卷

陳氏曰：教授衛玠撰。太守四明劉垕也，實嘉定己卯。

信安續志二卷

陳氏曰：教授葉汝明撰。太守四明袁甫廣微〔三六〕，紹定初也。

校勘記

〔一〕大父嘗考之於書　「大父」郡齋讀書志卷八作「十父」。

〔二〕其書多稱咸通中沿革蓋唐末人也　元本、慎本、馮本、弘治本同。郡齋讀書志卷八「沿革」下有「載言」二字。按孫猛郡齋讀書志校證云：「『咸通』疑當作『咸亨』，唐高宗紀年。岑仲勉唐史餘瀋卷一謂載言舊唐書一九〇中、新唐書二〇二均見劉憲傳。武后、中宗時人。此書所載斷不應爲咸通沿革。當由肅宗諱亨，唐人作『通』，不防後懿宗以咸通爲號，輾轉不改，鼂氏遂誤會，以爲載言唐末人。」

〔三〕載言不見於史　元本、慎本、馮本、弘治本均同原刊。直齋書録解題卷八此下文字與本書不同，作「又有具員故事題鳳閣舍人及梁四公記亦云載言所録」，而無「未定何朝人此書有太和以後沿革當是唐末人」二十字。

〔四〕太平寰宇志二百卷　元本、慎本、馮本、弘治本及郡齋讀書志卷八同。按「志」當作「記」，諸地志及今本均作「記」。樂史表亦云：「撰成太平寰宇記二百卷，並目録二卷。」

〔五〕又分而爲今之三百餘州　原脱「餘」字，據直齋書録解題卷八、輿地廣記序補。

〔六〕春秋地譜十二卷　馮本、慎本均作十三卷。按元本及郡齋讀書志卷八同，然下文鼂氏云「十三國地皆釋以今州縣名」，則其或國爲一卷亦未可知。

〔七〕蓋常氏已嘗有此書　「常氏」，元本、慎本、馮本、弘治本及郡齋讀書志卷八同。按孫猛郡齋讀書志校證云：「按隋志卷一春秋類、卷二地理類複出春秋土地名三卷，題晉裴秀客京相璠撰，疑此『常氏』爲『京氏』之誤。」

〔八〕蓋以諸郡圖經節要略　直齋書録解題卷八「節」下有「其」字。

〔九〕初無所遺　「初」原作「粗」，據直齋書録解題卷八改。

〔一〇〕行在宫闕官寺寔冠其首　「官」原作「觀」，據元本、慎本、馮本、弘治本及直齋書録解題卷八改。

〔一一〕陳氏曰　「陳」原作「鼂」。按六合掌運圖未見載於郡齋讀書志，郡齋讀書志亦無「曰」後之文，該書及解題之文均見於陳振孫直齋書録解題卷八〇，據改。

〔一二〕不著名氏　原脱「氏」字，據弘治本及直齋書録解題卷八補。

〔一三〕凡爲四十四圖　元本、慎本、馮本、弘治本同。直齋書録解題卷八「四十四圖」作「四十圖」。

〔一四〕燕吴行役記二卷　原脱「二卷」二字，據直齋書録解題卷八及新唐書卷五八藝文二、宋史卷二〇四藝文三補。

〔一五〕燕帥張允伸所遣官僚佐　「遣」原作「遺」，據直齋書録解題卷八改。

〔一六〕王仁裕撰　「王仁裕」原作「王仁祐」，據郡齋讀書志卷八、宋史卷二〇三藝文二及崇文總目卷二改。下文「仁裕被命使高季興」，「仁裕」原作「仁祐」，亦據改。

〔一七〕晉天福二年仁裕被命使高季興　「二年」郡齋讀書志卷八作「三年」。

〔一八〕江行者賴焉　「江行」原作「行江」，據直齋書録解題卷八乙正。

〔一九〕宫室道弄　「弄」原作「街」，據郡齋讀書志卷八改。

〔二〇〕趙彦若爲之序　「趙彦若」原作「趙若彦」，據郡齋讀書志卷八及直齋書録解題卷八乙正。

〔二一〕以韋述兩京記爲未備　「兩」原作「西」，據郡齋讀書志卷八及新唐書卷五八藝文二、宋史卷二〇四藝文三改。

〔二二〕洛陽伽藍記三卷　元本、慎本、馮本、弘治本及郡齋讀書志卷八、宋史卷二〇四藝文三同。直齋書録解題卷八、隋書卷三三經籍二、舊唐書卷四六經籍上、新唐書卷五八藝文二及至今傳本洛陽伽藍記俱作五卷，或「三」爲「五」之訛。

〔二三〕故僧舍多　郡齋讀書志卷八「僧舍」下有「之」字。

〔二四〕則名園記之作　原脱「名」字，據郡齋讀書志卷八補。

〔二五〕公卿大夫忘天下之治忽而欲退享此樂　原脱「之」、「而」二字，據郡齋讀書志卷八補。

〔二六〕國史文苑有傳世所謂李易安居士清照者其女也　原脱「傳世所謂」四字，據直齋書録解題卷八補。

〔二七〕東京記三卷　原脱「三卷」二字，據郡齋讀書志卷八及直齋書録解題卷八補。

〔二八〕唐宣武節度使治所　原脱「使」字，據直齋書録解題卷八補。

〔二九〕陳氏曰　元本、慎本、馮本、弘治本同。按「曰」下之文未見載於今傳本直齋書録解題。後吴興雜録條解題同。

〔三〇〕吴興統紀　「統紀」原作「紀統」，據直齋書録解題卷八及宋史卷二〇四藝文三乙正。按輿地紀勝卷四安吉州碑記亦作「吴興統紀」。

〔三一〕而書止於紹熙　紹熙原作「紹興」，據元本、慎本、馮本、弘治本及直齋書録解題卷八改。

〔三二〕且謂郡士龔頤正　「龔頤正」本名「龔敦頤」，避光宗嫌諱，改今名。

〔三三〕滕㴻　「滕㴻」，直齋書録解題卷八作「滕宬」。

〔三四〕陸子虡　「陸子虡」原作「陸子虛」，據今本嘉泰會稽志題署及陸游嘉泰會稽志序、錢大昕跋會稽志改。

〔三五〕陸年已七十七矣　「陸」原作「六」，據元本、慎本、馮本、弘治本及直齋書録解題卷八改。案元本、慎本、馮本「陸年」誤置「辛酉」上。

〔三六〕太守四明袁甫廣微　原脱「太守四明」四字，據直齋書録解題卷八補。

卷二百五　經籍考三十二

史地理

建康志十卷

陳氏曰：府帥史正志志道撰。乾道五年。

續建康志十卷

陳氏曰：府帥吴琚居父以郡人朱舜庸所編詮次，與前志並行。時慶元六年。

六朝事迹二卷〔一〕南朝宫苑記二卷

陳氏曰：不知何人所作〔二〕。記六朝故都事迹頗爲詳盡〔三〕。

姑孰志五卷

陳氏曰：教授長樂林椈子長撰。太守楊愿原仲也。時淳熙五年。

新安志十卷

陳氏曰：通判贛州郡人羅願撰。時淳熙二年，太守則趙不悔也。

秋浦志八卷

陳氏曰：太守南昌胡兆，乾道八年修。

秋浦新志十六卷

陳氏曰：三山王伯大幼學以前志缺陋重修。時以庾節攝郡事，端平丙申也。

南康志八卷

陳氏曰：郡守朱端章撰。淳熙十二年。

桐汭新志二十卷

陳氏曰：教授錢塘趙子直撰。紹定五年也〔四〕。太守林𣓨序〔五〕。

豫章職方乘三卷　後乘十二卷

陳氏曰：郡人洪芻駒父宣和己亥撰。乘，取晉乘爲名。後乘淳熙十一年太守程叔達序。

潯陽志十二卷

陳氏曰：迪功郎黽百揆元采撰。淳熙三年〔六〕，太守開封曹訓爲序。

宜春志十卷

陳氏曰：袁州教授南城章宗説撰。太守李觀民也。

宜春傳信録三卷

黽氏曰：皇朝羅誘述。載其地古今人物，及牧守政迹、山川靈異之迹。

袁州孚惠廟録一卷

鼂氏曰：皇朝張慤撰。記仰山二神靈異之迹。

盱江志十卷　續十卷

陳氏曰：郡守胡舜舉紹興戊寅俾郡人童宗説、黄敷忠爲之。續志，慶元五年三山陳岐修，亦郡守也。

富川志六卷

陳氏曰：軍學教授括蒼潘廷立撰。太守趙善宣，紹熙四年也。軍治永興，本富川縣，故名。

南安志二十卷　補遺一卷

陳氏曰：太守方崧卿、教授許開修。

廣陵志十二卷

陳氏曰：教授三山鄭少魏、江都尉會稽姚一謙撰。紹熙元年，太守鄭興裔也。

楚州圖經二卷

陳氏曰：教授霅川吴莘商卿撰。太守毘陵錢之望大受，時淳熙十三年。

永陽志三十五卷

陳氏曰：滁守林嘌命法曹龔維蕃修〔七〕。

吴陵志十卷

陳氏曰：不著名氏。淳熙壬寅所修。後三年乙巳，太守錢塘萬鍾元亨，屬僚佐參正而刻之。

泰州在唐爲吴陵縣。

高郵志三卷 續修十卷〔八〕

陳氏曰：興化縣主簿孫祖義撰。郡守趙不慙刻之，淳熙四五年間也。其書在圖志中最爲疏略。嘉定中，守汪綱再修，稍詳定矣。

都梁志八卷 續一卷

陳氏曰：郡守霍箎、教授周之瑞修。紹熙元年也。續志嘉泰壬戌郡守耿與義序。

合肥志四卷

陳氏曰：合肥主簿唐錡撰。郡守鄭興裔也，時淳熙十五年。

同安志十卷

陳氏曰：毘陵錢紳伸仲撰。宣和五年，太守曰曾元禮。未幾而有狄難，至紹興十三年，太守張彦聲始取而刻之。

歷陽志十卷

陳氏曰：郡守九華程九萬鵬飛、教授天台黄宜達之撰。慶元元年。

黄州圖經四卷 附録一卷

陳氏曰：李宗諤祥符所修圖經〔九〕，亦頗有後人附益者，郡守李訦又以近事爲附録焉。訦，參政邴漢老之子也。

齊安志二十卷

陳氏曰：郡守呂昭問，俾教授厲居正重修。慶元己未也。

濠梁志三卷

陳氏曰：永嘉張季樗撰。時嘉泰初元。

無爲志三卷

陳氏曰：教授宋宜之撰。太守柴瑾爲之序。

襄陽志四十卷

郡守朐山高夔命教授吴興劉宗、幕官上蔡任澇編纂。爲書既詳備，而刊刻亦精緻，圖志之佳者。

襄沔記三卷

陳氏曰：唐吴從政撰。删宗懍荆楚歲時記、盛弘之荆州記、鄒閎甫楚國先賢傳、習鑿齒襄陽耆舊傳、郭仲產襄陽記、鮑堅南雍州記，集成此書，其記襄、漢事迹詳矣。景龍中人，自號「栖閑子」。

渚宫舊事十卷〔一〇〕

鼂氏曰：唐余知古撰〔一一〕。自鬻熊至唐，江陵君臣人物事迹，史氏傳記所載者，悉編次之。

房州圖志三卷

陳氏曰：郡守毗陵陳宇撰。

義陽志八卷

陳氏曰：郡守河南關良臣撰〔三〕。紹熙二年也。信陽軍，唐申州，所謂申、光、蔡，吴元濟所據，竭天下之力以取之者。

長沙志五十二卷　續志十一卷

陳氏曰：郡守趙善俊，以紹熙二年，命教授褚孝錫等七人撰。時止齋持漕〔三〕，相與考訂商略，故序言當與長樂志並也。續志不著名氏，録紹熙以後事。

長沙風土碑一卷

陳氏曰：唐潭州刺史河南張謂撰。前有碑銘，後有湘中記，載事迹七十件。

衡州圖經三卷

陳氏曰：郡守三山孫德輿行之撰。嘉定戊寅刻。

零陵志十卷

陳氏曰：郡守徐自明嘉定己卯重修。

零陵記十五卷

鼂氏曰：皇朝陶岳撰永州地理志也。今永州所部才三縣〔四〕，其所録多連及數郡，自序云以其皆零陵舊地，故收之。

春陵圖志十卷

陳氏曰：教授臨江章穎茂憲撰。淳熙六年，太守趙汝誼。

九疑考古二卷

陳氏曰：道州崇道主簿吴致堯格甫撰。取春陵志所紀，而爲詩以紀之。宣和甲辰序。

清湘志六卷

陳氏曰：郡守永嘉陳峴壽南，俾教授林瀛修。嘉泰二年也。

武昌志三十卷

陳氏曰：郡守括蒼王信成之，命教授許中應等撰。

武昌土俗編二卷

陳氏曰：武昌令永嘉薛季宣撰。記一縣之事頗詳。紹興辛巳、壬午間也。其邑今爲壽昌軍。

鄖城志十二卷〔一五〕

陳氏曰：教授傅岩撰。慶元戊午，太守李楫。

岳陽志甲二卷　乙三卷

陳氏曰：甲集建安馬子嚴莊父、乙集永嘉張聲道聲之所修，皆郡守也。

岳陽風土記一卷

陳氏曰：宣德郎監商税務建安范致明晦叔撰。元符進士第二人，仕至次。對其在岳，蓋謫官也。

辰州風土紀六卷

陳氏曰：教授縉雲田渭伯清撰。隆興二年，郡守徐彭年。

成都古今記三十卷

鼂氏曰：皇朝趙抃編。抃自慶曆至熙寧，凡四入蜀，知蜀事爲詳，摭其故實，以類相從，分百餘門。時熙寧七年。

續成都古今集記二十二卷

陳氏曰：知府事王剛中居正撰〔一六〕。實紹興三十年〔一七〕。余嘗手寫洛陽名園記而題其後曰：晉王右軍聞成都府有漢時講堂、秦時城池，及門屋、樓觀，慨然遠想，欲一遊目。其與周益州帖，蓋數致意焉。近時吕太史有感於宗少文卧遊之語，凡昔人紀載人境之勝，録爲一編。其奉祠亳社也，自以爲譙、沛真源，恍然在目，而究之太極、嵩之崇福、華之雲臺，皆將卧遊之。噫嘻！弧矢四方之志，高人達士之懷，古今一也。顧南北分裂，蜀在境内，雖遠，患不往爾，往則至矣。亳、兖、嵩、華，視蜀猶邇封也，欲往其可得乎？然則太史之情，其可悲也已！余近得此記，手寫一通，與東京記、長安、河南志、夢華録諸書並藏，而時自覽焉，是亦卧遊之意云耳。於時歲在己丑，蜀故無恙也。後七年而有虜禍，秦、漢故迹焚蕩無遺。今其可見者，惟此二記耳，而板本亦不可復得矣。嗚呼，悲夫！

劍南須知十卷

巽岩李氏曰：宋如愚撰。第一、第二卷，但編集舊史，棄取或不倫〔一八〕。第三、第四、第五、第六凡四卷，盡出唐樊綽蠻書；第七卷以下乃如愚自爲之文及所畫計策耳，如熙寧買馬事，誠西南要害，異時或可補國史之闕云。如愚，眉山人，游場屋有俊聲，不第以死，亦可哀者。

蜀記一卷

鼂氏曰：皇朝張守約撰。載孟昶初降至薨事。

蜀記二卷

陳氏曰：唐鄭暐撰。雜記蜀事，人物、古迹、寺觀之屬。未詳何人。

梁益志十卷

鼂氏曰：皇朝任弁撰。天禧中游宦於成都，以蜀記數家其言皆無據，乃引書傳刊正其謬，自爲序。

蜀三神祠碑文五卷

鼂氏曰：皇朝井度編〔一九〕。任四川漕日，裒梓潼、灌口、射洪三神祠碑文板記，成此書。

嘉州志二卷

鼂氏曰：皇朝吕昌明撰〔二〇〕。以嘉州圖經增廣之。

長樂志四十卷

陳氏曰：府帥清源梁克家叔子撰〔二一〕。淳熙九年序。時永嘉陳傅良君舉通判州事〔二二〕，大略皆出其手。

閩中記十卷

陳氏曰：唐林諝撰。本朝慶曆中，有林世程者重修，其兄世矩作序。諝，郡人，養高不仕，當大中時。世程亦郡人也。其言永嘉之亂，中原仕族林、黄、陳、鄭四姓先入閩，可以證閩人皆稱光州固始之妄。

建安志二十四卷　續志一卷

陳氏曰：删定官郡人林光撰。慶元四年，郡守永嘉張叔椿，俾僚屬成之。續志，嘉定十二年，府學士人所録。

清源志七卷

陳氏曰：通判州事永嘉戴溪肖望撰。時慶元己未，太守信安劉穎〔三〕。

延平志十卷

陳氏曰：郡守新安胡舜舉汝士與郡人廖拱、廖挺裒集。時紹興庚辰也。序言與盱江志並行，蓋其爲建昌守，亦嘗修圖志。

清漳新志十卷

陳氏曰：司理參軍方杰撰。嘉定六年，太守趙汝譡蹈中也。

鄞江志八卷

陳氏曰：郡守古靈陳曄日華，俾昭武士人李皋爲之。時慶元戊午。郡有鄞江溪，故名。

莆陽志十五卷

陳氏曰：郡守趙彦勵懋訓紹興三年集郡士爲之。

武陽志十卷

陳氏曰：教授葛元隲撰。太守廖遲元達，乾道六年也。

晉江海物異名記三卷

陳氏曰：祕書監莆田陳致雍撰。致雍仕僞閩、南唐，後歸朝。

廣州圖經二卷

陳氏曰：教授王中行撰。

南越志七卷

陳氏曰：宋武康令吴興沈懷遠撰。此五嶺諸書之最在前者也。懷遠，懷充之弟，見宋書。

番禺雜記一卷

陳氏曰：攝南海主簿鄭熊撰。國初人也。莆田借李氏本録之，蓋承平時舊書，末有「河南少尹家藏」六字，不知何人也。

番禺紀異五卷

鼂氏曰：皇朝馮拯撰。拯淳化中謫知端州，見嶺表鳥獸草木、民俗物情舉異中原，録之。類爲三十門〔二四〕，凡三百事，還朝上之。

北户雜記三卷

陳氏曰〔二五〕：唐萬年縣尉段公路撰。鄒平公之孫。鄒平，文昌也。

桂林志一卷

陳氏曰：静江教授江文叔編。時乾道五年，張維爲帥。撰次疏略，刊刻草率，亦不分卷次。

桂林風土記一卷

陳氏曰：唐融州刺史權知春州莫休符撰。昭宗光化二年也。

桂海虞衡志二卷〔二六〕

陳氏曰：府帥吴郡范成大至能撰。范自桂移蜀，道中追記昔游。

高涼志七卷

陳氏曰：教授莆田劉棠撰。太守春陵義太初，嘉泰壬戌也。

南行録一卷

陳氏曰：唐房千里撰。太和中謫高州，既北歸，編山川物産之奇、人民風俗之異爲此書。一名投荒雜録。

嶺表異録三卷

陳氏曰：唐廣州司馬劉恂撰。昭宗時人。

邕管雜記一卷

陳氏曰：庫部員外郎范旻撰。國初宰相質之子。嶺南初平，旻知邕州〔二七〕。

嶺外代答十卷

陳氏曰：永嘉周去非直夫撰。去非，癸未進士〔二八〕，至郡倅。所記皆廣西事。

南方草木狀一卷

陳氏曰：晉襄陽太守嵇含撰〔二九〕。

黄岩志十六卷

陳氏曰：知縣永嘉蔡範遵甫撰〔三〇〕。嘉定甲申。

旌川志八卷

陳氏曰：知旌德縣歷陽李瞻伯山撰。紹熙三年〔三一〕，謝昌國爲序。

涇川志十三卷

陳氏曰：知涇縣濡須王棶叔永撰。嘉定癸酉，趙南塘序之。初，縣歲有水患，庚午冬，叔永改卜於舊治之東二里，曰留村。

新吴志二卷

陳氏曰：知奉新縣盱江張國均維之撰。新吴，縣舊名。嘉定甲戌。

樂清志十卷

陳氏曰：縣令信安袁采君載撰。

脩水志十卷

陳氏曰：分寧辛徐筠撰。

連川志十卷

陳氏曰：知連江縣豫章陶武克之撰。嘉定乙亥。

校勘記

〔一〕六朝事迹二卷　「二」原作「一」，據元本、慎本、馮本、弘治本及直齋書録解題卷八改。

〔二〕不知何人所作　元本、慎本、馮本、弘治本及直齋書録解題卷八均無「所」字。

〔三〕記六朝故都事迹頗爲詳盡　元本、慎本、馮本、弘治本及直齋書録解題卷八均無「爲」「盡」二字。

〔四〕紹定五年也　「紹定」，直齋書録解題卷八作「紹熙」。

〔五〕太守林棐序　元本、慎本、馮本、弘治本均無「序」字。

〔六〕淳熙三年　慎本、馮本均作「淳熙二年」。

〔七〕滁守林嘌命法曹龔維蕃修　「龔維蕃」原作「龔惟蕃」，據直齋書録解題卷八改。按永樂大典輯本二千二百六十七載永樂永陽志陳璉序云：「永樂二年，璉擢守滁郡，即求志書。既得一編，乃宋淳熙中法曹龔維蕃所修者。」

〔八〕續修十卷　元本、慎本、馮本、弘治本及直齋書録解題卷八同。按「修」疑當作「志」，言高郵續志十卷也。

〔九〕李宗諤祥符所修圖經　原脱「宗」字，「圖經」原作「舊經」，據直齋書録解題卷八補改。按輿地紀勝卷四九：黄州碑記圖經，李宗諤編。

〔一〇〕渚宫舊事十卷　按此書與卷一九八渚宫故事爲同一書，通考重複著録。

〔一一〕唐余知古撰　原脱「余」字，據郡齋讀書志卷八、新唐書卷五八藝文二、宋史卷二〇三藝文二補。

〔一二〕郡守河南關良臣撰　「河南」，直齋書録解題卷八作「河内」。

〔一三〕時止齋持漕　直齋書録解題卷八作「陳止齋將漕」。

〔一四〕今永州所部才三縣　「才」原作「方」，據郡齋讀書志卷八改。

〔一五〕郥城志十二卷　「郥」原作「鄭」，據直齋書録解題卷八及宋史卷二〇四藝文三改。

〔一六〕知府事王剛中居正撰　元本、慎本、馮本、弘治本及直齋書録解題卷八同。按宋史卷三八六王剛中傳云，「剛中字時亨」，紹興時「以龍圖閣待制知成都府，制置四川」，「卒謚恭簡」。又成都古今記丙記有范成大序云：「當紹興三十年庚辰，王恭簡公續爲之記。」據此，「居正」二字似誤。

〔一七〕實紹興三十年　原脱「實」字，據直齋書録解題卷八補。

〔一八〕棄取或不倫　「棄」原作「拚」，據元本、慎本、馮本、弘治本改。

〔一九〕皇朝井度編　「井度」原作「井虔」，據郡齋讀書志卷八改。

〔二〇〕皇朝吕昌明撰　原脱「撰」字，據郡齋讀書志卷八補。

〔二一〕府帥清源梁克家叔子撰　原脱「撰」字，據直齋書録解題卷八補。

〔二二〕時永嘉陳傅良君舉通判州事　原脱「時」字，據直齋書録解題卷八補。

〔二三〕太守信安劉穎　「劉穎」，宋史卷二〇四藝文三作「劉灝」。

〔二四〕類爲三十門　原脱「類」字，據郡齋讀書志卷八補。

〔二五〕陳氏曰　元本、慎本、馮本、弘治本同。按今本四庫館臣輯本直齋書録解題未載北户雜録，郡齋讀書志亦未見此書。後南行録、嶺表異録條均同此。

〔二六〕桂海虞衡志二卷　「海」原作「林」。據直齋書録解題卷八及宋史卷二〇四藝文三改。

〔二七〕旻知邕州　原脱「州」字，據元本、慎本、馮本、弘治本及直齋書録解題卷八補。直齋書録解題卷八「州」下又有「兼轉運使」四字。

〔二八〕癸未進士　按此處疑有脱誤，據宋元學案卷七一，周去非爲隆興癸未進士，疑此脱「隆興」二字。

〔二九〕晉襄陽太守嵇含撰　按晉書卷八九嵇含傳云，嵇含曾爲襄城太守，疑「襄陽」爲「襄城」之誤。

〔三〇〕知縣永嘉蔡範遵甫撰　原脱「遵」字。直齋書録解題卷八作「蔡範蓮甫」。按宋元學案卷五三、温州經籍志卷一〇、台州府志經籍考六、黄岩縣志卷一〇職官均謂範字遵甫，故據補。

〔三一〕紹熙三年　「紹熙」原作「紹興」，據元本、慎本、馮本、弘治本及直齋書録解題卷八補。

卷二百六　經籍考三十三

史地理　時令

歷代宮殿名一卷

陳氏曰：翰林承旨李昉等纂。歷代及僭僞宮殿、門闕、樓觀、園苑、池館名，無不畢録。

五嶽諸山記一卷

陳氏曰：無名氏。多鄙誕不經。

王屋山記一卷

陳氏曰：唐乾符三年道士李歸一撰。

華山記一卷

陳氏曰：不知名氏。

西湖古迹事實一卷

陳氏曰：錢塘進士傅牧撰。以楊蟠百咏增廣，共爲一百八十三首〔一〕。紹興壬午序。

青城山記一卷

鼂氏曰：僞蜀道士杜光庭賓聖撰。集蜀山、若水在青城者，悉本道家方士之言。

峨眉志三卷

鼂氏曰：皇朝張開撰。峨眉，山名也，隋開皇十三年以名其邑。奇勝冠三蜀。郡守吕勤，命開考圖經及傳記、石刻，綴輯成書，析爲十四門。宋白、吴中復詩文附於後。

茅山記一卷

陳氏曰：嘉祐六年，句容令陳倩修。

幙阜山記一卷

陳氏曰：葛洪撰。其山在豫章。

豫章西山記一卷

陳氏曰：贊皇李上文撰。嘉祐丁酉歲。

玉笥山記一卷

陳氏曰：唐道士令狐見堯撰。山在新淦。别本又有南唐及本朝事，後人所益也。

湘中山水記三卷

陳氏曰〔二〕：晉末陽羅含君章撰。范陽盧拯注。其書頗及隋、唐以後事，則亦後人附益也。

天台山記一卷

陳氏曰：唐道士徐靈府撰。元和中人也。余假守臨海就使本道。嘉熙丙申十月〔三〕，解郡符，趙會稽治所，道過之，鋭欲往遊。會大雪不果，改轅由驛道，至今以爲恨。偶見此記，録之以寄卧遊之意。

顧渚山記一卷

陳氏曰：唐陸羽鴻漸撰。鄉邦不貢茶久矣，遺迹未必存也。

廬山記五卷

鼂氏曰：皇朝陳令舉舜俞撰。先是，劉焕嘗爲記，令舉因而增廣之，又爲俯視圖，紀尋山先後之次云。

陳氏曰：劉焕凝之、李常公擇皆爲之序。令舉熙寧中謫居所作。

續廬山記四卷

陳氏曰：南康守廣陵馬玗録山中碑記之文，以續前録。

九華拾遺一卷

陳氏曰：山居劉放至和二年自序曰：「滕天章作新録於前，沈太守撰總録於後，博考傳聞，復得三十餘節。」

九華總録十八卷

陳氏曰：邑人程太古撰。裒集諸家所記，萃爲一編也。

武夷山記一卷

陳氏曰：杜光庭撰。

霍山記一卷

陳氏曰：知循州林須撰。山在循州境内。

羅浮山記一卷

陳氏曰：廬陵郭之美撰。皇祐辛卯序。

雁山行記一卷

陳氏曰：永嘉陳謙撰。嘉定己巳游山，直至絶頂，得所謂「雁蕩」者，前人蓋未之識也。然繼其後者，亦未有聞焉。

廬阜紀遊一卷

陳氏曰：開封孫惟信季蕃撰。嘗大雪登山至絶頂，盡得其景物之詳，嘉定初年也。惟信能爲詩詞，善談謔。蓋嘗有官，棄去不仕，自號花翁，遊江湖間，人多愛之。

何氏山莊次序本末一卷

陳氏曰：尚書崇仁何異同叔撰。其別墅曰「三山小隱」。三山者，浮石山、岩石山〔四〕、玲瓏山，其實一山也〔五〕，周回數里。叙其景物次序爲此篇〔六〕。自號月湖，標韵清絶，如神仙中人，膺高壽而終。其山聞今蕪廢矣〔七〕！

湘江論一卷

陳氏曰：太常博士潘洞撰。

海濤志一卷

陳氏曰：唐竇叔蒙撰。

太虚潮論一卷

陳氏曰：永泰縣令錢栖業述。末稱天祐六年。

海潮圖論一卷

陳氏曰：龍圖閣學士燕肅撰進。

潮説一卷

陳氏曰：知錢塘縣張君房撰〔八〕。凡三篇。

西南備邊録十三卷

巽岩李氏曰：唐李德裕撰。今特存其第一卷，而崇文總目亦止載一卷，豈嘉祐以前已亡逸乎？德裕之深謀遠慮，雖至今可用也，而所存止此，可惜哉！

西南備邊志十二卷

陳氏曰：嘉州進士鄧嘉猷撰。紹興末，犍爲有蠻擾邊，初莫知其何種族也。已而，有能别識其爲虚恨蠻者，時蜀邊久無事，既去而朝廷憂之，詔有司經度。嘉猷取秦、漢以來訖於本朝，凡史傳所載蠻事，皆著於篇，時乾道中也。其爲志九，爲圖一。

北邊備對六卷

陳氏曰：程大昌撰。淳熙中進禹貢圖，孝廟因以北虜地理爲問，對以虜無定居，無文史，不敢强言。紹熙退居，追采自古中華、北狄樞紐相關者，條列其地而推言之，名曰備對。

南北攻守類考六十三卷

陳氏曰：監進奏院趙善譽撰進。以三國、六朝攻守之變，鑒古事以考今地，每事爲之圖。

海外使程廣記三卷

陳氏曰：南唐如京使章僚撰。使高麗，所記海道及其國山川、事迹、物産甚詳。史虚白爲作序，稱己未十月〔九〕，蓋本朝開國前一歲也。

大唐西域記十二卷

陳氏曰：唐三藏法師玄奘譯，大總持寺僧辯機撰。

南詔録三卷

陳氏曰：唐嶺南節度巡官徐雲虔撰。乾符中，邕州遣雲虔使南詔所作。上卷記山川風俗，後二卷紀行及使事。

至道雲南録三卷

陳氏曰：左侍禁、知興化軍辛怡顯撰。李順之亂，餘黨有散入蠻中者，怡顯往招安之，繼馳賜蠻酋告敕而歸，遂爲此録。天禧四年自序。或云此書妄也。余在莆田，視壁記無怡顯名字，恐或然。

契丹疆宇圖一卷

陳氏曰：不著名氏。録契丹諸夷地及中國所失地。

遼四京記一卷

陳氏曰：亦無名氏。曰東京、中京、上京、燕京。

高麗圖經四十卷

陳氏曰：奉議郎徐兢明叔撰。宣和六年，路允迪、傅墨卿使高麗，兢爲之屬，歸上此書。物圖其形，事爲之說。今所刊不復有圖矣。兢，鉉之後，善篆書，亦能畫，嘗自題「保大騎省世家」、「宣和書學博士」，又自號自信居士。

諸蕃志二卷

陳氏曰：福建提舉市舶趙汝适，記諸蕃國及物貨所出。

右地理。

夏小正傳四卷

陳氏曰：漢戴德傳，給事中山陰傅崧卿注。此書本在大戴禮，鄭元注禮運「夏時」曰：「夏四時之書也，其存者有小正。」後人以大戴禮鈔出別行。崧卿以正文與傳相雜，倣左氏經傳，列正文其前，時附以傳〔一〇〕，且爲之注。

荆楚歲時記四卷

鼂氏曰：梁宗懔撰。其序云：傳元之朝會、杜篤之上巳、安仁秋興之叙，君道娱蜡之述，其屬辭則已洽，其比事則未弘。率爲小説〔二〕，以録荆楚歲時風物故事，自元日至除日，凡二十餘事。

錦帶一卷

陳氏曰：梁元帝撰。比事儷語，若法帖中章草月儀之類也〔三〕。

玉燭寶典十二卷

陳氏曰：隋著作郎博陵杜臺卿少山撰。以月令爲主，觸類而廣之，博采諸書，旁及時俗，月爲一卷，頗號詳洽。開皇中所上。

歲華紀麗四卷

鼂氏曰：唐韓諤撰。分四時十二月節，序以事實，爲偶儷之句，附著之。

陳氏曰：其書采經、子、史傳歲時事類聚，而以儷語間之。

保生月録一卷

鼂氏曰：唐韋行規撰。分十二月，雜記每月攝養、種藝、祈禳之術。李翺爲之序。

金谷園記一卷

陳氏曰：題李邕撰。館閣書目云唐中散大夫。按邕字泰和，江都人，至北海太守，世號李北海。其父善，注文選者也。中散大夫，唐文散階，本傳不載，不知書目别何所據。唐世不應有兩李邕也。

秦中歲時記一卷

陳氏曰：唐膳部郎中趙郡李綽撰。綽別未見，此據中興書目云爾。其序曰：「緬思庚子之歲，薦周戊辰之年。」庚子，唐廣明元年；戊辰，梁開平二年也。又曰：「偶記昔年皇居舊事，絶筆自嘆，横襟出涕。」然則唐之舊臣國亡之後感傷疇昔，而爲此書也。按朱藏一紺珠集、曾端伯類説載此書，有杏園探花使、端午扇市、歲除儺公儺母，及太和八年無名子詩數事，今皆無之，豈別一書乎？

咸鎬故事一卷

陳氏曰：韋慎微撰。其書與前大同小異，竟不知何人作也，末卷却有「神鬼大者號儺公母」一語。按館閣書目，秦中歲時記一名咸鎬歲時記。

輦下歲時記一卷

鼂氏曰：唐李綽撰。綽經黄巢之亂，避地蠻隅，偶記秦地盛事，傳之晚學。

千金月令三卷

陳氏曰：唐孫思邈撰。

國朝時令十二卷

鼂氏曰：皇朝賈昌朝撰。景祐初，復禮記舊文，其唐月令別行。三年，詔昌朝與丁度、李淑採國朝律曆典禮，百度昏曉，中星祠祀，配侑歲時施行，約唐月令定爲時令一卷，以備宣讀。後昌朝注爲十二卷，奏上頒行。

陳氏曰：唐因禮記舊文，增損爲禮記首篇，天寶中改名時令。景祐初，始命復禮記舊文，其唐之時令别爲一篇，遂命禮院修書官丁度等約唐時令，撰定爲國朝時令，以便宣讀。蓋自唐以來，有明堂讀時令之禮也〔三〕。及昌朝解相印治郡，五臣皆已淪没，乃采經史諸書及祖宗詔令典式，爲之集解而上之。

兩朝藝文志：詔因入閤讀時令，問禮官：五月朔日夏至，百官入閤可否？皆曰：五月朔朝會，合唐舊制。雖是大祠，比冬至圜丘禮成受賀，在質明後無嫌。然據易象月令，及蔡邕有閉關静事不賀之説，鄭康成據樂緯春秋之説，夏至有前殿從八能作樂，後漢嘗行其儀。入閤讀令，既屬嘉禮，在朔與假，本無所礙。惟夏至則於經義有妨，移用七月朔，又罷。寶元二年，宋庠論入閤之非兩制議。入閤者，是唐朝隻日紫宸殿受常朝儀。若隔日行，禮頗爲煩，況今殿宇與舊不同。乃止。慶曆七年，復詔來年四月一日讀時令，禮院約定儀注，以通禮參用唐宣政殿朔望朝參儀，草定御文德殿，皇帝服靴袍，百官公服，減正仗半，不設樂。尋停。皇祐初，又詔立夏讀時令，禮官邵必請四時皆讀，然亦不果。

歲時雜咏　續歲時雜咏

宣獻公宋綬及其孫剛叔撰〔一四〕。濟北鼂無咎補之作序曰：余元豐六年六月遇畢公叔於京師，公叔言宋氏藏詩曰：「歲時雜咏者，蓋宣獻公所集唐以前詩人之作，髣髴具在。」公叔曰：「夫天地變化，其情至微，有不可道以辭者。四時之間，氣候物色，俯仰輒異，使一人言之，雖其巧如簧，恐不得與造物者争功。於是雜衆言而觀之，不亦可乎？宋氏故多賢，而宣獻之孫曰剛叔，尤篤志於學，不愧其先人。又嘗集宋詩人之所爲爲續歲時雜咏〔一五〕，以成其祖之意，蓋若干篇。且詩之作，患言不能稱物者，以得之偏也。嘗試丹青，衆言憑几肆目於方尺之間，而四時氣候物色，慘舒榮槁，所以過乎吾前者，每觀每異，其致亦足樂也。」因以其集屬補之爲序。補之復於公叔曰：「詩之亡久矣！豳詩七月，其記日月星辰、風雨霜露、草木鳥獸之事盛矣。屈原、宋玉爲離騷，最近於詩，而所以託物引類，其感在四時可以慷慨而太息，想見其忠潔。剛叔於宋詩所取若此，其亦有得於昔人之意乎？」宋有天下百年，而詩之作，中間尤盛。蓋叔之所取〔一六〕，小大咸備。今觀其録，一時顯人，用是名世，其尤宏傑者，雖以磅礴天地，呼吸陰陽，而成歲功可也。其下者亦因所長而傳，猶之一氣候至生者，皆作灼然而華，嚶然而鳴，以謂天地之巧盡此矣！

歲時雜記二卷

陳氏曰：侍講東萊吕希哲原明撰。希哲，正獻公公著之子，吕滎陽公〔一七〕。在歷陽時與子孫講誦，遇節日則休學者，雜記風俗之舊，然後團坐飲酒以爲樂，久而成編，承平舊事，猶有考焉。

周平園序曰：本朝承平歲久，斯民安生樂業，凡遇節物，隨時制宜。雖有古有今，或雅或鄙，所在不同，然上而朝廷，次而郡國，下逮民庶，驩娱熙洽，未嘗虚度，則一也。侍講吕公，當全盛時，食相門之德，既目擊舊禮，又身歷外官，四方風俗，皆得周知。追記於册，殆無遺者。惟上元一門，多至五十餘條，百年積累之盛，故家文獻之餘，兹可推矣。慶元戊午秋，公之元孫仙遊，邑大夫祖平，以示平園老叟，周某竊有生晚不及見之嘆云。

右時令。

校勘記

〔一〕共爲一百八十三首　「首」原作「目」，據直齋書録解題卷八改。

〔二〕陳氏曰　原脱此三字。按下文見載於直齋書録解題卷八，故依例補「陳氏曰」三字。

〔三〕嘉熙丙申十月　按嘉熙無丙申年，丙申乃端平三年，其明年爲嘉熙元年。會稽續志卷二〇：「陳振孫端平三年二月初六日，以朝散大夫知台州兼權，八月正除，十月二十八日到任。」則「嘉熙」實爲「端平」之誤。

〔四〕岩石山　原脱「山」字，據直齋書録解題卷八補。

〔五〕其實一山也　原脱「山」字，據直齋書録解題卷八補。

〔六〕叙其景物次序爲此篇　「景物」下原脱「次」字，據直齋書録解題卷八補。

〔七〕其山聞今蕪廢矣　「聞」原作「間」，據直齋書録解題卷八改。

〔八〕張君房撰　「張君房」原作「張尹房」，據直齋書録解題卷八及宋史卷二〇六藝文五改。

〔九〕稱己未十月　原脱「稱」字，據直齋書録解題卷八補。按此條著録已見於卷二〇〇僞史類，亦有「稱」字。此爲重出。後大唐西域記條（作西域記）、南詔録條、至道云南録條、契丹疆宇圖條、遼四京記條、高麗圖經條、諸蕃志條均重複見於卷二〇〇僞史霸史類。

〔一〇〕時附以傳　「時」，直齋書録解題卷六作「而」。

〔一一〕率爲小説　元本、慎本、弘治本及郡齋讀書志卷一二同。孫猛郡齋讀書志校證據袁本郡齋讀書志改爲「某率爲小記」。

〔一二〕若法帖中章草月儀之類也　「若」原作「在」，據直齋書録解題卷六改。「章草」原作「章章」，據元本、慎本、馮本、弘治本及直齋書録解題卷六改。

〔一三〕有明堂讀時令之禮　原脱「之」字，據元本、慎本、馮本、弘治本及直齋書録解題卷八補。

〔一四〕宣獻公宋綬及其孫剛叔撰　「宋綬」原作「宋庠」，據郡齋讀書志卷二〇及本書卷二四八經籍考七五改。按宋史卷二八四宋庠傳，庠謚元獻；卷二九一宋綬傳，綬謚宣獻。

〔一五〕又嘗集宋詩人之所爲爲續歲時雜咏　「嘗」原作「常」，據元本、慎本、馮本、弘治本改。

〔一六〕蓋叔之所取　慎本、馮本「叔」上均有「公」字，然據文義，「叔」上似脱一「剛」字。

〔一七〕吕滎陽公　「吕」，直齋書録解題卷六作「號」。

卷二百七　經籍考三十四

史譜牒　目録

姓源韻譜一卷

陳氏曰〔一〕：唐張九齡撰。依春秋正典、柳氏萬姓録、世本圖，捃摭諸書，纂爲此譜。分四聲以便尋閲。古者賜姓别之，黄帝之子得姓者十四人是也。後世賜姓合之，漢高帝命婁敬、項伯爲劉氏是也。惟其别之也，則離析，故古者論姓氏，推其本同。惟其合之也，則亂，故後世論姓氏，識其本異。自五胡亂華，百宗蕩析，夷夏之裔，與夫冠冕輿臺之子孫混爲一區，不可遽知。此周、齊以來，譜牒之學所以貴於世也歟？

元和姓纂十一卷

鼂氏曰：唐林寶撰。元和中，封閻某於諸家姓氏爲太原，其人乃言非本郡。憲宗令宰相命寶纂諸家姓氏，自李氏外〔二〕，各依四聲類集，每韻之内，則以大姓爲首。

陳氏曰：元和中，朔方别帥天水閻某者封邑太原，以爲言。上謂宰相李吉甫曰：「有司之誤，不可再也。宜使儒生條其源系，考其郡望、子孫職任，並總緝之。每加爵邑，則令閲視。」吉甫以命寶，二十旬而成。此書絶無善本，頃在莆田，以數本參校，僅得七八，後又得蜀本校之，互有得失，然粗完正矣〔三〕。

李氏皇室維城録一卷

陳氏曰：屯田郎中李衢、汚王長史林贊修。止於僖宗。蓋昭宗時所録也。

李氏房從譜一卷

陳氏曰：唐洛陽主簿李匡文撰。時爲圖譜官。

聖唐偕日譜一卷

陳氏曰：前賀州刺史李匡文撰。序言：前守職圖籍日，撰天潢源派譜統，務在省略，直取相承一葉，旁附首分諸房。今特從聖唐以來列聖下諸王、公主，逐帝書出，號曰「偕日」，與日齊行之義也。匡文字濟翁，又有資暇集見於録。

唐宰相甲族一卷

陳氏曰：唐韋述、蕭穎士等撰。自王方慶而下，十有四家。

唐相門甲族諸郡氏譜共一卷

陳氏曰：不著名氏。甲族八十六家，氏譜自京兆八姓而下，凡三百五十姓。

唐杜氏家譜一卷

陳氏曰：唐太子賓客杜信撰。

唐鮮于氏卓絶譜一卷

鼂氏曰：唐喬琳撰。藝文志有其目。

天下郡望氏族譜一卷

陳氏曰：唐李林甫等天寶八載所纂，并附五音於後。

姓苑二卷

陳氏曰：不著名氏。古有何承天姓苑，今此以李爲卷首，當是唐人所爲。

姓解三卷

陳氏曰：雁門邵思撰。以偏旁字類爲一百七十門，二千五百六十八氏。景祐二年序。

千姓編一卷

陳氏曰：不著名氏。末云嘉祐八年采真子記。以姓苑、姓源等書，撮取千姓，以四字爲句，每字爲一姓。題曰千姓編，三字亦三姓也。逐句文義亦頗相屬，殆千字文之比云。

陳郡袁氏譜一卷

陳氏曰：袁陟世弼録。

陶氏譜一卷〔四〕

陳氏曰：懷州教授陶直夫録。侃之後也。

帝王系譜一卷

陳氏曰：武夷吴逵公路撰〔五〕。政和壬辰也。自漢迄周顯德，每代略具數語。其論曹操迫脅君后，無復臣禮，逆節已顯，會其病死，故篡竊之惡，漏在身後。昔人謂其不敢危漢者，亦不覈其情耳。此論與愚意脗合。

群史姓纂韵譜六卷

陳氏曰：永福黄邦先宋顯撰。凡史傳所有姓氏皆有韵，聚而著其所出〔六〕。建炎元年，其兄邦俊宋英爲之序。

古今姓氏書辯證四十卷

陳氏曰：校書郎、史館校勘臨川鄧名世元亞撰，其子椿年緒成之。

皇朝百族譜四卷

陳氏曰：長沙丁維皋撰。周益公爲之序。時紹興末也。僅得百二十有三家，其闕遺尚多，未有能續裒集者〔七〕。

周平園序曰：君子之著書也，有心於勸戒而無意於好惡，然後可以施當今而傳來裔。昔者世系之學，蓋嘗盛矣。姓有苑，官有譜，氏族有志，朝廷以是定流品，士大夫以是通婚姻。然行之一時，其弊有不勝言者，何也？好惡害之也。是故進新門則退舊望，右膏粱則左寒畯。進而右者以爲榮，榮則夸，夸則必侈；退而左者以爲辱，辱則怒，怒則必怨。以侈臨怨，則生乎其時者悉力以逞憾，出乎其後者貪名以自欺。此正倫所以鑿杜固，義府所以陷不幸，而無知如崇韜者，所以流涕於尚父之墓而不耻也。長沙丁公維皐，宿學耆儒，慨然以譜牒爲任，未有聞而不求，求而不得，得而不録也。日裒月聚，殆且百家。而又推其源流，條其派别，自微以至著，由遠以及近，疏戚窮達，可指諸掌。如嘗從其父兄而友其子弟也，如與之同鄉黨而接姻婭也，不亦博而知要也哉！維皐不鄙，謂予使序其首。予曰：書不待序也。然維皐之意，不可以不明。蓋世臣巨室則必書，讀者可以知先烈之有貽，而思保其閥閲也；方興未艾則必書，讀者可以知將相之無種，而思大其門閭也。至於四姓小侯，重茵疊衮，則知無兩漢敗亡之禍；勳臣勞舊，傳龜襲紫，則知無三世道家之忌。上以彰國朝人物之盛，下以爲子孫昭穆之辯，向所謂有心於勸戒而無意於好惡者，不在兹乎！他日其得益多，其編益詳，上之太史，傳之薦紳，予亦將乞其副而寓目焉。對千客而不犯一人之諱，或可勉也。

容齋洪氏隨筆曰：姓氏之書，大抵多謬誤。如唐貞觀氏族志，今已忘其本〔八〕；元和姓纂，誕妄最多；國朝所修姓源韻譜，尤爲可笑〔九〕。姑以洪氏一項考之，云：「五代時有洪昌、洪杲，皆爲參知政事。」予按此二人乃五代南漢僭主劉龑之子，及晟嗣位，用爲知政事。其兄弟本連「弘」字，以本朝國諱，故五代史追改之，元非姓洪氏也。此與洪慶善序丹陽弘氏云「有弘憲者，元和四年嘗跋輞川圖」，不知弘憲乃李吉甫之字耳，其誤正同。

闕里世系一卷

鼂氏曰：皇朝孔宗翰修孔子家譜也〔一〇〕。唐藝文志有孔子系葉傳，今亡。其家所藏譜雖曰古本，止叙承襲者一人，故多疏略。宗翰元豐末知洪州，刊於牘。紹興中端朝者續之，止於四十九代。洪興祖又以史記并孔光、孔僖傳及太子賢注，與宰相世系諸家校正〔一一〕，且作年譜，列於卷首。

米氏譜一卷〔一二〕

陳氏曰：奉直大夫米憲録。蓋國初勳臣米信之後。信五世爲芾元章，又三世爲憲。

右譜牒。

唐藝文志四卷

陳氏曰：新唐書中録出别行，監中有印本。

吴氏西齋書目一卷

鼂氏曰：唐吴兢録其家藏書，凡一萬三千四百六十八卷。兢自撰書，附於正史之末，又有續抄書列於後。

文選著作人名三卷〔一三〕

鼂氏曰：唐常寶鼎撰。纂文選所集文章著作人姓氏、爵里、行事，及其著作之意。

十三代史目三卷

鼂氏曰：唐殷仲茂撰。輯史記、兩漢、三國、晉、宋、齊、梁、陳、後魏、北齊、周、隋史籍篇次名氏。國朝杜鎬以唐、五代書目續之〔一四〕。

崇文總目六十四卷

鼂氏曰：皇朝王堯臣等撰書。景祐中，詔張觀、李若谷、宋庠取昭文、史館、集賢、祕閣書刊正訛謬，條次之，凡四十六類，計三萬六百六十九卷。康定三年，書成〔一五〕。堯臣及提舉官聶冠卿、郭稹加階邑，編修官吕公綽、王洙、刁約、歐陽修、楊儀、陳經各進秩有差。國史謂書録自劉向至毋煚所著皆不存〔一六〕，由是古書難考，故此書多所謬誤。

陳氏曰：時撰定諸儒皆有論議，歐公文集頗見數條。今此惟六十六卷之目耳，題云紹興改定。

夾漈鄭氏曰：崇文總目，衆手爲之。其間有兩類極有條理，古人不及，後來無以復加也。道書一類有九節，九節相屬而無雜揉。又雜史一類，雖不標别，然分上下二卷，即爲二家，不勝冗濫。及睹崇文九節，正所謂大熱而濯以清風也。雜史一家〔一七〕，隋、唐二志皆不成條理，今觀崇文之作，賢於二志遠矣。此二類往往是一手所編，惜乎當時不盡以其書屬之也。

又曰：崇文總目出新意，每書之下，必著説焉。據標類自見，何用更爲之説？且爲之説也已自繁矣，何用一一説焉？至於無説者，或後書與前書不殊者？則强爲之説，使人意怠。且太平廣記者，乃太平御覽别出。廣記一書，專記異事，奈何崇文之目所説不及此意，但以謂博採群書，以類分門？凡是類書，皆可博採群書，以類分門，不知御覽之與廣記又何異？崇文所釋，大概如此，舉此一條，可見其他。

大宋史館書目一卷

鼂氏曰：皇朝史館書。總計一萬五千一百四十二卷。

邯鄲圖書志十卷

鼂氏曰：皇朝李淑獻臣撰。淑，若谷之子也。載其家所藏圖書五十七類，經史子集通計一千八百三十六部，二萬三千一百八十六卷。其外又有藝術志、道書志、書志、畫志，通爲八目。

陳氏曰：號圖書十志。皇祐己丑自作序，以示子孫。曰朋、圭、絧者，其子壽朋、復圭、德絧也。

成都刻石總目三帙

鼂氏曰：皇朝劉涇撰。元祐中，蔡京帥成都，以意授涇纂府縣碑板幢柱。自東漢初平，迄僞蜀廣政，凡二百六十八。

田氏書目六卷

鼂氏曰：皇朝田鎬撰。田偉居荆南，家藏書三萬卷〔一八〕。鎬，偉之子也，因成此目。元祐中，袁默爲之序。

群書備檢十卷

鼂氏曰：未詳撰人。輯易、書、詩、左氏、公羊、穀梁、二禮、論語、孟子、荀子、揚子、文中子、史記、兩漢、三国志〔一九〕、晉、宋、齊、梁、陳、後周、北齊、隋、新、舊唐、五代史書，以備檢閲。

祕書省四庫闕書目一卷

陳氏曰：亦紹興改定。其闕者注「闕」字於逐書之下。

集古録跋尾十卷
陳氏曰：歐陽修撰。編述之意，序文詳之，世所共知，不復著。

集古目録二十卷
陳氏曰：公子禮部郎官棐叔弼撰〔二○〕。公既爲跋尾二百九十六篇，命棐撮其大要，别爲目録。棐之序云爾。今考集中凡三百五十餘跋〔二一〕。

歐公親書集古録跋六卷
廬陵所刻。凡二百五十篇，視集中闕七之二。

太宗御製御書目一卷
陳氏曰：玉宸殿所藏，兼有真宗御製序十四篇。又本稍多而無序文。

真宗御製碑頌石本目録一卷
陳氏曰：凡九十名件。乾興所刊板。

龍圖閣瑞物寶目、六閣書籍圖畫目共一卷玉宸殿書數附
陳氏曰：已上平江虎邱寺御書閣有元頒降印本，傳寫得之。

京兆金石録六卷
陳氏曰：北平田概纂。元豐五年，王欽臣爲序，自爲後序。皆記京兆府縣古碑所在，覽之使人慨然。

金石録三十卷

陳氏曰：東武趙明誠德甫撰。其所藏二千卷。蓋倣歐陽集古而數則倍之。本朝諸家蓄古器物款識，其考訂詳洽，如劉原父、吕與叔、黄長睿多矣。大抵好附會古人名字，如「丁」字即以爲祖丁，「舉」字即以爲伍舉，「方鼎」即以爲子産，「仲吉匜」即以爲偪姞之類。邃古以來，人之生世夥矣，而僅見於簡册者幾何？器物之用於人亦夥矣，而僅存於今世者幾何？迺以其姓字、名物之偶同而實焉，余嘗竊笑之。惟其傅會之過，併與其詳洽者，皆不足取信矣。惟此書跋尾獨不然，好古之通人也。明誠，宰相挺之之子。其妻易安居士李氏爲之作後序〔三二〕，文亦頗有可觀。

廣川藏書志二十六卷　書跋十卷　畫跋五卷

陳氏曰：徽猷閣待制東平董逌彦遠撰。以其家藏書，考其本末，而爲之論説，及於諸子而止。蓋其本意，專爲經設也。

寶墨待訪録二卷

陳氏曰：禮部侍郎襄陽米芾元章撰〔三三〕。記承平時故家所藏晉、唐遺迹。

群書會記三十六卷〔三四〕

陳氏曰：鄭樵撰。大略記世間所有之書〔三五〕，非必其家皆有之也。

夾漈書目一卷　圖書志一卷

陳氏曰：鄭樵記其平生所自著之書。志者，蓋述其著作之意也。

集古系時録十卷　系地録十一卷

陳氏曰：鄭樵撰。大抵因集古之舊，詳考其時與地而系之，二書相爲表裏。

秦氏書目一卷

陳氏曰：濡須秦氏，元祐二年有爲金部員外郎者，聞於朝，請以宅舍及文籍不許子孫分割。

藏六堂書目一卷

陳氏曰：莆田李氏云唐江王之後，有家藏誥命。其藏書自承平時，今浸以散逸矣。

吴氏書目一卷

陳氏曰：奉議郎漳浦吴與可權家藏。閩中不經兵火，故家文籍多完具，然地濕，苦蠹損。

鼂氏讀書志二十卷

陳氏曰：昭德鼂公武子止撰。其序言得南陽公書五十篋，合其家舊藏，得二萬四千五百卷。其守榮州，日夕讎校，每終篇輒論其大指，時紹興二十一年也。其所發明，有足觀者。南陽公未知何人，或云井度憲孟也〔二六〕，未詳。

遂初堂書目一卷

陳氏曰：錫山尤氏尚書袤延之，淳熙名臣，藏書至多，法書尤富。嘗燼於火，今其存亡幾矣。

誠齋序略曰：延之於書靡不觀，觀書靡不記。每公退則閉户謝客，日計手抄若干古書〔二七〕。其子弟及諸女亦抄書。一日謂予曰：「吾所抄書，今若干卷，將彙而目之，饑讀之以當肉，寒讀之以當衰，孤寂而讀之以當友朋，幽憂而讀之以當金石琴瑟也。」乃屬予序其書目。余記序之，將借而傳焉。

中興館閣書目三十卷

陳氏曰：祕書監臨海陳騤叔進等撰。淳熙五年上之。中興以來，庶事草創，網羅遺逸，中秘所藏，視前世獨無歉焉，殆且過之。大凡著録四萬四千四百八十六卷，蓋亦盛矣。其間考究疏謬亦不免。

館閣續書目三十卷

陳氏曰：祕書丞吴郡張攀從龍等撰。嘉定十三年上。以淳熙後所得書，纂續前録，草率尤甚。凡一萬四千九百四十三卷。

鄭氏書目七卷

陳氏曰：莆田鄭寅子敬以所藏書爲七録，曰經，曰史，曰子，曰藝，曰方技，曰文，曰類。寅，知樞密院僑之子，博聞强記，多識典故。端平初，召爲都司，執法守正，出爲漳州以没。

寶刻叢編二十卷

陳氏曰：臨安書肆陳思者，以諸家集古書録，用九域志京府州縣繫其名物，而昔人辯正審定之語具著其下，其不詳所在，附卷末。

右目録。

校勘記

〔一〕陳氏曰　各本同。按此條解題文字郡齋讀書志與直齋書録解題均同，疑「陳氏」當作「鼂氏」，本書誤作直齋書録解題語。四庫館臣輯直齋書録解題時徑自收入，而未詳考故爾。

〔二〕自李氏外　原作「李氏時」，據郡齋讀書志卷九補改。

〔三〕然粗完正矣　「正」，直齋書録解題卷八作「整」。

〔四〕陶氏譜　直齋書録解題作「陶氏家譜」。

〔五〕武夷吴逵公路撰　「吴逵」原作「吴達」，據直齋書録解題卷八、宋史卷二〇四藝文三、玉海卷四七改。

〔六〕聚而著其所出　直齋書録解題卷八「聚」上有「類」字。

〔七〕未有能續哀集者　「有能」原作「能有」，據元本、慎本、馮本、弘治本及直齋書録解題卷八乙正。

〔八〕今已忘其本　「忘」，容齋四筆卷九姓源韵譜條作「亡」。

〔九〕尤爲可笑　「尤」原作「又」，據容齋四筆卷九姓源韵譜條改。

〔一〇〕皇朝孔宗翰修孔子家譜也　郡齋讀書志卷九「修」上有「重」字。

〔一一〕與宰相世系諸家校正　郡齋讀書志卷九「與」下有「唐」字；又袁本郡齋讀書志卷二下「家」作「書」，疑是。

〔一二〕米氏譜一卷　「米」原作「史」，據直齋書録解題卷八改。

〔一三〕文選著作人名三卷　新唐書卷五八藝文二、崇文總目卷二「名」下均有「目」字。

〔一四〕國朝杜鎬以唐五代書目續之　「續」原作「纘」，據郡齋讀書志卷九改。

〔一五〕景祐中詔張觀李若谷宋庠取昭文史館集賢祕閣書刊正訛謬條次之凡四十六類計三萬六百六十九卷康定三年書成　自「刊正訛謬」至「康定三年」二十五字原在「景祐中」上，據郡齋讀書志卷九乙正。又康定無三年，疑「三」字誤。又「閣」下原脱「書」字，據郡齋讀書志卷九補。

〔一六〕國史謂書録自劉向至毋煚所著皆不存　「毋煚」原作「毋哭」，據郡齋讀書志卷九改。按舊唐書卷四六經籍上、新唐書卷五八藝文二均作「毋煚」，舊唐書卷一〇二有毋煚附傳於韋述傳後。「煚」古字作「哭」，通考誤作「哭」。

〔一七〕雜史一家　「家」，通志略二十二校讎略第一作「類」。

〔一八〕家藏書三萬卷　郡齋讀書志卷九「書」下有「幾」字。

〔一九〕兩漢三國志　「三國志」三字原脱，據郡齋讀書志卷九補。

〔二〇〕公子禮部郎官棐叔弼撰　「棐」原作「裴」，據元本、慎本、馮本、弘治本及直齋書録解題卷八、宋史卷三一九歐陽修傳改。下文「棐」亦據改。

〔二一〕今考集中凡三百五十餘跋　「考」原作「改」，據直齋書録解題卷八改。

〔二二〕其妻易安居士李氏爲之作後序　元本、慎本、馮本「爲」下均無「之」字。

〔二三〕禮部侍郎襄陽米芾元章撰　「禮部侍郎」，直齋書録解題卷八、宋史卷四四四米芾傳均作「禮部員外郎」。

〔二四〕群書會記三十六卷　「三十六」，直齋書録解題卷八作「二十六」。

〔二五〕大略記世間所有之書　原脱「記」字，據直齋書録解題卷八補。

〔二六〕或云井度憲孟也　「井度」原作「开度」，據直齋書録解題卷八及郡齋讀書志袁本自序改。

〔二七〕日計手抄若干古書　「計」原作「記」，據元本、慎本、馮本、弘治本及遂初堂書目附李燾語改。